LEVEL THREE LEADERSHIP

权力与领导

如何影响他人，怎样激发正能量

Getting Below the Surface, 5e   James G. Clawson

第5版
[美] 詹姆斯·克劳森 著
马昕 译

后浪出版公司

民主与建设出版社
·北京·

前　言

《权力与领导》可以帮助学生和在职管理者做好准备，方便他们理解和运用领导原则。本书的目的不是历数现有的各种领导理论，供读者了解和背诵考试所需的知识（尽管附录中简要介绍了这些理论），而是为学习领导的读者提供指导，帮助他们建立属于他们自己的、切实可行的影响他人的模式。在这方面，本书提出了一个灵活的领导模型和相关的概念，可以在各种背景下使用，就像一辆四轮驱动的汽车，可以驾驭各种地形。除了用于本科生及 MBA 课程，本书还在美国、巴西、加拿大、哥斯达黎加、泰国、日本、德国、希腊、荷兰、英国、土耳其、埃及和南非等地用于针对在职管理者的高管培训课程。"权力和领导"这门高管培训课程已经在弗吉尼亚大学达顿商学院连续开设超过15年，这门课程也是以本书为基础设置的。本书的内容不仅经受了课堂的检验，也经受了实践的检验。

总体来说，本书介绍了如下重要概念：

1. 领导观。（1）你是否明白需要做什么？（2）你是否理解所有起作用的力量？（3）你是否有勇气采取行动，让情况得到改善？
2. 钻石领导模型，其中包括自我、战略任务、影响他人、设计职能组织以及管理变革。该模型提出，领导是由所有这些因素共同决定的，这些因素共同作用，产生结果，根据平衡计分卡理论的观点，其结果包括客户满意度、内部效率、学习和财务回报等。
3. 自我领导是领导他人的基础；如果你连自己都领导不了，怎么能领导他人？
4. 人们的行为有三个层次：看得见的行为，有意识的思想以及有关世界是什么样子或者应该是什么样子的半意识的价值观、假设、信念和期望。试图影响他人的人会自然而然地从所有三个层次入手，但是会对每个层次投入不同比例的努力。你的领导层次特征会影响你领导他人的能力。

5. 战略思维、道德行为、全球管理以及管理变革是领导的重要方面，因此本书有很多章节探讨这些主题。

6. 人们缺乏领导积极性有两个主要原因：缺乏战略见解以及害怕被拒绝。本书会引导读者思考他们是否已经对他人的评价产生了习惯性惧怕。

7. 领导就是管理能量，首先是管理你自己的能量，然后是管理周围人的能量。自我领导首先要学习如何管理自己的能量，使其达到更高的水平。共鸣和沉浸状态是这里的两个关键因素。对于激励问题，能量也许是另一种更为直接的思考角度。

8. 第一、第二、第三层次的管理或领导使用不同的技巧和方法。本书用3章的篇幅对每个层次的技巧和方法分别进行介绍，以此帮助读者厘清自己的个人领导层次特征。

9. 本书还包含有关领导语言以及如何通过语言更有效地实施领导的章节以及有关团队管理的章节。

10. 自我意识是卓有成效的领导的一个关键因素，是情绪智力的一种延伸。

11. 每章末尾有本章概念小结、引导读者深入思考这些概念的思考题、帮助读者运用这些概念的简短案例（可能你不愿意使用达顿、哈佛、NACRA、ICCH 或 Ivey 的长篇案例）。

第 5 版的新内容

根据读者的建议，第五版扩充了很多内容。虽然第五版没有增加新的章节，但每个章节的内容都有或多或少的扩充。书中增添和引用了新出现的研究成果、书籍和作者。出于篇幅和使用方面的原因，习题集有所删减。

第五版包括以下变化：

1. 第 1 章：领导观，内容有所缩减，更易于阅读。

2. 第 5 章：战略框架，增加了卡普兰和诺顿提出的有关战略规划的概念。
3. 第 6 章：领导的道德层面，增加了一个新的六层面决策模型。
4. 第 7 章：创新与第三层次领导，增加了对德·波诺提出的六项思考帽以及博赞的思维导图的介绍。
5. 第 10 章：领导者指南：行为方式背后的原因，增加了关于神经可塑性的新认识。
6. 第 20 章：领导语言，增加了与倾听相关的部分。
7. 增加了探讨压力管理的内容。
8. 更加明确了目标设定的作用。
9. 附录中增加了更多参考书目。

致 谢

出版一本书是一项庞大的工程，涉及各方面人员团队的支持。我要感谢达顿商学院和其他院校的同仁，尤其是组织行为教育学会的同仁。很多学生、同事和读者也对本书的各个部分贡献了想法。我要特别感谢托尼·蒙托。感谢 Prentice Hall 出版公司一直给予我支持和鼓励，尤其感谢珍妮弗·柯林斯和阿什利·桑托拉。

目 录

前 言　1

第1章　领导观　001
　　1.1　领导观的要素　004
　　1.2　结　论　009

第2章　组织中的钻石领导模型　013
　　2.1　领导战略变革　014
　　2.2　领导的关键元素　016
　　2.3　一颗未经雕琢的钻石　019
　　2.4　元素之间的关系很重要　021
　　2.5　领导的层面　026
　　2.6　结　论　027

第3章　领导的层次　031
　　3.1　身体、头脑和心灵　034
　　3.2　关联三个层次与其他学术观点　038
　　3.3　组织层面的意义　040
　　3.4　结　论　041

第4章　不断变化的领导背景　043
　　4.1　全球商业议题　045
　　4.2　人类经济活动的开端　046
　　4.3　当前的范式转变　051
　　4.4　现代信息制的背景　059

4.5 结 论 061

第5章　战略框架 **063**

5.1 定 义 064

5.2 战略思维的框架 066

5.3 匹配模型 066

5.4 意图模型 072

5.5 革命性战略 075

5.6 体验经济 076

5.7 创新者困境 077

5.8 优秀到卓越模型 078

5.9 战略地图 080

5.10 培养你的战略思维 083

5.11 战略思维的基本要素 085

5.12 结 论 086

第6章　领导的道德维度 **089**

6.1 领导道德的六个维度 090

6.2 道德与领导 092

6.3 第三层次领导的道德基础 094

6.4 员工增值的正态分布 098

6.5 第三层次领导道德基础的普遍性 101

6.6 结 论 106

第7章　创新与第三层次领导 **109**

7.1 提高创造性思维的技巧 113

7.2 像爱迪生一样创新 118

7.3 结 论 119

第8章　个人、工作群体和组织的宪章 **121**

8.1 宪 章 122

8.2 使 命 124

8.3 愿 景 130

8.4　结　论　136

第9章　自我领导　139

9.1　人生中的头号问题　142
9.2　每个组织都被完美地设计来产生它正在产生的结果　143
9.3　要做些什么？　144
9.4　结　论　145

第10章　领导者指南：行为方式背后的原因　147

10.1　两种遗传　148
10.2　大　脑　149
10.3　模因遗传　151
10.4　反　思　151
10.5　人类的幼年时期　152
10.6　巩固这些倾向　155
10.7　激　励　157
10.8　选择的自由　159

第11章　理性情绪行为模型　163

11.1　事　件　165
11.2　感知和观察　165
11.3　VABE　165
11.4　迅速得出结论——要小心　168
11.5　内部结论　170
11.6　情绪和感受　171
11.7　看得见的行为　172
11.8　一个实例　173
11.9　含意链　174
11.10　REB模型和领导变革　174
11.11　自我概念　175
11.12　防卫机制　176
11.13　对领导者的意义　177
11.14　结　论　180

第12章　领导与智力　183

12.1　多元智力：加德纳的研究　185
12.2　智　商　186
12.3　情　商　187
12.4　识别自己的情绪　189
12.5　管理自己的情绪　190
12.6　关注或集中注意力　191
12.7　社交商　191
12.8　变革商　194
12.9　结　论　196

第13章　共鸣、领导和人生目标　199

13.1　梦　想　201
13.2　内在梦想　202
13.3　沉浸和共鸣　203
13.4　准　备　208
13.5　能量循环　209
13.6　挫折、障碍和间隔的成功　213
13.7　重温梦想　215
13.8　结　论　219

第14章　全球商业领导者　223

14.1　文化是VABE的集合　224
14.2　卓有成效的全球领导者的特征　226
14.3　结　论　232

第15章　权力与领导：领导他人　235

15.1　影响力的来源和领导的层次　237
15.2　认　可　239
15.3　互惠货币　241
15.4　信任和尊重的作用　245
15.5　施加影响的一般方法　246

15.6　第三层次影响　246

15.7　结　论　248

第16章　第一层次领导的历史优势和现代吸引力　251

16.1　第一层次领导假设不同个体具有一致性　254

16.2　第一层次领导技巧　254

16.3　第一层次领导让人失去能量　256

16.4　结　论　257

第17章　第二层次领导的挑战　259

17.1　人类的大脑　260

17.2　公式和演绎推理　262

17.3　决　策　264

17.4　第二层次领导的手段和技巧　265

17.5　第二层次领导的问题　267

17.6　结　论　268

第18章　第三层次领导的焦点和影响　271

18.1　第三层次领导的技巧　274

18.2　第三层次领导与投入的潜在阴暗面　277

18.3　组织层面的意义　278

18.4　在个人和组织层面应用第三层次领导　280

18.5　结　论　280

第19章　卓有成效领导的六个步骤　283

19.1　明确你的核心　286

19.2　明确什么事情是可能的　290

19.3　明确他人能做的贡献　293

19.4　支持他人从而让他们能够做出贡献　296

19.5　坚持不懈　299

19.6　衡量和庆祝进展　301

19.7　结　论　303

第20章 领导语言 305

- 20.1 清晰性 306
- 20.2 激励人心且令人难忘 308
- 20.3 始终如一的真实性 309
- 20.4 尊重性 310
- 20.5 结　论 316

第21章 领导团队 319

- 21.1 团队是怎样形成的？ 320
- 21.2 团队生命周期 321
- 21.3 团队角色 325
- 21.4 激励人心的愿景 328
- 21.5 激发强烈的使命感 329
- 21.6 找到适当的成员 329
- 21.7 分布式领导 331
- 21.8 非凡的协调 331
- 21.9 创造性支持 331
- 21.10 尊重的道德基础 332
- 21.11 适当成员担任适当角色 332
- 21.12 参　与 333
- 21.13 适当的衡量标准 333
- 21.14 潜在的团队怎样误入歧途 335
- 21.15 虚拟团队 336
- 21.16 结　论 338

第22章 领导组织设计 341

- 22.1 组织设计的一般模式及其对结果的影响 342
- 22.2 组织凝聚力 356
- 22.3 结　论 357

第23章 人力资源管理系统 359

- 23.1 甄选和招聘 361

  23.2 工作设计和绩效 362
  23.3 评　估 364
  23.4 奖　励 365
  23.5 学习系统 365
  23.6 结　论 368

第24章 领导变革 371

  24.1 一般变革模型 372
  24.2 外部帮助在变革管理中的作用 376
  24.3 领导变革过程 376
  24.4 变革模型：经典与流行 380
  24.5 变革过程中的角色 381
  24.6 对变革的响应 382
  24.7 变革的层次 386
  24.8 结　论 390

第25章 结　论 393

附　录 领导理论 403

  特质方法 404
  行为方法 408
  权力和影响力方法 413
  情境方法 415
  魅力方法 419
  转变方法 421

注　释 427

出版后记 442

第 1 章　领导观

> 一个伟大领导者的任务是让他的追随者步入不曾涉足之领域……领导者必须借助美好愿景的魔力。没有这么做的领导者，即使当时备受拥戴，也终将被判定为失败者。
>
> ——亨利·基辛格

领导就是管理能量（energy），首先是管理你自己的能量，然后是管理周围人的能量。这并不是通常的学术定义。在进入某个组织时，你很快就能识别出那里的能量水平——因此，也很快就能知道那里的领导质量。如果能量水平低，该组织很可能领导薄弱。如果能量水平高，该组织很可能领导卓越。本书是关于如何管理人们的能量，首先是管理你自己的能量，然后是管理周围人的能量。大多数有关领导的讨论认为领导的目标是激励他人。在这里，我们将首先探讨自我领导，然后再谈论激励他人。尽管我们将探讨和剖析领导的多个方面，然而最终，本书是想引导你从三个层次思考如何发展个人的领导风格。在此背景下，我要请你记住并思考这个有关本书主题的非同寻常的定义：领导就是管理能量，首先是管理你自己的能量，然后是管理周围人的能量。

我们先来看一个非常简单的观察结果：担任领导者取决于一个人的观点而不是他的头衔或地位。掌握权力的人不一定是领导者。我们的社会倾向于认为居于领导位置的人就是领导者。如果遇见某个组织的总裁，我们往往不由得认为这个人是该组织的领导者，而事实也许并非如此。我们遇见过许许多多拥有领导头衔的人，这些人其实并不是战略思考者，他们没有多少影响力，也不清楚他们的愿景或者如何实现愿景！历史上一些最有力的领导者，例如特蕾莎嬷嬷、耶稣和甘地，从来没有担任过任何职务，却拥有亿万追随者。同时，有些身居高位的人却被视为软弱无能的领导者，没有什么影响力。我们可以把执掌权力职务的人称为"当权者"。而他们是否是领导者则取决于他们的观点。

观点（point of view）在很大程度上决定一个人看待一切事物的态度，其中包括看待领导的态度。从根本上讲，观点是我们看待身边世界的习惯性方式。每个个体都会随着时间的推移建立自己的习惯性观点，可能是追随者观点，可能是管理者观点，可能是官僚观点，甚至可能是反对者观点或者故意唱反调者观点。当我们观察和聆听旁人的时候,不论他们是否有意为之,他们秉持的观点往往显而易见;人们会在自己的言论中凸显自己的观点。例如,持有追随者观点的人往往会问"你想让我做什么""你会怎么评价我""我有哪些资源来完成这项工作""你是否能给我与我的职责相匹配的更多权力""你是否能清除我面临的障碍"等问题。持有官僚观点的人往往会说"这不是我的工作"或者"我们的程序要求你填写这份表格"等。表1-1列出了一些与各种观点相关的常用语。每种常用语都符合并且反映了说话者对周围世界的基本思想框架和观点。也许你的亲身经历已经让你对这些语言暗示十分熟悉了。

表1-1 各种观点的语言暗示

观　点	语言暗示
追随者观点	你想让我做什么？ 你是否会给我更大的权力？ 我需要你为我清除障碍。
官僚观点	这不是我的工作。 我要把这个转交给某某某。 我们的程序不允许这样做。 我们从来没这样做过。 这个还没有得到批准。 没有上级的批准,我不能这么做。 你填好表格了吗？
管理者观点	他们上次做了什么？ 我们从来没这样做过。 让我们看看在这方面有什么规定？ 我们怎样才能保住目前的位置？ 这和我们以往的做法差别太大了。
反对者观点	这是绝对不会奏效的！ 我们已经试过了。 这是个糟糕的主意。 你是没办法提供资金的。 你肯定无法及时完成。 嗯,我要来唱唱反调…… 是的,但是……

1.1 领导观的要素

领导观（leadership point of view，LPV）不同于表 1-1 中列出的观点和语言暗示。领导观包含三个要素：

1. 明白需要做什么。
2. 了解某种特定情况下所有起作用的潜在力量。
3. 有勇气采取行动，让情况得到改善。

这种观点在你看来是否有道理？请思考片刻。领导者做些什么呢？在碰到某种情况的时候，他们"不知怎么"就明白需要做什么，而且确保自己不仅对"中意"的方面了如指掌，还充分了解整体局势，然后，他们鼓起勇气采取行动，让情况得到改善。这个过程看起来可能很简单。然而，真正采纳并实行领导观未必容易，这十分耗费精力，但效力非常显著。这需要开放的战略思维、谨慎的分析和领悟、仔细的计划以及很大的勇气。要接受领导观，需要你愿意集中自己的注意力、努力以及你的时间和精力（见表 1-2）。

表 1-2　领导观

1. 你是否明白需要做什么？
2. 你是否了解起作用的潜在力量？
3. 你是否有勇气采取行动，让情况得到改善？

明白需要做什么

大多数人靠别人告诉他们需要做什么。这样做的问题是最终必须有某个人来做决定。第一个人直白或含蓄地问第二个人："我们应该做什么？"第二个人接着问第三个人，第三个人又问第四个人，最终，决定接下来做什么的人，不论好坏，就是"领导者"。

一个人如何决定接下来做什么？哪些事情应该优先考虑？这些问题不是那么容易回答的，然而事实是某个人在某时某地必须说："好吧，让我们向左而不是向右。"也许组织里级别更高的人拥有更优质的信息、更多的经验和更优秀的判断力，他们更有准备来做出这些决定。你或许会说："他们是在承担领导工作或头衔后培养自己的领导能力的。"确实，人们常常逐渐适应自己的工作，然而有些时候事情并非如此。这种现实正是人们频频提及的彼得原理（Peter Principle）的起源。彼得原理指的是有人会被晋升到其无法胜任的级别上。换言之，人们因为工作出色得到晋升，到了无法出色地完成工作的时候，他们就会停止晋升，于是组织里往往充满无法胜任自己工作的人。[1] 当组织里有一个高级职位空缺的时候，谁会被选中填补这个职位呢？一般而言，下级中被认为表现最好的那个人会得到晋升。

因此，我们也许会问：一个人什么时候开始采用领导观，也就是说，一个人什么时候开始仔细考虑，决定需要做什么，然后鼓起勇气将其完成？如果一直等到晋升至"领导职位"才开始考虑建立自己的领导观，很可能就太晚了。你耗费了太多时间等待别人告诉你怎么做，你已经无法为自己以及他人做出判断了，你已经无法跨越这种职业上和心理上的意外反差了。追随的习惯对很多人来说是根深蒂固的，因此他们可能永远也不会成为轻松或优秀的领导者。

有些持追随者观点或官僚观点的人反对这种观点。他们认为领导特征来源于头衔或职位而非自己，以此为自己辩解。例如，他们辩称："哎呀，上司掌握的信息比我多，所以我不可能知道需要做什么。"这个说法也许是对的，但是在如今的世界里，这种情况越来越不可能出现了。如今，我们可以通过互联网、内部网络和其他形式的大众媒体获取海量的信息。置身于所有这些信息之中，你的挑战在于开发自己的预见力、理解力、智慧以及判断力，筛选出与你和组织相关的信息，即对你和组织的未来意义深远的信息，然后向周围的人阐明并揭示其意义。

你的上司手里没有魔杖。上司们和你一样，要审视环境，对海量信息进行筛选，判断哪些重要、哪些不重要。如果你认为自己愿意担负更多责任，但是不喜欢或没有动力做这些心理准备，那么我就要请你重新考虑一下自己的抱负了。根据其本质，而且在我看来，根据其定义，领导者需要看到其他人通常看不到的东西。这种预见能力并不是一夜之间突如其来的。它是大量阅读、审视、对话和思考的结果。请审视自己的工作，如果没看出要怎样做才能让其产生生产力和价值，那么请再次审视，一次又一次地不断审视下去。

认识到需要做什么的另一个方面是看到在自己身上需要做哪些改变。大多数潜在领导者想寻找改变世界的途径。然而很少有人有足够的智慧，能够意识到除非改变他们对待世界的方式，否则他们不可能改变太多东西。这至少意味着改变你与外部世界互动的方式。在更深的层次上，它可能意味着改变你关于自己是谁以及这个世界如何运转等一些核心设想。事实上，我们可以说，如果想改变身边的某些东西，你必须首先从改变自己开始，稍后我们还会说到这一点。能够看出自身需要做什么改变，是成为卓有成效的领导者的关键。

理解所有起作用的潜在力量

基层或中层员工的建议之所以不被采纳，一个原因就是他们的视角具有局限性，考虑不到高层员工能看到的更大范围的问题。在要求中层员工找出问题并提供解决方案的时候，这种视角的局限性尤其明显。根据我的经验，最终被采纳的建议能更深入地分析当前的条件和形势，以及如果这些条件和形势发生改变，组织的哪些方面可能受到影响。最终被否决的建议往往视野狭窄，忽视相关问题和影响形势的力量。不考虑成本，你就无法负责地提出建设新厂房的建议。不了解当地的区划法规和劳动力资源的规模，你就无法切实地提出扩建工厂的建议。有时，某些东西在一个员工看来理所当然、非常重要，但在能看到全局的员工看来，它们却是彻头彻尾的愚蠢之举。

领导者必须不断努力扩展自己的视野，加深自己对以组织为核心的全球问题、社会问题、市场问题、竞争问题、客户问题以及相关问题的认识。如果忽略这些东西或者忽略任何潜在力量，他们选择关注和努力的目标就会遭遇意外，遭遇未曾预料到的障碍，甚至还可能遭遇失败。对于不加分析、固执己见的高层来说，事情同样如此。有时，下属必须服从高层领导者，尽管他们确信上级并没有看到全局；这种对全局看得不够透彻或不够全面的毛病并不只局限于组织内的低级别员工。我们还是要说，头衔并不一定能保证你具备相应的领导能力。

基于可靠信息做出领导选择，你能了解做到这一点所需的一切吗？很可能不行。然而，你可以做好自己的功课、征求其他人的意见、对哪些奏效哪些不奏效建立自己的判断，以此增加自己的成功机会。领导者必须在不确定的环境下工作，这样的现实意味着他们需要更加细致的分析，最终，还需要一些信念和勇气。商学院的风险分析和量化分析等科目能帮助未来的领导者评估不确定的环境、思考可能的选择和潜在的结果。"过度分析导致无所适从"不是什么好事，但很多未来的领导者还是会一味地莽撞行事，而且还满心希望得到最好的结果。

如果真正接受领导观，你会尽力确保自己在行事之前了解当前的形势。有些美国人认为最糟糕的选择就是什么都不做，但有些时候，如果你了解当前的形势，就会意识到什么都不做其实是最好的选择。尽管无所作为常常会带来致命的后果，然而"开火，开火，开火，瞄准！"这种典型的北美式做法同样可能带来致命的后果。

有勇气采取行动，让情况得到改善

领导观的最后一个方面是有勇气采取行动，改善情况。我们还是要说，大多数人不愿意培养必需的勇气。也许只是因为他们在当前的生活方式中感到轻松安逸，不希望被领导工作带来的麻烦所打扰。这个"麻烦因素"是领导者得到更多报酬的原因之一：他们会做其他人（不论出于何种原因）不能或不愿做的事。

很多人不想担任领导者。这种缺乏领导积极性的现象，我认为有两个主要原因。首先是缺乏战略领悟力（对于我们应该做什么无话可说），其次是害怕被拒绝。让我们直言不讳吧：领导是需要勇气的。担任领导角色的人要接受公众监督的考验。对当前的行事方式心满意足的人不会喜欢你提出改变的建议，尤其是在他们不承认你是领导者的情况下。他们也许会评论说："你凭什么这么说？""你有什么权利？"如果你已经做过功课，那么你至少不必仰仗那句让人听厌了的老话："因为我是老板，我说了算。"取而代之的是，你可以描绘你的愿景，说明你的战略方针为何重要（你所看到的），解释你的方案何以应对所有起作用的力量（政治、经济、环境、客户、雇员等），并且在这个过程中，开始说服人们接受你的思维方式。

说明你的理由需要勇气，需要绝对的胆量。要是你出错了呢？你是有可能会出错。如果他们不同意你的意见呢？我保证，至少会有一两个反对者！这时，现实的责任重担将落在你肩头，你将会知道作为真正的领导者而不仅仅是空有这个头衔意味着什么。

社会上的大多数人在生活中害怕被拒绝。但大多数人对这种说法的反应是予以否认。让我们花点时间探讨一下这种反应。朱利安·罗特（Julian Rotter）提出了被他称为"控制点"（locus of control）的概念。控制点可以用来粗略地衡量一个人是"由内而外"生活还是"由外而内"生活。由外而内生活的人往往更多地考虑别人的看法，而不是自己的看法。由内而外生活的人则往往更多考虑自己的看法，而不是别人的看法（见图1-1）。

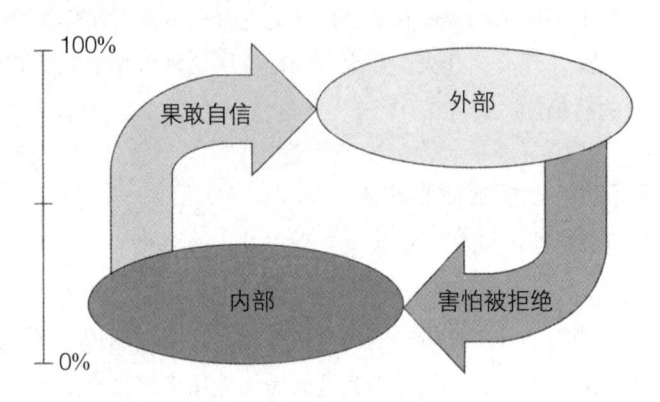

你更多地是由内而外生活还是由外而内生活？

图1-1 控制点

由外而内生活意味着一个人会考虑别人对自己的行为有什么看法或说法。如果你穿衣打扮是为了取悦别人，如果你让自己的愿望符合他人的期望或要求，那么你就是由内而外地生活。反之，如果你倾向于坚持自己的信念，不担心别人怎么说，你就更倾向于在由内而外生活。试想图1-1中左侧量表中的两种极端情况。完全由外而内生活的人或者说处于量表底端的人，我们会说他们"没骨气、软弱、没主张"。詹姆斯·乔伊斯（James Joyce）写过一篇有趣的短篇小说，名为《黏土》（Clay）。小说描写一个都柏林女人，这个女人有很强的适应性，不论和什么群体在一起，她都会改变自己，适应这个群体……而不是让别人适应自己。

而在量表顶端则是完全由内而外生活的人，我们会发现这是一些自恋、个人主义、以自我为中心、令人厌恶的野蛮人。这些人完全不考虑别人的想法和顾虑。你会把自己的行为放在量表的什么位置？对于别人的看法，你有多大程度的担心？这种关注是否会改变你的言行？总而言之，你是更关心别人对你的看法，还是更喜欢不顾后果、我行我素？例如，你是否曾经（多么经常？）为了更容易获得别人的"认可"而在说话之前改变自己的想法？你是否曾经（多么经常？）因为别人的看法而没有按照自己真正的意愿行事？如果这种行为不是害怕被拒绝,那会是什么呢?

害怕被拒绝有强大的影响力。作为社会性生物,人类自身蕴含着一种强大的力量,这种力量迫使我们渴望归属于某个群体、成为某个群体的一部分,这种力量很可能是与生俱来的。在史前时期,很可能就是这种倾向让我们得以生存。经历了历史的演进,这种倾向成了掌权者对他们眼中的行为不端者实施根本制裁的基础,这种制裁就是被社会驱逐或抛弃。唯一的问题是,制裁多久?父母让孩子站到一边反省,制裁的时间可能是5分钟。因强奸或持械抢劫入狱,制裁的时间可能是30年。如果被判终身监禁或者死刑,那么制裁的时间则是有生之年。在宗教世界,不论过去还是现在,被开除教籍都是终极制裁。因此,如果你有这种寻求归属感的倾向,就不要立刻否认"害怕被拒绝"这个概念的重要性——我们都希望被别人认可。问题是,被谁认可?被多少人认可?多久被认可一回?你可以问问自己,你是否由于害怕被拒绝而让自己表现得更像一个领导者,你是否愿意在与他人交往的过程中在这方面做出努力。

1.2 结 论

开篇这一章介绍了一系列重要的概念,首先是"领导就是管理能量,先是管理你自己的能量,然后是管理周围人的能量"。这个论断的一个重要意义在于,在开始考虑影响别人之前,你可能应该首先考虑进行反思和自省。反思已经成为当前领导研究的一个重要部分。我在整本书中都鼓励你对领导的众多方面和维度进行反思和自我评价。这里的前提是,充分了解自己的人能准备得更好,不光能担任领导工作,还能出色地担任领导工作。高管培训是件大事;越来越多的高管意识到,我们在本章探讨的这些问题不只是基本的、初级的、起步的概念,而是与领导相关的概念,它们涉及50多岁或年纪更大的领导者,甚至涉及执行委员会的成员。

我还说到,人们会在生活中形成自己的观点,具备领导观的人,不论头衔如何,都更可能在领导的位置上获得成功。如果你能迅速地评估形势,了解所有起作用的力量,并且在内心有勇气采取行动,你就能培养自己的领导能力。该观点还包括你要知道,要想成为卓有成效的领导者,你需要做出怎样的改变。

我们还在本章指出,人们之所以不愿担任领导工作,主要有两个原因:

缺乏战略见解和害怕被拒绝。前者可以通过思考、实践和积极的学习来补救，但后者是一个更深层次的问题。对于担任领导职务的人来说，学会在别人有不同意见的时候相信自己的结论是不容更改的现实。在接纳别人的意见和相信自己的观点之间寻求平衡是领导工作的一个重要挑战。

如果想培养自己的领导观，你可以从培养自己的战略思维能力开始。不要等着别人告诉你需要做什么，要自己开动脑筋。你认为自己所属的组织应该有什么愿景？为什么？你有哪些数据？你的理由是什么？你不必等到担任了领导职务才开始考虑这些问题。事实上，如果到那时才开始考虑，可能你永远也不会成功。不要等着别人告诉你你的部门或事业部会有怎样的战略未来。到那时可能已经太晚了——他们可能那时会宣布你们的事业部被撤销了，你们的部门被出售了，或者你们的业务被外包给了分包商。请仔细观察和思考，把视线投向你目前责任范围之外的地方。每周花些时间考虑你的组织应该有何愿景。至少，你可以在招待会上和走廊里更加侃侃而谈。更有可能的是，别人会认为你超越了自己目前的工作，超越了官僚思维，主动把企业作为一个整体来看待——这正是成为领导者的要素。

如鲍勃·迪伦所写：时代在改变。在有些方面，事情不同了，而在有些方面，事情还和原来一样。在下一章，我们探讨这些变化给领导者和潜在的领导者带来的挑战。

本章概念

1. 领导就是管理能量，首先是管理你自己的能量，然后是管理周围人的能量。
2. 人们持有习惯性的观点，有些人持有领导者观点，有些人持有追随者观点，有些人持有官僚观点。
3. 领导观包括：明白需要做什么；了解所有起作用的力量；有勇气采取行动，让情况得到改善。
4. 人们缺乏领导积极性有两个主要原因：缺乏战略思维（缺乏见解）以及害怕被拒绝（渴望被别人认可）。
5. 人们的生活方式在由内而外和由外而内之间取得平衡。领导者的生活方式更倾向于由内而外而不是由外而内。
6. 自我领导包含这样一种认知，即要改变周围的世界，我们必须愿意改变自身的一些东西——改变我们的思维方式、我们的交流方式以及我们对世界是什么样子以及世界应该是什么样子的看法。

思考题

1. 你日常的能量水平如何？你的能量水平对周围的人有何影响？
2. 你能管理或改变自己的能量水平吗？还是说，周围环境往往决定你的感受？
3. 为了成为卓有成效的领导者，你必须让自己做出哪些改变？
4. 在大多数情况下，你能弄清需要做什么吗？还是说，你发现自己无论如何都要一直等着别人的引导或者推动？
5. 你喜欢了解社会中各种各样的问题和力量吗？还是说，你更愿意关注自己喜欢的主题？
6. 你更多地是由内而外生活还是由外而内生活？为什么？这种生活方式缘何而来？如果要做出改变，你希望对这种平衡做出什么改变？
7. 假设你被邀请担任你当前所属组织（大学、公司或其他组织）的总裁，你会给组织制定什么战略？
8. 在说话和做事的时候，对于别人的看法，你有多大程度的担心或顾虑？为什么？害怕被拒绝对你的行为有多大程度的影响？

案例讨论

乔治·亨德里克森被邀请担任落基山盒业公司的新一任首席执行官。由创始人家族成员之外的人执掌公司，他还是第一人。这个行业的竞争非常激烈，利润微薄，常常一个盒子只能赚几分钱。乔治和他的同事们（他从前的同级、现在的下属）对纸盒生意有很透彻的了解。

然而很多竞争者正在针对包装盒进行各种各样的开发，包括塑料盒、塑料涂层、衬里、外套、各种形状和尺寸，等等。乔治对自己的公司和员工非常忠诚，他想确保他们有光明的未来。

请利用互联网对纸盒业进行研究，然后做好准备，给乔治提出建议。

第 2 章　组织中的钻石领导模型

在学习型组织中,领导者是设计师、管家和教师。他们负责建设组织,让组织中的人能够不断拓展自己理解复杂性、明确愿景、改进共享心智模式的能力——也就是说,他们负责组织的学习。

——彼得·圣吉

我们生活在一个飞速变化的世界，需要各个社会层面的领导者。我们需要国际、国家、地方、社区和家庭层面的领导者。我们需要各级企业的领导者，不论企业的整体规模是大是小。我们之所以需要这些领导者，是因为在我们都能够明确理解当前和未来事件的意义并且针对它们有效地采取行动之前，领导者能帮助我们从不同的角度看待事物、帮助我们组织力量、帮助我们完成单凭我们自己的力量无法完成的任务。除非你有一个领导模型，也就是说，你有一张能够说明什么是领导以及怎样实施领导的心理地图，否则你影响他人的努力就只会是临时起意、前后不一、游移不定。请注意，每个人在脑海里都有关于领导的某种模型。在这里，我劝你开始着手让自己的领导模型变得更为明确。

你是想成为社会中的领导者，还是只想了解社会中的领导？有些人会说他们对影响别人感到不安，有些人会说他们过于腼腆，有些人会说他们更关注自己的工作，不愿意卷入"办公室政治"。还有另一种方式来思考这个问题：问问你自己是否愿意对周围的人产生更积极的影响。在思考的时候，你可以把成千上万名员工、若干名团队成员、一家专业事务所的同事、地方委员会的其他公民或者你的家庭成员当作影响的对象。如果答案是肯定的，那么就要考虑增强你自己作为"小领导者"的领导技巧。你可以从本书中学到一些东西，帮助你在周围的人中间建立这种积极的影响。要建立这种影响，需要使用一种灵活而又有效的思维方式，让这种思维方式为你的努力指引方向，而这正是本章的目的。

2.1 领导战略变革

我们的模型从一个关键概念开始，领导只有在具备目标以及实现目标的途径时才有意义。领导者会采取主动,他们具有前瞻性。换言之,如果没有战略,领导会漫无目的,如果没有管理变革的能力,领导会缺乏效力。因此,我们可以将领导、战略和变革管理分开探讨,但我们也可以——而且应该——把领导战略变革作为一个更加全面的概念来探讨。事实上,在说到领导的时候,我们不可能不提及战略和变革管理。如图2-1所示,这三个因素是相互重叠的。

首先,我们必须问,领导的目标是什么?这是一个战略性问题。一旦对这个问题有了答案,接下来的问题就是,我们如何才能达成这个目标?这个问题通常涉及另外三个因素:环境、他人(潜在的追随者)和组织(领导者和追随者工作的场所)。最后,必须考虑管理变革的问题,这是另外一种重要的领导活动。事实上,可以说,没有变革就意味着没有领导。领导不是保护过去,领导是建设未来。

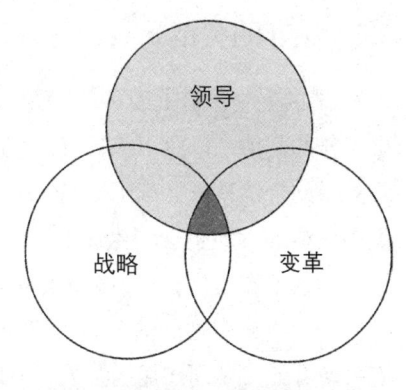

图2-1 领导战略变革

图2-2用示意图的方式展示了上述领导观。潜在的领导者必须应对箭头

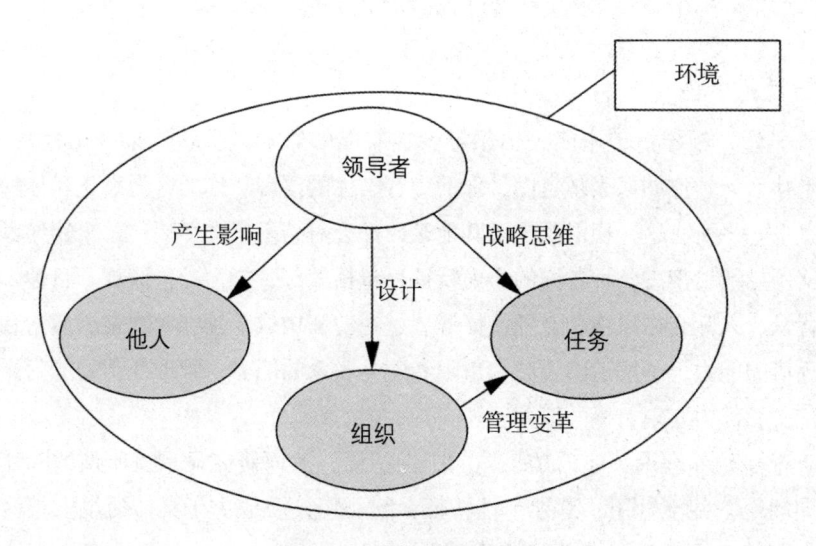

图2-2 关键的领导活动

所指的三个因素或者说三个矢量，以此解决"目标是什么"和"如何达成目标"的基本问题。这三种活动为全面、全方位驱动、多用途的领导模型提供了基础。

2.2　领导的关键元素

图2-2中介绍了四种基本元素：个体领导者、组织面临的任务、在组织中工作的其他人以及组织自身。每个元素显然都会对领导情境的结果产生影响。领导者的个性特征会产生影响，组织面临的任务或挑战的性质会产生影响，组织中人员的性质也会产生影响。组织的设计产生的影响往往会被忽略；但是，结构、系统和文化其实会对领导情境的结果产生巨大的影响。另外，如果分析这四个基本元素之间的关系，我们可以说领导并非其中任意一个元素的结果，而是所有元素共同作用的结果。换言之，领导者的素质只是领导的一部分，你还必须考虑战略愿景、与追随者的关系、领导者试图在什么样的组织背景下影响追随者以及在什么样的环境背景下实施领导。

这样看来，领导是四个主要元素的特点以及各元素之间的关系融合汇总的结果，也就是说，领导至少是11个基本因素融合汇总的结果。和潜在领导者的个性一样，每个因素都会对领导情境的结果产生影响，并且能帮助我们判断所产生的结果是否积极。现在让我们逐个分析这些元素。

领导者：个体

显然，领导情境中的个体领导者拥有能够影响该情境结果的个性特征。你是什么人、你如何表现自己、你的声音、你的语言、你的行为举止和你的能量水平——所有这一切以及更多其他东西都会对结果产生影响。每个领导者都会给领导情境带来各种各样的个人特征，包括偏好、能力、价值观、目标、教育背景、人际交往风格和心理特征等。这些特征构成了领导者观察、摸清和应对环境的能力，了解追随者和与追随者建立联系的能力，管理变革的能力，以及定义和努力实现目标的能力。

很多领导理论关注的是个体的个性特征，然而研究显示，所谓的"伟人领导理论"并不管用；哪种个性特征会起作用，要取决于具体情境。很多现代企业建立了所谓的"胜任力模型"（competency model），其中通常列出管理层认为成功担任公司领导者所必需的大约 10~20 种个性特征。尽管这些胜任力模型存在大量重合,但它们有时过于复杂,不易使用,有时又过于简单,不够全面。

不管怎样,你是什么人很重要。尽管你是什么人确实会对领导的结果产生影响,但是你的个性并不是实施卓有成效的领导所需的全部条件。战略思维、影响他人、设计组织、管理变革以及建立员工对组织的投入也是影响领导结果的关键元素。

任务:我们应该做什么?

如我们在第 1 章所说,接受领导观的人能够评估形势,明白需要做什么。这种评估并非易事。大公司的首席执行官必须评估大量的方案,把他们认为最重要的挑选出来。这个过程涉及竞争问题、财务方案、运营选择、招聘措施和其他很多可能要考虑的"任务"。必须有某个人从这堆让人眼花缭乱的方案中挑出最重要的方案和我们要关注的方案。这是领导观的第一步,在这一步中,个体领导者对这些任务的看法不仅决定了组织的议事日程,而且对于当时形势下的领导结果而言至关重要。

显然,不同的人对这些任务的看法可能不尽相同。旁观者也许认为组织"应该"专注于另一套任务或挑战。个体解读和评估周围事物的能力将支配他们针对什么东西重要以及组织能做什么和应该做什么得出结论。这种对于需要做什么、能够做什么或者应该做什么的看法或者说预想将影响领导者的所有行为以及组织内其他人的议事日程。一个人如何评价组织面临的挑战显然取决于这个人预想的愿景以及组织面临的"现实"——或者说当领导者意识到并予以重视时凸显出来的问题。

根据领导者看到了什么、认为自己能做什么以及采取哪些行动,局面可能会由毫无变化的一潭死水转变成掀起带来显著积极变化的惊涛骇浪。领导涉及感知、看到和领会我们身边正在发生的事。这种领会能力不是与生俱来的天赋,而是可以培养和增强的技能。环境意识和战略思维基本一样,一半是科学,一半是艺术。

他人：与追随者合作

没有追随者，就不会有领导，因此任何领导地图或模型都必须包含"他人"或追随者。组织的员工也会给领导情境加入一系列特征，包含价值观、偏好、经验、能力、目标、教育背景和关注的问题等。环境压力既会影响领导者，也会影响员工，但影响的方式可能不同。员工的个人特征和集体特征能帮助我们确定领导者是否能够和他们建立起有影响力的关系。领导者和追随者之间关系（如图2-3中左上角的连线）的质量将在很大程度上决定追随者是否会对组织面临的任务形成与领导者相似的看法（如图2-3中横向的连线）。如果其他人不信任或不尊重领导者，他们就很难支持领导者关于组织能做什么或者应该做什么的观点，并投入精力依其行事。

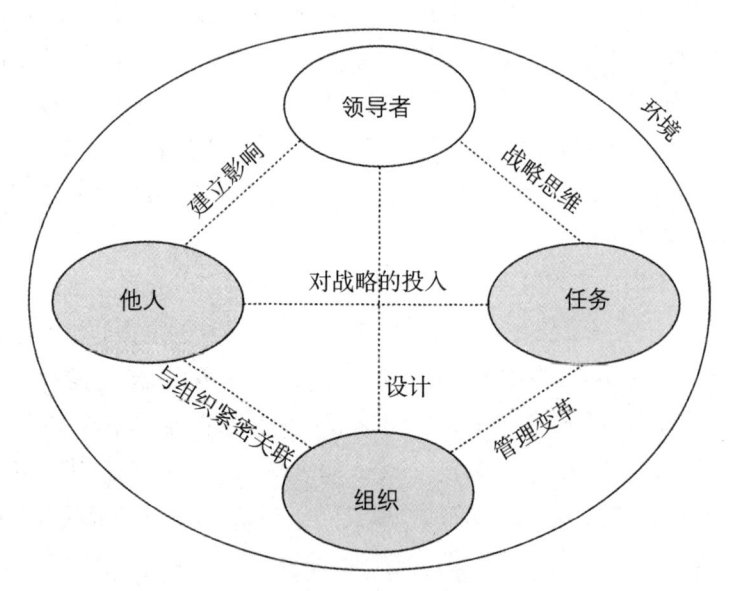

图2-3　领导的元素

组织：设计合适的环境

如果领导者和员工针对企业应该做什么形成了一致看法，那么将组织整合起来的组织结构和系统就变得越来越重要了。组织至少包含一套可以预见的特征：结构、一系列人力资源管理和其他种类的子系统（稍后介绍），以及文化。组织文化是管理者做出的设计决定和他们为组织雇用的员工之间碰撞的结果。组织的领导层会决定他们想要什么样的企业结构和系统。置身于这种组织设计中的人们则会有意识地决定组织将有什么样的文化。

这种组织设计的小背景可能推动领导者和员工向他们的目标迈进，也可能会妨碍他们实现自己的愿望。如果组织的结构和系统与既定任务的需求不符，组织及其领导层就会处于极其不利的位置。卓有成效的领导者不断在应对组织背景是否有利于既定任务或使命这一问题。斯坦·戴维斯在《将来完成时》[1]一书中断言，所有的组织肯定都是过时的，因为在战略愿景的制定和组织对愿景的落实之间存在时间上的滞后，戴维斯说，等到企业就位的时候，特别是在动荡的环境下，战略局势的变化会要求组织再次做出相应的改变。彼得·圣吉在《第五项修炼》[2]中用学习型组织的概念对这个观点给予了支持。他指出，一个组织除非是学习型组织，否则无法跟上我们所知的这个快速变化的世界。同样，如果员工的态度和能力与组织的系统和结构不匹配或不一致，他们完成企业目标的努力就会被稀释和削弱。

2.3　一颗未经雕琢的钻石

如图 2-3 所示，领导者、任务、追随者和组织这四个元素可以排列成钻石的形状。如果你想成为卓有成效的领导者，那么必须理解每个元素及其特征。我们可以以这种基本的四点式领导心理模型或地图为基础建立一个灵活的框架，把这个框架用于各类情境，用它来理解各种情况。之所以说这是"一颗未经雕琢的钻石"，是因为你无须明确每个元素中哪些特征必须予以应对：这个模型十分灵活。随着时代的变迁，随着知识的增加，我们也许会越来越深入地认识到每个元素不同维度的重要性。另外，这些元素组合的背景也可能会发生变化。也就是说，我认为所有领导情境都包含这些基本元素。忽视或轻视其中任何一个元素，你都可能成为失败的领导者。

环境：背景

所有领导情境都发生在某个环境背景中，这个背景包括政治力量、法律力量、劳动力市场的现实、金融波动、越来越多样的人口状况、不断进步的技术、投资者的质询、国际市场和竞争压力等。尽管这些力量经常遭到忽略或者仅仅得到仓促一瞥，但它们会对领导情境中的其他所有元素产生单独或共同的影响。卓有成效的领导者善于审视和解读这些外部力量及其影响。第 1 章描述了这些环境变化对于为一个人领导或影响他人营造背景有多重要。环境因素影响领导模型中的所有元素。它们肯定影响领导者必须考虑的潜在任务，因此也肯定影响领导者的战略思维。它们影响组织里的"其他人"，即领导者试图领导的员工和组织成员。它们影响组织的性质，包括其形态和文化。它们肯定还影响领导者管理变革的能力。因此我们把领导情境嵌入周围的环境元素之中，来说明这种广泛的影响。

业绩：领导的结果

最后，领导与业绩相关，与结果相关。领导者选择关注哪些结果，反映了他们的价值观和设想。这些结果包括盈利能力、客户满意度、运营效力和效率以及员工的成长、学习和士气等。大多数私营企业领导者很重视盈利能力。但是，盈利能力是由一系列重要步骤决定的：让购买产品的客户满意、提高组织为客户提供服务的能力、建设可持续性的组织。当这三个元素协调一致时，企业才会实现盈利。

罗伯特·卡普兰和戴维·诺顿在哈佛商学院创建了平衡计分卡模型，该模型为我们提供了一种"全面平衡"的方式来思考如何衡量领导结果。[3] 从长远来看，如果客户不满意或不高兴，你不可能盈利；如果你的内部流程没有效率，你不可能盈利；如果你的组织不是学习型组织，你不可能持续地盈利。如果你熟悉美式棒球以及由一垒、二垒、三垒和本垒组成的棒球场，那么你可以把这些元素比作棒球场上的四个垒。客户满意度是一垒；如果你没有心满意足的客户，你最好还是止步于此。如果你有心满意足的客户，那么我们可以问：你是在高效率地让客户心满意足吗？如果答案是肯定的，你就能通过提高效率上二垒、进入"得分位置"。三垒代表不论环境如何变化都可以学习的能力。如果能做到这一切，那么你就很有可能可以回到本垒得分，也就是获得财务回报。因此，选择"正确"的方式衡量领导情境的结果本身是一个重要的领导问题。我们稍后更加深入地探讨这个话题。

2.4 元素之间的关系很重要

领导者、一系列战略挑战或任务、追随者和组织这四个基本元素处于环境背景之中，它们是构成领导结果的关键组成部分。这些元素的特征为构建领导情境提供了基本原材料，但是决定领导情境最终结果的却是它们之间的关系。请再想想图 2-3 中的钻石模型。

在模型的右上角，"领导者"和"任务"之间的连线代表领导者和组织面临的挑战之间的关系。这个关系是领导者关注和重视的东西，它也构成了领导者提出的组织愿景（组织应该做什么）的核心。如果这条连线断开（也就是说，如果领导者没有预见到需要做什么，没有为自己和组织确定事情的轻重缓急，换句话说，如果领导者没有战略见解），领导者领导或者影响他人的行动就没有目标、没有方向、没有出口。简而言之，如果不知道自己想要去往何方，领导者无法抵达目的地。领导者从大量任务中挑选出一些任务加以关注和实施，这些被挑选出来的任务决定了领导工作的议事议程。

在模型的左上角，"领导者"和"他人"之间的连线代表领导者和追随者之间的关系。我们可以分析和检查这些关系的质量，确定它们是健全还是"断开"。如果它们断开，也就是说，如果领导者对追随者不具影响力，那么不论愿景（右上角的连线）多么清晰，领导工作都不会取得进展。

竖向的连线，即"领导者"和"组织"之间的连线，代表领导者在组织设计方面的决定，即关于组织应该如何构建和运行的决定。如果领导者有很好的战略见解，而且与追随者之间关系密切，但做出的组织设计决定却很糟糕，那么组织的能量就有可能迅速耗尽。另外，当董事会聘用新的领导者时，如果新领导者的风格和才能与组织的文化不匹配，那么二者之中就必须有一方做出改变。如果领导者是设计组织和管理变革的高手，那么这条竖向的连线就会很牢固。如果领导者是外来的，并且其风格与组织的特征有很大差异，那么要产生积极的领导结果是很难的。媒体报道的很多案例显示，一个外来的领导者进入组织，如果他与组织的文化、结构、成本核算系统和其他特征显然格格不入，那么即使聘用他的目的是对组织实施变革，他最终还是会被组织排斥，就像人体排斥运转不良的移植器官一样。

在模型的左下角，"他人"和"组织"之间的连线代表追随者和组织之间关系的质量。在这里，我们可以评估组织及其成员之间关系的牢固度。例如，一种情况是二者之间主要是金钱关系，在这种关系中，人们纯粹是在用时间和才能换取金钱利益；另一种情况是二者之间是效忠关系，在这种关系中，组织的系统和流程激励员工与组织建立更加深入的联系，那么与后者相比，前者带来世界级水准的绩效要难得多。

在模型的右下角，"组织"和"任务"之间的连线代表组织的各个方面（结构、系统、流程、文化等）和组织面临的战略挑战之间的匹配度。如果组织的结构不完善，无法应付这些挑战，就很难产生积极的领导结果。正如我们说过的，这条连线会一直随着环境的变化而改变，领导层要尽力对企业进行重组，以顺应这种变化。不愿改变的员工可能对组织的战略缺乏清晰的认识（横向的连线），因此对完成组织希望和需要完成的任务不会那么全力以赴。

横向的连线，即"他人"和"任务"之间的连线代表追随者对自己工作的看法。领导者的看法（右上角的连线）和追随者的看法（横向的连线）如果出现差距，产生积极领导结果的可能性就会降低。如果领导者对任务的看法（右上角的连线）坚定，领导者和追随者之间的关系（左上角的连线）牢固，但是横向的连线断开，管理层就必须一直监督员工的工作。然而，如果横向的连线牢固（即员工对战略有清晰的认识而且全力以赴），管理层就无需对员工进行监督了。员工和组织之间在价值观和愿景上达成一致让很多非营利性组织从中获益——领导者只要不碍事就行了。

图 2-4 中圆圈内的每个元素，包括将所有元素包围其中的环境元素，都会对领导情境的结果产生影响。忽略其中任何一个元素，领导者都可能无法得到期望的结果。此外，要理解领导，就必须理解这些元素之间的关系。因此，领导不仅仅是个人的性格特点和习惯。它还涉及领导者的战略思维能力、与追随者建立密切联系的能力、设计能获取成员信任的组织的能力以及管理变革的能力。

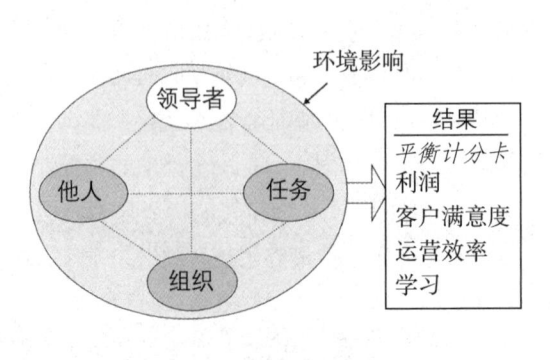

图2-4　钻石领导模型

钻石模型与其他领导模型的联系

本书给出的钻石模型非常灵活，结合了当今主流领导模型的大多数特性，而且对于在职管理者来说，这个模型简单实用。钻石模型既包含对领导者个人特征的关注，也为容纳伟人理论的有用元素留下了空间。它关注领导者和追随者之间的关系（左上角的连线）。它也包含强烈的偶然性色彩，认为领导者和情境之间的契合性是促成积极领导结果的关键元素。该模型还强调领导者作为设计者在塑造组织方面的重要性。尽管该模型没有提供各元素以及各元素之间关系的全部相关细节，但它确实指出了领导者需要知道和理解的重点领域。

基本定义

在继续往下讲之前，我们需要确立一些操作性定义，说明我们在和他人说到"领导"的时候我们指的是什么。我们在第 1 章提出："领导就是管理能量，首先是管理你自己的能量，然后是管理周围人的能量。"我们可以把权力和领导之间的关系考虑进来，对这个概念进行扩展。首先，简单来说，权力（power）是让事情发生的能力。组织中的权力就是让其他人按照你的意志行事的能力。这个定义就是说，当你改变某事时，你就在这件事上动用了权力。如果动用了权力，你会让某事得以完成，让某个人、某个组织、某个项目发生改变。

首先，影响他人的能力是可以习得的。事实上，拉里·唐尼索恩上校在《西点军校的领导之道》一书中说到，西点军校的一名指挥官曾经说过，他能把任何一个人培养成领导者，只要这个人不是精神分裂症患者。[4]领导包含战略思维能力、与他人进行有效沟通的能力、设计有支持力的组织的能力以及领导变革的能力，从这个意义上看，领导能力是可以习得的。

我们可以把领导能力分成三组来看，它们分别针对三个领域：战略思维或构建愿景；让他人投入这个愿景或战略；监督和评估实现愿景的进展。针对构建愿景的一组能力包含拥有历史观、确定当前趋势以及意识到这些趋势的未来结果。这组能力包含对可能出现的情况的关注，包含在一路上寻找路标的能力，在某种意义上还包含梦想的能力、看清愿望的能力，以及把这个愿望清晰地传达给别人的能力。

我们之所以不能如自己所愿找到那么多领导者，首要原因是大多数人没有做好战略准备工作。也就是说，大多数人没有足够细致地研究环境，在草率的分析后，简单地得出结论，认为他们想到什么，企业就应该做什么。很多人会说，他们之所以在构建愿景能力方面的得分不高，是因为他们的工作岗位不需要这项能力。但是，一个收集了700多名在职管理者资料的数据库显示，一个人在构建愿景能力方面的得分和这个人在组织中的级别之间没有明显的相关性。换言之，不论你在组织中的级别是高是低，你都可以而且应该培养自己的战略思维能力。其他人，也就是组织中你的竞争者们，也是如此。

针对激发他人的投入（左上角的连线）的一组能力包含沟通风格、模式和能力，包含可信度以及与他人建立的关系的质量，还包含聆听能力、理解和尊重他人的目标和梦想的能力以及设法协调他人和自己的目标的能力。所有这些都是可以习得的。

针对监督和评估的一组能力包含设计和使用重大目标评估方法的能力，你可以用这些评估方法对自己想要完成的目标进行评估，这样当组织开始偏离你的愿景时，你就能注意到。另外，这组能力还包含对为实现目标有所贡献的人进行表扬和赞美的能力。[5]

图2–5（见后页）展示了这种三分式领导技能培养观点，我们可以称之为"VCM观点"，其中，V代表"构建愿景"（visioning）；C代表"激发投入"（commitment gathering）；M代表"监督和评估"（monitoring and measuring）。

在每个人身上，这三组能力并非都是平衡的。有些人可能构建愿景的能力较强，管理能力较弱，有些人可能是循循善诱的沟通者，但不善于第一个提出愿景。但是，每组能力所包含的具体能力都是可以习得的。通过学习和练习这些能力，你可以提高自己的领导能力。这方面的进步还取决于其他一些元素，我们稍后讨论这些因素。

我们的领导定义的第二个元素是意愿（willingness）。有些有能力成为领导者的人因为各种各样的原因选择不施展自己的影响力。也许成为焦点、让他人理解、接受或者拒绝自己的想法和信念让他们感到不自在。人们不愿担任领导者的另一个原因是害怕被拒绝。这里问题在于，很多人即使已经做好了战略上的准备，仍然非常担心别人对自己的看法，以至于不敢直言不讳。为什

构建愿景、激发投入
和管理能力相互平衡　　　构建愿景的能力较强

激发投入的能力较强　　　管理能力较强

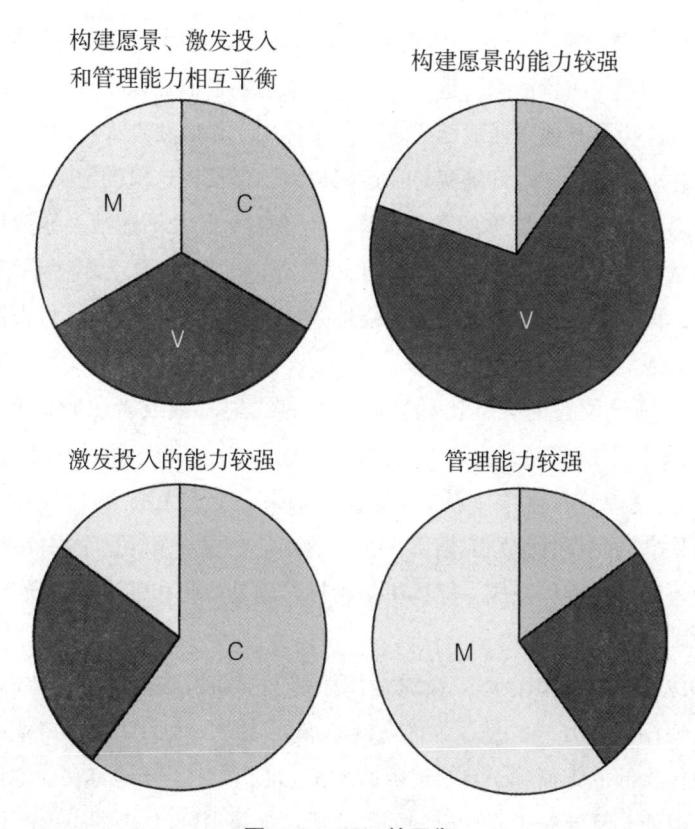

图 2-5　VCM 的平衡

么？因为害怕被拒绝。有时，他们不愿担任领导者是源于自由意志高于一切的道德结论。不论原因是什么，我们中的每个人都必须决定是否愿意接受或寻求领导职责——很多人是不愿意的。

　　在有些方面，领导就像一个熔炉，要么让一个人的身心得到升华，要么把一个人的身心烧成灰烬。有时，它就像快船船头的破浪神雕饰，四肢向后固定在船体上，脸和胸膛朝向汹涌的大海。唯一的缓冲或保护就是坚持到底直至达成目标的决心。领导者要承受孤独，而且很容易受到合理或不合理的攻击和批评，领导的这个方面常常让其他方面能力出众的人打退堂鼓。即使在较小的群体中，向别人暴露自己的思想、感受、信念和分析仍可能令人畏惧。显然，要成为领导者，你必须培养坚韧的心智和忍受批评的能力。最后，要成为领导者，你必须愿意克服害怕被拒绝的心理，尝试去影响他人。

我们的领导定义的第三个关键元素是追随者对是否追随的选择。如果追随者效应被破坏或者消除，也就是说，如果追随者被强迫行事，那么领导就不复存在了，会有其他东西取而代之。如果你用工作威胁别人，以此强迫他们按照你的意志行事，你也许确实是在运用权力，但根据这里的定义，你不是在领导。如果你让别人按照你的意志行事，但他们对此并不知情，你就是在操纵，这也不是领导。如果别人因为担心自己的工作和福利，认为不得不按照你的意志行事，你就不是在领导，而是在强迫。真正的领导不仅仅要赢得人们的行动，更要征服他们的头脑和心灵。

居于领导位置的人，比如首席执行官、副总裁或者主管，有时会借助职权，以生计相威胁，命令别人做事。很多年前，史蒂芬·柯维（Stephen Covey）把这种情况比作拄着拐杖走路：如果一个人无法用自己的优势影响别人，而是借助职权强迫别人做事，那么他就是在拄着领导这个拐杖走路。尽管可以让短期工作得以完成，但这不是领导。这是威胁和强迫，它最终会削弱你领导他人的能力。

操纵和领导大相径庭。操纵是你在别人不知情的情况下让他们做事。你之所以使用这种方式，是因为你在内心深处认定，他们如果知情就不会做了。操纵中包含的欺骗消除了自愿追随的元素。如果人们不知道你在让他们做什么，这怎么可能是领导？于是这里的问题变成：如果追随者知道你在做什么，知道你怎么做，知道你的动机是什么，那他们还愿意追随你吗？如果答案是肯定的，那么你就没有使用操纵手段的必要，你可以把自己称为领导者。如果答案是否定的，你就不是在领导，而是在操纵，一旦"追随者"发现实情，你的"领导"就会崩溃。

2.5 领导的层面

在说到领导的时候，人们最常想到的是组织层面或机构层面，将公司、基金会或机构中有头衔的负责人视为其领导者。真正的组织领导者有着广泛的影响力，他们的决定能够影响成千上万人的生活。然而众多研究和经验表明，我们在组织中的很多层面都需要领导者。[6]当然，组织中每个工作群体的日常活动都需要通过领导来引导和管理。我们还能想到个人领导或自我领导。[7]如果我们不能在某种意义上领导自己,那么我们怎么能妄言自己能领导他人呢?

图 2-4 中的一般模型适用于组织、工作群体、个人以及整个社会。这四个重点层面很重要,在阅读本书后面的内容时要牢记在心。稍后介绍的领导道德、对战略思维的需求、影响他人的能力以及重新设计组织结构以便释放潜能的能力等概念都涉及社会、组织、工作群体和个人这四个层面。

领导在四个层面上发生:
1. 社会
2. 组织
3. 工作群体
4. 个人

2.6 结 论

当你仔细思考图 2-4 中的模型并且认真考虑自己的领导目标和抱负时,请注意,领导是人们自愿共同努力完成某个目标这种情境的结果。在这种领导观中,领导者重视追随者的尊严,承认自由意志的重要性和力量。他们说服和引导他人接受自己意志的时候会光明正大,不会遮遮掩掩,他们用这种方式来激发他人全力以赴实现他们的愿景。这种做法要依赖强大的道德基础。此外,领导者设法影响他人是有环境、国家和组织背景的,这些背景可能影响甚至严重阻碍他们的努力。

本书提出的领导观将广泛的领导观和各种领导情境结合在一起,这些情境受到各种力量的影响。这些力量包括领导者的特征、追随者的特征、组织和环境(以及一堆让人眼花缭乱的战略可能性)等。这种领导观乐观地看待追随者的内在能力,并且认为领导者有责任而且有自信引导追随者的这些能力。这种领导观认为,如果一个人理解情境中的所有元素并且愿意努力释放每个元素的潜能来促成某事,那么领导就开始了。这种领导观主张,领导需要显著和自信的个性、大量的努力以及对环境和他人的深切尊重。领导还需要理解和制定战略的能力、与他人建立关系的道德基础以及对适当衡量标准的清晰认识以及管理变革的能力。

这些特征在个人、工作群体、组织和社会等四个层面都有所体现。卓有成效的领导者理解这四个层面,而且在每个层面都很活跃;他们不仅愿意影响身边的组织和工作群体,愿意领导战略变革,还愿意让自身同样发生翻天覆地的变化。

本章概念

1. 领导不仅由潜在领导者的个人特征决定。领导包含定义任务(制定战略)、与追随者建立关系、对组织进行设计、对组织内部的变革和与追随者关系的变革进行管理,从而实现任务或战略的预期结果。
2. 领导不同于运用权力。权力能让别人按照你的意志行事;领导则涉及影响别人的能力、承担领导职责的意愿以及激发别人自愿响应的影响力。很多拥有领导能力的人之所以不愿担任领导职务,是因为他们不愿意面对领导职责带来的所有压力和困难。
3. 在谈论领导的时候,不可能不提到战略思维、变革管理和道德。卓有成效的领导者是战略思考者和变革过程的掌控者,并且拥有坚实的道德基础。
4. 领导涉及三组能力,第一组能力以构建愿景为中心,第二组能力以激发他人对愿景的投入为中心,第三组能力以管理实现愿景的进程为中心。
5. 领导在四个层面上发生:外部环境、组织内部、工作群体以及个人自身。

思考题

1. 你影响他人的努力在多大程度上是在依赖你的职位或头衔(依赖对权力的运用)?如果你的职务或头衔没有了,他人还会听你吗?为什么?
2. 你花了多少时间思考战略,为自己、工作群体或组织制定愿景?要增加这方面的时间投入,你需要做些什么?
3. 在变革进程中你是否得心应手?你理解变革进程吗?你觉得你善于管理变革进程吗?
4. 潜在的领导者要成为卓有成效的领导者,需要有清晰的愿景或梦想,这一点很重要,为什么?
5. 请回想一个职位比你高、靠权力而不是本书所定义的领导来影响你的人。你是如何回应这个人的?你是如何看待这段经历的?你从中学到了什么?

案例讨论

思考图 2-5 中的饼状图。你能找出与每个饼状图对应的人吗?他们是什么人?他们的行为是如何体现每个饼状图的?

第 3 章　领导的层次

砍伐罪恶的枝叶千百次，总有一次砍到它的根。

——亨利·戴维·梭罗[1]

在详细探讨一般钻石模型各个方面的细节前，我们需要思考一系列重要的概念。这些概念关系到我们对领导的关注焦点，是在浅层的方面，还是在更深层、更具影响力的方面。领导意味着对人的行为产生影响，它可能发生在三个层次：看得见的行为、有意识的思想、半意识或前意识的基本价值观和假设。我称看得见的行为为"第一层次"的行为，指人们的言行，是可以通过摄像机捕捉到的。人们会说话，会行动。他们的所作所为我们看得见，听得到。看得见的行为是"第一层次"的行为。

在"第二层次"，人们拥有有意识的思想，这些思想不一定在第一层次中表现出来。尽管我们可能没有意识到这些思想，但它们的拥有者自己是非常清楚的。人们会决定展现哪些思想，保留哪些思想。人们思考，人们有意识。当然，第二层次的行为有时会通过微小的方式"泄漏"到第一层次，比如一声叹息、一个鬼脸、一抹笑容或者一丝抽搐。在试图影响他人的时候，我们不一定注意到他人在想些什么——事实上，我们经常注意不到。很多当权者只关注他人做了些什么，从很大程度上讲，是因为这看起来与"以结果为导向"的观点一致。

在"第三层次"这个更深的层次，人们拥有对于世界是什么样子以及应该是什么样子的一整套价值观（values）、假设（assumptions）、信念（beliefs）和期望（expectations）（简称为 VABE[2]）。这些价值观和信念是随着时间的推移逐渐建立起来的，它们是其拥有者自身的重要组成部分，它们的拥有者不一定能察觉到它们。因此，这些 VABE 往往集合了我们对于世界是什么样子以及应该是什么样子的看法，而这些看法是半意识的。表 3-1（见后面）列出了这三个层次。

很多潜在领导者故意选择只在第一层次影响别人。他们称，第二层次和

表3-1　人类行为的三个层次

1. 看得见的行为
2. 有意识的思想
3. 价值观、假设、信念和期望

第三层次太难理解，而且事实上他们并不真正关心第二层次和第三层次发生的事，因此他们只关注第一层次。他们称，只在看得见的行为层次与别人交往更简单，而且看起来也更准确。事实上，很多理论家和观察者坚定地表示，领导者只可以触及第一层次，试图影响第二层次和第三层次是不道德的，是在侵犯个人隐私。这是斯金纳（B. F. Skinner）理论的核心。斯金纳是著名的心理学家，他进行了大量研究并且著有大量相关著述。他认为，我们可以通过控制奖励机制让人和动物适应特定的行为方式。[3] 你也许还记得，他把一只鸡关在一个有按钮的盒子里；鸡如果啄按钮，就会得到一粒玉米作为奖赏。通过用玉米强化鸡啄按钮的行为，斯金纳教会了这只鸡用特定的方式啄东西。因此，斯金纳的支持者倾向于认为，领导应该关注行为，而不是思考或担心人的内心发生了什么。这个做法存在若干问题，其中最大的问题是这个模型是基于这样一个假设，即这只鸡对一粒玉米的潜在价值的认定始终是一致的。然而吃饱的鸡很可能对小小的一粒玉米没多大兴趣。

看得见的行为显然是最容易触及的，而要触及第二层次和第三层次，只有两种途径：（1）对方决定向我们坦承自己的内心；（2）我们可以通过观察对方的行为来推断其潜在的VABE。这两种方式都不够严密。我们并不总是能确保别人说的话确切地反映了他们的想法和感受。当然，别人也不一定能把自己的想法和感受告诉我们。他们也许犹豫不决，不知是否应该对我们说真话，他们也许对自己的想法也不是特别清楚。在观察别人的时候，如果我们足够仔细，就可能得到一些重要线索，可以解释其行为方式背后的原因。事实上，与只是听别人说相比，有时观察会让我们对他们有更清晰的认识。人们的第一层次行为并不一定和他们嘴上说出的想法一致。

本书提出的模型肯定不符合斯金纳的理论。这个模型认可有意识的思想和不够清晰但根深蒂固的价值观、假设、信念和期望，而且认为卓有成效的领导必须考虑到第二层次和第三层次。如果不这么做，就不太可能理解人们行为方式背后的原因，因此，也就不太可能更深入地影响他们，不太可能使用超越监控和限制表面行为的影响方式。

3.1 身体、头脑和心灵

由于看得见的行为肯定是有形的、可以观察的，因此我们可以把第一层次比作身体。有些公司和管理者明确表示，他们希望员工在走进公司时忘掉自己的思想和情绪，只要干好自己的工作就行了。这种逻辑其实关注的是第一层次，它试图脱离人们的思想（头脑）和信念（心灵），仅仅管理看得见的行为。很多管理者表示自己有挫折感，因为他们试图雇用只来工作的"工人"和"员工"；也就是说，人们往往因为自己的思想和信念去做管理者不希望他们做的事。工业革命（1800年左右）以来，大多数管理系统关注的都是第一层次，也就是看得见的行为，对第二层次和第三层次的关注少之又少。例如，20世纪初，弗雷德里克·泰勒（Frederick Taylor）在时间－动作研究方面的成果就主要关注对员工行为的管理，而不怎么关注员工内心的思想和感受。[4]那些只想影响看得见的行为的人有这样一种基本假设，即人们就像机器，可以根据指令保持始终一致的行为。第一层次管理系统的目标是设法让员工的行为达到最高效率并与"公司的价值观"保持一致，让他们的行为尽可能不偏离工作目标。

在这个不断变化的世界，各级员工都可以获取大量的信息，集中化的、第一层次的控制思想越来越过时，越来越行不通了。人们不断把他们的头脑和心灵带到工作中，这不断影响着他们的行为。此外，随着竞争的加剧，公司更加注重对高绩效工作平台的建设，让工作平台上的各级员工都能全力以赴为客户提供服务，让他们的身体、头脑和心灵都能专注于高质量的工作。管理层如果不能激发员工第二层次和第三层次的潜能，公司就无法与最强大的对手竞争。第一层次领导只能得到平庸的绩效，得不到世界一流的绩效。这个概念很简单：如果全体员工不全力以赴投入工作，就产生不了那么高的工作质量。要让员工全力以赴投入工作，要与已经学会如何更有效地激发员工潜能的公司竞争，只关注第一层次是不够的。

卓有成效的领导还需要影响第二层次。第二层次，或者说有意识的思想，是我们立刻就能意识到的内在思想。我们产生想法并且选择是否向别人传达这些想法，如果传达，还要选择是否准确地传达。我们几乎总是能意识到自己内心的第二层次活动，而且我们还会推测别人的。我们可以把第二层次比作头脑，因为它就发生在头脑中。潜在的领导者如果忽略别人的想法，其实就是在削弱自身的影响力。

第三层次是我们持有的有关真理的信念，这些信念根深蒂固，我们通常认为它们理所当然，不需要再仔细思考或反复考虑。第三层次包括我们划分的重要事项，也就是我们更看重的事项的清单。它还包括我们对这个世界上"应该之事"的总结，也就是对世界应该如何运转和人们应该如何行事的总结。第三层次可能还包括"肠脑"（enteric brain）的影响。正如其字面意思所示，"肠脑"这个辅助神经系统位于我们的消化道内，新兴研究正在获得越来越多对"肠脑"的认识。"肠脑"似乎是我们的远古无脊椎祖先的中枢神经系统的进化残余。"肠脑"大概包含1亿个神经细胞，远远多过脊柱中的神经细胞，而且与位于脊柱顶端的大脑相比，它能制造更多的血清素。我们正在更多地了解"第六感"的真相。我们在大脑中持有的信念和我们"肠脑"的影响共同构成第三层次的范畴。

就其本质而言，第三层次的VABE具有高度的文化特性和家庭特性。我们的生长环境、我们与父母关系的好坏、父母给我们的教育，事实上，我们的全部生命体验，都会影响我们长大成人后所持有的一整套VABE。稍后我会更

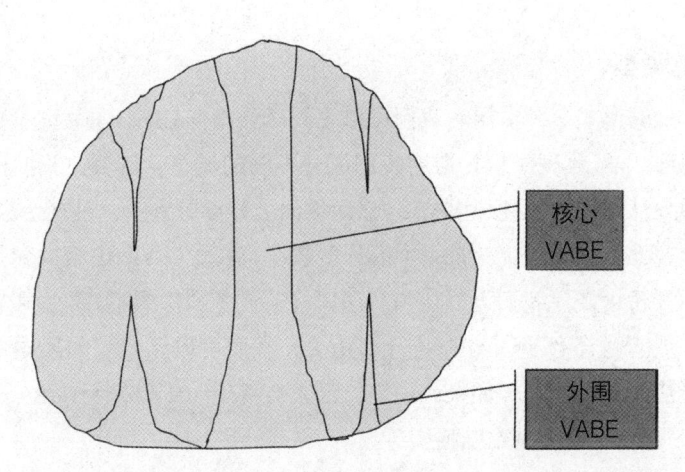

图3-1 第三层次VABE的形成像石灰岩溶洞，每次积累一点经验

细致地解释这个过程。

从某种意义上说，我们的 VABE 就像石灰岩溶洞（如图 3-1）。溶洞的内部黑暗潮湿。随着时间的推移，含有石灰岩成分的小水珠不断从洞顶滴到地面上。在这个过程中，每次都有一部分水分蒸发，留下少量的沉积物。经过成百上千万次的重复，这些沉积物就形成石钟乳和石笋。其中一些很细，容易折断。一些很粗，甚至可能变成从洞顶一直到地面的坚固石柱。我们的 VABE 就像这些石钟乳和石笋。有些很脆弱，有些是我们的人格和世界观的中流砥柱。此外，有些对我们而言太熟悉，我们已经注意不到了。这些石钟乳、石笋和石柱构成了我们的人格结构——然而我们可能并不清楚地知道它们的存在，因为它们是构成自我的重要组成部分。

要了解自己第三层次的 VABE，我们经常需要外部的协助。就像鱼在水里游，鸟在天上飞，我们已经把更深层次的 VABE 当作理所当然了，认为它们就是"真理"。和别人真诚地交谈，尤其是和善于识别 VABE 的人交谈，可以帮助一个人或组织弄清自己的 VABE。这并不意味着成为第三层次的领导者（即善于在第三层次影响别人），你必须成为一名心理学家。心理学研究一个人的 VABE 来自何方。管理层和领导层必须发现最具影响力的 VABE，然后借助这些 VABE，与个人或组织合作完成某些目标。请注意，VABE 并不仅仅是个体层面的现象，它们在集体组织的层面也有很大的影响力。在组织、国家或地区层面，"文化"就是共享 VABE 的集合。

VABE 的类型

VABE 的形式多种多样。我们可以想到区分型 VABE、关联型 VABE 和策略型 VABE。[5] 区分型 VABE 帮助我们区分不同的概念。例如，我们认为某个国家的边界从这里开始到那里结束。然而地面上并没有界线，只有无尽的土地。这个国家，比方说法国，就是一个区分型假设。关联型 VABE 反映的是我们重视的东西和价值观。我们可以认为"法国好"或者"法国不好"。最后，策略型 VABE 或者说条件型 VABE 与行动相关。我们可以认定"如果向左转，我们就能更快到达"或者"如果我说谎，没人会发现"。策略性 VABE 通常具备"如果……那么"这个基本结构。

当 VABE 用标准的陈述句说出来的时候，比如"人应该说实话""早起的鸟

表3-2 VABE 的基本结构

区分型VABE	→	"这是 X。"
关联型VABE	→	"X 好（或不好）。"
策略型VABE	→	"如果 A，那么很可能 B。"

儿有虫吃""要尊敬长辈"或者"不要在公共场合吐痰"，它们通常最清晰，最易于检验。区分型、关联型和策略型 VABE 的基本结构如表 3-2 所示。

我们持有成千上万的 VABE。有些是从他人那里继承来的（见第 10 章，将讨论 VABE 或 "模因" 如何传递），而有些完全是根据我们的经验建立起来的。有些相对脆弱，有些非常强大，支撑着我们的生活方式。VABE 的集合强有力地构成我们的人格本质。尽管如此，识别他人的 VABE 也许并不那么容易。

当人们说话做事时，VABE 往往会在第一层次上有所显现。只要你听到有人说 "应该怎样""真应该怎样"或者 "这么做就对了"时，你的 VABE 雷达上就应该出现一个亮点，因为这个人刚刚向你显露了他的一部分 VABE。如果你有意认真听、仔细看，就能对别人的 VABE 有很多了解。

人们的 VABE 不一定完全一致；他们可能赞成某种 VABE，但实行的却是另外一种。赞成的理论或 VABE（人们嘴上说的）与实际行为（人们实际做的）之间的差距一直是很多研究和实践思考的主题。[6] 关于 "知和行" 的差异，关于第二层次和第一层次的差异（意味着第三层次存在一些矛盾），也已经有很多相关的著作。鲍勃·奎因（Bob Quinn）进行的 "竞值架构"（Competing Values Framework）研究认识到了这种现实。[7] 奎因观察到，我们自身存在很多竞争性价值观，其中最重要的两个就是内部和外部的对立以及控制和自主的对立。有些竞争性价值观可以推测，具有普遍性；有些则是地区文化、家庭、个人所独有的。

因此，第三层次是有意识的思想和潜意识之间的一个灰色地带；这个地带也许是我们可以利用的，但我们很少思考和钻研这个地带。然而，这个地带控制着我们的生活，我们的思想，显然也控制着我们关于对错的判断。我们可以把第三层次比作心灵，尽管除了肠神经系统之外，还没有生理学证据表明我们的 VABE 居于心脏或者在心脏附近。

请注意，人类活动的这三个层次是密切交织在一起的。我们的 VABE 显然影响我们的思想，我们的思想显然影响我们的行为。还有人认为，我们的行为影响我们的思想和感受——这是斯金纳理论的信徒持有的观点。卓有成效的第三层次领导者会意识到这些递推式的影响，尽力影响所有三个层次，而不是仅仅影响一个层次。这要求领导者愿意思考所有三个层次，愿意考虑怎样才能开始影响他人的这三个层次。只关注行为会让我们忽略个体行为方式的另外三分之二的成因。行为、思想和 VABE 之间的关系如图 3-2 所示。

第一层次：看得见的行为

第二层次：有意识的思想

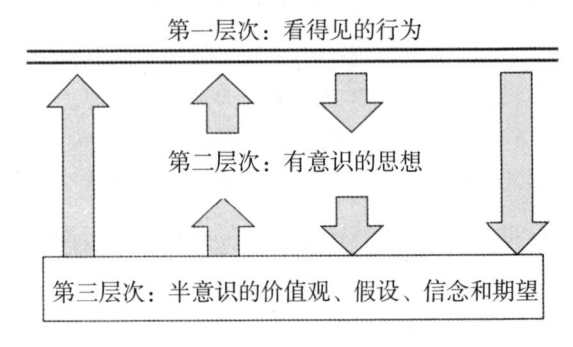

第三层次：半意识的价值观、假设、信念和期望

图 3-2　各层次人类行为之间的相互作用

3.2　关联三个层次与其他学术观点

这种人类行为的三层次观点相对而言简单直接，容易被学者和很多在职领导者理解。例如，在探讨种族文化和组织文化中的领导发展时，该研究领域内的世界级权威埃德·沙因（Ed Schein）提出了所谓文化表现的三个层次：（1）人为产物，即看得见的文化结构和过程；（2）赞成的价值观，即行为的合理理由；以及（3）基本的潜在假设，即推动文化的"认为理所当然的无意识的信念、知觉、思想和感受"。[8] 如果你有兴趣进一步钻研这个概念，你可以读一读沙因的书，其中精彩地论述了这些基本的潜在假设如何形成，如何影响个人和组织行为。我们的三层次领导模型和沙因的文化模型在很多方面很相似。

学习第三层次领导

如果你认可人类行为在这三个层次发生、领导者应该关注所有三个层次，接下来的问题就是：如何学习关注所有三个层次？第一步是识别自己的VABE，然后识别他人的VABE。这符合本书开头的论断，即强有力的领导始于自我领导。培养观察和推断能力对"看清"VABE而言至关重要。[9] 如果我们还记得"你看到了什么"这个问题是建立领导观的第一步，那么我们就能理解培养更好的VABE洞察力的重要性。如果我们能"看清"别人忽略的东西，那么在建立影响力方面，我们就能在一开始占据优势。第二，我们可能需要忘记一些迄今为止我们已经建立起来的VABE。在这个从官僚社会转型成信息社会的时代，这种学习和遗忘尤其重要。这个过程对很多人来说很困难。从定义上看，人们会安于自己的VABE；事实上，一个人的VABE往往决定了他是什么样的人。在很大程度上，我们当前的VABE就是它们的实际面目，因为它们迄今为止一直为我们"效力"，帮助我们成就我们现在的样子。当你阅读有关战略思维、自我领导、影响他人、组织设计和管理变革的章节时，本书鼓励你思考人类行为的这三个层次。

三个层次的技巧

要想在各个层次领导或影响他人，意味着要使用各种技巧。尽管有些技巧可能在不止一个层次产生影响，但很多领导方法或诀窍显然只着重针对某一个层次。表3-3列出了用于每个层次的一些常见技巧。你也许还能为这份基本清单增添更多的技巧。我们都会或多或少地使用这些技巧。关键不在于我们应

表3-3 用于三个层次的一些常见技巧

想要影响的层次	影响技巧	通常的效果
第一层次：看得见的行为	命令、指挥、威胁、恐吓、激励、奖赏	第一层次：短期服从、潜在怠工、被动攻击 第二层次：被迫同意 第三层次：愤怒、怨恨
第二层次：有意识的思想	论据、解释、数据、引用参考、证据、操纵	第一层次：短期服从 第二层次：勉强同意 第三层次：愤怒、怨恨、抵制
第三层次：VABE	构建愿景、定义目标、诚实、开放、动情的叙述、逸闻趣事、悉心的情感	第一层次：投入

该只使用第一层次的技巧或第三层次的技巧，而在于如果对自己的习惯倾向有所了解，我们就能为自己所选择的事业建立更恰当的领导风格。我们会在后面的章节进一步探讨这些概念。

3.3 组织层面的意义

到目前为止，我们主要从个人和人际角度对第三层次领导进行了探讨。我们还可以在更广泛的组织层面探讨人类行为的三个层次。在组织领导中，对第一层次即看得见的行为的关注体现在对最新潮流和技巧的应用。第一层次领导者在文献中读到最新的技巧后，就试图把这些技巧一股脑地用到自己的组织，但他们完全没有考虑这些新技巧会对其他相关系统以及组织的结构和文化产生什么样的影响。有时，这表现为高管重金雇人开设培训课程，但他们自己在这之后却从来不去上课。

组织的第二层次包括组织的结构设计、关键系统和企业的形式设计。组织中这些经过设计的方面是有意识的思想的结果；因此，我们可以把它们归为第二层次。

组织的设计因素与组织成员以一定的方式（包括负责人的管理方式或领导方式）结合在一起，针对组织成员的行为规范建立起一整套价值观、假设、信念和期望，这种结合催生了组织文化（和亚文化）。组织中的第三层次是组织文化，即共同持有的一整套价值观和运行原则，组织成员会理所当然地认为这些就是"我们这里的做事方式"。这些文化现实与正式的组织及其附属设计不一定一致。如果不一致，就会产生"意外的后果"。

与个人的第三层次一样，组织的第三层次也是半意识的。有些员工也许可以对现有文化的方方面面侃侃而谈，有些则可能对现有文化欠缺了解，说不清楚——尽管他们的行为体现了这种文化。用克里斯·阿吉里斯的话来说，第二层次是组织"赞成的理论"，而第三层次是组织实际实施的理论。表3-4列举了这些元素。它们与埃德·沙因的描述稍有区别，不过它们说明了这样一点：管理者的所作所为（试图使用文献中的最新潮流）、他们对组织的看法（组织的结构和流程）与他们内心深处有关管理和组织的想法很可能完全不同。

表3-4 个人和组织分析的层次

层次	个人	组织
第一层次	看得见的行为	人为产物、建筑、有形事物以及"言谈"和"行为"等
第二层次	有意识的思想	赞成的理论,即支持"言谈"的想法、惯例、仪式、风潮、制度、常规、流程等
第三层次	价值观、假设、信念和期望	实际实施的理论,即形成"行为"的潜在假设

3.4 结 论

谈论人类行为可能让人感到困惑,因为我们不知道所说的是看得见的行为、认知行为还是与潜意识的价值观相关的行为。因此,把人类行为分成三个层次对我们有所帮助。每个层次都有自己的优点和缺点,我们会在"领导他人"的部分进行深入细致的探讨。请在接下来的阅读和思考中牢记这三个层次。

本章概念

1. 第一层次领导只关注行为,它忽略大多数人的两大动力来源:他们的思想以及他们的信念和感受。
2. 第一层次是看得见的行为。第二层次是有意识的思想。第三层次包含对于世界是什么样子以及应该是什么样子的前意识、半意识或潜意识的价值观、假设、信念和期望。
3. 第三层次领导识别和影响他人的价值观和基本假设,它很可能比第一层次领导强大得多。
4. 尽管第三层次领导并不意味着一个人必须成为心理学家(研究价值观和假设从何而来的人),但它确实意味着卓有成效的领导者要善于识别和看清手下员工的VABE。
5. VABE影响思想,思想影响行为;反过来很可能也成立。因此,卓有成效的领导者会关注所有三个层次。
6. 三个层次既适用于个人,也适用于组织。大多数组织的领导者只关注第一层次,忽略第二层次和第三层次的现实。

思考题

1. 人们如何在第一层次看得见的行为中泄露他们第二层次有意识的思想？
2. 你的五个最重要的 VABE 是什么？
3. 你的上司有什么样的 VABE？你的同事呢？你能把它们写下来吗？如果更留意倾听，你能识别出这些 VABE 吗？
4. 在你的组织，有哪些主要的人为产物？有哪些控制行为的主要流程？这些流程和人为产物背后是哪些 VABE？
5. 找出你在过去一周里有哪些行为采用的是第一层次领导者的行为方式。家里的行为？工作行为？业余爱好行为？这些行为产生了哪些影响？
6. 对于问题 5 中找出的事件，你如何才能让自己表现得像一个第三层次领导者呢？

案例讨论

阿尔走在办公室的走廊上。转过一个拐角时，阿尔看到下属约翰正从自己上司的办公室走出来，约翰停了下来，左右看了看，然后冲相反的方向沿走廊大步走开。在约翰转身走开时，阿尔发现，约翰拿着一份很厚的档案，档案标签上写着约翰手上最大客户的名字。

第 4 章 不断变化的领导背景

忘记过去的人注定会重蹈覆辙。

——乔治·桑塔亚纳

事情和过去不同了，特别是在讨论成为卓有成效的领导者意味着什么的时候。很多观察者认为，工业化世界正处在管理范式的重大转变之中，这种转变正在改变我们对商业的看法，改变我们组织经营的方式，改变商业领域面临的问题和困境。[1] 上一次重大的范式转变是工业革命，当时，西方世界从以农耕为基础的经济转变为以制造业为基础的经济，现在经历的这些变化就和当时经历的变化一样意义重大。200年后的现在，我们正在经历另一次同样重大的根本性转变：在日益一体化的全球经济中，从工业时代进入信息时代。

要理解这个正在成型的新背景并成为其中的有生力量，需要从根本上转变管理思维和领导模式。在过去100年中行之有效的组织和领导原则，正在让位给新原则，这些新原则建立在有关人、经济以及组织方式的新假设的基础上。要在当今世界成为领导者并且走向未来，必须理解这种新范式。在现有的有关领导和管理的基本假设中，可能有很多不适合信息时代的新兴商业世界。你对身边世界的看法，以及你在这个世界中对商业的规划和经营方式无疑将决定你的成败。如果不理解正在形成的新现实，那么你与同辈和竞争对手比起来将会处于不利地位。

由于我们出生在一个由官僚思维支配并且充满金字塔型组织的世界，所以要察觉正在发生的变化很困难。官僚体系的运行原则是"一个人一个上司"、"遵循等级制度"和"成功意味着在公司里向上爬"等。我们中有很多人很早就学会了这些原则，以及官僚思维或心态的其他一些潜在假设，随后多年的经历让这些原则和假设进一步得到强化。在第一层次，我们看到企业合并分拆、成长衰亡，长久以来，它们一直如此。在第二层次，我们看到这些合并分拆、成长衰亡的理由正在发生变化。在第三层次，我们则开始在信念体系中寻找导致这些变化的根本差异。尽管很难看清当今世界的大背景正在发生些什么，但如果你愿意重新审视某些长期秉持的信念，愿意扩展自己，你就能在自己的能力中增加一些新概念、新原则和新想法。这些新的概念、原则和想法会增强你的领导力。如果抓住这个机会，你将成为更有成效的领导者。

4.1 全球商业议题

在思考你在其中生活和工作的社会和世界时，你也许看到一系列将对你的环境和领导能力产生影响的趋势。事实上，我建议你花点时间，把你看到的正在对你的世界产生影响的趋势大致记录下来。基于我们在第1章提出的领导观概念，你在以下这些方面都看到了什么？

有哪些重大趋势正在对我的事业产生影响？
我们这代人必须应对哪些问题？
对于未来，我最关心哪些问题？
在事业发展过程中，我必须留意些什么？

向客户和MBA学生询问这些问题的时候，我们从回答中发现，第一最明显的趋势是从官僚的制造经济到高科技的信息经济的转变。第二个重大趋势是世界经济的全球化。我们正飞速转变为一个全球化经济体，在其中，世界某个区域发生的事情会对其他区域产生剧烈影响，而且企业绝不能把自己看作"国内"企业。第三，全世界的利润之源似乎正在从服务经济转为下一种经济，也就是派恩和吉尔摩所说的"体验经济"。[2]第四，21世纪已经被称为"中国世纪"。在以后的100年里，不断增长的中国经济和印度经济将对商业环境产生巨大的影响。第五，世界人口持续增长，尽管我们观察到工业化国家的出生率在下降。不断增长的全球人口会给社会的基础设施造成压力。第六，能源的使用是一个重大的压力。如果石油耗尽，将对企业和社会产生什么影响？有些人说，我们已经过了石油的"高峰产量"，这意味着现在的石油使用量已经超过了新发现的石油储量，石油供应正在开始萎缩。第七，贫富之间的紧张局势呢？穷国和富国之间的紧张局势是否会继续升级，让未来充满恐怖主义和暴力？第八，地球的状况呢？全球变暖将对你们这代人产生什么影响？

在最近的一次MBA课堂讨论中，学生们总结出了在他们眼中他们这代人

（当前新一代的领导者）在有生之年必须面对的 27 个趋势。例如，"婴儿潮"一代面对的是"二战"后的重建以及汽车业和计算机业的发展。在你们这代人面前，你发现哪些挑战正在形成之中？为了增强你对影响世界的一系列重大事件的洞察力，让我们复习一下人类商业活动的基本发展历程。

4.2　人类经济活动的开端

史前时期从狩猎和采集社会到农耕社会的转变、工业革命以及信息革命支持了世界范围内三次重大的管理范式转变。我们正处于第三次转变之中，也就是工业时代和正在出现的信息时代之间的过渡时期。如果你理解这个动荡时期的变化和意义，能够把你个人的领导实践置于这样的背景下，你会更好地做准备，实现转变，理解看似混乱的表象，影响身边的人，帮助而不是妨碍你的组织也实现转变。所以，本书的目的就是要帮助你在变化的时代增强自己影响他人的能力。

狩猎和采集社会

在史前时期的狩猎和采集时代，为了生存下去，人类主要关注的是食物。那时的部族相对规模较小而且非常分散，因此他们有足够的领地进行狩猎和采集。由于这个时代处于史前时期，所以对狩猎和采集的生活和领导没有详细记载。然而我们从考古研究中获得了很多线索，能够推断出一些有关这些小规模部族社会的情况。确定无疑的是，大约 13 000 年前，人类的创造力、创新力和人口增长出现了一次繁盛期。畅销书作家贾雷德·戴蒙德把这次转变称为"农民势力"的开端。[3] 人类学会耕种后，就不必再在荒野四处游荡、寻找食物了。他们通过合作和集中劳作可以生产足够的食物，维持他们度过冬季，还能有一定的结余。因此，他们得以把注意力转移到诸如音乐、美术、宗教、写作、工具制造等其他爱好上。稍微想想，就能想象到领导的性质、受重视的技能和人类群体的组织在这时会发生何等翻天覆地的变化。部族的规模变大，复杂性提高。"空余"时间变多。担任领导者的是识季节、懂种植的人，而不是会狩猎的人。社会的组织越来越以稳定性和责任为中心，而不是以勇敢和大胆为中心。著名的组织理论学者保罗·劳伦斯、奈杰尔·尼科尔森和罗德·怀特都在著作中提到现代管理学思想的这些史前根源。⁴ 新兴的农耕社会的一个特征是土地所有权非常重要，土地所有权催生了贵族制的元素，贵族制是有文字记载的历史出现后占据支配地位的管理模式。

贵族社会

从公元前11 000年的文化繁荣期一直到19世纪，全球社会大多根据贵族农业模式划分阶层。⁵ "贵族制"（aristocracy）这个词源于希腊语，意思是"由最优秀的人统治"，也就是指由出生于拥有肥沃土地的贵族家族的人统治。例如，在日本，财富的多少取决于一个人的土地能够出产多少袋（石）稻米。在19世纪以前，除了极少数例外，全球社会几乎都认为王室血统意味着王室的能力以及掌握权力和职权的皇室权利。一个人的血统决定了他可能的社会地位、财富、教育机会和影响事件的能力。社会和组织的权力和职权主要根据家族世系分配，因为它们关系到土地所有权。新一代的国王王后和皇帝皇后是由随机的出生过程选定的。为了巩固权力和职权，欧洲和亚洲的大家族通过政治、军事和联姻等手段结成联盟，希望能够联合他们的财富，建立更稳固的社会地位。从结构上讲，贵族统治模式意味着某些家族往往会统治和支配社会和政治局势。在第二层次的心理层面，它意味着人们认为这种体系是正常的，贵族家族是合法统治者。在第三个层次，贵族统治模式所隐含的中心假设，说句实在话，就是"父亲最知道"。在世界上的大部分地区，王室家族中的父辈们是政治和经济活动的中心。拥有国家、民族和大家族领袖头衔的父辈们做出决定、制定法律、仲裁争端、执掌司法和惩罚。父辈们梦想着征服、联盟或经济扩张，然后筹集资金、招募人员来实现这些梦想。身为儿子的王子们则希望凭借王室权利继承父辈的王位，在很大程度上，这个权利是被人们所公认的。

贵族统治模式有很多积极的方面，其中一个方面是该模式给社会带来了稳定性，因为人们一生下来就知道自己在这个世界中的位置，他们受到的影响和教育让他们接受和适应自己的位置［见表4-1（见后页）］。由于拥有巨额财富和大把空闲时间，君主和王室家族会寻觅有趣的职业和消遣。画家、音乐家、雕塑家和作家都从中获益，从而增添了世界的财富。贵族统治为世界上一些最伟大的文学、哲学、艺术和音乐成就的发展提供了支持。

虽然有这些优点，贵族统治模式也有很多缺点。它让成百上千万人感到

表4–1 贵族社会的特征

· 有秩序的社会	· 受限制的教育
· 受限制的信息	· 受限制的技术进步
· 受限制的交通	· 男性统治
· 同质的追随者	· 受限制的资源
· 受限制的机会	

被剥夺了公民权。即使有很多人接受自己"天生"就是奴仆和臣民,但也有些人渴望有一个更具流动性和自由的社会。18世纪爆发的争取自由和独立的革命表明,人们对让他们觉得越来越受限制、越来越不公平、与时代越来越脱节的社会很不满意。有才能的人如果没有一定的阶层身份,他们的才能往往不被贵族制承认。贵族制只让少数人拥有教育机会,禁止有才能的人担任各类组织的关键职位,禁止公平均等地分配财富,更重要的是,贵族制不够灵活,无法适应不断变化的时代。这些因素加剧了下层社会中迅速膨胀的不满。

工业革命和官僚社会

这些不满导致了18世纪晚期的政治剧变,包括美洲和法国的革命。政治变革的影响巨大,与此同时,一个影响同样深远但更为平静的变革也在积蓄力量。18世纪下半叶和19世纪上半叶,蒸汽机的发明、石油的发现以及服装、枪支、鞋、器皿和工具的批量生产技术让经济世界发生了彻底的改变。这种转变让更广泛的人群能够获得大量更加经久耐用的产品,并且创造了更强大的、新兴的商人阶层。工业革命还导致组织中领导的性质发生重大转变,因为贵族显然再也跟不上正在发生的变革,再也不可能为正在成型的新兴组织形式提供最优秀的领导者了。这些现实,连同贵族阶层和劳动者阶层之间日益扩大的经济和政治差距,造成了旧体系和正在出现的新现实之间的紧张关系。美国、法国和俄罗斯的独立战争就是发生在新旧思维方式之间这种紧张关系带来的断层上的社会剧变,预示着贵族统治模式正在让位给新的世界观。

如我们所知,官僚制(bureaucracy)的另一位重要先驱是腓特烈大帝,当时他需要找到快速有效的办法把没有受过教育的穷人打造成有战斗力的作战部队。他给团队成员分派具体的工作、设计军队制服和军衔制度、让决策权集中化,所有这些努力都为未来的组织设计者提供了强有力的典范。

工业革命促成了范式转变,新的社会管理模式得以建立,在这种模式中,"普通"人凭借自己的能力和才干获得权力和职权。更熟悉生产技术和致富技术而非精英阶层的政治和社交细节的人在新兴团体中拥有越来越多的实权职位。权力分配的根据是一个人的职位,而不是生来就有的特权。法语单词"bureau"的意思是"职位",和后缀"-cracy"合在一起,就传达了一个(当时的)新观念,与权力密切相关的是一个人的职位而不是姓氏。这个词表明了新老范式的一个关键差异:权力归于职位而不归于个人。如今,贵族统治模式的遗存仍旧可见,尽管在英国和日本以及其他一些地方,这些遗存正受到越来越多的监督,而且人们普遍认为它们是过去世界秩序过时且昂贵的残余。

从贵族时代到工业时代的过渡是一次重大的范式转变。尽管我们说范式"转变",但是如果从个人的人生跨度来看,这个过程似乎过于漫长了:大多数人都是在一种支配范式下出生、生活直至死亡。然而,当我们透过几代人观察社会结构时,范式转变意味着社会稳定性遭到巨大破坏,社会思维和组织形式发生剧烈变革。

讽刺的是,对新兴官僚制做出最适当总结的人竟然来自有很高教养的欧洲中上阶层——出生于1864年的德国社会学家马克斯·韦伯(Max Weber)。当时,工业革命已经迅猛发展了将近一百年时间,因此在韦伯出生时,世界已经在很大程度上"工业化"了。韦伯总结了代表着与贵族制决裂的关键假设,并且阐述了官僚制站稳脚跟的方法。在《社会和经济组织理论》(The Theory of Social and Economic Organization)一书中,韦伯花大气力描述了他对与贵族职权相对立的新合法职权的看法。韦伯的著作被认为是描述从贵族思维到官僚思维的转变的里程碑,韦伯在书中阐述了自己对大部分业已发生的新情况的看法。

韦伯在描述新兴官僚制时总结说,一种新的社会秩序正在形成,它来自一系列被普遍接受的法规,这些法规"在形式上是正确的,而且已经按照公认的程序实施了",[6] 它们完全有悖于贵族制的观点。这些"法规"不一定成文,但形成了新的基本假设,为新经济的建立提供了基础。这种有关合法职权的新观点的关键组成部分包括:双方认可的规则、平等的适用性、存在于"职位"而非任职者的职权。

官僚统治模式的制度化在全世界范围内产生了巨大推动力。贵族制需要依赖继承人的健康和能力，而官僚制使得组织在没有关键家族成员或个人的情况下仍能继续运转。官僚制允许非家族成员根据组织的规则担任权力职务，从而改变了贵族制的权力承袭。因此，即使随着时间的推移，个体成员和姓氏发生改变，机构仍然能够建立和存续。

在官僚制中，权力和职权根据职位或组织中职位的结构关系分配。一个人在晋升后会得到更多的权力和职权，通常还会得到更多的财富。决策权通常集中在组织的顶层，决策的执行被分派给中层和下层。和贵族制时一样，组织还是不断出现和消失，人们仍旧认为现有组织是"合情合理"的。贵族统治模式的基本假设是"父亲最知道"，而官僚统治模式的基本假设变成了"上司最知道"。

尽管官僚统治模式在某些方面和贵族统治模式有相似之处，但是它扩大了可以承担权力职务的个体范围。与贵族制下一样，新的上司也主要由男性担任，但是现在不用非得是前任上司的儿子。新的领导者比其他人受过更好的教育，而且往往更有经验，因此"上司最知道"这个基本假设赢得了人们的普遍信任。在大多数官僚机构，员工和中层管理者靠高层管理者给他们提供愿景、指导、控制、鼓励、奖励和有关组织性质和地位的信息。原始数据向上汇总，分析和决策在高层进行，命令和指令向下传达。

这种普遍模式衍生成一系列官僚用语，比如"我们不是雇你来思考的：干活就行了"和"不该知道的你不用知道"等，它们现在已经变成了常见的日常用语。这些官僚用语成了我们日常语言的一部分，我们理所当然地认为它们本应如此。这种理所当然实际上反映了这样一种现实：新范式已经确立，人们不再将其视为变革了。

官僚制成功运行了两个多世纪，有很大的影响力，带来了很多积极的变革。与贵族制相比，在官僚制下，有才能的人获得更多自由，可以获取更高的社会经济地位。官僚制提供了可以调动大量劳动力的体系。新兴行业的发展不再依靠贵族个人的心血来潮。整个官僚社会具有更高的灵活性，可以适应不断变化的时代带来的挑战。官僚制抑制了无知的影响，更重要的是，减少了与贵族模式相伴的不满情绪（尽管对于那些"新"财富拥有者来说，官僚制在很多方面其实是用新的怨恨取代贵族制）。

官僚制还带来了一系列组织研究和理论建构，其中大多数源自人们对降低工作职责和人员表现之间差异的期望。弗雷德里克·泰勒关于科学管理的很多研究成果以及官僚时代的主流领导模式都是以找出分解、规定和控制人类行为的方法为中心。[7]在这个时期，管理的目标包括人员行为的标准化以及人员工作差异的最小化。用加雷斯·摩根的话说，这就是"像机器一样的公司"。[8]

与其他很多体系一样，在官僚制下，过去成功的源头变成了未来衰败的种子。形成官僚制的一系列假设和原则产生了某些负面后果。缺少特定个体也能继续经营并最终建立几乎成为社会固定组成部分的机构，这种能力让有些组织更多地把生存视为自己存在的目标——让他们偏离了为客户服务的目标。让员工适应事先规定好的工作职责往往让他们疏远自己的工作，促成由上至下的单向沟通模式，并且妨碍学习活动。最糟糕的情况是，官僚制只为除其员工以外的极少数人服务。在其发展过程中，官僚制还让平庸的或不那么优秀的人员留下并隐藏在迷宫般的官僚体系中。有时，韦伯整理出来的新合法秩序会模糊合理晋升上来的优秀人才的眼力，让他们无法看清客户的需求，更不要说关注客户的需求了。官僚制往往还压制创造力和开创性行为，支持之前构思和计划好的没什么风险的行为。如今，对于北美和欧洲的企业而言，当他们在新兴的范式下努力应对潜在原则、技术突破和激烈竞争时，官僚制的这些问题正突显出来。

4.3　当前的范式转变

如今，飞速变革是事物的秩序所在。在很多方面，这种变革速度不仅是我们从工业时代进入信息时代时引发的动荡带来的，也体现了被即时信息和迅捷的出行方式连接在一起的社会的本质。在20世纪，我们经历了电力、石油制品和燃料、核能以及风能和太阳能的发展，还经历了化学、物理学、机械、生物遗传学、生物化学、微型化、营养学、能源使用、数据传输、计算机以及成百上千个其他领域的大量意料之外的科技突破。在最近的50年里，以这些突破和创新为代表的变革脚步仍在不断加快。大多数管理者都认为，在我们的社会中，时间和变革之间呈指数关系［如图4-1（见后页）］，也就是说事物正在以越来越快的速度变化。当然，没有哪个系统能维持指数变革速度，因为变革最终将

图4-1 不断变化的领导背景

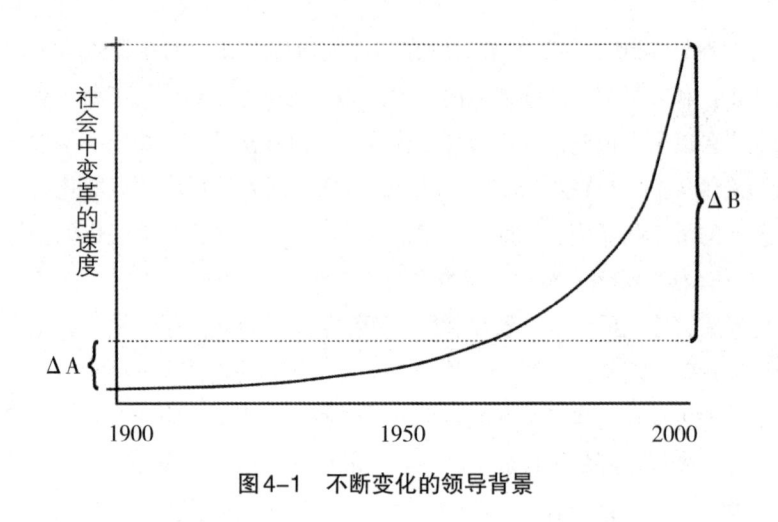

趋近于一条垂直线；但是，在工业时代和信息时代之间的过渡时期，变革的速度是惊人的。

不论在哪个领域，跟上潮流已经变成压倒一切的任务。我们有更多的书要读，有更多的理论要领会，有更多的传感器产生更多的数据，有更多的观察者得出更多的结论，有更多的电视频道，还有更多的政治、科学和社会经济状况和评论。很多国家的公民可以在闲暇时间即时了解全球各个国家政府的内部运行情况。在整合不同信息和新知识浪潮方面，我们的能力已经不堪重负了。

对于我们这代人和接下来的几代人而言，这种信息和变革爆炸的意义重大。也许最重要的意义就是我们认识到，尽管我们的父母还普遍能在同一个领域度过长达40年的职业生涯，但我们这一代已经不能有这样的奢望了。我们不能指望在整个职业生涯从头到尾干的都是同样的工作。几乎所有领域都需要新材料、新工具、新理论、新技术、新替代品和新的组织方式，这意味着我们必须不断地学习，否则我们很快就会被淘汰，丢掉工作。

现在，对于生存而言，终生学习比以往任何时候都更为重要。要想到，你现在所学的任何东西很快就会被取代，你必须努力学习，而且必须主动地学而不是被动地学，还要设法比别人学得快，以便占据优势。阅读、思考、摄取、消化、沉思、斗争、浏览、研究和调查，这些活动都带有一种紧迫感，它们代表新的生活常规，是跟上变化的必备手段。在你实施领导时、在你培养自己的思维方式和管理影响他人的方式时，这种学习倾向尤为重要。

对于组织而言，为了应对这些令人瞩目的变革，一种迥异于官僚制的新框架正在形成。组织正在围绕信息系统和支持信息系统的通信系统进行重组。现在，权力来自那些知道如何获取和消化大量信息的人。与之前的范式转变一样，这次转变也不是一蹴而就的，尽管它比从贵族时代到工业时代的转变快得多。和上次转变一样，这次新转变的原因也源于技术变革。

新兴的信息时代在很多方面影响着我们对组织和领导的思考。在这个新时代，权力的中心是协调资源、满足客户需求的人。信息成为关键的竞争和管理优势，因为市场和客户需求的变化比从前快得多。沃尔玛、第一资本和第一银行等公司使用信息系统作为有力的战略武器，来建立很难被对手撼动的竞争地位。随着规模不断增大，客户订单和预计交付时间之间的间隔不断缩短，内部产品开发和交货周期比从前短了很多。这些现象意味着管理层再也不可能知道和理解组织在自己与外部环境之间的各个界面上需要做什么。

管理者越来越依赖员工来获取相关数据、做出决策，以便比官僚体系更快地应对需求和挑战。这种趋势带来了20世纪80年代晚期和90年代早期的一个流行语：授权（empowerment）。无法利用官僚体系进行有效竞争的组织转而求助于员工，尝试"授权"给他们，让他们做出决策、为企业的绩效负责、主动发现并解决企业面临的问题。组织的这种扁平化是信息革命的自然结果，但很多管理者仍然将此视为孤立的、流行一时的潮流，认为他们可以选择忽略或马马虎虎地对待这些变革；他们不理解发生这些变革的大背景。

随着信息网络的激增，所有组织的边界都开始变得模糊。近来，一些作者描述了这种正在出现的"无边界"组织或虚拟组织，这种组织主要存在于概念上，很难界定其边界或边缘。大量兼职员工、向货架自动下单的混合计算机系统、各类竞争对手和销售商之间的联盟等都是企业中这种正在出现的无边界现象的例证。

对于这些正在形成的新组织形式，人们担心员工可能丧失存在感、参与感和对大型组织的归属感。如果员工不清楚自己为谁工作、不知道自己的工作怎样融入无形的虚拟组织，他们可能无法投入足够的精力来成就世界顶级的工作表现。在这些新兴组织中，卓有成效的领导者能够找出把员工凝聚起来的办法。传统的组织"黏合剂"的黏性越来越低。在这方面，很多私营公司正在向非营利组织学习，因为在历史上，非营利组织开创了应对灵活岗位和模糊边界的体系。

这个范式转变的另一个征兆是发生在 20 世纪 80 年代和 90 年代"去层级化"浪潮或者说"扁平化"浪潮，在这个浪潮中，中间管理层遭到了削减。19 世纪的铁路公司对中间管理层的增长和官僚制的兴起产生了极大的影响。铁路公司之所以建立多级管理层，主要是为了处理来自各地的信息，通过组织将信息向上传递，然后处理、提炼、总结并传递给高层。决策做出后，又通过这些组织层级传递下去，分散传达给各级人员。

现代信息系统正在迅速取代这些垂直的组织形式。客户在应对竞争对手的时候会使用类似的系统，这也意味着组织没有时间遵循等级制度；取而代之的是，很多组织正在学习如何才能实现即时响应。因此，对垂直的决策等级结构的需求正在逐渐消失。

这些压力正让越来越多的公司试验并部署以团队为导向的授权结构体系。由于中间层被撤销了，组织内较低层级的员工获得了使用公司资源满足客户的权力。政治领域内也有类似的趋势，很多国家最近在努力摆脱从前的保护者和独裁政府、实现独立，两个领域内并行出现类似的趋势并非巧合。世界各地的集权体制正在崩溃，因为各个层面的人员都面临着激烈的技术变革、即时的信息和行动需求。

就像我们从贵族时代到工业时代的过渡中看到的，组织仍旧不断出现、消失、重组。大多数人开始在心理上接受正在形成的现实，即变革是不容更改的现实，新型的、更加扁平的组织是"合情合理"的（尽管仍有很多人拒绝承认这一点）。然而，在第三层次，新出现的有关管理层的假设并非"父亲最知道"或者"管理层最知道"，而是"贴近工作的人最知道"。这些"关键流程贡献者"是离客户最近的人，他们最了解关键的客户服务流程，而且知道怎样管理这些流程才能达到最佳效果。尽管有些高管和中层管理者仍旧拒绝改变官僚思维，但既成事实是有效的决策权正在向这些关键流程贡献者转移。

组织设计者正在努力寻找能够识别和接受这种新现实的结构体系。当前，美国最大企业的高管们正在谈论的是速度、无边界组织、项目团队、并行工程、倾听较之谈论的重要性，等等。例如，20 世纪 80 年代晚期，通用电气公司的首席执行官杰克·韦尔奇发起了一个名为"群策群力"的庞大企业改革，意在帮助各事业部的领导者接触各级员工的想法和观点。通过"群策群力"等举措，韦尔奇努力将他的公司从工业时代的官僚机构改造成信息时代的组织。韦尔奇并不是唯一这么做的领导者，在各个行业，有越来越多领导者在设法做同样的事。

不论在哪里，人们开始把兴趣放在以信息为基础的关键产品生产流程和服务提供流程以及支持这些流程的组织结构上。有见识的企业高管正在研究这些流程如何运行，并且设法加速生产和创意流程，同时提高质量和定制水平以满足客户需求。在官僚制下成长起来、适应不了新背景的人，往往不愿意并且拒绝理解需要怎样做才能学会在新环境中做到卓有成效。

观察者把这种新背景称为信息时代或后工业时代。有人可能想知道该怎样称呼这些新兴的分权组织形式，因为它们不是纯粹的官僚机构。尽管这些新兴的组织形式还残存一些官僚机构的特征，但它们看起来更像神经网络。不管它们被称为团队形式、授权组织、影响圈、虚拟组织、信息制、客户制、无边界组织，还是被称为可变流程集合，它们都将成为新范式的代表和化身。也许我们最后会选择彼得·圣吉提出的那个简单有力的说法——学习型组织（learning organization）。[9] 另一个说法是信息制（infocracy），这种说法捕捉到了大部分现实，即在这些新的组织形式中，信息构成了权力的基础。[10] 家庭或职位不再把握决定组织命运的权力源头。信息爆炸让权力在这些新型组织中得到重新分配。不论新方式有什么样的叫法，其特点都是：权力分布广泛，结构体系能更充分地认识到所有组织成员从爆炸式增长的海量信息中获取、处理信息并做出决策的价值。

在这些新的结构体系中，领导权以看似无序的方式转移给接近关键挑战并且有才能应对这些挑战的人。在幸存下来的公司中，员工忽略并且避开以往形式化的运行方式；头衔不再那么重要，而负责不同区域或职责的员工之间的关系则变得更为重要。管理层支持而不是指挥团队。过分层级化的官僚体制下的人为产物（例如高管专用的停车位、餐厅、洗手间、西服领带、独立办公室、单向绩效评估以及员工和高管之间的薪金差距等）都会继续萎缩和消失。组织的边界继续模糊，销售商和客户都会要求并接受组织的代表、数据、主机接入、团队成员资格以及曾经的内部决策所受到的影响。在全球范围内，凭借极其出色的沟通而结成的联盟会继续增多。对于组织而言，内外差别将继续减弱。

其他很多人也描述和预言过从官僚制到信息制的范式转变，最早的论述者之一是沃伦·本尼斯，1966年，他在《思考》杂志上发表了一篇题为"官僚制即将死亡"的文章。[11] 他认为官僚制的特征是界定明确的等级制度、处理各种意外事件的标准化操作流程、基于专业化的劳动力分工、基于技术能力的选拔和晋升制度以及对待员工极端缺乏人情味。

本尼斯发现了招致官僚制死亡的四个威胁：变革迅速而且在意料之外、规模的增长让过去的程序不再奏效、现代技术的复杂程度提高以及管理者和员工之间缺乏人情味的关系招致越来越多的不满。

本尼斯说，取代官僚机构的新型组织从本质上看是临时性的，它们会为了适应不断变化的需求而飞速改变。他将其称为"有机适应"结构。在其中，员工会受到充分的激励，但不会那么致力于特定的工作群体，因为这些工作上的联系很快就会发生变化。组织设计也会发展演变，它们会鼓励尝试和创造性思维，而不是抑制想法和创造力，因为组织要努力跟上环境的变化。如今，在目睹身边的组织发生的变革时，我们不得不为本尼斯30年前的预言拍手叫绝。其他人也描述过这种转变。[12] 但也有人提出了不同意见。斯坦福大学的哈尔·莱维特就认为，官僚制会存续下去。[13]

图4-2直观地展现了这次范式转变。图中，将三种主要范式分隔开的斜线说明了转变的渐进性；但是，从官僚制到信息制的转变肯定会比从贵族制到官僚制的转变快得多。新燃料和新信息来源的影响是这次转变的关键刺激因素。

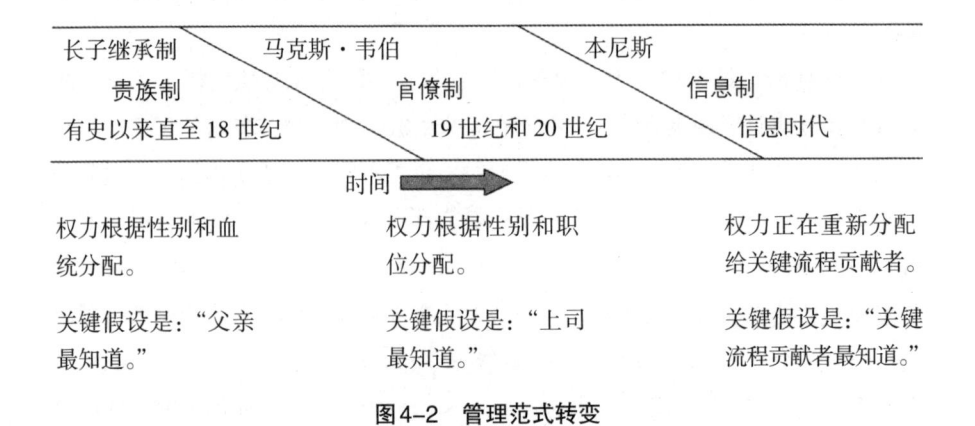

长子继承制	马克斯·韦伯	本尼斯
贵族制	官僚制	信息制
有史以来直至18世纪	19世纪和20世纪	信息时代

时间 →

| 权力根据性别和血统分配。 | 权力根据性别和职位分配。 | 权力正在重新分配给关键流程贡献者。 |
| 关键假设是："父亲最知道。" | 关键假设是："上司最知道。" | 关键假设是："关键流程贡献者最知道。" |

图4-2　管理范式转变

图的底部展现的是组织中的权力分配模式以及关于谁最知道该怎么做的关键假设。

基于信息的新范式需要新思维、新价值观、新系统、新能力以及新型的领导。新型组织的成员也需要拓宽对工作的看法。他们不能再一边说"这不是我的工作",一边指望保住工作或者公司会生存下去。他们必须找出从下至上传递信息的方法,并且增强由上至下的信息传递。管理者和员工都要认识到,每个员工的贡献潜力可能超出其工作职责。领导越来越不会只是发号施令,说"伙计们,听着,我们要这么做!"领导需要思考包容性的答案而不是排他性的答案。从组织和领导的角度来看,我们要学习"模糊逻辑"和多样化的回答,而不是"清晰逻辑"和非此即彼的回答。在新型组织中迅速成长起来的员工和领导者将会适应这些不那么确定的影响因素。

新范式还要求领导者建立一些新的核心价值观和技能。与过去相比,新型领导者将更加重视倾听而不是谈论。在咨询业,客户多种多样,从业者几乎总是声称,挑战的一方面就是客户的领导层需要更好地倾听。在新范式中,这种能力正变得越来越重要。领导者要学会更重视合作而不是竞争,更重视才能而不是头衔,更重视团队合作而不是个人的成果和荣耀。要更重视提供给客户的服务而不是利润(但并不排斥利润),领导者必须在内心深处承认这样一个事实,即先有客户,后有利润,没有客户,他们就不会有收益或利润。柯林斯和波拉斯在他们的经典著作《基业长青》中将这种倾向称为"超越利润的目标"。[14] 我们中有很多人正在争取领导职位,如达维多(Davidow)和马龙(Malone)所说,这些人必须"颠倒自己的想法"。我们不能只是试图给自己当前的产品创造客户,而是必须重视和了解客户的需求,然后对我们的企业进行重组,从而比其他企业更迅速且更高质量地满足这些需求。

在这种新的背景下,领导者必须学会重视防患于未然。哈尔·莱维特在提出这个观点时解释说,新型领导者既是问题的制造者,也是问题的发现者或问题的解决者。[15] 新型领导者重视预感、冒险和新想法。他们建立变革价值观,也就是说对变革过程深信不疑,还会积极地接受这种价值观。美国银行(当时的"国民银行")的首席执行官休·麦科尔(Hugh McColl)倡导的座右铭是:"我们要狠狠地拥抱变革。"[16] 在这种新范式下,卓有成效的领导者会理解并实践这种新的价值体系,放弃追求稳定和控制的价值观以及当前对意外情况的怀疑。他们会学会钟情于学习、变革和多样化，随时保持警惕以便看清并响应周围变革的挑战。

新范式还要求设计和实行新型的组织系统。新型领导者会实行和体验新型的组织形式，比如汤姆·彼得斯提到丹麦的"意大利面式"组织。[17]他们实行"球形"绩效评估（超越现在某些公司实行的开创性的360度评估），评估由团队成员、下属和客户、供应商以及社区居民完成，而不是仅仅由上级单独完成。这种球形评估包含的相关数据来自所有与个人或团队对组织的贡献有利害关系的人。我们会看到满足客户和团队成员需求的工作时间安排，而不是官僚机构根据自己的时区规定的标准化工作时间。我们会看到，全球计算机数据链接不仅存在于组织的顶层，还存在于组织的各个层面。

新范式在很多方面要依赖出行速度和信息传输速度。没有这些因素，建立忠诚可靠的联盟和伙伴关系所必备的知识就会崩溃。我们会看到成本核算和追踪系统越来越复杂，它们可以让成本动因与总成本相互匹配，而不是把成本分摊到各个部门。我们会看到晋升制度将考虑到企业面对的战略要求和竞争策略要求的变化。我们会看到招聘制度越来越关注社会技能，与对技术能力（更容易学习和培养）的关注程度相当，甚至更多。

信息制要求新的内部组织技能。员工和管理者都必须更擅长倾听、诱导、讨论、鼓励、识别感受、非正式影响、说服而不是命令、外语、使用计算机、在分辨事情的轻重缓急时注重以客户为导向以及寻找原因等。他们要更擅长通过参与更少来做到关注更多，这看起来有点矛盾——也就是说，他们所使用的关注方式要能让他们对正在发生的事物了解更多。新范式要求员工和管理者更擅长跨文化的理解和沟通，更善于看到人们能提供什么而不是他们看起来怎么样。他们会变得更善于分享，更善于为了以身作则而承担个人风险，更善于称赞而不是批评，更善于帮助而不是盼咐，更善于观察和干预流程。为了以后更高效，我们必须先学会耐心。另外还要更多的同理心（即用别人的视角来看待世界的能力）和更少的同情心（即试图用我们自己的核心信念和价值观来解决别人的问题）。

新型领导者将是愿意接受新想法而且重视变革的学习者。新型领导者将值得信赖、值得尊敬、适应变革。他们重视他人的能力，知道如何突出和信赖这些能力。面对变革，他们清楚自己是谁，自己主张什么。和贵族制的领导者以及很多官僚制的领导者不同，他们从内心深处尊重组织之中的人员以及组织周围相关人员的价值和尊严。

未来的新型领导者将是系统思考者，能够而且渴望看到更大的局面，看到系统中有系统。他们尊重个体的能力和做事方式，不论其种族、性别或宗教信仰，他们会一直寻找更好的方式，一直防患于未然，但也会一直心怀明确的目标。新型领导者将会是多样化的思考者，而不是非此即彼的思考者。[18] 新型领导者将既是训练者也是守护者，既是老师也是学生，既是工作者也是管理者，既是榜样也是指导者。

在这个转变中，把握时机很重要。行动太早和行动太迟一样致命。"纳什大都会"是专门针对城市交通和停车便利设计的一款紧凑型轿车，它存储空间大、油耗低、结构坚固。不幸的是，它问世的时间是 20 世纪 50 年代早期，直到 1973 年，石油危机才让全世界人民意识到这种汽车的价值。可视电话也差不多是在同一时期问世的，但直到现在才受到人们的欢迎，逐渐盛行起来。能够在新范式下取得成功的企业会展现出良好的把握时机的意识，而且会考虑到本行业中促进或限制新范式的因素。不幸的是，企业在变革中常见的错误往往是行动太迟，而妨碍者往往是高级或中级管理层。

4.4　现代信息制的背景

对当今世界所需要的领导类型，信息制带来了一系列重要意义。之前列举的趋势肯定会影响你和你在这些新型组织中领导的能力。让我们快速回顾一下可能对你产生影响的关键趋势。

事实上，如今每家企业都有某种国际关联。这种关联可能是供应商、制造商、呼叫中心（现在通常设在印度或巴基斯坦）、客户或会计和薪酬管理服务等。其直接意义是你需要知道在其他文化中自己应该如何应对。如果你有过海外经历，那么你将领先一步。如果你会不止一种语言，而且能适应各种文化特有的商业礼仪、食物、时间与空间的关系以及社交细节，那么你将占据很大的优势。比如，如果你作为一名重要访客到印度尼西亚做客，你准备好品尝还冒着热气的生猴脑了吗？在日本，你知道何时应该把鞋子脱掉或者如何交换名片吗？在沙特阿拉伯，你知道不要向对面的人亮鞋底吗？学会在不同文化背景下做生意是在新的信息时代经商的必备条件。[19]

接下来，如果你要在全球范围内寻求利润，前面提到过的乔·派因和吉姆·吉尔摩的理论可能对你有所帮助。他们提出，在农耕时代，人类交换从土地上得来的东西。当这些农产品比比皆是时，它们的利润就降低了；如今我们把它们称为"大众商品"。在工业时代，我们对从土地上得来的原料进行加工制造。人们买到了经久耐用的商品，就有了能够长久使用的东西。商品的利润也开始下降。20世纪50年代，随着信息时代的到来，企业在服务业发现了更高的利润。在服务经济中，客户付钱让你为他们做事。但是，激烈的竞争不断削减这些利润。如今，我们发现"体验"行业成了产生丰厚利润的主要领域，人们愿意付钱获得一次性的体验，比如"超级碗"的门票、足球比赛、音乐会和娱乐活动等。付钱获取体验的概念迅速延伸到商业世界。如果另一家公司也能提供和你们一样的产品和服务（意味着你的行业已经"商品化"了），客户为什么要选择和你们做生意呢？首先就是因为和你们交易给他带来了良好的体验。企业也许认为他们是在销售产品和服务，但在商品化竞争异常激烈的全球化经济中，他们销售的实际上是客户与他们交易的体验。

中国将在21世纪扮演更加重要的角色。凭借世界最多的人口、强大的开创精神以及越来越具激励性的监管环境，中国将影响世界上几乎所有的经济体。如果中国与其他亚洲国家以及拉美国家签订了有利贸易协定，美国可能发现自己日益受到中国人的商业成功的夹击。

世界人口在继续增长。虽然工业化国家的出生率逐渐降低，但世界总人口仍旧继续攀升。地球的承载能力有多大？我们现在的人口大约有70亿人。我们能养活130亿人吗？能养活330亿人吗？在你的孩子生活的年代，会有多少人生活在这个世界？日益升高的人口密度会对你的企业和你们家的生活方式产生怎样的影响？世界人口统计数字显示，地球上的人口一直以稳定的速度增长（除了黑死病爆发的年代），直到1800年左右，增长曲线陡然向上抬升。工业革命引发了全世界范围内的人口激增。另一个重大的转折点出现在1950年左右的信息革命时期，医学研究和数据处理在那时都取得了进一步发展。尽管经济学家表明工业化国家的出生率呈现下降趋势，但世界总人口仍然迅速攀升。

与此同时，全世界继续飞速地消耗着石油。乐观主义者宣称，我们会在石油耗尽前找到替代能源。悲观主义者认为，我们已经走上了下坡路，前方是没有了石油的经济。如果燃料成本继续上升，你的企业会受到怎样的影响？如果石油价格再次达到每桶 100 美元呢？

贫富之间的差距仍旧存在。人类潜能的巨大损耗以及穷国和富国之间反复爆发的冲突会继续给经济和社会的发展拖后腿。你看到这些趋势的持续了吗？恐怖主义会成为你未来生活方式中越来越常见和"可接受"的一部分吗？这样的现实将对你的领导能力和成功领导的必备条件产生怎样的影响？

4.5 结 论

我们身边的世界不断飞速变化，短期内速度不大可能减慢。组织争相发明新结构和体系来应对变化，他们发现这些变化太深远了，需要新思维、新价值观、新能力、新设计和新型的领导。本书关注的就是新型领导可能是什么样子以及领导者会设计和实行什么样的组织。我们的目标是帮助你认真地为你在职业生涯和人生中将要遇到的变革做好准备。在下一章，我们介绍一个简单的领导概念框架，这个框架会成为本书的架构，我们还鼓励你将这个框架具象化，并用它来引导你培养新的领导能力。

本章概念

1. 进入新千年，我们正处在经营方式、组织结构方式和领导方式的一次重大范式转变之中。
2. 信息革命正在创造新的组织形式——信息制，它更为扁平，更依赖快速准确的信息，要求所有成员的更多参与，而且必须比以往更快速地响应。
3. 信息时代要求新型的领导，它与工业时代官僚制的领导存在重大差异。
4. 很多经历工业时代的领导者会发现很难摆脱旧的领导习惯、学会新的领导习惯。
5. 在新的信息时代，卓有成效的领导者会理解并精通变革过程。
6. 在新的信息时代，无形的无边界组织往往难于描述，而卓有成效的领导者要能协调这些组织中的各种子单位。
7. 当今领导的背景是势不可挡的变革和趋势，其中包括全球信息共享、人口的增长、中国的崛起、石油的减少、顽固的贫富差距以及新兴的"体验"经济等变化。
8. 要想在新的信息时代成为卓有成效的领导者，你必须学习新能力、建立新观点。

思考题

1. 在过去的几年里，你在工作和组织中注意到哪些类型的变革？你们这代领导者将面对哪些趋势和问题？
2. 准确、即时的信息会对你完成工作、成为更有成效的领导者以及构建未来组织的能力起到哪些作用？你收集、理解和利用这些信息的能力如何？
3. 在你的组织中，哪些人看起来还在坚持官僚制的旧范式，哪些人看起来已经开始接受新思维了？
4. 从进入信息时代的角度看，你的组织和同行业的竞争对手相比居于什么位置？你们是领先？居中？还是落后？
5. 在看到发生在身边的变革时，你有什么情绪反应？你是觉得受到了威胁还是受到了激励？为什么？
6. 要让你的组织毅然进入信息时代，需要哪些条件？
7. 要想在全球化、人口众多、高科技、快速变化的世界里担任领导者，你要做好哪些准备？

案例讨论

TFC公司是一家全球性企业集团，其首席执行官刚刚上任，正在思考她的任期会给公司留下什么印记。她想发展和强化公司战略，在战略中糅合防守和高科技两种思路，但她同时又希望确保自己能做出正确的决策。她让自己的高管团队提交一份清单，列出他们认为在将来20年里会对公司产生重大影响的各种趋势。如果你是高管团队中的一员，你会发现哪些趋势？

第5章 战略框架

总有两派,当权派和革命派。

——拉尔夫·沃尔多·爱默生

我们对钻石模型的探讨从"战略思维"（右上角的连线）开始，因为没有战略就谈不上领导。没有战略思维，领导者将无所从、无所指、无话说。根据定义，卓有成效的领导者应该有战略观点和方向。要成为卓有成效的领导者，你必须成为战略思考者。

伟大的领导者拥有战略梦想，也就是说他们会设想未来可能是什么样子以及在他们看来未来应该是什么样子。罗伯特·格林利夫在《仆人式领导》一书中指出："没有梦想就不会有什么作为。要成就伟业，必须有伟大的梦想。每个伟大成就背后都有一个心怀伟大梦想的梦想家。要把梦想变成现实，除了梦想家还需要很多其他条件；但是首先必须有梦想。"[1] 你也许从来不认为自己是战略梦想家，但是如果你没有能力建立强大的战略梦想，你作为领导者的能力就会大大削弱。要成为强有力的领导者，你首先必须有梦想，一个战略梦想，它定义和描述未来可能是什么样子或者更确切地说在你看来未来应该是什么样子。本章将探讨作为思考组织方式的战略思维框架，以及创新和道德在战略思维中的作用。但是，我们首先需要建立一些共同语言。

5.1 定　义

在刚开始思考和谈论战略和战略思维的时候，人们往往被术语弄糊涂。有些简单的定义和概念能帮助我们在对话中保持清晰的思路。首先，"战略"这个词往往让人想起"长期""大范围"和"高水平"。然而这些描述漏掉了很重要的一点。战略问题（strategic issue）指任何对建立和维持竞争优势的能力产生影响的问题。如果没有竞争优势，就不会有什么战略未来。最终，有竞争优势的组织会利用这个优势把居于劣势的组织淘汰出局。战略思维就是构想建立和维持战略优势的方法。

战略问题指任何对建立和维持竞争优势的能力产生影响的问题。

竞争优势（competitive advantage）有三个组成部分。[2]首先，它是为客户提供更高价值的能力。无法为产品和服务的使用者提供更高的价值意味着组织与其他愿意满足客户需求的对手相比没有任何优势——对手最终确实会满足客户的需求。更高的价值由客户定义，可能从产品或服务的质量、获得它们的便利程度、费用、独有的特色或者很多其他角度来定义。如果不知道客户重视什么，企业很难确定什么东西能给客户提供更高的价值以及怎样才能给客户提供更高的价值。

竞争优势由三个元素决定：
- 更高的附加价值
- 模仿的难度
- 更大的灵活性

第二，竞争优势意味着提供更加优质并且难以模仿的产品和服务。如果企业的这种能力不难模仿，其他企业就会很快进行复制，它的竞争优势也就会随之消失。模仿的难度可能有几个来源。专利保护是一个常见来源，尽管它有规定期限。财务资源可以是一个来源。大型的既有生产基地可以是一个来源。建立在谨慎的员工招聘、密集稳定的培训以及先进的人力资源管理政策基础上的服务质量也可以是竞争优势的一个来源，模仿这一点可能需要花几年或几十年的时间。模仿难度的来源还包括品牌的认知度和声誉、地理优势以及政府补贴和支持等。

第三，提供更优质产品和服务的能力必须既难以模仿，同时又能提高企业的灵活性，这看起来有些矛盾。如果企业学会了为产品和服务提供更高的价值，但是方式很僵化，那么它会无法响应或适应飞速变化的市场环境，它的优势也会随之消失。那些让企业的产品和服务难以模仿的系统也可能让企业失去适应变化的灵活性。这里的矛盾和管理挑战在于，企业既希望建立难以模仿的生产交付能力，又希望这些能力易于修改或调整。如果企业的管理风格和组织现状不具备快速学习和成长的能力，那么在飞速变化的世界中，企业很快就会落伍。

战略的定义建立在"某某的竞争优势"的基础上。那么这个"某某"是谁呢？战略问题和战略思维不仅仅适用于大型组织。每个有机体都面对战略挑战，如果有机体不能迎接和克服这些挑战，它就会失去竞争优势，开始走向灭亡。在生物世界，兔子如果无法弄清如何在狼身边求生，就会开始走向灭亡。狼如果无法学会如何比美洲狮更好地捕猎或者无法学会如何在人类的包围中生存，就会开始走向灭亡。在商业世界，组织如果无法迎接竞争挑战，也同样会开始走向灭亡。

5.2 战略思维的框架

波士顿咨询集团是世界上最著名的咨询企业之一，其创始人布鲁斯·亨德森对战略进行了简洁的概括："战略就是对自然竞争的管理。"[3] 他随后指出了战略竞争的五个基本元素：

1. 理解市场中竞争者的交互动态的能力
2. 预测行动会对这些动态产生什么影响的能力
3. 为实现未来结果投入资源的能力
4. 预测这些资源投入的风险和回报的能力
5. 有勇气采取行动

这些原则和你的战略思维技能直接相关。事实证明，研究者们在过去50年里采用的几种分析方法都是以此为基础，这些分析方法各不相同但又相互关联，它们的目标都是设法增强人们对战略竞争的理解。每种分析方法都能提升你的战略思维能力。挑战不在于牢记所有分析方法，而在于理解每种分析方法的基本观点并把它们整合到你的第三层次思维和世界观中去。然后你就能用这套整合过的战略价值观、假设、信念和期望（VABE）来为你的组织、你的工作群体和你自己制定战略。

5.3 匹配模型

肯·安德鲁斯是最早的现代战略观察家和评论家之一。[4] 安德鲁斯让人们知道了战略制定和战略执行之间的区别，他认为，企业的领导者必须先制定战略，再通过领导和管理来实施战略。他提出了评估企业战略优势的九条标准：

1. 战略是否清晰可辨？
2. 战略是否充分利用了国内外的机遇？
3. 战略是否与企业当前和未来的能力相符？
4. 战略是否具备内在的一致性？
5. 战略是否呈现出可控的风险水平？
6. 战略是否与高级管理层的个人价值观和目标相符？
7. 战略是否与企业的社会贡献目标相符？
8. 战略是否会激励大家采取行动？
9. 市场是否对战略有所响应？

尽管这些问题是是非问句而不是描述性问句，但认真思考这些问题能够帮助你评估自己的战略思维是否清晰和恰当。你可以以这份问题清单为模板来评估你在战略沟通方面的效力。

安德鲁斯的办法从本质上讲是一个匹配模型，它鼓励管理层在充满机遇的世界中寻找适当的细分市场，鼓励他们发挥自己的优势来利用这些机会。由安德鲁斯的观点产生了一个广为使用的战略分析模型，它通常被称为SWOT（优势、劣势、机遇和威胁）模型。这个模型的中心思想是管理者应该对所有四个方面进行仔细分析，找出能让自己充分扬长避短的领域。图5-1展示了人

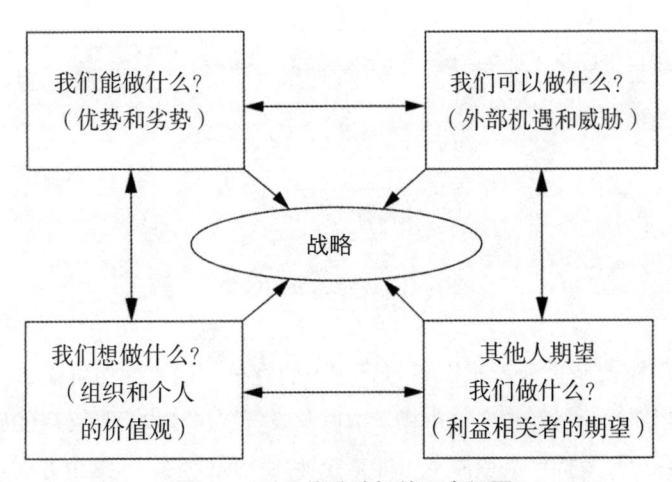

图5-1 引导战略选择的四个问题

们通常如何呈现和理解SWOT模型。SWOT模型通常是讨论另外四个针对行动的相关问题的基础，这些问题对应SWOT模型的分析：

1. 我们想要培养哪些新能力？
2. 我们如何创造新的可能性？
3. 要培养新能力，我们需要学习什么？
4. 要建立共同期望，我们要如何合作？

波特的五力模型

20世纪80年代，哈佛商学院的迈克尔·波特提出了所谓的"五力模型"（见图5-2）。与安德鲁斯的企业视角相比，波特的经济学背景让他更关注行业。波特的模型评估的是企业与业内其他企业相比的优势。[5] 波特认为，影响一个行业的五种力量是新进入者（受到进入门槛的阻挡）、供应商的力量、客户的力量、替代品的威胁以及企业在业内竞争者和其他四种力量之间的核心竞争力。波特还将战略竞争优势的概念延伸到另外一个层面，将国家也考虑进来（在个人、工作群体和企业之上）。[6]

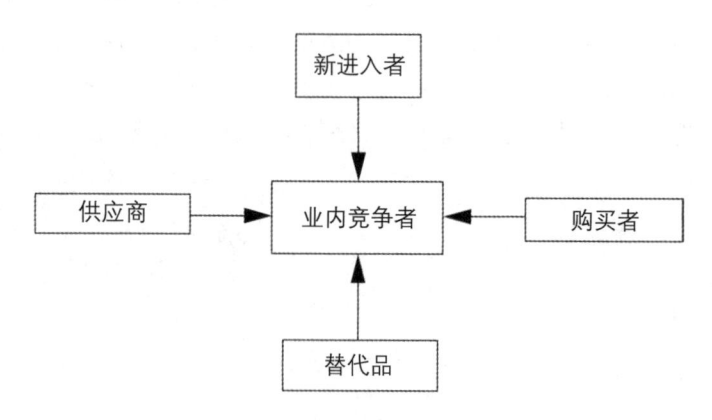

图5-2 波特的五力模型

进入门槛使新进入者难以参与行业内的竞争。进入门槛可能包括专利保护、地理相邻性、已经建立的市场份额以及投资厂房和设备所必需的庞大启动成本等。客户想要的产品或服务可能是企业无法提供的，从这个方面来说，客户拥有能够影响企业的力量（这是"五力"中的一种"力量"）。企业要依靠供应商的产出满足客户的需求，从这个方面来说，供应商能够影响企业的竞争能力。超越企业产品和服务的行业创新会带来替代品，这可能对企业的生存造成重大威胁。最后，如果企业的内部能力与业内竞争者相比不具优势，那么企业在业内的地位就会渐渐削弱。看起来，波特的成果是以安德鲁斯的模型为基础发展起来的，管理者们认为五力模型就是 SWOT 模型分析的自然延伸。

价值链

波特还阐述了另外一个重要的战略概念——价值链。在波特的模型中，每个企业都有一个价值链，使之能与其他企业竞争。价值链（value chain）是一连串为投入增加价值的活动，把投入变成别人想要的东西。企业可以通过理解价值链上每个环节的经济效果来分析自己竞争能力的强弱。在波特看来，企业一般可以发现一条包含九个基本元素的价值链。这些元素包括五个基本环节和四个支持性结构。五个基本环节是内向物流、运营、外向物流、营销和销售以及服务。波特断言，基本上每个组织都遵循这个模式，先获取原材料，然后进行处理，再通过营销和销售团队交付给他人，最后提供必要的服务。每个环节上附加价值的质量共同决定公司的战略竞争优势。如果每个环节上都缺少附加价值或者附加价值很容易模仿，组织就得不到太大的竞争优势。

四个次要的支持性结构是组织的基础结构、人力资源管理实践、所使用的技术和技术开发以及采购方式。这些基本的支持性结构使组织有可能在价值链的所有五个环节上增加价值。任何一个支持性结构力量薄弱或者无法为五个环节贡献力量，组织的战略竞争力都会削弱。

最近，价值链的概念在经过修改后被用到了视角更大的行业观中。根据这种观点，企业会追踪一类产品和服务的主要增值活动，并试图分析经济机遇之所在，以及自身的能力和优势如何才能应用到价值链的这些环节上。例如，在汽车行业，一条简单的价值链可能包括采矿、运输、炼钢、运输、零部件制造、零部件组装、运输、整车总装、仓储、运输、营销、销售、贷款服务和售后服务。亨利·福特在 20 世纪 20 年代决定让自己的公司把这条价值链上的每个环节整合起来，但是多年过后，他发现这么做无利可图。价值链的各个环节需要不同的技术和能力，福特汽车公司最终收缩了汽车业务，让自己专注于零部件制造、零部件组装（尽管其中大部分外包出去了）、整车总装和贷款服务。

这种关注一个行业或一类产品的价值链观点视野更广，可以帮助管理层确定组织的特定技术和能力可以在哪里带来最大的附加价值，从而更好地为客户服务。企业如果分析行业价值链每个环节的经济效果，就可能发现机遇或者不具竞争价值的业务片段（比如由于利润低、进入门槛高、竞争激烈等原因）。

确定价值链中应该有哪些独立环节并不是一门严密的科学。组织可以试着找出从原材料到消费的一系列流程中所有可以增值的活动，然后分析每个活动的经济效果。如果某个活动对整个价值链的总体增值影响很小，它就可能被并入另一个活动，直至合并后的组合成为价值链中能为客户创造价值的重要环节为止。这么做是为了创建一个增值活动组合的顺序列表，其中的每个活动组合都对最终产品或服务的价值产生重大影响。

有了这份列表，企业就可以开始分析价值链上的每个环节，发现哪里有经济机遇。在这种分析中，企业要思考活动所需的特定技能或技术、活动的成本结构、可能产生的相关利润，然后把这些东西与组织的能力进行比较。如果某个环节所需的能力和经验与组织的核心能力以及增值能力不符，比如前面福特汽车例子中的采矿环节，那么在战略上，企业就应该选择在其他地方参与竞争。如果由于竞争激烈、进入门槛相对较高（新设备的成本和偏远地区建厂的成本）以及客户的力量强大，这个环节(采矿)的利润有限而且还在不断缩减，那么企业就应该选择参与价值链上其他环节的竞争。例如，GEO咨询公司的负责人詹姆斯·摩尔（James Moore）开发了一个分析程序，可以帮助企业弄清自己是否具备在产品价值链的某环节获取商业成功所需的一切。

核心能力

在不断发展的匹配战略模型中，核心能力是一个关键概念。最早让这个概念广为人知的是 C. K. 普拉哈拉德和加里·哈默尔。[7] 核心能力是指企业随着时间的推移发展起来的一系列组织能力，这些能力让企业具备竞争能力并且让其成功难于被其他企业模仿。核心能力或者说核心技能组合往往是无形的能力，与技术和技术开发相关，与以创新、生产和财务管理效率以及营销为中心的内部组织流程相关。佳能对光电子领域的精通是成功地识别并应用核心能力的一个实例。"光电子"这个词意味着佳能能够将光学技术和电子技术有效地结合在一起、通过高效的内部组织流程来创造新的产品。识别出这种核心能力让佳能从一家"相机公司"变成了新兴的激光打印行业的领军企业。识别核心能力可以转变企业对自身的看法。卡特彼勒公司（Caterpillar）能够在全球范围出色地管理一流建筑设备的生产、财务和分销，这是设计、制造、全球关系、财务创新和经销商关系等方面的一系列组织能力组合在一起的成功范例，这些能力相互补充、密切交缠，支撑起这家世界最成功的建筑设备公司。沃尔玛管理其庞大的零售配送系统库存的能力是组织核心竞争能力的另一个范例。[8] 在设计和应用大马力、高效能的小型发动机方面的精通和创新让本田在摩托车、草坪养护产品和汽车等行业取得了竞争优势。迪斯尼能够构思和制作老少皆宜的动画片，这种能力是其建立起包括主题公园、广播公司、玩具、酒店、高尔夫球场和各种相关业务在内的娱乐帝国的核心因素。

这种战略思维对企业管理层提出的核心问题是：你们特有的核心能力是什么？如果能够找出自己胜人一筹的地方而且能够在对应的市场着重发挥这种能力，企业就能获得暂时的竞争优势。根据定义，核心能力的形成需要时间，核心能力还很复杂，融合了组织中各个部门的能力，因此往往很难模仿，特别是在短期内。《基业长青》一书描述了这个关键性的发现。[9] 当企业试图找出能让自己特有的核心能力在竞争中取得成功的领域时，他们会发现自己正在争夺越来越狭窄的细分市场。这种战略匹配思维从根本上看具有局限性，这促使一些企业开始考虑如何根据自己的期望来改变自己在行业内的相对竞争优势组合。

增　长

大多数战略制定者坚信企业必须实现增长。人口专家、环境专家和自然资源保护者仍在不停争论增长是无限的还是可持续的，不过大多数商业领导者还是积极地寻求增长。寻求增长的动力有一部分可能源于人类拓展自己的经验和边界的天生渴望。[10] 拉姆·查兰和诺埃尔·蒂奇总结了伊格尔·安索夫的多元化矩阵，他们认为每个企业都可以是增长的企业，甚至在看起来已经饱和的市场中也是如此。[11] 他们以一个 2×2 的网格为基础展开论证，如图 5-3（见后页）所示，表现了新老客户和新老产品。他们指出，无论从当前的客户和当前的产品来看你当前的市场有多"成熟"，你都能设法找出更广阔的潜在机遇。一种方法是弄清你的客户在同类产品上的总体花费，然后将其视为你的目标"客户

图 5-3 定义增长轨迹

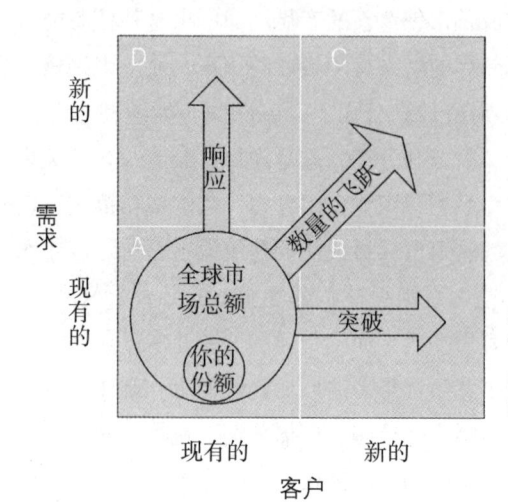

来源：Based on Charan and Tichy, *Every Business Is a Growth Business*, 3 Rivers Press, 2000

份额"——也就是客户的消费总额。除了设法赢得更大的客户份额，还可以考虑为现有产品和现有服务寻找新客户。大多数销售队伍都采取这种方法，努力推销我们已经知道、已经在做、已经在制造的产品和服务。第三种方法是向现有客户提供新产品和新服务，这要求你愿意着眼于客户的消费总额，而不只是盯着客户在同类产品和服务上的花费，而且还要求你愿意培养自己的能力，从客户的消费总额中夺取更大的份额。这种方法要求研究和开发、密切的客户关系以及战略创新思维。拓宽潜力的第四个方法是转移到新客户和新产品这一格，在这一格中，两个元素都是新的。这种高风险战略意味着超越当前的能力和客户基础，实现更大的飞跃——还意味着这个过程中存在失败的风险。

5.4 意图模型

尽管安德鲁斯、波特和其他学者强调企业需要找到正确的时间和地点参与竞争，但哈默尔和普拉哈拉德[12]却开始思考如何发展核心能力，使之成为在未来建立战略竞争优势的手段。他们的思考以卡尔·韦克的思想[13]为基础，韦克认为企业不仅必须对环境做出响应，还必须对环境产生影响。詹姆斯·布赖恩特·奎因[14]和其他一些学者认为，回头来看，战略是过去的一系列决策凸显出来的一条轨迹（"逻辑渐进主义"）。但是普拉哈拉德和哈默尔认为，战略思考者应该建立一系列能在未来某个时候给他们带来竞争优势的组织能力，以此影响或塑造他们的竞争环境。

这种战略意图可能要花很多年才能实现，但是如果认真构思和管理，它就能重塑行业的经济状况，给企业带来其他企业需要多年才能复制的优势。与此同时，创新型企业当然会继续发展自己的核心能力。这种更为主动的方式称为"战略意图模型"。日本建筑设备制造商小松公司的发展历程生动地体现了这种思维方式。当年，小松公司决定在全球建筑市场上与卡特彼勒公司较量。在做出这个决策的时候，小松公司既没有成功实现这个目标所需的资源，也没有相应的核心能力。然而他们确立了一个严肃的战略意图，而且遵循这个意图逐年发展自己实现目标的能力，最终，他们占领了目标业务的绝大部分份额。[15]

战略意图模型强调组织要有愿景（组织可能和应该成为什么样子），还要有发展必要的竞争能力来实现愿景的决心和资源。如果建立一系列能带来优势的核心能力要花费数年甚至数十年时间，那么企业只有拥有愿景和维持经营所需的资源才能实现这个目标。

BCG 模型

20 世纪 70 年代，波士顿咨询集团（BCG）开发了一个战略规划矩阵，对业务单元进行分类。他们认为，如果把细分市场的增长和企业拥有的市场份额加以比较，就可以找出哪些市场定位让人满意，哪些市场定位不让人满意 [图 5-4（见后页）]。在高增长的细分市场中占据高份额的业务单元是"明星"。在低增长行业中占据高份额的业务单元是"金牛"，因为竞争对手很难夺走已经确立的市场份额。在低增长的行业中占据低份额的业务单元是要被出售的"瘦狗"。在高增长的细分市场中占据低份额的业务单元是需要迅速有所作为否则就活不下去的"问题儿童"。BCG 矩阵背后的逻辑类似于杰克·韦尔奇在 20 世纪晚期送给运营高管们的那句名言："如果不在行业中数一数二，你们就会被出售。"

尽管 BCG 矩阵背后的基本假设存在一些问题，但是它的很多特色有强大的效力。首先，该矩阵可以帮助管理者思考某个特定业务单元是否有光明的未来，以及这个业务单元怎样才能争取获得这个未来。其次，该矩阵暗示了业务

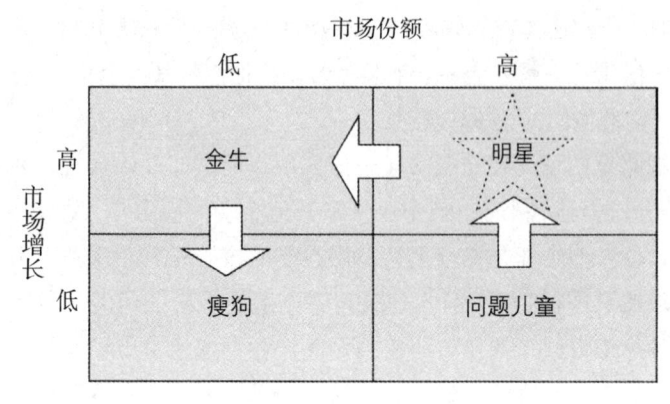

```
                    市场份额
              低              高
         ┌─────────────┬─────────────┐
      高 │             │             │
         │   金牛   ←  │    明星     │
 市场    │             │             │
 增长    ├─────────────┼─────────────┤
         │             │             │
      低 │   瘦狗      │   问题儿童  │
         │             │             │
         └─────────────┴─────────────┘
```

图5-4　BCG 矩阵

单元从"问题儿童"变成"明星"、变成"金牛"或者变成"瘦狗"的正常发展过程，这也是一个鼓励长期思维的概念。BCG 的分析师支持对业务单元进行市场定位，支持管理层做出相应决策，让每个业务单元朝着更具优势的类型发展。领导"问题儿童"单元的高管必须弄清如何在不断增长的细分市场中获取份额，否则他们是活不下去的。领导"明星"单元的高管要思考他们的处境和细分市场的增长性，以确保他们最终变成"金牛"而不是"瘦狗"。"金牛"单元的领导者则必须思考如何维持他们的优势地位，避免变成低份额、低增长的"瘦狗"。在后文中将要提到的克里斯坦森的创新者困境中也包含相关的思考。

生态模型

第四种方法来自 GEO 咨询公司詹姆斯·摩尔的研究成果。摩尔认为，商业行业的概念正在消亡，商业世界在新千年发生的一切有一个更加生动的比喻，那就是商业生态系统的概念。[16] 摩尔认为，在现实中，甲公司可能在世界的某个区域与乙公司竞争，在第二个区域向乙公司销售产品，又在第三个区域和乙公司结成合资经营的联盟。根据这种生态观，每家公司都在与另一家公司的复杂关系中生存和成长，任何一家公司的毁灭都可能给另一家公司带来灾难性的后果。用生物学的术语来说，就是他们之间是共生关系——任何一方死亡，另一方也活不下去。

这种观点与"商场如战场"的普遍思想截然不同，"商场如战场"是大多数管理者对战略规划的看法，而且它通常意味着设法尽可能地削弱或摧毁竞争对手的市场地位。在生态商业观中，如果公司在全球各地和其他公司拥有多重关系，那么把其他公司淘汰出局可能是最不应该的做法。更有远见的做法是把自己的业务视为生态系统，在其中，行业间和公司间的界限是模糊的，然后把竞争对手看成这个商业生态系统中不可缺少的部分，而不是必须消灭的敌人。能够一边竞争、一边联手的公司其实是在建立一种核心能力，这种能力让他们可以有效地应对模糊性、矛盾以及内部的竞争压力，让他们拥有难以模仿的优势，让他们建立可以适应未来的灵活性。坚持与竞争对手对抗的公司事实上可能是在播撒自我毁灭的种子——这个过程可能是自然而然的，也可能是通过反垄断管制，就像1984年的法庭裁定之前的美国电话电报公司那样。

5.5 革命性战略

加里·哈默尔在《领导革命》一书中提出了一种更为激进的战略思维观。[17]哈默尔认为，大多数老牌企业正面临革命的威胁。他说，最终，革命的企业会偷走老牌企业的客户和市场，随后偷走他们的员工，最后偷走他们的资产。拉尔夫·沃尔多·爱默生曾经说过："总有两派，当权派和革命派。"根据这种精神，哈默尔提出了两类领导者：一类是价值榨取者，他们试图从"旧"的商业模式或价值主张中榨取更多的利润；另一类是革命者，他们创造新的价值主张和业务。哈默尔认为，战略领导者应该避开持续性的改良，定期寻求革命性的新商业模式——不断设法挑战和摧毁心中的旧商业模式。如果不这么做，他们会发现自己的利润逐渐被侵蚀，直至无法生存下去；与此同时，革命型领导者则会找到为客户服务的新方法。

哈默尔提出了一系列原则，可以用来设计能够不断自我改造的革命型组织。哈默尔说，首先要设定不切实际的期望。这个观点与柯林斯和波拉斯在《基业长青》中提出的对BHAG（重大的、危险的、大胆的目标）的认识是一致的，BHAG会让员工得到拓展，完成他们自以为完成不了的任务。第二，哈默尔建议使用弹性的业务定义。不要僵化地认定自己是某个类型的公司。如果佳能一直认为自己是一家"相机公司"，它可能永远也发明不了激光打印机。第三，把从事的活动定义为事业而不是生意，以此激发能量。与帮别人赚钱相比，人们更愿意为有意义、有影响的事业工作。这个观点再一次与柯林斯和波拉斯提出的"超越利润的目标"的概念不谋而合。第四，聆听革命者的声音。大多数公司的领导者都希望听到更多的认同，对于不一致的声音不是听不到就是不赞成。然而这些声音（例如，苹果公司的史蒂夫·乔布斯和史蒂夫·沃兹尼亚克的声音，当时他们想要制造"个人电脑"）可能正是下一代发出的声音。

第五，营造开放的创意环境。如果组织不系统地、开放地寻找和奖励创意，它将会走向灭亡。第六，营造开放的资金环境，为新创意提供资金。让管理者自由地对他们认为能服务客户的创意进行投资。第七，营造开放的人才环境。在 21 世纪，吸引和留住人才是一个关键的战略挑战。鼓励人员流动、允许优秀人才从事他们感兴趣的项目，这样的组织更可能吸引和留住优秀人才。第八，鼓励低风险的实验。如果拥有自由的创意、资金和人才市场，那么下一步就是鼓励而不是惩罚小试牛刀地实验革命性创意的人。

第九，像细胞分裂一样实现增长。当一个小实验成功时，不要将其扼杀，不要将其官僚化，要让其自然、独立地成长。强生公司的业务家族就是一个很好的范例。强生公司包含 200 多项业务，每项业务一开始都源自内部产生的创意，然后成长壮大成为独立的部门，但仍是强生家族的一部分。第十，让革命者参与财富创造。哈默尔写到："你不能像奖励管家那样奖励创业者。"如果革命者想出一个伟大的创意，他自然希望享有这个创意带来的利益。

哈默尔的战略观点鼓励所有领导者重新思考自己是否致力于创新和自我重塑。价值榨取型的领导者会设法从系统、流程或商业模式中榨出最后一滴利润，但他们可能忽略更大的战略威胁。他们最好找到处于组织边缘的革命者并倾听他们的声音，这些人也许已经想到了能够创造更大价值的全新模式。

5.6 体验经济

派因和吉尔摩为经济发展和相关的战略思维提供了一种广泛、全面的思路。[18] 他们认为，如果从历史的角度纵览人类的整体经济活动，我们最先观察到的是人类从来自土地里的东西获取利润。这些东西最终在农耕社会变得比比皆是，很容易得到（商品）——于是它们的利润下降。在 1800 年前后，随着工业革命的到来，人们开始用土地里得来的原料进行加工制造，一部分原因是他们把铁矿石制造成了商品，为其增加了价值，从而获得了更高的利润。信息革命（1950年前后）的到来带来了经济重心的又一次转变，人们意识到随着商品变成大众商品，其利润正在减少，因此人们把目光投向了服务业。派因和吉尔摩认为，随着服务业利润的减少，我们进入了新的体验经济，高额利润不是来自原材料、商品或服务业，而是来自一次性的精神体验。请看看有多少人愿意买票观看摇滚演唱会、世界杯足球赛、"超级碗"以及相关的活动和赛事吧。派因和吉尔摩断言，下一个重大的经济阶段将是转变性的，高利润的获得者将是能够承诺和他们在一起会让我们有所转变的人，而不仅仅是给我们提供大众商品、产品、服务或体验。我们能在咨询公司、大学以及并购项目支配的利润中看到这种新兴趋势。

5.7 创新者困境

哈佛商学院的克莱顿·克里斯坦森发现了一种让大多数企业都头疼的战略模式。他将其称为"创新者困境"，因为尽管这种战略模式是一个自然合理的过程，但它给战略研究者制造了一个真正的难题。我们在图5-5中展示了"创新者困境"的基本元素。请注意，竖轴是一个非同寻常的标尺，代表产品特色的客户使用率。随着时间的推移，企业希望客户能够用到越来越多的产品特色，如那条向上扬起的黑色斜线所示。与此同时，不论何时，企业都会有各种各样的客户，有些能用到产品很多的特色，有些只能用到很少的特色，如向右突起的钟形曲线所示。开始销售其产品和服务时，公司理所当然地希望增加特

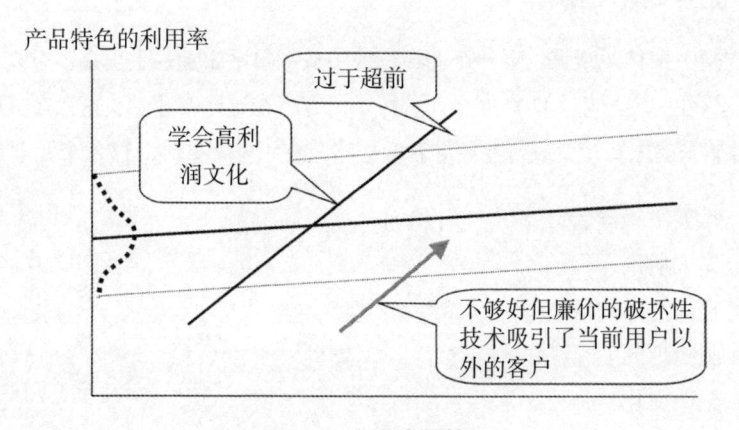

图5-5 创新者困境

色和服务，因为这就是客户想要的，而且能够实现更高的利润。问题在于，经过 10 年、20 年或 30 年后，公司学会了"高利润文化"，即不断寻求更高利润的经营方式，这是一个自然、合理的过程。这种模式会导致两种危险。

第一种危险是"过于超前"——即企业提供的产品是客户不想要的和买不起的。例如，一家秉持典型的由内而外的设计文化的企业制造了两颗非常昂贵的最高端通信卫星。问题在于，对于这两颗卫星，他们的客户既不需要，也买不起。于是，这两颗卫星被闲置在仓库，数百万的投资没有任何用处。

第二种危险是，当某家基于低端技术的不够成熟的企业提供了一种低端的竞争产品时（如图 5-5 中右侧箭头向上的斜线所示），第一家企业没有兴趣参与这样低利润的低端业务竞争。这样的目标在他们看来是不合理的。于是，第二家企业赢得了立足点，随后要做的自然就是增加产品的特色，这样他们就能掌握更多的利润。例如，当起亚和现代进入美国汽车市场的时候，梅赛德斯和凯迪拉克就不太在意。但是，随着时间的推移，我们发现，梅赛德斯、沃尔沃和凯迪拉克开始提供越来越小、越来越便宜的车型，为的就是与那些从头开始一点点侵蚀其市场份额的企业竞争。

创新者困境是指，当面对廉价、低端技术、不成熟的竞争对手时，老牌企业往往不想和他们竞争，因为他们入侵的是低利润的细分市场。然而，危险在于，老牌企业的利润会随着时间的推移被对手一点点地侵蚀。

5.8 优秀到卓越模型

吉姆·柯林斯断言，要让企业在行业中从一贯平庸到一贯出众，有六个基本元素必不可少。[19] 他对 1100 家企业进行了研究，在这些企业中，这六个元素为企业思考从平庸之辈转变成行业领导者的战略建立了坚实基础。这六个元素是：

1. 第五级领导者
2. 先人后事
3. 直面严酷的现实
4. 刺猬理念
5. 纪律文化
6. 技术加速器

柯林斯认为，如果企业能具备这六个元素，积极势头的良性循环就会形成"飞轮效应"，推动企业走向卓越。我们可以把这种从优秀到卓越的变化比作准备起飞的波音747。首先，你需要有一个优秀的飞行员，然后，你还需要有一队优秀的机组人员。在滑行和起飞之前，你需要面对风速、重力、襟翼状态指示器和其他很多严酷的现实。随后，一旦升空，你必须集中精力做好你的工作（飞行）、遵守一切安全飞行程序，利用最先进的技术（飞行控制和导航等）飞抵目的地。

柯林斯提出的第五级领导的分级与本书提出的第三层次领导完全不同。柯林斯的分级只是对管理层的简单分级，从员工、主管、经理、组织领导者到以决心和谦逊为特征的特殊类型的组织领导者。在柯林斯看来，第五级领导者拥有实现愿景的坚定决心，而且对自己的进步非常谦逊，会为了建设强大的团队而回避个人的声望。显然，可以认为决心和谦逊正是驱动其行为的VABE（第三层次的概念）。

"先人后事"这个元素指的是一定要尽可能搜寻最佳"选手"，然后让他们自己定义他们的工作。而很多组织的做法与之背道而驰，他们定义较高级别职位的工作职责或关键资质，然后强迫下一代领导者适应他们的定义。

"直面严酷的现实"和杰克·韦尔奇的一句名言类似："你要面对的是眼前的现实，不是曾经的现实，也不是你希望的现实。"[20] 有关愿景、有关"明白需要做什么"的问题已经在我们之前对领导观的定义中简要描述过。各个层面上有太多人试图轻视、歪曲或忽略严酷的现实，这不是健康的战略思维方式。

柯林斯用刺猬理念指出，要找出并坚持你擅长的东西。他说，刺猬理念由三件事交叉组成：你爱做的事、你擅长的事和别人会付钱让你做的事。对个人、工作群体或企业来说，这都是一条很好的建议。

纪律文化元素指的是组织上下的管理者都坚守他们的核心刺猬理念，不会尝试做其他的事情。彼得斯（Peters）和沃特曼（Waterman）在其经典著作《追求卓越》（*In Search of Excellence*）中常常批评那些大肆吹嘘的公司是怎样试图做其他事情，然后从其光环中跌落的。决策纪律也同样是所有三个战略层面的挑战。有多少人全力应对自己个人生活中的纪律，应对吃喝、抽烟、锻炼、阅读和管理开支等方面的纪律？对工作群体和组织来说也是如此。

在柯林斯的概述中，技术加速器指针对具体问题的特定技术解决方案。

公司往往过于迷恋信息时代的最新系统，然而他们其实只需要针对某个特定任务内部开发一个简单系统就够了——而且成本要低得多。

柯林斯认为，11家实现从优秀到卓越的跨越的公司都展现出了这六个元素，这些元素共同作用，制造了推动积极势头的飞轮效应。轻视或妨碍其中任何一个元素都可能给飞轮造成障碍，减慢其旋转速度。如果确保所有元素都处于正确的位置并且保持良好的状态，则很可能产生积极效应，触发转轮，让它越转越快。图5-6对所有这些概念进行了总结。

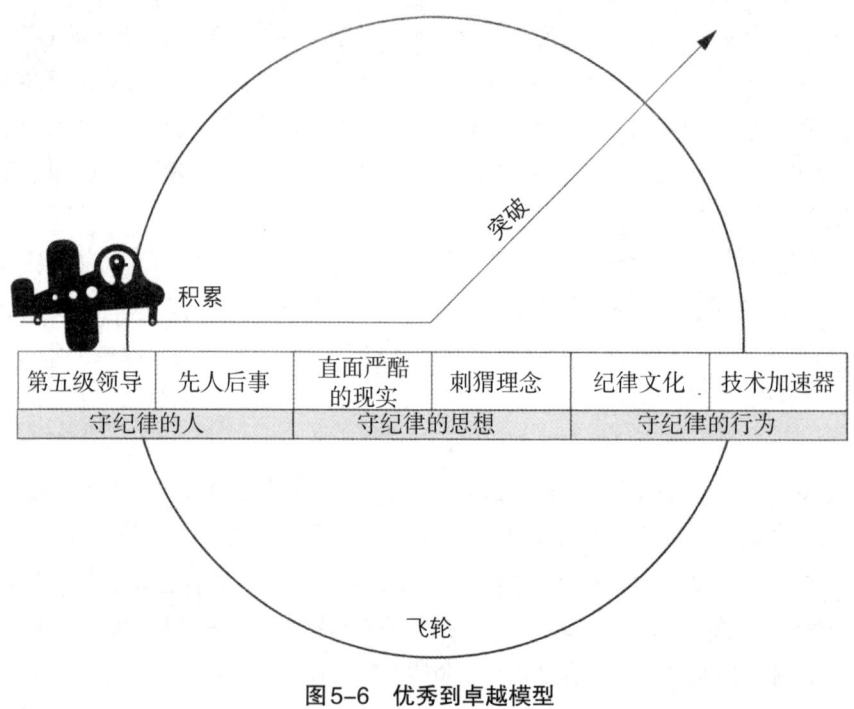

图5-6 优秀到卓越模型

5.9 战略地图

罗伯特·卡普兰和戴维·诺顿提出了一个更具战略性的观点，值得我们注意。[21] 这个观点建立在平衡计分卡框架基础上，不过还包含一系列因果联系。它的逻辑相对简单但十分有力：钱是从客户那里来的，企业能够取悦客户、让客户满意，企业的做事能力建立在员工和流程的基础上。卡普兰和诺顿最初提出平衡计分卡是为了鼓励企业管理团队不要只关注利润。例如，在开车时，你不能只关注车速，还必须注意很多事。事实上，如果对其他事给予适当的关注，如仪表盘上的其他东西，你实际上反而能够加快车速。相反，如果只关注车速，你会给车造成损伤，破坏自己的加速能力。

最初的平衡计分卡关注四个元素：客户、内部运行、组织人员的学习和发展以及财务。凭借战略地图的概念，卡普兰和诺顿解释了组织在其他三个元素和因果关系链上的投入如何提高盈利能力，扩展了原始的平衡计分卡框架。

利润（P）是你在收益（R）中扣除开支（E）后剩下的部分。能获取收益是因为客户喜欢你的所作所为。因此，提高利润的一个主要方法是取悦客户。这看起来简单，但很多管理团队都忽视了这个联系。（另一个提高利润的方法当然是控制成本。）这是"财务层面"。

客户层面是要找出你的客户（当然是细分后的客户）想要什么。想要高质量？低成本？可信度？可靠性？品牌形象？便利性？还是这些元素（以及更多其他元素）的某种综合？当企业进入市场时，从战略地图的角度看，要对企业问的问题是："你的客户价值主张（CVP）是什么？"也就是说，你计划在什么基础上取悦客户，让他们想要买走更多产品或服务？例如，星巴克最初的 CVP 是介于工作和家之间的"第三空间"，在忙碌奔走之间，你可以在这里停下，喝杯自己喜欢的热饮，读读报纸，查看电子邮件，紧张起来或放松一下——换换脑子。事实证明，星巴克迅速成长为全球品牌，这样的 CVP 让星巴克获得了丰厚的利润。

随后，从内部运营层面看，要对企业问的问题是："为了用你的 CVP 取悦客户，你必须拥有哪些内部能力？"根据战略地图的观点，每个组织都需要在其内部价值链中找出能带来顾客满意度的关键元素。对于星巴克而言，这始于优质的原材料（咖啡豆）、优质的烘焙流程和优质的员工。因此，星巴克建设内部能力时，采购、烘焙和服务成为重中之重的环节。每个环节都需要大量的投入——为了得到世界上最好的咖啡种植者而建立关系并投入极致培训，保密的专利烘焙设备（像可口可乐的配方），能吸引临时劳动力资源中的优秀人才的人力资源政策（谁会愿意当一辈子的咖啡师？）。只有让客户满意，让客户愿意在星巴克更多地消费，这些每笔高达百万美元以上的重大投资（例如，在拉丁美洲建立一个咖啡种植培训中心要投入 1000 万美元）才会物有所值。

最后，让组织能力真正起作用的"无形资产"是员工，如今很多人称其为"人力资本（HC）"。请想想现代企业的原始概念——企业拥有资本（钱）、劳动力（员工）以及厂房和设备。如今，我们谈的是"人力资本"（组织成员的所有才干、技能和能力的总和）、"社会资本（SC）"（所有这些人之间关系的价值的总和）和"组织资本（OC）"（组织的信息、活动和决策管理方式所增加的价值）。战略地图的观点认为，只有满足如下条件，组织才应该对这三个元素进行投资：投资能带来可以直接满足客户的更强大、更深入的组织能力，客户接下来又会进行更多消费。

这样可以将员工、员工的技能、员工的协作方式、信息基础设施以及很多其他相关元素集中用于提升利润，即战略地图链下方的环节。对于在培训课程、教育、计算机系统、重组甚至收购等方面的投入，可以根据每个元素对战略地图链有多大的贡献来评价。在这里，管理者可能会问："这个培训课程上的开支能对我们的利润有什么贡献？"图5-7描述了战略地图每个层面上的关键问题以及它们之间的高级（未详述）垂直关联。

财务层面
我们计划怎么赚钱？（R − E = P）

客户层面
我们的客户价值主张（CVP）是什么？

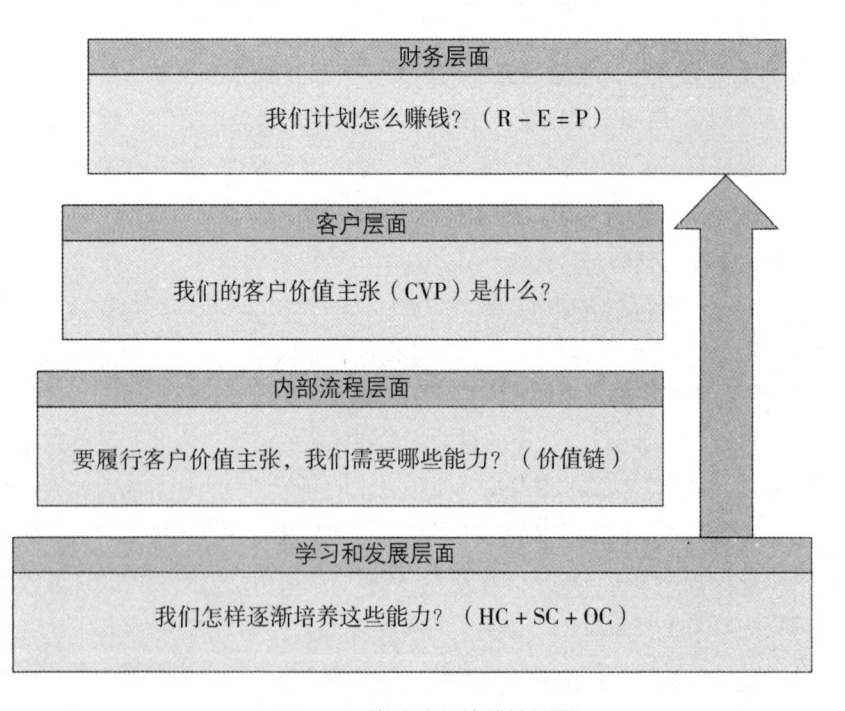

内部流程层面
要履行客户价值主张，我们需要哪些能力？（价值链）

学习和发展层面
我们怎样逐渐培养这些能力？（HC + SC + OC）

图5-7　战略地图的关键问题

5.10 培养你的战略思维

你可以从这些讨论中看到，匹配、增长、意图、生态、革命、体验、创新者困境、从优秀到卓越以及战略地图等战略思维模式是彼此依赖、相互关联的。现代战略思考者会努力了解周围世界里的影响力量，评估和发展自己相对于竞争对手的竞争优势，建立对目标的清晰愿景，维持灵活性甚至对抗关系的矛盾性，以便建立可持续的战略竞争优势。

战略思考是一项艰苦的工作，它要求你了解和跟随普通新闻和商业新闻中报道的趋势，了解会对现在和未来产生影响的力量。它要求你敏锐地察觉某个业务单元与对手竞争的立足点。战略思考者必须愿意学习和建立新的竞争之道。战略思考不仅依赖愿景，还依赖选择道路的勇气以及长期坚持下去的毅力，虽然一开始的结果也许并不尽如人意。

现代战略专家珍妮·利特卡和约翰·罗森布拉姆把战略对话称为战略的基础构件。[22] 业务领导者会聚在一起展开讨论。他们会在对话过程中竭力阐明自己认为组织可能和应该成为什么样子以及怎样才能实现。这些对话有时模糊，有时则非常清晰。

在飞速变化的环境中构建战略绝非易事。当背景混乱无序的时候，战略思考者需要制定可替代的、灵活的行动方针。只有当这些行动方针建立在坚实的价值基础上而且与柯林斯和波拉斯所说的企业"超越利润的目标"一致时，这种办法才会奏效。经济世界反复出现的动荡迅速侵蚀了人们对战略规划部门的信任。在过去的20年里，很多制定了战略规划、拥有战略意图并为这些规划投入了大笔资源的企业发现，事物往往变化得太快，战略规划于是都变得靠不住了。

情境构建

除了战略规划实践，另一个证实有效的途径是情境构建，在情境构建过程中，战略思考者对不断变化的环境背景下可能发生的情况进行合理的构思。真正的战略情境构建与设想最佳情况、最差情况和最可能情况的常见做法完全不同。在情境构建中，每种情境都是合理而且有可能发生的，都会对企业产生重大的影响。这里的挑战在于找出这些可能出现的情境，然后审视环境，尽可能快速找出哪个情境正在发生。

20世纪60年代晚期和70年代早期，荷兰皇家壳牌的战略思考者开发了情境规划技术，帮助公司做好准备，让公司从七大石油公司中的最后一名在新千年来临之际上升到了数一数二。皮埃尔·瓦克（Pierre Wack）、彼得·施瓦茨（Peter Schwartz）、莱斯·格雷森（Les Grayson）和他们的同事针对经济、政治、地理、民族特性和其他很多因素进行了广泛的阅读和思考，找出荷兰皇家壳牌可能面临的各种情境，然后明确了他们可能在报纸上看到的各个情境的主要指标或信号。

当有关中东石油生产商开会讨论国际事务的小篇文章开始出现在一些国际报刊上时，他们定期翻看：例如，他们发现了其中一个情境的一个主要指标——石油联盟的成立。对于荷兰皇家壳牌的这些翻看报纸的人来说，报纸中对于他人而言无关紧要的新闻恰恰是他们预想的"联盟"情境的清晰信号，对于获取稳定的原油供应意义重大。因为看到这些文章而且已经考虑过如果成立了这样的联盟可能出现什么情况，荷兰皇家壳牌在1973年石油危机前及时改变了战略方针，直接获取石油供应，于是为公司在竞争对手中异军突起奠定了基础。[23] 因此，事实证明，情境规划能够让战略思考者在战略构建过程中拥有严谨合理兼具灵活性的远见。

广泛阅读

从前面的例子可以看出，广泛的阅读和思考显然是培养良好战略思维的一种关键活动。有时即将降临的机遇或灾难要从远处用不同的角度看才最清楚。战略思考者善于从多个角度观察形势，善于从不同角度收集数据和观点。例如，对MBA学生来说，要培养这种"看到其他选择的能力"，一个办法就是学下围棋。

围棋棋盘上纵横各有19条直线，将棋盘分成361个点。在国际象棋中，执棋者有很多不同种类的棋子可以移动，围棋不同，执棋者只有一种棋子，对局双方一方执黑棋，一方执白棋，双方可以按照各自的意愿把棋子放在直线的交叉点上。在国际象棋中，目标是俘虏或杀死对方的国王，但在围棋中，目标是比对方控制更多的地盘，但不是消灭对方（与生态战略观一致）。因为围棋棋盘上有更多的方格（国际象棋只有64个方格），而且目标也不同，所以围棋比国际象棋复杂得多。在围棋中，仅能预测几步棋的线性思维变成了缺点。看出双方棋子强弱形势发展的能力变得更为重要。西方学生表示，学习下围棋让他们意识到，世界上过半数的人口居住在亚洲，他们在思维方式上也许和西方人有着本质的差异，而这些深刻的差异有着重大的意义。

5.11 战略思维的基本要素

珍妮·利特克用战略思维观对上述讨论进行了总结，其战略思维观包含五个关键元素：系统观、明智的机会主义、核心意图、假设驱动和及时思考。[24]

系统思维始于系统观，这是一种发现行业内的各种力量和组成部分如何组合起来的能力。系统观能帮助个人在实现自己部门的目标之外，了解组织或行业的各个部分如何组合起来，以及一个部分的变化怎样影响其他部分。了解了各种组成部分之后，例如行业中价值链的各个部分，就可以用明智的机会主义来寻找有利可图的经营领域了。明智指对行业或细分业务各个部分的分析和解读能力。这里正是本章前面提到过的分析技术能够发挥作用的地方。这些技术可以帮你提高眼力，发现哪里可能存在机遇。这种分析为战略思考者或领导者提供了一个机会，让他们可以决定自己想做什么。这个抉择就构成了他们的核心意图。如果这个意图不清晰，战略就会摇摆不定、偏离方向。

意图的实施是基于对行业或业务中因果关系的假设。是否意识到这个元素的假设性决定了你是顽固不化还是坚持不懈。当个人实施其意图时，如果没能实现，持有假设观点的人会愿意做其他尝试。这有时意味着方法的改变，有时意味着意图的改变。

战略思考者明白时机的重要性。他们知道，如果时机不对，不论太晚还是太早，太匆忙还是太拖延，正确的产品或战略都可能遭遇失败。优秀的战略思考者会培养出一种意识，知道何时应该行动，何时应该等待。

最后，战略思考者需要针对创新和道德做出一些严肃的选择。在创新方面，加里·哈默尔提到了两种主要的战略制定者，"榨取者"和"创新者"。对于如何管理企业，榨取者和创新者有着不同的思路。有趣的是，我们可以观察到，在通用电气的历史上，杰克·韦尔奇的管理似乎主要关注提高效率（榨取），而他的继任者杰夫·伊梅尔特则更关注创新。这两种战略制定者能合二为一吗？也许可以，但他们各自持有的价值观在本质上是相互矛盾的：寻求更高的效率就要让企业避免"不必要"的成本和浪费，而创新从本质上看是一个效率低、无法预测的过程，往往伴随代价不菲的试验。

与此同时，领导者还要针对道德做出实际的或明确的战略性选择。他们会"服从"法律条文但同时总是想方设法绕过法律吗？他们会遵循"如果不犯规，你就是没努力"这句体育界的名言吗？他们是会努力遵守法律甚至努力引导立法，服务各方利益相关者，还是会竭尽所能极力赚钱，不顾对他人的影响？这些重大问题将是后续章节的主题。

5.12 结 论

卓有成效的领导者都是战略思考者；他们知道提前思考的重要价值。他们培养了一系列能力，能阐明自己的目的，能预想如果目标实现他们可能成为什么样子，能探索实现这种预想的方法和途径。他们理解投资和培养核心能力的重要性，这些能力是执行和实施他们的战略意图所必需的。他们越来越理解用足够的灵活度来管理战略意图的重要性，这种灵活度让他们不仅能和竞争对手在全球市场中共存，还能和竞争对手用共生的方式共同成长壮大。

战略思维一半是天分，一半是修炼。你可以培养自己的战略思维能力。但是，这种培养要求你付出努力、不断学习、勤奋思考、大量交谈以及广泛阅读和反思。它要求你练习清晰地讲述可能仅仅是一闪而过的领悟激发出来的模糊想法。它要求你学会用语言和文字表达这些思想和火花。它要求你有革命性的反思和能量，而且如果你要实施和实现你的战略梦想，它还要求你建立非凡的领导能力和管理变革的能力。

本章概念

1. 战略问题指所有会对建立和维持竞争优势的能力产生影响的问题。
2. 竞争优势有三个组成部分：更高的附加价值、模仿的难度和更高的灵活性。
3. 战略思维至少适用于三个层面：组织、工作群体和个人。
4. 从战略角度看，个人可以考虑让自己适应环境（匹配模型）或者创造一个他们能适应的环境（战略意图）。
5. 产品或服务的价值链中的每个环节都可能具有或缺乏其战略价值。
6. 竞争优势建立在核心能力的基础上，培养核心能力需要时间。
7. 大多数企业都有很大的成长空间。
8. 有效的战略思维通常是革命性的。
9. 在人类历史上一次次经济发展浪潮中，利润总是逐渐减少。这种趋势确实在农耕时代和工业时代出现了，而且在信息时代又再次出现。现在，高利润存在于体验经济之中。将来，它们可能存在于转变中。
10. 战略制定者经常落入创新者困境的逻辑陷阱。通过升级产品和服务努力获取更多利润，同时保持足够的灵活度来参与针对低端客户的竞争，这是一个相当大的挑战。
11. 要想从平庸走向杰出，战略制定者应该思考柯林斯提出的六个元素：第五级领导、先人后事、直面严酷的现实、建立刺猬理念、严守决策纪律以及使用合适的技术加速器。
12. 构建战略情境可以帮助个人或组织有效地建立未来定位。
13. 卓有成效的领导者都是优秀的战略思考者。
14. 战略思维涉及分析竞争优势的能力以及设法建立和维持竞争优势的能力。
15. 战略思考者要熟知包括 SWOT 分析、五力分析、基于核心能力的战略意图、长期情境构建、商业生态系统和革命性战略等观点。
16. 战略思考者会有意无意地对如何平衡创新与提升效率以及如何平衡保持企业可持续性与遵守法律和道德边界做出决策。

思考题

1. 你花多少时间从战略上思考自己、工作群体以及企业的处境？
2. 如果你逃避战略思维是因为（1）你的工作不需要或者（2）你没有时间，那么这种逃避在未来 10 到 20 年会对你的职业生涯产生什么影响？
3. 你的组织如何对待革命者？
4. 你的思维具备多大的革命性？
5. 你们为客户提供什么类型的体验？这种体验是大众商品还是某种独特的、具有竞争优势的东西？
6. 如果必须参与针对低端客户的竞争，你们现在还能做到吗？你们的成本 VABE 是不是变得太高了？
7. 你们的刺猬理念是什么？
8. 在你对领导的渴望中，声誉占据多大的分量？
9. 你在决策过程中有多严谨？
10. 为了培养自己的战略思维能力，你能做些什么？
11. 你如何才能分配时间定期进行战略思考？
12. 要对你的行业、企业和工作群体形成不同的观点，你需要阅读些什么？

13. 在你的行业，哪些关键的竞争力量在起作用？它们指向何方？
14. 你能想象出哪些合理而且有可能让你的企业或工作群体头疼的情境？你如何才能为这些情境做好准备？

案例讨论

假设你拥有一家为汽车行业提供设备的小型制造公司（价值 1500 万美元）。目前，你的公司只生产金属部件。你面临哪些战略挑战？你必须做出哪些决策？你的利润将从何而来？你怎样才能确保公司源源不断地赚取利润？

第6章 领导的道德维度

> 你在我耳边喊得越大声,我越听不到你在说什么。
> ——拉尔夫·沃尔多·爱默生

所有领导都包含人们为何以及如何向他人施加影响的道德维度，一个人在这个方面采取的立场就是战略选择。道德问题也是一个第三层次考虑的问题：也就是说，一个人如何影响他人取决于相关人员的价值观、假设、信念和期望（VABE）。由于领导就是影响他人，学习领导就涉及是否应该影响他人以及应该使用哪些手段来施加影响等道德和战略问题。有些人坚定地认为他们无权或不想影响他人，他们更愿意让他人在没有外界压力的情况下自己决定他们的人生道路。有些人则坚定地认为他们不仅有权改变他人的思想和信念，而且这还是上天赋予他们的责任。在一个电子、经济和环境联系越来越密切、人口众多而且可能存在敌意的世界，自由地决定自己的人生道路变得越来越难。与我们相隔几分钟路程、几英里或者几个大洲的陌生人做出的决定可能在很多方面影响我们的生活。然而，在我们的交往和圈子中，这个难题仍然存在：我们是否要选择影响别人，改变他们的行为、想法和信念。

6.1　领导道德的六个维度

　　我在跟世界各国的高级管理者的讨论中发现，全球的管理者们显然看到了至少六个与领导、决策和道德相关的问题：战略、财务、道德、职业伦理、法律和文化。战略维度是指组织的领导者要设法确定他们如何以及在何处发挥作用或进行经营。财务维度是指战略、战术、行为或选择是否可能产生利润。道德是指有关对错的个人决定。某人根据自己的 VABE 认为某种行动可能是不道德的，但在其他权威看来这种行为也许并不有悖职业伦理或违反法律。同时，对于某人而言可能道德的行为在他人看来也许不道德、有悖职业伦理或违反法律。群体可能共享道德观或是非观，并且可能在做决定的时候考虑他人的判断。

一般来说，如果群体成员判断某人的行为不道德或不正确，他们会把这个人从群体中驱逐出去。事实上，驱逐一直是人类历史上主要的惩罚方式。驱逐基本上指让一个人远离社会或群体的中心。

职业伦理是指特定群体或机构既定和公认的行为准则。例如，要做医生，你必须接受医疗职业认证机构制定的职业伦理规范。如果违反规范，你就可能丧失自己的职业资格。与道德一样，职业伦理问题也涉及对错，不过会以职业群体明确的书面规范为背景。对于某个特定职业群体，如果成员资格的标准是模糊的（比如在商业管理领域，没有像医学和法律领域那样的综合性监管机构），伦理行为的定义会更成问题。无论如何，和道德一样，违反群体确立的职业伦理，通常会让一个人被逐出群体。例如，违反律师协会的职业伦理规范可能让一个人丧失律师资格。

合法性显然与遵守社会的既定法律相关。从技术上讲，违反法律就是犯法，但不一定被社会成员视为不道德或有悖职业伦理。例如，很多人违反了主要干道上标示的限速规定，而且几乎不会受到处罚，他们显然不认为这种做法是错误、不道德或有悖职业伦理的。

最后，所有领导行为都是在一定的文化背景下发生的。某个文化中采纳的领导策略和方法在另一个文化中可能是禁忌或冒犯。在某个文化中看起来有悖职业伦理或违反法律的行为在另一个文化中可能被普遍接受。卓有成效的领导者对这些细微的差别很敏感，而且会意识到自己的风格在其他文化背景下不一定行得通。文化是共享 VABE 的共同体现，因此，不把第三层次的问题考虑在内是很难想象的。另外，道德、职业伦理、法律和文化这四个维度相互影响：法律边界不一定和道德边界或职业伦理边界吻合——而且它们也会因文化而异。卓有成效的全球领导者会理解这些元素如何相互作用，理解这些元素会对他们的领导能力造成怎样的影响（如图6-1）。

有了这些定义，我们就可以探讨各个维度之间的重

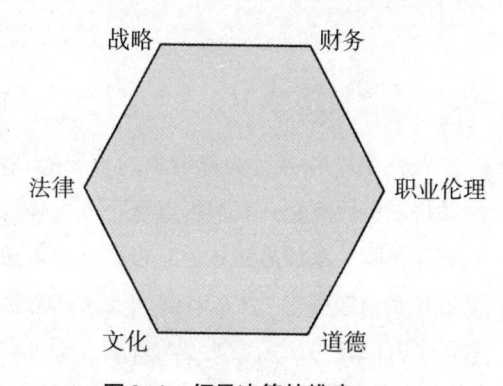

图6-1 领导决策的维度

叠和差别了。不过，我们还可以更进一步，从利益相关者的角度[1]来分析任何情境的"道德"属性，包括领导情境。从利益相关者的角度看，当我们试图阐明领导情境的道德维度时，就会谈及给他人带来的损害和利益。埃德·弗里曼（Ed Freeman）把企业道德观中的关键利益相关者确定为管理层、员工、客户、所有者、供应商和周边社区。如果能先确定所有可能受到某个行为影响的人，即利益相关者，那么接下来我们就可以开始根据这个行动对他们有利还是有害来评价行动的后果。这个行为是试图带来有害影响还是有益影响？如果这个行为会损害他人，我们就有理由认定这个行为在更广泛的道德意义上可能是有悖伦理的（不是狭义的职业伦理）。表6-1给出了针对任何处于考虑中的领导行动（裁员、兼并、奖励制度的变革等），进行这种分析的基本方法。不存在囊括所有利益相关者的终极清单；情境不同，利益相关者也不同。

表6-1 基本利益相关者分析

对于任何既定或提议的战略或政策……

利益相关者	好　处	损　害
管理层		
员工		
股东		
客户		
社区		
环境		
工会		
其他人		

6.2 道德与领导

既然每个领导行为都会影响不同的利益相关者，那么每个领导行为就会引发很多道德问题。我们可以从一个人是否有权影响他人的问题开始。这样的权利存在吗？家长显然认为有权影响尚未独立的子女。这种"权利"在什么情况下开始消失呢？[2]什么时候别人的影响会让你失去美国的缔造者们宣称全人类都享有的托马斯·杰斐逊所说的"不可剥夺的权利"呢？是否每个人都享有"生存、自由和追求幸福"的权利以及摆脱有害影响的权利？

我们生活在一个社会化的世界。即使隐居，我们也无法避开他人的决定带给我们的影响。不论我们是否有意，我们的选择都会影响他人。我们选择的交通路线，我们处理垃圾的方式，我们采购的东西，或多或少都会产生影响。有些人，也许包括受过这样或那样伤害的人，憎恨"领导"这个词，也就是一个人试图影响和支配别人的行为。不过，任何选择担任领导工作的人就是在选择影响他人，就应该意识到这个工作的道德责任。如果领导者产生了负面影响，他至少必须为这个结果承担一部分责任。这也解释了前面提到的为什么有些有才能的人不愿意担任领导职务。

我们在前文提出的领导概念中隐含着几个道德问题。首先，个人选择他们是否愿意影响他人。很多人不愿意这么做，但是被强行推上了领导位置。领导职务带来的情感和道德负担往往让他们感到困扰，然而他们也渴望"成功"，所以他们可能继续留在领导位置上。有些人自愿选择担任领导职务，但似乎不知道也不关心其领导决策产生的后果。领导者需要知道其领导工作的影响，设法评估其领导工作是"有害"还是"有益"，对什么人有害或有益。

第二，如果人们选择尝试的话，也不是所有人都有同样的影响能力。领导能力千差万别，你可以选择是否培养这种能力。培养领导能力通常包括找到愿景，即在领导者看来团体应该努力实现的目标。领导者要施展自己的能力达成目标，并且在这个过程中调动他人的力量。在具有强大领导能力的人中，有些人可能选择我们认为不道德或错误的目标，比如希特勒和斯大林；有些人可能选择更有价值的目标，比如甘地或马丁·路德·金。领导能力的运用会让领导者思考自己目标的价值。

第三，我认为，领导涉及的是选择而不是强迫，因此追随者是自愿地追随。领导者应该在各个维度运用影响力而不是强制力。另外，当人们运用的是强制力时，就不再是领导了。他们可能是在行使权力，但不是在领导。有些人显然持有不同的观点。[3]

不论你如何看待，领导都包含非常明显的道德维度，其中隐含了很多道德问题。第三层次领导的目的不仅仅是要影响人们的行为和思想，还要影响他们的信念和感受。从某种意义上说，这种目的是一种对隐私的侵犯，一种对他人的基本假设和价值观的窥探。我们是否要这样做，以及我们如何实现这个目的也都是道德问题。要对这方面有所认识，我们还需要给出另外几个定义。

有些人将基于价值观的领导视为一种操纵。操纵（manipulation）有两种形式：欺骗性操纵和强迫性操纵。欺骗性操纵是操纵事态，让人们在不知道自己被其他力量影响的情况下做某些事。强迫性操纵是操纵事态，让人们被迫选择我们希望他们做而不是他们自愿选择做的事。《苏菲的选择》这部电影（在这部电影中，纳粹强迫女主角在两个孩子中选一个活下去，否则两个孩子都要被杀死）说的就是后一种操纵。

两种操纵都是不道德或不正确的，因为它们违反了我们对领导的定义，在我们的定义中，追随者应该对领导自愿响应。只有人们在选择的时候充分知情、充分自由，才能成为或称为追随者。另外，操纵违反了一些道德原则，并且会削弱我们的领导能力。人们迟早会发现自己受到了操纵/利用或不公平的对待，这时，他们追随所谓领导者的动力和兴趣就会陡然下降。操纵不是领导。操纵是假冒的领导，有些操纵者认为自己通过领导得到了想要的结果，但其实最终结果是丧失信任和尊重、人际关系受损，从长远看，这些是无法创造出卓越的品质的。操纵是短期的权宜之计，没有领导能力的人才会用它来掩饰自己的不足。

6.3　第三层次领导的道德基础

如果第三层次领导涉及道德问题，我们就需要找出实施这种领导的道德基础。哈雷戴维森公司前任首席执行官里奇·提尔林克（Rich Teerlink）提出了领导的四个基石，我们可以将其称为领导的道德基础。没有这四个基石，领导就不可能卓有成效或长久。领导的基础包括说真话、守承诺、讲公平和尊重个人[4]（如图6-2）。我们实际上可以把这四点浓缩成最后一个原则——尊重个人，因为一个人如果尊重别人，就不会撒谎，不会对他们食言，不会不公平地对待他们。所以，从某种意义上说，这四个原则实际上是体现"在人际关系中保持正直"这同一个核心道德理念的不同窗口。但是，先把其他三点放在一边，更细致地专注于尊重个人会很有帮助。不过从根本上

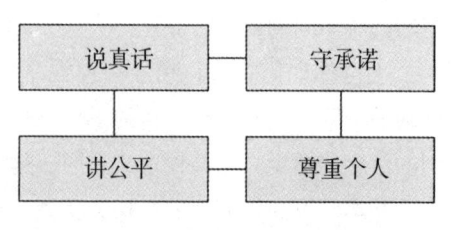

图6-2　领导的道德基础的四个基石

讲，一个人对"你是否表现出对个人的尊重"这个问题的答案是其他三点的可靠指标。

在领导中说真话（truth-telling）是指，当你看到的事实会对他人产生影响时，你会把事实如实地告诉他们。讲真话是有效领导的道德基础，这看起来可能有些老生常谈，但并非所有的管理者或潜在的领导者都相信这一点。在一次座谈会上，一家大型企业的高级管理者们聚集在一起，就领导和影响力展开讨论，他们思考的问题是："在经营管理中是否应该说真话？"随着讨论的进行，一群人对这个问题的看法分歧越来越大，甚至有人站到椅子上，敲着桌子，冲着屋里的"同事"指指戳戳、大喊大叫。不论是对员工、客户、供应商、媒体、母公司还是对任何一个利益相关者，支持对他们说真话的人说，经营是建立在信任基础上的，如果信任别人的能力（相信他人的行动能保持一致或者相信他在采取行动的时候会把我们的利益放在心上）被削弱了，经营能力也会消失。如果是这样，别人也许会和你们做一次交易，但不会再有第二次了。反对说真话的人说，如果你们告诉别人事实（你在交易上能赚多少钱、产品的质量如何等），那你们根本没法做任何生意，因为交易是建立在利润基础上的：利润来源于客户的感受（"以价值为基础的定价"），说真话会破坏感受。

说真话对于卓有成效的领导而言必不可少。如果你不愿意对别人说真话，不用提其他原因，就凭他们不会自愿响应你的终极目标，你就无法领导他们。当你看到事实并告诉别人时，事实就会成为一次严酷的考验。它会清除隐藏的目标、隐蔽的动机、压抑的怨恨仇恨、胡编乱造的结论和对别人价值观的怀疑，从而提升人际关系。公平互利的交易是经营顺利运行、领导成功实现的必要前提，而如实地说真话正是实现这种交易的基本要素。

人们觉得，他们出于种种原因必须隐瞒事实。有时人们迫于压力，不得不隐瞒或歪曲坏消息的事实，不论这个坏消息是客观观点、个人观点还是其他人的想象。之所以会这样，在一定程度上是因为有时我们赋予数据的评价能力超过了它们固有的评价能力。然而，从另一个角度看，数据就只是数据。有些数据可能不支持我们现在的行为方式，有些数据可能支持，但我们最终接受还是抵制这些数据，完全取决于我们自己。[5] 人们总是根据自己的核心 VABE 接受、抵制、怀疑、歪曲或无视接收到的信息。

当我们预计别人会给我们的数据增加负面的、评价性的涵义时，或者当我们害怕信息的接收者会因为我们如实告知真相而惩罚我们时，我们就会受到影响，不说真话。害怕被拒绝来源于我们在自己的人生中建立起来的核心 VABE。

在人际关系的另一面，潜在的领导者会发现，如果他们无法在自己身边营造一种氛围，让别人觉得说真话是受鼓励的、是安全的，那么企业就总是会在过时、错误或不完整的信息基础上做出决策。我们访问了一些高管的下属，结果显示，他们害怕说出新想法，提出新建议，因为之后他们往往得到负面、刺耳的回应。另一方面，高管则认为他们的下属需要更加"受得住和厚脸皮"，在表达自己的想法时更加敢作敢为。他们看不到，他们那种粗暴无礼、咄咄逼人的作风正在扼杀新想法和新一代的领导者。明白地说，他们的潜在 VABE 就是："拥有坚定信念的强大领导者会不顾反对，回击质疑，实现自己的信念。"有成效、有道德的领导者会意识到，他们自己的行为举止肯定会影响组织的响应——有时他们嘴上说希望听到想法和建议，却在其他方面传达出相反的信号。

如果不加以评价，来自别人的反馈就仅仅是信息，在我们回应、接受或抵制它们或者开始针对它们采取行动之前，它们无所谓道德不道德、无所谓对错。有一个笑话，三个棒球裁判在一起喝酒，他们的工作是在比赛中判断"好球"和"坏球"。第一个裁判说："我按照我看到的判。"第二个裁判说："不，我按照球本身的好坏判。"第三个裁判聪明地说："在我判之前，它们什么球都不是！"我们对别人的回应也是如此。在我们使用自己的核心 VABE 进行判断之前，他人的所作所为无所谓对错。

听别人说真话的挑战在于既要保持不急于评判，又要保持毫无戒备，把耳朵和心打开，认真听对方的话。太多的时候，处于领导位置的人一开始就立刻戒备起来，从而错过了对方话里的要点或含义。他们的潜在 VABE 是："听我的话是你分内的工作，但我没必要听你的。"如果你能从这个角度看待你传递给别人的信息，你就能学会更有效地说真话。

守承诺（promise-keeping）是有成效、有道德的领导的另一个基石。如今，承诺似乎经常是用来打破的。管理层把秘密会议的信息泄露给媒体，负责公共信托的高管被指进行内部交易和其他欺诈行为，对员工的承诺总是变来变去或者干脆被彻底打破。更糟糕的是，若有必要，高管们似乎愿意为了控制局面而做出任何承诺，但其实他们早就准备好在短短数月后就抛开这些承诺了。违背承诺会破坏信任，破坏尊重，最终破坏领导。违背承诺还具有上瘾的特征，习惯违背承诺的人不会有把承诺遵守到底的打算，他们做出承诺只是为了在短期内得到自己想要的东西。

自愿追随取决于信任，守承诺能够增强信任，从这个意义上说，守承诺是卓有成效的领导一项必不可少的能力，也是其道德基础的一个重要组成部分。做出承诺但随后又违背承诺的人就像那个每次都喊"狼来了"的小男孩；过不了多久，周围的人就不会再相信他们了。潜在的领导者需要谨慎地做出承诺，然后认真地遵守承诺。违背承诺会迅速破坏领导者和追随者之间的潜在关系。

讲公平（fairness）也是卓有成效领导的道德基础的一个组成部分。讲公平可以确保追随者能得到属于他们的那部分回报。当员工开始意识到自己没有得到公平的对待时，他们追随的动机就会急剧下降。最近，对制造企业中一线员工和首席执行官之间薪酬差距的报道很多。各种各样的评估显示，美国的薪酬差距倍数远远超过世界上其他工业化国家，是他们的两倍。例如，在日本，首席执行官的平均薪酬大概是生产工人的9到10倍。在欧洲，差距从10倍到20倍不等，而在美国，差距接近45倍。[6]

你也许认为这样的差距是"公平"的，因为高级管理者更有经验，受过更好的训练，能为企业增加更多的价值，更聪明，可能还有很多其他的原因。不过，不论这些特征是否确实如此，如果工人察觉到自己和组织上层的管理者之间薪酬失衡，就会开始产生怀疑，而生产力和绩效就会受到不利的影响。如果你觉得有人不仅可能而且已经被证明没有为你创造的价值向你支付公道的薪酬，他很可能是在为了个人私利而剥削组织及其成员，那为什么还要追随这样的人呢？

与传统组织相比，公平问题在新型组织中更为突出，因为在新型组织中，企业状况的相关信息会在大得多的范围里传播。如果员工不知道企业的财务状况，他们可能会被"控制"或"操纵"，拿着很低的工资却仍旧卖力工作。然而，在新型组织中，借助庞大、便利的信息网络，员工对企业和行业的状况有更充分的了解，因此企业越来越难向利益相关者人为地隐瞒经营情况及资源分配情况。

尊重个人

卓有成效领导的前三个基石可以浓缩成一个，也就是最后一个基石——

尊重个人。尊重别人的人会对别人说真话，尊重别人的人会对别人守承诺，尊重别人的人会对别人讲公平。尊重个人意味着把别人当作有尊严的人来看待和对待，因为这些人为企业的使命贡献过价值，现在仍然在贡献价值。尊重个人意味着相信所有人都具备一定的内在价值，应该相应地得到礼貌和友善的对待。在东南亚，佛教徒打招呼的方式一般是在胸前双手合十，微微鞠躬，说一句："Namaste"，意思是："我向你内在的神性致敬。"每个人内心都有某种神圣的东西；第三层次领导鼓励人们认可这个判断。

上面的论述并不意味着所有人对自己或他人的影响都必须一样，它只意味着所有人都应该得到作为人的基本礼貌对待。这个观点的假设是，因为他们有生命，所以他们应该得到尊严。尊重员工反而会让领导者获得更多尊重，让领导者的影响圈扩大，因为所有在领导者身上看到这种品质的人都会更加尊重领导者。然而很多身居权力职位的所谓"领导者"从一开始就忽略和不尊重组织内的下层员工。他们根据职位判断员工对企业成果的相对贡献，并根据这样的判断来对待员工。那些被他们判断为贡献最小的员工，会遭到他们的轻视甚至公然的蔑视。这样的道德选择可能带来灾难性的后果。

6.4　员工增值的正态分布

显然，任何特定群体都包含绩效优秀、绩效中等以及绩效相对较差的成员。任何组织都存在这样的相对绩效分布。无论什么组织，其成员对组织使命的贡献都会有差异。这样的绩效分布很可能接近于正态分布，如图 6-3 所示，小部分人的绩效非常好（5s），大部分人的绩效足够好（4s、3s 和 2s），还有

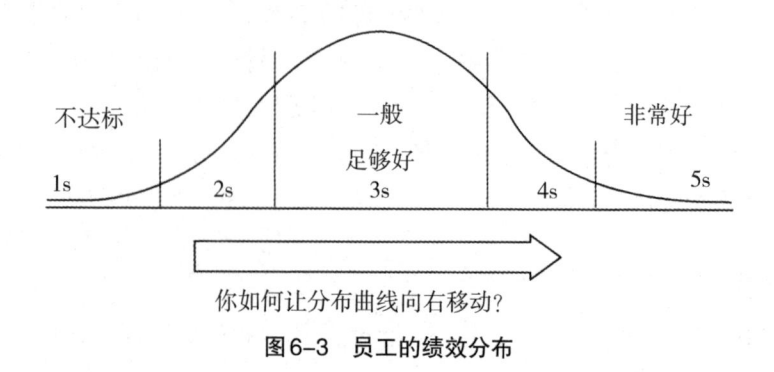

图6-3　员工的绩效分布

小部分人的绩效不达标（1s）。对于卓有成效的领导者而言，挑战之一是将图中的绩效分布曲线向右移动——把足够好的群体向非常好的队头移动。如何才能鼓励足够好的员工表现得更好呢？换言之，如何才能将绩效分布曲线向右移动呢？认识和运用领导的道德基础对这种移动至关重要。如果你不能调动足够好的员工，让他们有4s和5s的绩效表现，你的组织仍旧只会有足够好的绩效水平，不会有卓越的绩效水平。如果你的领导没有道德基础，你就无法让更多的员工有4s和5s的绩效表现。

让我们来验证一下这个断言。问问你自己：如果我只有一半时间对员工说真话或者我们只有一半时间彼此说真话，我们能变成一支业绩非凡的团队吗？如果我们只有一半时间彼此守承诺，我们能有世界顶级的绩效表现吗？如果我们只有一半时间彼此讲公平，我们能在自己的业务领域成为领先者吗？如果我们只有一半时间彼此尊重，我们能成为世界顶级的领导者吗？我猜你对每个问题的回答都是"不能"。如果是这样，你就是在认同道德基石或道德基础对于卓有成效的领导而言是必不可少的。那么接下来的问题就是，要为领导建立道德基础，你必须在这些维度上得到多少分？如果你在自己的同事中做个调查，平均分会是多少？要想为获得更高水平的投入和绩效奠定基础，你可能需要得到奥运金牌水平的分数（9.9、9.8、9.9、9.7等等）。

即使建立了道德基础，它也并不能确保你能将绩效分布曲线向右移动；这么做只能让这种移动成为可能。我们可以认为领导有两个主要焦点。第一个焦点是道德基础。如果不具备四个基石，就不具备让曲线向右移动的基础。没有这个基础，你可能运用传统的领导能力（例如战略思维、有效的演讲和良好的组织设计等）用到脸都绿了，也还是无法让团队的绩效分布曲线向右移动。反之，如果先建立道德基础，再运用传统的领导能力，你就很有可能让绩效得到提升。根据这种观点，道德基础是提升绩效的必备前提，传统的领导能力是可以促进绩效提升的上层建筑；你在道德基础上搭建的领导能力越多，就能越高效地让绩效分布曲线向右移动。

随着时间的推移，适用于任何团队管理的明智方法是设法从员工那里获取更多的能量，以此获取更好的绩效［如图6-4（见后页）］。这里的挑战在于找到和运用这种能量，这就是所谓的"激励者困境"。[7]如我们在前面所说，有些人用的是加油鼓劲的方法，有些人靠的是目标设定。有些人更重视员工的

员工能量的利用率

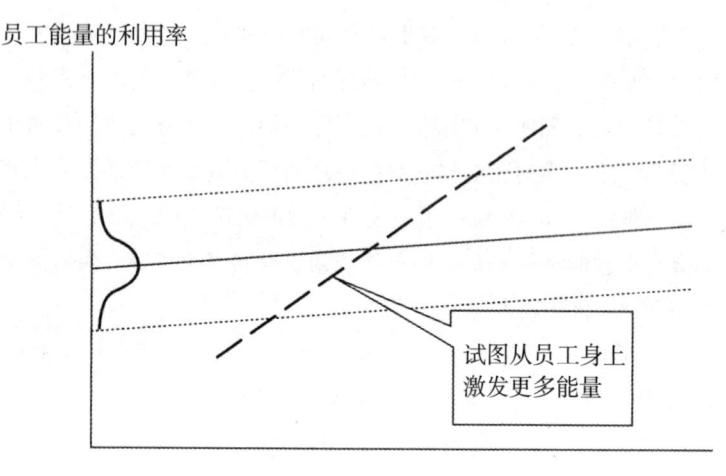

试图从员工身上激发更多能量

图6-4　激励者困境

招聘和挑选，他们认为高绩效是天生的。

　　有些人认为组织中的 2s 和 3s 缺乏动力，缺乏抱负和能量。只要你开始相信这种说法并且照做，就会开始失去对这些人的尊重，你的言行会与你的信念背道而驰。这些人或许只是不能被当前的工作内容或工作方式所激励。如果你跟这些人回家看看呢？你也许会发现其中很多人在让他们深感兴趣的业余活动中有优异的表现。他们可能成为救援队的志愿者、垒球队员、保龄球手、教堂管理员或者少年棒球联盟的教练。对于卓有成效的领导者而言，这里的挑战在于设法调动员工的非凡能力，将其中一部分能量引向企业的目标。

　　要激励和引导员工，从而培养第三层次的领导能力，一个最直接的办法就是将领导工作建立在前面说过的道德基石之上，始终说真话、守承诺、讲公平和尊重个人。图 6-5（见后页）说明了这种关系，绩效分布曲线下方列出的是道德基础的四个维度。领导者越是相信和实践这四个维度，他们和员工的关系就越有效力，员工的绩效也就越优秀。你可以在图 6-5 中看到，四个维度都被放在满分为 10 分的标尺上。你也许可以对你的工作群体做一个小小的自我评估，为你的团队在每个维度上的表现打分。10 分意味着你们在 100% 的时间里实践这个维度，5 分意味着你们在 50% 的时间里实践这个维度，依此类推。

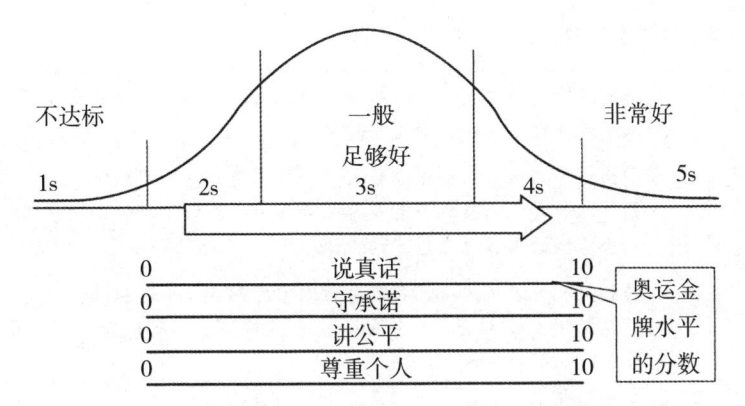

```
              不达标           一般              非常好
                             足够好
               1s     2s      3s      4s        5s
                                          →

             0         说真话          10  ┐
             0         守承诺          10  │ 奥运金
             0         讲公平          10  │ 牌水平
             0        尊重个人         10  ┘ 的分数
```

来源：Based on Rich Teerlink，CEO，Harley-Davidson，as noted in Tom Peters，*The Tom Peters Seminar*（New York：Vintage Books，1994），81

图6-5　卓越领导的道德基础

6.5　第三层次领导道德基础的普遍性

这里所说的道德基础是否对所有人都可行？尊重个人是否意味着我们必须喜欢所有的员工或者必须努力让他们都喜欢我们？这种普遍办法是否合理？它是否适用于其他文化和民族？你的看法是什么？

简单直接的回答是"是的"。合乎道德的领导对所有人都可行，它不需要你喜欢团队中的每个人。它的确需要你意识到每个人都有潜能，需要你意识到将这种潜能激发出来是值得努力的挑战。斯特林·利文斯顿在其经典文章"管理中的皮格马利翁"中把电影《窈窕淑女》的故事当成一个有力例证。[8] 希金斯教授能够让伊莱扎展示出一些别人看不到而且无法让她展现的东西。卓有成效的领导面对的挑战就是要让别人展现出他们最好的一面。

21世纪初，公众社会大声疾呼，要求领导要符合道德、法律和伦理。很多大企业曝出的丑闻对他们的全球员工和客户造成影响，破坏了公众对企业领导层的信任。卓有成效的领导者在这样的动荡时期，会意识到事实最终总会浮出水面，不遵守道德领导的四条准则，企业的所有关键利益相关者，包括他们自己，都得不到任何长期利益。表6-2（见后页）提供了一些简单的测试题，潜在的领导者在反思自己的言行时可以考虑做做这些测试题。

表6-2　道德领导小测试

说真话	我愿意在明天早上的全国性报纸上看到有关自己的行动的报道吗？ 如果别人发现了真相，会发生什么？
守承诺	在做出承诺之前，我会考虑自己能否切实遵守这个承诺吗？ 我的员工和其他利益相关者是否公开表示我遵守了对他们的承诺？ 我是否曾经做出我无法遵守的承诺？
讲公平	我的利益相关者认为他们在这个组织中受到了公平对待吗？ 对于认为没有受到公平对待的人，我觉得他们不可理喻，我是在欺骗自己吗？
尊重个人	对于我每天都见到的人，我知道他们的名字吗？ 对于我每天都见到的人，在和他们相处的短暂时刻，我正视他们并真正关注他们吗？ 在别人说话时，我是认真倾听，还是打断他们，说出自己的想法？ 我是否相信自己的VABE比别人的更重要？

我们得承认，很多人选择不尊重别人。在商业世界，许多人没有表现出对他人的尊重，还自称是"正直"的领导者。第三层次领导会识别和面对人们的核心VABE。如果潜在领导者的VABE中没有包含道德基础的准则，他很可能不得不借助操纵、欺骗和强迫等手段达成目的，这就已经脱离了道德影响的范围。遵守道德基础的准则才是对正直的恰当定义。人们常常要求别人正直，并且积极表示自己也是正直的，然而他们从来没停下来想过，正直是什么，在和供应商、员工和客户的交往中正直是怎样体现出来的。正直意味着保持完整，保持统一。不说真话的人怎么可能正直？不说真话的人怎么可能让员工自愿响应他的影响？违背承诺的人怎么能要求别人正直？对别人不公平的人怎么能说他们是在正直地领导别人？

这种逻辑未必意味着所有员工都喜欢领导者或者领导者喜欢所有的员工。这个框架为双方的不同意见和相互尊重提供了充分的空间，还为双方建立关系提供了信念基础。即使出现了分歧，由于存在道德基础，它们也会明明白白地摆到桌面上，得到所有人的充分理解。出于尊重，人们会花时间努力了解所有利益相关者之间分歧的各个方面，以便所有人都能对问题有清晰的认识。显然，如果重大议题存在分歧，可能会导致路线的分化，但这种分化的基础是相互理解而不是操纵、欺骗、嫉妒或蔑视。

在卓有成效领导者的行为中，可以明显地看到对道德基础原则的坚守。这种坚守源自人的内心，因此这四条原则会在人们的话语、对话、会议、方案和计划中明显地显现出来。如果你能吸引高管团队的注意，你很容易就能让他们暂时放下手里的工作来评价自己在这四个维度上的表现。如果他们这样做了，团队的洞见就会更上一层楼。在某次高级管理层会议上，他们显然没有遵守道德原则，他们的公司一直无法摆脱平庸的绩效。初次见到该团队的咨询顾问打断了他们，向他们介绍四个道德维度，然后让该团队私下给自己过去和当前在各个维度的表现打分，满分10分，就像我们在前面介绍过的那样。几分钟后，会议室内的高管们在各个维度的平均分数计算出来了，在3分到5分之间。随后他们开始了踊跃讨论，主题是如果团队成员不大幅改变彼此之间的相处方式，那么不要说管理好公司了，先要看看团队能否管理好自己。这个高管团队立刻开始着手提高他们运用道德基础维度的能力。他们发现，进行这种第三层次的改变并非易事，然而每个人都同意，要想让公司的绩效从平庸走向卓越，他们就必须这么做。

《产业周刊》（*Industry Week*）杂志发布的调查结果有力地印证了这一点。两家独立的全国性调查公司分别对全美国的中级管理者进行过两个调查，时间相差10年，一次在1973年，一次在1983年。调查从全美国众多行业的中级管理者中选出控制样本，他们被问到两个基本问题："你信任高级管理层吗？""你尊重高级管理层吗？"在1973年的调查结果中，肯定的回答约占三分之二。到了1983年，肯定的回答下降到了三分之一左右。有人可能会想，如果三分之二的中级管理者不信任或不尊重高级管理层，不要说领导企业了，先要看看怎么才能管理好企业。[9] 2004年，一个在英国进行的调查显示，在英国企业中，近80%的员工不信任他们的高级管理层。[10] 经过这么多年，根本问题仍然存在：要想从员工那里得到世界顶级的绩效，领导团队应该赢得多高水平的信任和尊重？

道德领导的普遍适用性和效果的另一个指标来自我自己的研究，我们在一家大型保险公司调查和访问了100多对有直属关系的上司和下属。上司和下属分别评价下属在他们的上下级关系中学到了多少，这衡量的是上司在第二层次和第三层次对下属的影响。另外，调查还衡量了个人以及双方关系的50多个特征。结果显示，信任和尊重的综合水平对下属的学习成果有75%左右的影响。[11]

这两项研究都表明，在成功的管理和领导关系中，信任和尊重是关键因素。

领导的内在道德属性引发我们思考领导在不同民族文化中如何发展和显现的问题。世界各地的领导者在领导抉择上是否拥有相似的价值观和道德标准？在日本、澳大利亚、印度、中国、非洲、欧洲和拉丁美洲，说真话、守承诺、讲公平和尊重个人是否同样重要？表面上，不同地区的领导行为似乎大相径庭。美国人被认为太咄咄逼人或者太容易针对个人，而对美国人而言，日本的领导者似乎神秘莫测，决策速度太过缓慢。领导原则的普遍性有多大？有些东西适用于全人类，而有些东西是某些群体特有的。请思考表6-3列出的从普遍到独特的文化共性。

表6-3 文化共性的例子

普遍性层面	例　子
全人类（所有人）	笑、幽默、爱、恐惧、改善自己处境的欲望
区域（亚洲、非洲、拉丁美洲）	婚礼、语言、宗教
国家（中国、委内瑞拉等）	法律、规章、社会习俗
地方（美国南部）	方言、社会习俗、时间和空间的利用
组织和社区（南波士顿、西堤区、IBM、英国宇航）	娱乐活动、偏见、工作习惯、关注焦点、时间和空间的利用
家庭	价值观、工作、礼节等
个人	和上述所有例子相关的VABE

对于任何领导者，所有这些层面的影响都会在其背景中产生塑造效应。相对于国家或社区层面，这种道德基础有多少属于"全人类"的层面？中国人是否用中国人特有的方式关注说真话？乌干达人用乌干达特有的方式关注守承诺？阿根廷人是否用阿根廷的方式相信讲公平？德国人是否用德国人特有的方式尊重个人？区域的影响、国家的影响和地方的影响显然都会塑造人们的VABE。然而说到底，如果领导者对俄罗斯员工说谎，他们能容忍这种行为吗？如果巴西领导者违背对员工的承诺，员工对他们的信任程度会上升还是下降？如果印度管理者不公平地得到高额报酬，员工的能量会增加还是减少？尽管我们断言，道德领导的四个原则具有普遍性，违背这些原则会削弱领导者的

影响力，但你最好还是自己钻研一下这些问题。日本领导者可能经常在讨论之初更为"安静"，以便了解团队的普遍意见；但不要搞错，日本领导者也可以自上而下，以等级为本，就像北美领导者一样。在世界各地，缺乏透明度似乎也会导致信任和尊重程度降低。

法律约束

由于不是所有当权者的行为都符合道德或职业伦理，而且在21世纪初集中涌现了很多这些不道德的行为，所以美国国会通过了一些法律，目的是将商业领导者的"职业伦理法律化"。其中最重要的一项法律是2002年的《萨班斯-奥克斯利法案》（Sarbanes-Oxley Act），通常称为"SOX"或"Sarbox"。该法案促成了一个新机构的成立——公众公司会计监督委员会（Public Company Accounting Oversight Board，PCAOB），其职责是代表政府和股东监督上市公司的高管行为。该法案的重大影响之一是上市公司的首席执行官必须监督和汇报公司内部的会计和报告程序的质量，他们要对这项工作承担法律和刑事责任。现在，除了确保会计事务所申报的内容的真实性，首席执行官和首席财务官还必须"确保"其公报的真实性，因此，这大大增加了高管工作的风险和被起诉的可能性。公司必须拥有完全独立的董事会审计委员会。公司不得向他们的高管提供贷款。该法案还为揭发违规行为的内部知情人提供保护。

1997年的《反海外腐败法》（Foreign Corrupt Practices Act）和1998年该法案的修正案《国际反贿赂法》（International Anti-Bribery Act）规定，美国公司或在美国境内经营的公司为了得到优待或业务而向政府官员行贿或支付报酬属于违法行为。该法案没有规定明确的数额，因此即使数额很小的行贿也可以被视为获取不正当的利益：在该法案中，支付报酬的意图是首要问题。但是，该法案确实允许公司向政府官员支付"疏通费"或"通融费"，前提是这种行为在官员的所在国不违反法律，而且仅仅是为了加速该官员履行其职责。

如果考虑在全球市场从事经营，还会受到《联合国人权宣言》的影响。该宣言由约翰·彼得斯·汉弗莱（John Peters Humphrey）和埃莉诺·罗斯福（Eleanor Roosevelt）于1948年起草，其中的30个条款描绘了"我们"今天心目中全人类的基本权利。如今，在世界上的很多地区，这些政治、财产和经济权利显然还在受到争议、否定和剥夺。全球商业领导者要针对如何遵守或服从这些法律和权利做出战略选择。

服从（compliance）是一个有挑战性的词语。有人可以表面上服从法律条文，但在道德上和职业伦理上与之背道而驰，一直设法绕过法律。如今，很多公司发现，守法不足以让他们赢得公众的尊重。因此，在职业伦理、道德、法律和文化等相关领域的服从程度或领导程度是所有决定在全球市场从事经营的公司必须做出的战略选择。

6.6 结 论

在全球范围内，卓有成效的领导是建立在道德和职业伦理原则基础上的——道德和职业伦理原则是第三层次的现象。不学习如何面对商业伦理、道德、法律和文化环境的 VABE 基础，就无法有效地管理组织。如果你试图忽略这些原则，你的领导工作就会相对无力。相反，如果实践道德领导的四个基石，也就是说真话、守承诺、讲公平和尊重个人，以此在同事中建立信任和尊重，那么你就为领导工作建立了坚实的基础。有道德的领导无法保证让你得到令人瞩目的成绩，但会让你的其他领导能力发挥作用。

本章概念

1. 所有领导都包含战略、财务、道德、职业伦理、法律和文化问题。
2. 现代企业观从利益相关者的角度分析企业行为给企业的各个相关群体带来的损害和利益以及他们如何受到企业行为的影响。
3. 可以通过评估各种利益相关者获得的损害和利益来分析领导情境的道德属性。
4. 卓有成效的领导者说真话。
5. 卓有成效的领导者守承诺。
6. 卓有成效的领导者讲公平。
7. 卓有成效的领导者尊重个人。
8. 世界各地的人们都对道德问题持有坚定的看法。我们可以通过寻找不同层面的相似点和不同点来分析这些看法之间的差异。
9. 世界各地的各类立法机构都在不断制定法律，约束某些商业当权者缺乏职业伦理和道德的行为。
10. 对于企业的盈利能力、可持续性、符合职业伦理、符合道德、合法和文化敏感性之间的关系，遵纪守法不是我们讨论的终极议题。还应该考虑企业行为的长期影响。

思考题

1. 对你的朋友描述一个你经历过的当权者（担任权力职务的人）违背职业伦理的实例。
2. 如果只有一半时间对员工说真话，你能成为卓有成效的领导者吗？如果只有一半时间对员工守承诺呢？为什么能？为什么不能？
3. 给你当前的工作群体在道德基础四个基石上的表现打分，满分 10 分。
4. 要增强你和你们组织的领导道德基础，你能做些什么？
5. 道德基础的原则和第三层次领导的概念之间有什么关系？

案例讨论

因为在暑假期间到一家国际公司做 MBA 实习生，你来到另外一个国家。在那里，你的上司让你完成两项工作，其中一项是采访其他公司的法人。但是，他要求你不能说出你正在为本公司工作，只能说你是一名正在做调查的研究生。当你询问原因时，他说这是因为如果知道你在为本公司工作，对方不会透漏给你任何信息。你说你担心这是欺骗行为。他说："那么，你自己掏钱买票回家吧。"可是你不可能就这么回学校去了。

第 7 章 创新与第三层次领导

> 创造力是你创造价值的最佳途径。
> ——杰夫·德格拉夫和凯瑟琳·劳伦斯[1]

战略制定者必须决定要在多大程度上强调创新。战略专家加里·哈默尔认为有两种战略制定者：榨取者和创新者。榨取者设法避免能量浪费、低效率和冗余。创新者设法创造新产品、新技术和新细分市场。榨取者希望拥有最低的成本，往往在稳定的行业中做得更好。创新者愿意投入成本，寻找新事物，往往在不断变化的行业中做得更好。二者并不一定相互排斥；但是要做到二者兼备，肯定要克服一些固有的障碍。从本质上看，创新效率低、成本高，因此会给成本控制目标带来压力。在快速变化的行业中，创新对维持竞争优势而言是必不可少的。如果过分强调效率而牺牲创新，竞争对手或者克莱顿·克里斯滕森所说的廉价、不成熟、低端技术的替代者就会发起进攻。[2] 过分强调效率和生产力评估则最终会耗尽创造力和创新，到了这个时候，就丧失了我们之前提过的竞争优势的基本元素——"更高的灵活性"。

你可以思考如何在榨取中进行创新——也就是说，思考如何通过创新流程来降低成本，提高生产力（其实就是投入产出比的评价标准）。榨取式创新往往出现在流程改进、全面质量管理、准时制库存控制和如今很常见的六西格玛生产等领域。这些做法的确是"创新"，但它们并不是哈默尔在两种战略制定者概念中所说的"创新"。战略中的创新是指找到新细分市场、突破性技术和替代性产品，它要求研发投入、市场信息、基础研究以及结果不明的冒险。与设法把你已经知道如何做的事做得更好相比，这些冒险会耗费更高的成本。

在讨论战略挑战时，我们提出了社会、组织、工作群体和个人这四个层面，我们现在同样可以在这些层面上思考创新或者其表亲创造力。换言之，组织是否具有创新性？我们的工作群体是否具有创新性？作为个人，我是否具有创新性？首先，我们要注意，创新很难在组织层面制度化，因为要这么做，必须建立打破惯例的惯例，这是个矛盾。很多企业试图这么做，有些比较成功。但即使在被津津乐道的3M公司，近些年来，有规律的连续性创新也放慢了。由于一名前通用电气高管担任公司首席执行官，公司过于强调提升效率，导致3M公司创新出产速度减慢。[3]

鉴于在组织和工作群体层面管理效率和创新的复杂性，我们在这里暂时把重点放在增强你个人的创造力上，也就是增强你的创新思维能力。如果你能培养更强大的个人创新能力，你就可能找到办法，在工作群体和组织背景中实施你的想法。

创造性思维需要关注不同的思维方式和不同的思维焦点。爱德华·德·波诺向人们普及了"六项思考帽"的概念，指的是人们的典型思维方式（第二层次）。[4]德·波诺给这些帽子"添上了颜色"：白色帽子=事实和数字，红色帽子=情绪和感受，黑色帽子=谨慎和小心，黄色帽子=冒险和积极，绿色帽子=创造性思维，蓝色帽子=思维控制。社会科学家发现，这些"帽子"其实并不是不同类型的思维，而是一种方便记忆的方式，用来表明人们在不同时间呈现或突显的不同状态。有些人在"戴着黄色帽子"的时候可能对即将到来的收购过于乐观，而"戴着黑色帽子"的人可能"总是"在踩刹车。在某些意义上，这些帽子可以是性格。同样，它们也可以是习惯性的行为方式。德·波诺的洞见可以帮助人们思考自己反复出现的主要性格特点对自己的目标有何帮助或妨碍，因此可以鼓励人们思考"重新平衡"自己的思维方式。

东尼·博赞用"思维导图"的概念激励人们重新思考自己的思维方式和受过的教育。思维导图中画出概念之间的联系，而不只是把它们一条条整齐地列举出来。博赞认为，与我们大多数人在学校中学到的无序列表或概要列表相比，思维导图可以更准确地表现信息在大脑中的储存方式。思维导图提供了一种更灵活、更自由、更顺畅的获取想法的方式。[5]图7-1（见后页）展示的是一个思维导图的示例。

创新的核心是挑战背后的习惯，这些习惯往往建立在价值观、假设、信念和期望（VABE）基础上，因此从本质上讲，创新是一个第三层次的过程。我们这么说的意思是，正如我们马上就要讨论的，人们往往是受习惯支配的生物，这些习惯有很多植根于我们的第三层次VABE。加里·哈默尔在《管理的未来》一书中证实了这个观点，他认为，创新型领导者挥下的"第一镐"应该

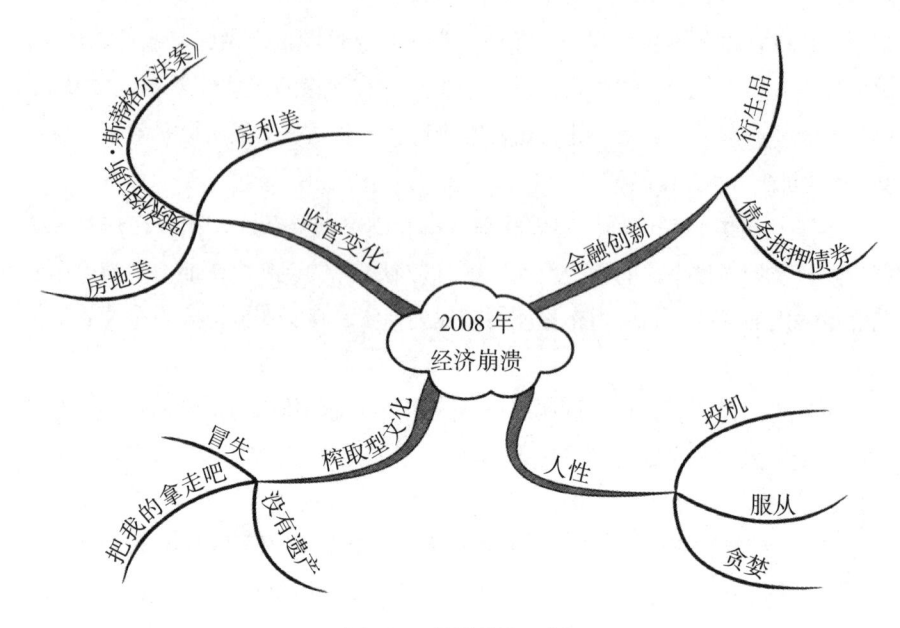

图7-1 思维导图示例

是质疑背后的信念。[6]

1. 这是一个值得质疑的信念吗？它是否处在势衰之中？它是否妨碍了我们希望强化的重要组织特性（比如战略适应性）？
2. 这个信念是否具有普遍的正确性？是否有反例？如果有反例，我们能从这些例子中得知什么？
3. 这个信念会给信奉者带来什么好处？是否有人从这个信念中得到信心或安慰？
4. 我们的选择和假设是否共同作用，让这个信念得以自我实现？这个信念之所以正确，是否仅仅因为我们认为它正确？如果是这样，我们能想出其他选择吗？

因此，创新就是质疑我们的VABE，让我们用不同的方式和不同的角度看待事物。本章后面的部分将提出一些建议，告诉你如何提高这种能力。培养创新性或创造性思维有很多技巧。它们能否成为你的习惯取决于你自己。接下来介绍几个获得了广泛认可的技巧，也许会对你有帮助。

7.1 提高创造性思维的技巧

用心观察

人们常常养成一种习惯，即从没有真正观察或思考每天在身边发生的一切。索尔·阿林斯基（Saul Alinsky）曾经提出，大多数人在人生中没有真正积累经验，只是任由一系列事件发生。然而只有在理解这些事件并将其意义融入我们在第 1 章提到的个人观点之后，它们才会变成经验。很多人将这种能力称为"批判性思维"。我在这里所说的"批判性思维"是指能够在听到或读到某个想法、概念或观点后，评价它们在生活中的"真实性"或"功能性"。生活中有很多站不住脚的论点，创新型商业领导者必须培养识别和质疑它们的能力。詹姆斯·库泽斯和巴里·波斯纳在其开创性的著作《领导挑战》中指出，在五种关键领导能力中，"质疑现状"排在第一位。[7]

你在听到新闻报道、读到文章或参与对话的时候总是寻找逻辑和数据的质量吗？你能从正反两面描述问题吗？你发现自己总是在思考怎样才能改进产品或服务吗？这不是"故意唱反调"的态度，这是在不断寻找更好的做事方法。

逆向思维

奇克·汤普森在《多好的主意啊！》一书中提出了一个可以增强创造性思维的办法。[8]汤普森在职业生涯中曾经受雇于戈尔公司的创始人，对方希望他在一年时间里每天都为 Gore-Tex 这项技术创新提出一种新的应用——汤普森做到了。汤普森使用的技巧之一就是逆向思维。如果在思考某个问题或某个主题时想不通，试着问问自己，反过来想会怎样？这种方法在很多情况下都非常有效。例如，如果你和别人争论谁对谁错或者怎样才能赢，你就可以试着反过来想想：你能承认对方是正确的吗？你们双方能都赢吗？你能在让对方满意同时还让自己赢吗？

避免最后期限的压力

最后期限能扼杀创造力。很多人持相反的想法，认为最后期限或限定因素可以激发新思路——这种想法有一定的正确性。然而，反复出现的最后期限和季度报告期限压力，会诱发身体产生自然的应激反应，导致创新停止。汤普森指出，人们往往在不是用心思考问题的时候想出最具创造力的创意。这种普遍现象给我们带来一句名言："把它留到明天再说吧。"汤普森称，绝大多数新创意都是人们在洗澡、开车或干别的事情的时候想出来的。

与此同时，在当今商业世界又很难避开最后期限的压力。要想设法避开这种压力，一个方法是不要拖延。带一个笔记本，在接到新任务的时候，立刻把你对完成任务的想法记下来。在你从事其他日常事务的时候，让这些创意在你的头脑中发酵，在最后期限到来之前，不断往笔记本上增添新想法。我发现，我在打电话或在遭遇新挑战时随手写下来的要点常常会为最后的方案奠定基础。不要忽略最初的刺激和大脑最直接的创造性反应。重点是要鼓励创新，它能帮助你保持头脑冷静。

保持头脑冷静

对于大多数人而言，保持头脑冷静并且调动神奇大脑的全部能力是很难的。东方的冥想传统和西方的祈祷传统是很多人让头脑保持冷静、让新创意浮现出来的常见方式。武术家也会利用静态或动态冥想让自己把握全局，应对多重攻击或状况，避免顾此失彼。由外而内的压力往往会削弱创造力。学会管理你的思维方式，从而让自己能够调动所有能力，这样做能帮助你提高自己的创造力。

不断寻找更好的方法

人们曾经普遍认为商业管理者都在努力争取最优化。方案和决策框架的设计都是以让每种情境实现最佳效果为目的。然而，赫伯特·西蒙发现大多数管理者并没有努力争取最优化，在找到第一个可以接受的方案后他们就心满意足地采纳了，这个发现让西蒙获得了诺贝尔奖。[9] 找到可以接受的解决方案就不再继续寻找其他方案，这种倾向有利有弊。一方面，它会让决策速度加快，另一方面，它会带来平庸的解决方案。要想避免这种倾向，一个办法是关注客户的体验。

关注客户的体验

人们已经针对如何取悦客户、超出客户的预期、让客户拥有世界顶级体验等问题写了很多文章。在第 5 章（"战略框架"），我们介绍了派因和吉尔摩提出的体验经济的概念。这些观点看起来很有说服力，但我猜你在现实世界中的体会是客户体验仍有巨大的改善空间。

例如，想想这样一种情况，有位女士发现自己胸部有个肿块，她开始担心自己得了乳腺癌。在大多数健康管理机构，病人从就诊到得知确定的诊断、摆脱未知病情带来的焦虑不安大约需要两周时间。然而明尼阿波利斯－圣保罗的帕克尼科莱医院认为，他们不能接受让病人因为无法确定自己的病情而失眠焦虑。他们组织一支跨职能、跨科室的团队解决这个问题，他们设计了一个新系统。他们设计出来的流程让病人因病情未知而焦虑不安的时间从两周减少到四个小时。如果一位有乳腺癌症状的女士上午 8 点到医院就诊，她在中午离开医院的时候就能知道自己是否得了乳腺癌以及自己有哪些选择。这就是创新。帕克尼科莱医院在 1992 年就能这么做，这是非常惊人的，直到 2010 年，大多数医疗组织都还没有效仿这种做法。从客户的视角看问题是拓展思维的一种方法。要激发求知欲，还有其他的方法。

激发你的求知欲

要想激发求知欲，一种方法是不断问自己各种事情的运行方式。这个概念和前面提到的用心观察并寻找更好方法的概念类似。很多人的求知欲有限，而且很少刺激求知欲的发展。如果你之前学的是历史，或者像我一样，学的是语言，你会对生物、制造、化学和其他影响我们日常生活的话题感兴趣吗？我的 MBA 课程是一次让我眼界大开的经历，我从中学到了商业世界的"运行"方式。你是否曾经问过自己：他们是怎么做到的？如果没有，我建议你每天问一问。他们怎么制造东西？产品是从哪里来的？他们怎么管理流程？如果是我，我会怎么组织流程？如果我是"国会"，我会制定哪些法律？为什么？这些法律会产生哪些结果？人们的行为方式缘何而来？每天坚持不断问自己这些问题，这会刺激你的求知欲的发展。提升求知欲的另一种方法是提升你的感知能力。

使用思维导图

在记笔记和进行头脑风暴的时候尝试使用思维导图而不是无序列表和概要列表。你可以随时随地练习。在听演讲的时候用思维导图的方式做记录，并观察在这个过程中你的思路和联想相关信息的方式有何改变。在为演讲做准备的时候用思维导图来进行构思和做笔记。观察在这个过程中你的思路以及构思能力和迅速拟定讲稿的能力有何改变。尝试使用布赞思维导图软件，看看在这个过程中，你构思和制定计划的方式会有何改变。

提升你的感知能力

咨询顾问和作家迈克尔·盖尔布以身体平衡（亚历山大健身术）和创造性天赋为主题写过一系列很有意思的书。在描述列奥纳多·达·芬奇（人类历史上最聪明的人之一）的多重才能时，盖尔布提到了达·芬奇对感官体验的关注。[10]在吃东西的时候关注味道，多留意身边的色彩，让自己沉浸在动听的声音之中，锻炼触觉的敏感性，你可以通过这些方式锻炼自己的神经网络，让半意识或潜意识的东西浮现出来。敏感性在得到提升后可以提高你听懂别人言语中的真正含义、看到周围发生的一切以及更加完整地感受事件的能力。

抵制杀伤性用语

汤普森还认为，创造力常常因为"杀伤性用语"遭到无谓的抑制，所谓的"杀伤性用语"指会扼杀刚刚萌芽的想法和洞见的语句。你也许听过这样的话："我们从来不这么做。""这绝对行不通。""这是个愚蠢的主意。""快走出史前时代吧！""多么愚蠢的想法啊！""我们绝对负担不起。"你很容易就能从别人的话里听出哪些是杀伤性用语。但是，你是否意识到你也经常对别人说这些话？你是否用扼杀创造力的评论压制别人的创意？有时，对尚未成型的想法少一些评判、多一些包容能够促进你自己和别人的创造力。

容忍朦胧感

达·芬奇的另一个特点是盖尔布所谓的"Sfumato"，这是一个意大利词语，意思是"烟雾笼罩""朦胧"或"模糊"。急于让情况清晰化会限制创造力。让朦胧感多逗留一会儿可以让头脑不那么紧张、不用总担心最后期限，从而有助于新创意的产生。

你会发现，我们在这里提出的建议有些是矛盾的：在最后期限和冷静的头脑之间协调，在满足于现状和寻找更好的办法之间权衡，在直接刺激和暂时容忍不确定性之间平衡。还没有哪个已知公式能确切地描述一个人应该在多大程度上建立这些对立平衡关系。不过，意识到它们的存在可以帮助你思考你是否过于偏向某个方向，是否需要在另一个方向上增加砝码。

寻找意料之外的联系

我们在这里还要提到盖尔布对达·芬奇生活和工作的另一点认识，即寻找意料之外的联系。适用于某个领域的概念或原则是否适用于另一个领域内的过程？这是类比背后的原则。你能找出直接起到阐明、激发或说服作用的类比吗？罗杰·冯·奥奇在《当头棒喝》一书中大力宣扬这条原则。[11]他让读者做的一项练习是想出一个有关生活的类比，例如，"生活就像一个让你想方设法留在其中的迷宫"，或者"生活就像一个面包圈，在新鲜热乎的时候很美味，但通常是已经变硬了。中间的那个洞让它神秘莫测，可是没有这个洞，它就不是面包圈了。"

寻找数学和艺术、营销和制造、生物和商业或者戏剧和领导之间的联系，这种联系会让人非常兴奋。我的同事埃德·弗里曼用让学生挑选和演出剧目的方式来教授领导课程。他的学生必须自己决定演出哪部剧目，然后分担每一幕的角色，管理排练、团队合作、物流、营销和演出，学习舞台表演。20年前，大多数管理者可能想象不到剧院和领导之间有什么联系。弗里曼的课很受欢迎，因为学生在课堂上自始至终都享受其中。

寻找有趣的东西

创新让人欢欣鼓舞。生活中的另一种矛盾平衡关系出现了，这就是常规和变化。一方面，我们往往是受习惯支配的生物；另一方面，我们往往又把变化当作生活的调剂。商业管理者一般倾向于认真、专注、辛勤地工作，获取成绩。这种专注可能富于成效，但它也可能压制创新和创造力。在第13章（"共鸣、领导和人生目标"），我们会讨论感受和绩效之间的关系。如果你能设法让工作变得更有趣，你就可能变得更具有创造力和创新性。有趣未必代表生产力低下。机器人也许有很高的生产力，但它们没有创造力。

四个"I"

杰夫·德格拉夫（Jeff DeGraff）和凯瑟琳·劳伦斯（Katherine Lawrence）

从他们在密歇根大学的教研工作和咨询工作中找出了四个行之有效的原则。这四个以"I"开头的原则是想象力（imagination）、投入（investment）、改善现状（improve the current）以及孵化（incubate）。在本章前面的部分，我们已经多次提到过这些原则。我们的建议大多数是关于如何提高你的想象力。我们提到过，在创造力方面的投入与榨取者对提高生产力的期望是相互矛盾的。要寻找更好的方法，需要你阅读有关流程改进和渐进改善的各种文献。最后，必须通过有效的组织让项目和创意能够孕育和发展。在这里，我们建议更加偏向于个人层面的方法。德格拉夫和劳伦斯提供的流程则可以让你在组织层面拓展创新活动。

7.2 像爱迪生一样创新

盖尔布和卡尔迪科特的新书《像爱迪生一样创新》[12]也探讨了创意思维变成商业创新的过程。爱迪生是卡尔迪科特的曾叔祖父，盖尔布和卡尔迪科特研究了这位美国最伟大的发明家和创新家的人生和活动，找出了爱迪生的一生体现出的五类能力：以解决方案为中心的心态、万花筒式思维、全身心投入、高智商合作以及超值创造。爱迪生本人曾经评论过创意思维和商业创新之间的重大差别。他发明过一个在立法机构这样的大型群体中即时记录和清点投票的系统。他的系统很实用，而且易于生产，但被当时的政治领导者拒绝了，原因是他们需要利用原有流程中投票和计票之间的这段时间开展游说、影响投票结果。于是，爱迪生宣布，他再也不会在没人想要的创新项目上浪费时间。大多数成功的商业创新都结合了创意思维、多种发明、流程创新、跨越传统学科边界的密切协作、对非常资源的调动以及与市场的紧密联系等多种元素。盖尔布和卡尔迪科特找出了与爱迪生的五类能力相关的五种基本能力。

在总结现代组织和商学院课程所面临的挑战时，盖尔布和卡尔迪科特引用了达特茅斯大学塔克商学院教授维贾伊·戈文达拉杨（Vijay Govindarajan）的话：

> 我们必须让组织上下的所有成员了解创新，就像我们让他们了解财务、了解营销或了解任何其他管理学科一样。创新不仅仅是创意和创造力；它是一门关于如何把创意变成现实的完整学科。[13]

7.3 结 论

现在还有新创意吗？很多商业观察家评论说，最新的"潮流热点"常常看起来像是对 20 年前、30 年前或者 50 年前创意的重新包装。这里的一部分挑战在于每一代人都必须设法学习历史上已经发现的东西。而这种学习可能导致思想僵化。你学会不断挑战现状了吗？你养成广泛阅读和寻找跨学科联系的习惯了吗？你是学会了管理自己的头脑，不断寻找更好的做事方法，还是学会了适应一贯的做事方法？创新始于个人。如果你拥有与创新相关的能力和习惯，你就可以把它们带给你的工作群体，带给你的组织。在这件事上，你很可能得不到鼓励。你会发现自己听到无数杀伤性用语。你是否会向它们屈服，取决于你是否过于偏向由外而内地生活。

本章概念

1. 战略制定者必须决定他们在多大程度上强调创新。在快速变化的行业中，创新对维持竞争优势而言必不可少。
2. 创新的核心是挑战背后的 VABE，因此从本质上讲是一个第三层次过程。
3. 创新很难制度化。要做到这一点，必须建立打破惯例的惯例。
4. 卓有成效的领导者是创新思考者。
5. 培养创新性或创造性思维能力有很多技巧。它们能否成为你的习惯取决于你自己。
6. 为了在如今的商业世界生存，管理者、员工、教师和学生必须学习有关创新的科目。

思考题

1. 在一天时间里，你能在自己的组织中找到多少可以改进的流程？你会如何改进它们？
2. 如果你是组织的负责人，哪三件事是你最想改变的？为什么？你如何着手改变它们？
3. 写下来自你大学主修专业的三个主要概念，思考如何才能将其用于领导企业。如果你主修的专业是管理，思考如何才能将其用于国家的管理。
4. 思考你每周的日常活动。你最好的创意是在什么时候想出来的？你如何才能保护和培养你的创造性思维过程？
5. 不论是在个人层面、工作群体层面还是组织层面，你怎样才能建立个人创新模型？你可以从哪里读到和学习到建立这种模型的知识？
6. 你一般不想读哪类书籍？如果你读了一两本，你可能学到些什么？
7. 用一页纸的篇幅描述你每天的上下班路程。对于路线和周边环境，你能记住哪些细节？
8. 你最喜欢的食物是什么？为什么？你最喜欢的颜色是什么？为什么？你能描述三种不同质地的物体表面和它们摸起来的感觉吗？
9. 你会如何改进你们国家的医疗系统？你会实施哪些变革？你会如何组织？你会为自己的设计付出怎样的代价？

案例讨论

萨拉是一名化学工程师。她的经理让她发明一种能够拥有庞大市场潜力的新型化合物。经理让萨拉描述这种化合物的目标特性以及可能的用途，听完描述后，他才会决定是否愿意考虑投资研发这种化合物。如果你处于萨拉的位置，你想开发哪种化合物？它可能有哪些用途？

第8章 个人、工作群体和组织的宪章

> 使命陈述工作是最重要的一项工作,因为其中的决策会影响其他所有决策。
>
> ——史蒂芬·柯维

参与战略讨论的领导者经常弄不清战略用语。他们随意或互换使用战略、愿景、使命、业务、价值观和其他相关术语，这可能导致交流不畅或误导。第 5 章介绍的各种战略框架无疑加重了这种混乱。要对这些框架提炼出你个人的结论，然后发展你自己的战略思维能力，一个办法是制定个人、工作群体和组织的宪章。

8.1 宪　章

在殖民时代，宪章指规定某次远征的宗旨、范围和权限的文件。其细节包括地理限定、目标、期望成果和委托执行的某些权力等。同样，我们也可以把组织宪章看成规定组织当前和未来意图的一系列文件。如图 8-1 所示，组织宪章包含六个独立而又连贯的部分。

1. 使命陈述
2. 愿景陈述
3. 价值观陈述
4. 战略
5. 运营目标和里程碑
6. 领导层

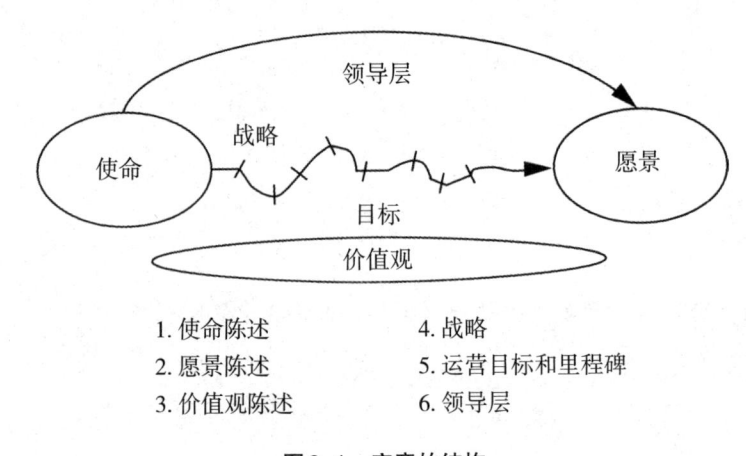

图 8-1　宪章的结构

1. 使命陈述
2. 愿景陈述
3. 价值观陈述
4. 战略
5. 短期运营目标
6. 定义上述元素的领导层

　　大多数美国公司似乎把大部分时间和精力花在关注和实现运营目标上。事实上，某位高管曾对员工说，公司在接下来 6 个月里的"战略"是缩减销售成本。另一位大企业的高管曾对各部门的管理者说，在年底之前，他们的业务要让企业的股价上涨到某个数字，如果做不到，高管们就得不到年终奖，因此他们需要赶快行动起来。这些例子表明这些高管的战略思维的本质和宗旨流于表面。尽管关注每个季度的盈利能力和股票表现很重要，但柯林斯和波拉斯[1]以及其他学者断言，只关注这些评估标准而忽略客户服务和价值创造，会削弱企业的长期生存能力，促使员工做出伤害客户关系的决策并采取相应行动，最终损害盈利能力，因此这么做实际上可能对企业自身造成损害。[2] 更加以战略为本的首席执行官会发现，屈从于分析家的压力等于向他们拱手交出管理权。对于卓有成效的领导者而言，这里的挑战在于阐明组织的宗旨和愿景，并且要用令人信服甚至令人振奋的方式。

　　这种关注是一个相对新出现的现象。19 世纪和 20 世纪的大多数管理研究和实践针对的都是第一层次，即看得见的行为。岗位职责和官僚管理范式的其他特征针对的都是管理员工的行为，与此同时无视员工的思想和感受。例如，亨利·福特曾经愤怒地表示："我一直只想雇用一双手，它们却总是连着脑袋和身子！"但是，正在形成的新型组织形式试图建设高绩效的工作平台，它们越来越指向第二层次和第三层次，这种指向是正确的。如今的管理者意识到，要让组织在竞争中取胜，他们需要让员工的头脑、心灵和身体一起投入工作之中。

　　第三层次领导始于我们所说的组织宪章。如前面提到的，组织宪章包含使命陈述、愿景陈述、价值观陈述（这三项都是第三层次的陈述）、战略和短期运营目标。这些元素各具特色，分别服务于不同的目标。很多组织不是混淆了这些术语,就是没有把这些陈述作为有力的领导手段。另外,很多组织几乎只关注短期目标。这样的话,他们就丧失了在第三层次激励员工的机会,他们的领导倒退回了第一层次的影响体系。

你还要思考个人宪章和工作群体宪章。换言之,如果你无法为自己制定个人宪章,你怎么可能指望自己为工作群体或组织制定宪章呢?事实上,根据之前提到的松下领导学院的例子,如果不能制定简洁有力的个人宪章,你就没有真正做好领导他人的准备。

8.2 使 命

使命陈述排在第一位是因为它定义组织会做什么、不会做什么,即组织存在的理由。组织、工作群体或个人不一定需要有使命陈述。有些人甚至认为,使命陈述会妨碍经营。[3] 很多高管一度被迫完成使命陈述,他们对此十分怀疑而且强烈反对。这些人一般很难回答他们的员工为何来工作这个问题。他们也没能激发组织中大量潜在的能量。他们的结论也许还来自一个昂贵的组织流程,一个委员会和下辖的数个附属委员会花费数月时间才制定出他们的使命陈述:"我们的使命是提供世界级的产品和服务,它们要让客户满意,要超出客户的预期,同时还要给我们的投资者创造超过行业平均水平的回报。"从一定高度上看,这样的陈述可能没什么问题,但它却缺乏新意,没有独特性,也不鼓舞人心。

使命陈述(mission statement)是关于组织为什么存在以及组织将从事哪些活动的简洁声明。使命陈述有助于集中组织成员的力量,防止其他活动和项目分散他们的注意力。有效的使命陈述是以行动为导向的,其核心是组织要让客户获益而不是首先让自己获益。

因果图

如今,被问及公司的使命时,很多管理者会回答:"当然是赚钱!"然后他们会瞥你一眼,像是在说这是一个愚蠢的问题。这种思维的问题在于它鼓励的是会自我削弱的第一层次行为。过程如下。试想一幅简单的因果图,如图 8-2(见后页)所示。你可以看到图上的很多东西对盈利能力有贡献,但是,两个最直接的贡献元素是收入和成本。每个节点无疑都涉及其他投入和产出。简单地说，每个关系上面的加号和减号表明前一个因果节点是为下一个节点加分还是减分。例如，价格的提高很可能会对客户满意度产生负面影响（尽管在某些高端细分市场中情况恰恰相反）。

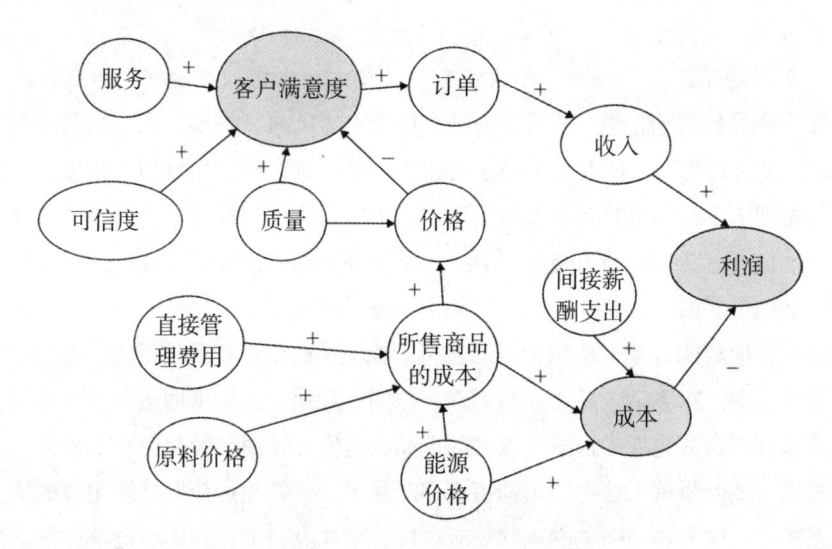

图8-2　因果图和盈利能力

我们每个人内心都隐含着一系列因果图，它们解释我们是怎样看待这个世界的运行方式的。我们不一定能把它们说出来或者写下来。我们有时使用这些半意识或前意识的心理因果图（居于第三层次），而且毫不质疑它们的合理性或影响。要有效地使用或者修改它们，第一步是让它们显现出来，让我们能在第二层次检验它们。这一步等于把第三层次的VABE（价值观、假设、信念和期望）带到第二层次的自觉意识上。人们一旦清楚地知道在他们看来哪些东西会影响盈利能力（或者其他任何东西），他们就可以开始在因果图的各个位置上安排可能产生战略影响的干预措施了。

这里的一个关键问题是人们选择把注意力聚焦到因果图中的什么位置。这种聚焦就像用聚光灯照射图上的不同关系，照亮某个区域，让图上的其他区域留在阴影之中。在我们内心隐含的有关世界、人际关系或企业运行方式的因果图上，我们一直在自然而然地进行这种聚焦。这种聚焦排序也是一种第三层次的现象，是我们价值观的体现。我们决定把注意力放在哪里对于我们发现和解决问题以及进行战略干预的能力至关重要。当我们把心理聚光灯照向因果图的一个部分时，我们就开始"关注"组织的某些部分或历程，同时忽略其他部分或流程。这种关注会影响我们对"需要做什么"的看法，即领导观的第一步。这种注意力的聚焦是一种关键的领导活动，事实上，对于阐明宗旨也十分重要。

矛盾的是，当首要的、相对专有的注意力或聚焦放在利润上时，员工可能反而会受到鼓动，做一些可能对盈利能力有害的事。例如，在一家营业额达6亿美元的企业里，员工过于关注利润、过于注重完成短期目标，渐渐地，他们开始把下个月的订货提前发送给客户，为的是把它们算进这个月的会计数字里。他们开始推迟培训和维护活动，不再把时间花在处理客户投诉和询问上，为的是把更多的时间花在提高设计和生产流程的效率上。这样做了几年后，在某个月，他们的订单突然减少了近50%。惊慌失措中，他们给最大的客户（一家分销企业）打电话，经过几番对话，他们才知道，几年来的运营方针让他们往这家分销商的仓库中送去了太多的产品，这家分销商已经无力承受更多产品存货了，他们也就无法再向其销售更多产品了。这家生产商对终端用户的情况毫无察觉，对分销商面临的现状反应迟钝，把注意力都放在了价值链中下一个环节的销售上，无视其他后续环节。这家企业现在正面临着灾难性的后果——过分关注短期利润严重削弱了企业继续经营的能力。这个经典案例展现的是一种以赚钱和实现"销售数字"为中心而不是以服务客户为中心的使命陈述，这种使命陈述现实中确实存在。

一个更加有效的办法是在因果图上回头看客户满意度这个节点。你可以在图8-2上看到，这个节点距离利润节点较远，然而它会直接影响利润。把我们的聚光灯照在这里是不会忽略盈利能力的重要性，而是会把它放到更大的背景和不同的角度中。如果我们更关注客户满意度节点，就可以开始更积极地思考"哪些客户"以及"他们想要什么"等问题。从这个角度看，利润不再是组织存在的中心理由（使命），但对客户满意度的关注却会带来可预测的、稳定的盈利能力。

当然，成本结构也不容忽略。这里的关键在于，你在自己隐含的心理因果图上关注哪个部分关系重要。如果你只关注利润，就很可能忽略组织中的大量能量，而讽刺的是，本来可以引导这些能量创造利润的。当管理层说"企业的目标是赚钱"的时候，传达给员工的第三层次信息就是"你们在这里的工作是帮别人赚钱"。这可不是一个能够激励人心的价值观。相反，如果使命陈述的内容是关于组织会如何为客户服务，那么领导者和员工就会有共同的目标，共同思考如何完成使命，共同组织起来完成使命。

我们把这种使命陈述称为"以服务为导向的使命陈述"。从本质上说，组织使命的这种思考和呈现方式是积极向上、振奋人心的。在参与到某个具有强大道德力量、服务于他人的使命中时，大多数人会感到自豪。"为客户服务"具有外向型的关注焦点，会调动员工的贡献感和社会归属感。以"赚钱"为核心的使命会带来内向型的关注焦点，注重的是组织能从社会中获取什么，从长远看，这不会是一个有力的激励因素。

当组织的使命以道德为焦点、明确易懂而且员工全身心投入其中时，组织可能做出从短期看来会减少利润的决定。与之前的例子相比，企业因果图上的这个不同关注点可能让组织为了满足客户需求延迟货运而不是加快货运，可能让组织加紧培训和维护活动，以便能在未来更快速、更优质地满足客户需求。这种做法还可能让组织更倾向于听取与客户积极对话的员工的意见，这些员工在组织中可能没有什么地位或权力，但切实拥有组织满足客户需求所需的信息。如今，在全球很多高绩效的服务组织中都可以看到这种趋势。

这种做法意味着，使命陈述应该确定一个客户群体，它不同于对产品领域的关注。例如，在20世纪初，如果你们关注的是产品类别，比如说"马车加速装置"，并以此定义你们的行业（过于狭窄），你们也许一直认为自己的使命是制造马鞭，而忽视了市场对研发汽车等新型交通工具的呼声。如果你们关注的焦点是为想要独立出行的人提供服务，对汽车的研发就会很容易融入你们的使命和思维。潜在的领导者在制定使命陈述时的心态，要么让他们能够响应周围的变化，要么让他们无法看清需要关注什么。回到领导观上来，对于你会"看到"什么，你为自己、为工作群体或为组织制定的使命陈述是一个有效的指标。

一份好的使命陈述表明你的组织打算做什么以及为谁做。实际的组织会因人而异。对于集团企业而言，每个事业部都需要有一份使命陈述，定义关注焦点。同样，每个部门都可以制定一份使命陈述，帮助员工明白他们每天来工作是为了什么。

构思一份好的使命陈述并非易事。你也许看到过企业发给所有员工塑封好的使命陈述卡片。如果在你问员工"你们公司的使命是什么"这个问题时，他们不得不从钱包里翻出卡片，那么这显然表明使命陈述缺乏力度。好的使命陈述强大有力、简洁明确、不易忘记而且很容易让员工与之联系起来。要撰写使命陈述，仅仅把"世界顶级"、"提供商"、"以客户为导向"和"对所有支持者给予同等回报"等陈词滥调串联在一起是不够的。如果你想对使命陈述进行比较，并找出一些范例，可以读一读杰弗里·亚伯拉罕斯的《使命陈述指南》。[4] 但是要注意，对于卓有成效的领导而言，这里的挑战在于如何定义这些元素。阐明组织的宗旨或中心，除了领导者还有谁呢？

你的人生使命或宗旨是什么？

试想下面这个例子。弗吉尼亚州交通运输部（VDOT）的使命是让全州范围内的数千名从事行政管理、漆标志线、铺沥青、安装交通信号灯和交通标志以及进行公路调查等不同工作的员工在工作的时候拥有一个共同的目标。经过一年半的深思熟虑，VDOT制定出了它的使命陈述："让弗吉尼亚保持通畅。"这个清晰、简洁、有针对性的使命陈述让系统中的每个人都能明白自己的工作与这个宗旨的联系。另一家企业的使命陈述是，"我们保护那些保护着我们的人"。对这家制造雷达干扰设备的保安公司来说，其核心宗旨直接、简洁、有力而且有包容性，足以让所有员工与之联系起来。

达顿商学院也有一个有力的使命，它让所有相关人员天天都能把自己与它联系在一起。你认为这家著名商学院的使命会是什么？按照老套的使命陈述，它可能是"以客户为导向、六西格玛的方式，做学者、管理者和学生的世界级前沿研究提供者"，诸如此类。然而，达顿商学院选择的使命陈述是："达顿商学院的使命是为现实世界培养有原则的领导者，让社会变得更美好。"学院有时可能会与这个崇高的使命有些距离，但这个使命陈述清晰简洁而且具有坚实的道德感。你的组织也应该有同样简洁干练、不易忘记、适用性广泛、鼓舞人心的使命。领导的关键职责之一就是制定和阐明这样的使命或宗旨。

前一章提到过，加里·哈默尔认定，使命陈述应该具有灵活性。他担心的问题是狭隘的使命陈述会成为妨碍创新、灵活性和掌握机遇的心理障碍，这种担心是有道理的。上面举的例子都具有足够的包容度，可以容纳多重愿景、多重战略和庞大的创造力，但是它们也具有足够集中的焦点，定义了让所有成员或员工都能认同并选择参与的宗旨、理想和存在理由。

为公司撰写使命陈述是一回事，为你自己的人生撰写使命陈述又是另一回事。在我们结束这个部分之前，请考虑起草你个人的人生使命。你在这个世界上的目标什么？有些人认为这个问题很傻，它是没有答案的。有些人认为上帝给每个人都赋予了人生使命，你的目标就是把它找出来。有些人认为有没有目标，你都能生活下去。我认为，有目标会让你的日常活动更为明确、更有能量。美国著名的女喜剧演员莉莉·汤姆林（Lily Tomlin）说过："我一直想成为一个大人物。也许我当初应该想得更具体些！"很多人会发现，他们在职业生涯的中晚期想到的就是这句话。

你有个人使命陈述吗？如果没有，你能拟定一份来说明你想要怎样度过自己的一生吗？也许一两个例子会有助于你思考。有两名大学教授，他们分别把自己的使命陈述表述为"让人们思考"和"帮助人们创造强大的未来"。这两个使命陈述看起来都很适合大学教授这个职业。

如果发现"你的人生目标或使命是什么"是一个不得不面对的问题，你可以多问问你尊敬的人，他们的人生使命是什么。有些人可能说不上来。有些人可能说得很明白。无论如何，你都会从与他们的对话中学到一些东西。

最后还要指出一点。人们试图拟定个人使命陈述时会忽视自己一直在做的事，这是很危险的。如果你从事飞机制造工作，而你拟定的个人使命陈述是"为他人服务"或者"拥有一个幸福的家庭"，这个使命陈述听起来似乎很崇高，但的确不能把你和医生或者麦当劳连锁店老板区别开来。我劝你设法把你的职业选择融入你的使命陈述中，这样你的使命陈述就不会只描述你在第三层次的希望，还会描述你在第一层次的所作所为。在上面的例子中，你的个人使命陈述可以是"制造更好的飞机，以此来帮助人们"，或者更简单一点，"制造更好的飞机"。对于飞行员，可以是"飞行"。对于冲浪运动员，可以是"经历最大最精彩的海浪"。[5] 对于保险经纪人，可以是"给人带来安心"。对于烈性酒制造商，可以是"帮助人们开怀畅饮"。

在你的一生中，有三分之一甚至更多醒着的时间会花在工作上。如果你的使命陈述忽略这个事实，你就是在愚弄自己，因为它没有说明你的全部工作目标。当你写下一份简要描述你会如何使用自己的时间和精力的使命陈述，看着它，决定要么加强它要么改变它。

8.3 愿 景

有了使命或目标，大多数人需要对自己前往何方进行展望。如果使命是指我们在做什么或者此时此地我们为什么存在，那么愿景（vision）就是指我们展望组织在遵循并成功完成使命后可能和应该成为什么样子。有远见的领导者会预想未来，"预见"组织应该成为什么样子，并且根据这个梦想或全景展望来与组织内的其他人沟通——这是领导的一个关键元素。

潜在的领导者如果无法预见未来，无法预见组织能在未来做什么，就很难用自己的言行在第三层次鼓舞和激励他人。短期财务目标带来苍白无力的使命陈述，同样，对未来的短期财务展望也会带来苍白无力的愿景。斯坦·戴维斯也在《将来完成时》中探讨了这个概念。[6] 戴维斯描述了卓有成效的领导者怎样展望未来、又怎样回头看待组织当前的状态。二者之间的差距就是组织为了实现愿景必须完成的进步。戴维斯指出，有这种思路的领导者在说话的时候会经常用将来完成时；也就是说，他们使用"当我们实现愿景时，我们将已经完成了X、Y和Z"诸如此类的语言。X、Y和Z当然就是领导者认为为了向愿景迈进而必须完成的事。它们会成为稍后我们提到的组织的短期目标和阶段目标。

愿景越生动、越详细、越有激情，它们的力量就越大。如果领导者只是谈论要成为"世界级"组织（这已经成了一句几乎没有任何意义的套话了），他们就会忽略需要向他人描述的大量细节，也就是"世界级"在他们的企业中到底是什么样子。卓有成效的领导者会想象、预见、然后非常详细地描述他们对未来可能性的展望——不是只有一次，而是在成百上千种情况下描述成百上千次。

你认为你或者你的组织在10年（或者30年）后应该是什么样子？

中级管理者和员工常常声称，他们缺乏远见是由他们的工作决定的，如果他们是首席执行官，他们也能看得更广更远。"管理行为调查"是一个自我评估工具，可以在一定程度上评估个人对构建愿景的兴趣。该调查的数据表明，一个人在组织中所处的级别与这个人花在构建有力愿景上的时间和精力之间没有多少关联。在这个数据库中，很多高级管理者很少花时间思考未来，而有很多低级别的员工却努力地对自己正在从事的工作形成清晰的展望。我们可以得出确定的结论，定义愿景的心理活动是个人特有的，而不是岗位特有的。被合理晋升到战略职位的人肯定已经对企业愿景形成了初步的个人展望，他们得到这样的战略职位，是因为他们已经展现出了构建愿景的能力，而不仅仅是因为他们具有发展这种能力的潜力。尽管我们不会说等你得到"战略职位"后再构建愿景就已经太晚了，但是，对于自己的部门或组织可能和应该成为什么样子，如果你已经在心目中形成自己的展望，那么你在晋升人选中就会显得更为突出，作为领导者也会更有成效。这个过程可以帮助你培养战略性、展望性的思考能力。

对于自己无法更有远见，人们找出的第二个理由是这个世界变化得太快了，没人能看出它会变成什么样子。这个理由是一个托词。构建愿景不一定意味着能够预见未来，而是意味着预见你认为未来可能和应该是什么样子。没有这种愿景，最终不可能形成第 5 章所描述的战略意图。你认为你的公司在 10 年后应该是什么样子？你知道吗？你能描述出来吗？20 年后呢？你自己又应该是什么样子呢？记住莉莉·汤姆林的话："也许是时候有更具体的目标了。"

构建愿景是一种习得性的行为，它可以培养，但这并非易事。愿景来自于学习、阅读、比较、行走、观察、想象、寻觅、分析和很多其他活动，这些活动为个人奠定基础，让他们能够形成和接受有关未来可能性的新看法。如果你想要成为卓有成效的领导者，你现在就应该开始练习构建愿景。要练习构建愿景，你可以定期思考你或者你的组织的目标是什么，你或你的组织在 5 年后、10 年后、20 年后、30 年后或者 100 年后将成为什么样子或者应该成为什么样子；你可以广泛地阅读；你还可以针对个人、国家或组织当前的紧迫问题构思你自己的大致答案。

完整的愿景陈述包括对当前宪章各个方面的展望。对于社会而言，它可能包括对国防、医疗、经济和文化等方面的展望。对于组织而言，它可能包括对财务状况、客户、公众信誉、内部流程、员工等现代企业所有重要方面的展望。对于团队而言，它可能包括对文化、成员资格、生产力、活动等方面的展望。对于个人而言，它可能（应该）包括对身体、头脑、社会、职业、财务、婚姻、父母等人生各个方面的展望。

要开始培养构建愿景的能力，你可以先定期问自己一些难题，比如，"如果我是国家首脑，我如何应对当今的经济形势？我如何看待公司在下个世纪的运营？公司会有怎样的声誉？我计划在 45 岁、55 岁、65 岁的时候做什么？"洗澡的时候、上下班的时候、一天结束时进行反思的时候都是停下来思考的好时机，你可以想想，如果你在自己的国家、地区、组织、部门或者你自己的人生中负责主要的战略工作，你会做些什么。

如果你真的很重视这种探索，你就可以开始安排时间，针对这些问题进行阅读和思考，并且写下你对未来可能性的展望。当然，你一开始写下来的可能不会是终稿；关键在于开始采取行动，并通过练习和修改培养你的能力。在这方面，一个杰出的范例是松下幸之助，他是日本电器企业松下电器公司的创始人。他的愿景一直延伸到250年后的未来，而且分成10个阶段，每个阶段为期25年，每个阶段都有特定的阶段目标和战略目标。

构建愿景并不是做白日梦；它要求心理锻炼。与体育锻炼一样，它也是艰苦的工作。在这项活动中，你必须拓展你对未来可能性的思考、看法和基本假设。你还必须脚踏实地，考虑所有可以得到的事实数据。如果你做白日梦，或者在练习构建愿景时假设艰难的现实并不存在，那么这对发展你的能力不会有任何帮助。

愿景就像靶子，它们为组织成员提供了瞄准的目标。如果使命陈述定义的是我们做什么，那么愿景陈述则为人们提供需要争取实现的目标，从而增加了努力争取的因素。我们把定义使命和构建愿景作为制定组织宪章的第一步和第二步。如果组织的战略是书稿，它们就是书挡；它们为中间的内容提供框架。但是，它们要建立在一整套价值观的基础之上。

价值观

价值观陈述解决的问题是："在我们努力完成使命、实现愿景的时候，引导我们的会是哪些原则？"价值观陈述（values statement）是关于组织努力完成其使命并实现其愿景时所遵循的原则的声明。价值观具有随意性，因为它们未必完全基于有效性；创造未来的方法是无限的。

在经营方式方面，你和你的公司有什么主张？

价值观陈述简要描述我们会选择哪些方式或原则，我们不会选择哪些方式和原则。例如，和很多其他公司一样，一家大公司最近宣布，东南亚将成为未来几十年公司重点关注的区域。这家公司还宣布，尽管政治贿赂和回扣行为在东南亚很多地区很普遍，但他们不会参与需要采取这种"不道德"行为的业务。这个价值观陈述肯定会通过各种方式影响公司的盈利能力。

来看另一个例子，有一家通过收购壮大起来的全球性通信企业，它旗下各分公司的负责人聚集在一起召开战略讨论会。当谈到未来时，他们一开始谈到一位业务负责人手下涉及卫星节目制作和播放的一部分工作。他们在会议上发现，一家收购来的企业除了制作其他节目，还制作色情电影。他们还发现这个细分市场正在增长，而且利润丰厚。他们讨论这家企业是否应该继续经营这项业务。这并不纯粹是"赚钱"的问题，因为这个分公司有很高的利润。这个例子再次证明，在组织履行使命和努力实现愿景的时候，价值观讨论会为组织的其他东西设定基调。

践行所主张的价值观

很多企业把他们的价值观明确写入公开发布的价值观陈述中；这些陈述的目的是帮助成员和外界了解领导层的主张是什么以及组织成员应该怎样行动。如果这些陈述与组织管理层和领导层的行为相符，那么价值观就很可能越来越多地灌输到组织其他成员的思想和行为中去。然而，如果实际领导行为与所主张的价值观相悖，员工和外界都会开始看出其中的虚伪，他们要么找其他企业做生意，要么忽略公开陈述，设法了解在背后支配领导者行为的"真正"价值观。因此，我们在讨论领导的时候不能不讨论价值观和职业伦理，就像我们前面讨论过的那样。

对于领导者而言，一个重大挑战是其行为要符合其主张的价值观。没什么比看到领导者言行不一更让员工泄气的了。当你思考、确定和宣布你的价值观或公司的价值观时，你要确保自己就是这些价值观的楷模。如果你不是，那么最好还是不要宣布它们了。

以前你也许看到过价值观陈述。有一家企业印制了一本小册子，列举正直、沟通、责任、尊重和杰出等核心价值观，并且在每条价值观下面附上了一些关于个人如何践行这些价值观的辅助性说明（比如，"当我支持我认为正确的东西时，我就是在践行正直"）。还有一家企业印制了一些独特的卡片，上面写着"创建安全的工作平台；渴望与合作伙伴一同成长；认可和奖励优异绩效；评价能够体现进步；突出特色；建设干劲十足、富于成效和多元化的员工队伍是我们的目标；坚守诚实和正直"，将它们作为公司的指导原则。权宰焕创办了一个由大约80所跆拳道学校组成的联盟，联盟提出了五条核心价值观——谦逊、正直、坚定、自制和不屈不挠，它们被写在巨大的标志牌上，悬挂在教学场所里所有人都能看得到的地方。

如果经过领导者的认真思考以及言行一致的以身作则，价值观陈述可以有很大的用处。它们几乎可以引导组织活动的各个方面，比如招聘和晋升活动、日常决策、产品开发、生产活动、客户关系、组织的设计活动、日常工作习惯、政府关系和广告等。它们告诉我们如何制定决策，但是它们不能告诉我们要做什么。我们还必须弄清如何从使命抵达愿景。

战　略

战略陈述不同于使命陈述、愿景陈述和价值观陈述。战略意味着选择组织用来实现其使命陈述从而建立竞争优势的基本办法。使命陈述回答的是"为什么做"的问题，愿景陈述回答的是"做什么"的问题，从这个意义上说，战略陈述回答的就是"怎么做"的问题。价值观陈述关注的是活动原则，而战略明确说明有关经营活动目标的基本决策。从这个意义上说，战略比价值观陈述更为具体，但又不及目标陈述那么具体。战略可以区分我们实现愿景的不同道路，但又让我们信奉的价值观始终支配我们在这条道路上的行动。

战略：你会采取哪种途径实现你的愿景？

战略可能涉及企业的各种职能或者企业的整体方向。你需要回答财务、运营、营销和人力资源等各方面的战略问题："我们的财务战略是什么？我们的客户战略是什么？我们的相关运营战略是什么？我们的员工关系战略是什么？我们会选择高资产的道路还是高负债的道路？我们会上市吗？我们会采取自建的途径还是采购的途径？我们是选择正面竞争还是利基市场竞争？我们会进攻高利润的细分市场还是低利润的细分市场？我们是从这里采购还是从那里采购？我们如何吸引和留住人才？"根据定义，战略意义重大，不能轻易改变。大多数组织会制定职能战略和企业战略，管理财务、生产运营、营销以及组织等领域，高效的组织还会设法把这些战略结合起来实施，以便让所有战略协同作用，支持企业的整体战略。战略的目的就是建立一整套高附加值、难以模仿而且相对独特的企业能力。

因此，这种战略整合的终极目标应该是针对特定客户群发展相对独特的企业能力。请注意，能力不是资质。我们可以认为资质是存在于组织各个部分的相对分散、独立的能力。它们可能涉及技术问题、客户关系、流程管理、计算机管理、数据采集或者其他较窄的领域。然而，要变成真正的竞争能力，资质必须以相互协同、相互强化的方式整合在一起。例如，某家企业可能收集了大量客户数据；但是，只有对客户经理进行挑选和培训，让他们能够及时利用这些数据，才会让组织的潜能得到释放（例如，参见第一资本的经历[7]）。这些更强大的能力（在第一资本的案例中，这些能力是进行市场细分并且几乎为每位客户提供专门的金融信贷服务）来自独立的专业化资质、包容的组织结构、能够把它们结合起来的流程以及能够培养它们的领导行为。经过一段时间的培养，这些能力会变得难以模仿，让企业在市场竞争中拥有自己的特色和立足点。显然，卓有成效的领导者必须直接参与定义这种战略焦点的过程，监督组织建立优势竞争能力的方式。

因此，卓有成效的领导者是战略变革的领导者，他们理解使命，他们看到清晰的愿景并且坚持不懈地予以传达，他们拥有坚实的价值观基础，他们知道如何发起和实现将对企业产生持久的有益影响的变革。这种观点首先定义的是对于领导战略变革而言最普遍的目标领域，也就是说，领导者要干预使命、愿景、技术、组织设计以及人力资源的获取、培养和部署。

运营目标

目标当然有短期的也有长期的。长期目标解决愿景陈述的内容问题，短期目标则为组织在实现愿景的道路上提供里程碑。短期目标帮助人们决定今天和明天做什么，帮助人们把使命陈述和愿景陈述与自己的工作联系起来。

在实现愿景的道路上，你会用哪些指标来标志进展？

因此，目标可能带来危险。如果组织成员对于企业明里暗里的使命陈述、愿景陈述、价值观陈述和战略陈述没有看清、理解并和自己联系起来，他们就很容易锁定短期目标，只关注完成这些目标。只要既定的短期目标和其他陈述保持一致，这种专注就没有问题。但是，在今天变化越来越快的世界里，选择始终能让客户满意的具体目标越来越难。当今的政治、经济和社会事件瞬息万变，很多企业发现越来越难制定切实的年度目标，更不要说两年或三年计划了。

不过，基于适当标准的短期（月度、季度或年度）目标对指导每天的工作会有很大的帮助。一直有书籍讨论如何选择目标、如何制定目标以及如何实现目标。这些书的精髓是，有效的目标（个人的或组织的）是与使命和愿景直接相连的；它们具体、明确、有时间限制而且可以实现。如第 7 章提到过的，通过达到短期目标来实现持续的改良实际上可能是在苟延残喘地走向战略灭亡。季度目标并不代表战略愿景。季度业绩确实需要关注；然而，它们不是终点，不是组织的最终目标。把季度目标错误地当成战略愿景的高管根本没有战略愿景。

8.4 结 论

混淆使命、愿景、价值观、战略以及目标的概念、内容和措词的领导者会给其组织成员带来不必要的混乱局面。如果你理解组织宪章中所有这些元素之间的差异，你就能更有准备地构思它们的内容、传达它们的用途以及利用它们组织和调动组成成员。图 8-3 用图说明了这个过程。如果一个潜在的领导者没有清晰的愿景，展望组织应该成为什么样子，在我们的基本模型中，右上角的连线就会断开。没有这种清晰的愿景，左上角代表领导者向员工传达信息的连线也会断开。这会导致员工无法对为何来工作形成自己的认知，也就是说无法形成横向的连线，那么领导者就需要不断督促员工实现短期目标。

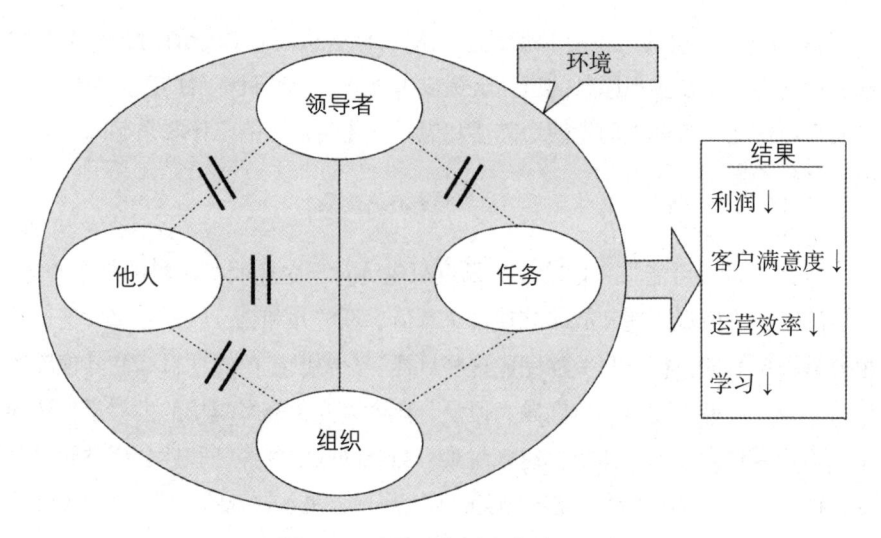

图 8-3 脆弱或断裂宪章的影响

相反，如果领导者在头脑中为组织构建了清晰的使命和愿景，他们有了更充分的准备，能更好地和员工（以及其他成员）进行这个层次的交流。他们能谈论他们为什么经营企业，他们想要创造什么，他们想要为哪些客户服务。这种清晰性有助于员工"看清"自己工作的目标——这个目标不仅仅是为他人创造财富。这种清晰的愿景首先会建立横向的连线，让领导者不用一直监督员工。如果包括员工选拔、工作设计、评价、奖励和学习系统在内的组织设计支持这种愿景，横向的连线就会得到加强，代表员工和组织之间联系的左下角的连线从而也会得到加强。

因此，组织宪章中的第六个元素也就是最后一个元素是定义其他元素的领导者。如果前五个元素模糊不清、不振奋人心或者不一致，我们就只能看着领导层问："你们为什么不设法阐明这些元素呢？"这种直接的发问可能是一种威胁。有时领导者会回答："因为这些问题和经营无关。"通常，高管"构建使命"或"构建愿景"是因为别人的说服，而不是因为他们相信这样做有价值。同时，对员工的调查访问往往表明，他们不清楚他们的愿景，不清楚除了上班拿工资他们还应该做什么。这种众所周知的模式是平庸绩效的惯常模式。

有时，高管会承认："我不知道怎么办。"如果是这种情况，那么还有希望。领导者可能愿意学习，也愿意鼓励同事学习。当他们设法形成有关使命、愿景、价值观、战略和目标的共同观点时，他们的团队会更加强大，更重要的是，他们会对组织的一切形成共同的认识。在制定完组织宪章后，很多人会觉得对自己的工作恢复了目标感和能量。制定组织宪章会让你向学习和实施第三层次领导迈出坚实的一步。

如果你不断打磨你的这些宪章，定期修订它们，推敲和更新它们的措词，你的战略思维和战略意图就会越来越清晰，你与员工在第三层次的沟通能力也会越来越强。

本章概念

1. 很多领导者混淆了与战略有关的术语，常常把短期运营目标误认为使命、战略甚至愿景。

2. 引入"宪章"的概念是澄清这种混淆的好办法。宪章包括使命陈述、愿景陈述、价值观陈述、战略、运营目标和定义上述元素的领导层。

3. 使命陈述定义组织存在的理由，并且

用易记、巧妙的方式表明企业的宗旨。
4. 愿景陈述是用文字表达的心理图景，描绘领导层认为组织可能和应该成为什么样子。愿景并不产生于"正确答案"——它是有关期望、信念和价值观的问题。
5. 价值观陈述表明企业的经营原则。如果领导层的行为与信奉或主张的价值观不符，价值观陈述就可能带来危险。
6. 战略是一系列职能和组织决策，它们定义公司将如何实现其愿景。在老牌企业中，战略可能每隔10年就会有所变化，但是，每年或每季度的变化不是战略变化，因为调动资源来发展支持战略的企业能力需要时间和精力。
7. 运营目标往往被误认为战略意图。运营目标由短期的季度目标组成，它们是指示组织在战略道路上的进展的关键指标。选择不当的标准可能给员工释放混乱的信号，刺激他们实施实际上可能弄巧成拙的行为，从而让本来强有力的战略出现偏离。
8. 宪章的概念可以适用于组织、部门和工作群体甚至个人。有力的个人宪章可以帮助潜在的领导者选择职业机遇、与他人有效地沟通以及为组织制定更有力的计划。

思考题

1. 你的人生使命是什么？
2. 你为自己的未来构建了什么愿景？
3. 在你的言行中，你主张什么样的价值观？
4. 为了实现愿景，你正在实施什么战略？
5. 你用哪些短期年度目标来指示你在这条战略道路上的进展？
6. 你的工作群体的使命是什么？你能用简洁有力、不易忘记的方式说明这个使命吗？
7. 你为你的工作群体或组织构建了什么愿景？你觉得你的工作群体或组织在5年后或10年后应该是什么样子？
8. 你在工作群体中以身作则地示范了哪些价值观？如果单独接受访问，你的同事会怎么说？
9. 你用什么战略来实现自己为工作群体或组织构建的愿景？
10. 你为什么要等着他人为你的工作群体或组织制定使命陈述、愿景陈述和战略陈述？
11. 要想为你的工作群体或组织构建更清晰的使命陈述、愿景陈述、价值观陈述和战略陈述，你必须做出哪些改变？

案例讨论

安迪刚刚得到任命，将要领导公司的产品开发小组。他之前管理过其他部门，但总感到自己在最有效地管理员工方面不够得心应手。公司生产大量的产品供应给全球的消费者。安迪手下既有公司总部的直属员工，也有全球各地大约20家分支机构的员工，他们分别承担不同的工作。在思考这份新工作时，安迪想知道如何才能组织好自己的思路，以及要如何开始自己的管理工作。

第 9 章 自我领导

迈向智慧的第一步是要意识到，我们不能在暗自相信自己的感觉和信念的同时仍然渴望理解自己一知半解背后的现实。

——米哈伊·奇克森特米哈伊

这一部分探讨钻石领导模型中上方"自我"（领导者）这个元素，探讨人类行为的性质。人类往往是受习惯支配的生物。我所说的"习惯"指的是不假思索地重复。我们建立起来的常规往往支配我们的生活。如果你对此有所怀疑，那么问问自己，你是否有过本来是要去看电影，结果到半路才发现自己其实走在上班的路上。每天上下班的模式在我们内心形成了一个常规模式，一旦把车开上街，启动这个模式，我们就会不假思索地重复它。或者问问你自己，你是否在课堂上或会议中间看见有人要发言，你就在心里想："我知道他要说什么——全能想得到。"

请思考这个问题：到目前为止，对于你认识的所有人，你估计在他们看得见的（第一层次）行为中习惯性行为占多大的比例？想想吧……请把你的猜测写下来：＿＿＿％

既然思考过第一层次看得见的行为，那么让我再问你一个问题：到目前为止，对于你认识的所有人，你估计在他们的思维方式中习惯性思维方式占多大比例？请把你的猜测写下来：＿＿＿％

最后，让我们转向不那么明显的领域，即关于世界是什么样子或应该是什么样子的半意识、前意识或潜意识的价值观、假设、信念和期望（VABE）：到目前为止，对于你认识的所有人，你估计在他们的潜在VABE中习惯性VABE占多大比例？你的答案是：＿＿＿％

你可能想象到，这些问题在调查中很难回答。我还没发现有哪项研究能阐明这些问题。但我能告诉你将近2000名全球范围内的高级管理者和领导者会给出什么答案。也就是说，如果你在高管培训课堂上向在职管理者提出这些问题，他们的回答会是：

行为层次	全球高级管理者一般会回答
看得见的行为	75%
有意识的思想	85%
关于世界是什么样子或者应该是什么样子的VABE	95%以上

这些比例很高。它们意味着，全球管理者都认为他们认识的人中大多数都是受习惯支配的生物。也就是说，我们，你们，往往都会不假思索地一遍遍重复行事。

关于关注和留意这个主题，有很多令人信服、引人入胜的文献。其中最好的总结来自哈佛教授埃伦·兰格的著作《专念》。和很多其他学者一样，兰格指出，太多人在自己的一生中没有真正留意过身边发生的一切。她还指导读者如何才能在生活中更加留意身边发生的事情。[1] 如著名的组织行为学者亨利·明茨伯格所述，索尔·阿林斯基曾经指出：“大多数人没有积累经验。大多数人在自己的一生中经历了一系列事件，但从未对其进行整理消化。只有经过消化、反思、与普遍模式相关联并且综合后，事件才会变成经验。”[2]

很多人试图帮助我们人类变得更加用心。其中不仅包括兰格这样的大学教授，还包括武术家、未来学家和记者。武术家教会人们"松弛眼睛"的价值，有一对"松弛的眼睛"会让人们关注全局。未来学者鼓励我们在普遍趋势对我们的个人生活产生影响之前就看清它们，这样我们就可以为应对这些趋势做好准备。而记者总是在寻找能够反映正在形成的社会模式和其他模式的新闻报道。虽然这些人做出了种种努力，但我们往往还是在幼年时期养成习惯，在接下来的成年和晚年时期一直保留这些习惯。

这些习惯模式大多数源于重复。人们常说，重复是学习的关键，从生理学意义上看，确实如此。在刚刚出生时，婴儿完全依赖身边的人提供保护、关爱和养育。当孩子开始认识周围的环境和环境中的"对象"（比如父母）时，有些神经元之间的联系会得到使用和刺激，有些则不会。经过六年左右的时间，神经与神经以及神经与肌肉之间的联系中，经过反复使用的会变得更强、更活跃，而没有得到使用的往往会萎缩、退化，最终被人体吸收。研究者将人类活动周期的长短作为衡量学习的指标。逐渐缩短的周期时间（完成一项任务所需的时间）意味着一条"学习曲线"。数据显示，练习得越多，得到的曲线就越好。

因此，我们所说的"习惯"是指"不假思索地重复"。这个概念和领导之间的关系是：先不说控制他人的习惯，如果连自己的习惯都无法控制，我们怎么可能被别人视为"领导者"呢？

9.1 人生中的头号问题

这将我们带到我认为人生中最重要的问题。我明白这是个大胆的说法。我是在芝加哥大学心理学系前系主任米哈伊·奇克森特米哈伊的《进化的自我》一书中发现这个问题的，这是我读过的最好的书之一。[3] 奇克森特米哈伊的基本推理是这样的：鉴于我们人类展现出来的习惯性，鉴于其中大部分习惯源于我们的基因和 VABE（或者说理查德·道金斯所说的"模因"）这两种我们继承来的主要影响因素或者说"遗传"，你或者任何其他个体是否只会成为将前辈的基因和模因传递给下一代的容器？

> 人生中最重要的问题：你或者任何其他个体，是否只会成为将前辈的基因和模因传递给下一代的容器？

悲哀的是，对于大多数人，奇克森特米哈伊认为，答案是肯定的，原因是我们中的大多数人不愿意或无法重新审视我们早年学到的 VABE。奇克森特米哈伊指出，成为真正自由的成年人意味着要"超越"某些我们根据自己有限的经验认为正确的 VABE。[4] 只要不愿意或无法重新审视自己的核心 VABE，我们就不太可能改变自己的世界观和行为方式。反思我们的核心 VABE，让我们像成年人而不是毫无戒备的孩子那样审视它们，这对自我意识和高效的自我领导而言是至关重要的。[5] 接下来，我们需要根据对人们行为方式背后原因的新认识来培养自己影响他人的能力。我们在以往的 VABE 基础上形成的说话方式、沟通习惯、思维习惯和判断对错的标准在不断变化的世界里可能不再有效。最后，我们需要重新审视自己在设计和领导组织变革时的角色和策略，因为组织往往会反映其领导者的 VABE。不愿意或不能改变甚至不考虑改变的人实际上会在未来重复他们以往的行为。他们的生活会表现为对早年养成的习惯的重复。

> 愚蠢的定义就是你不断做着同样的事却期待不同的结果。

9.2 每个组织都被完美地设计来产生它正在产生的结果

同样的原则也适用于组织。流程改进方面的著名咨询顾问爱德华·戴明在二战时期曾经为美军工作，后来为日本企业界工作，他说过这样一句话：每个组织都被完美地设计来产生它正在产生的结果。其中的逻辑显而易见：你之所以得到你正在得到的结果是因为你的行为方式。如果想得到不同的结果，你就必须采取不同的行为方式。匿名戒酒互助会也有类似的声明（也许是引用阿尔伯特·爱因斯坦的话）："愚蠢的定义就是你不断做着同样的事却期待产生不同的结果。"

我们还可以把这个原则应用于我们自己的行为：每个人的行为方式都是为了得到他们正在得到的结果。如果想要得到不同的结果，我们就需要采取不同的行为方式。这意味着整体的变革始于个人（如图9-1）。这意味着"自我领导"是卓有成效地领导团队、组织和社会的起点。

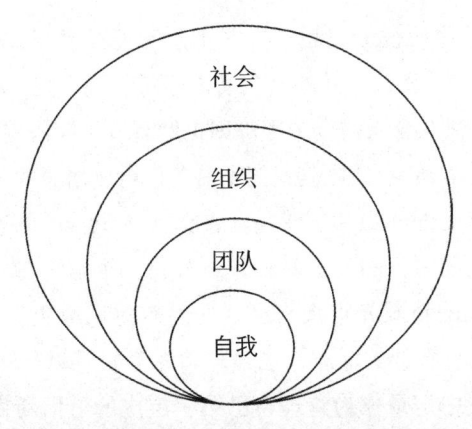

图9-1　如果不先改变自己，你怎么能改变世界上的其他东西？

愿意和能够重新审视习惯是成熟的标志或征兆。换言之，在小时候，我们的 VABE 和习惯大多是经过反复训练形成的。在某个时刻，我们会经历从毫无戒备的孩子到青少年、青年、成年人、老年人转变（不完全一样）。在这个过程中，如果我们没有学会如何审视自己的习惯和 VABE，能说我们是在"独立思考"吗？显然，如果你我是在中非、斯堪的纳维亚、澳大利亚、巴基斯坦、中国或者世界上其他 100 多个地区中的任何一个地方出生长大的，那么我们在成年后就可能有不同的世界观。然而，我们中大多数人在成年后都会坚守早年在我们成长的地区形成的思维习惯和信念。愿意审视所有三个层次的习惯是开始成为独立思考者的标志。在此之前,所有思想和信念都被局限在环境文化和家庭由外而内强加给你的思维结构之中。因此,在这个意义上,按照奇克森特米哈伊的说法,能够"超越"我们的基因和模因遗传是成熟、成年或者智慧的标志——也是自我领导的起点。

除了奇克森特米哈伊之外,其他一些人也发现了首先学会自我领导的重要性。查尔斯·曼兹是第一个将这个概念放在书名里的人。[6]最近,他和克里斯·内克又进一步扩展了这个概念。[7]肯·布兰查德曾经将这个概念和他关注的"一分钟经理人"概念联系在一起。[8]最后,可能会有人问:"好吧,我怎样才能开始增强我的自我领导呢?"

9.3 要做些什么?

奇克森特米哈伊所说的"超越"并不意味着抛弃早年习得的所有遗传。我们可以套用"保留、丢弃、增加"的普遍做法,当审视(或重新审视)自己的习惯时,有些习惯在今天的全球经济中仍然有效(应该保留),有些也许已经失效了(应该丢弃),有些则是我们不具备但可以培养的。

用笔记记录自己的思想和感受是让你深入认识自己的思想和信念的一个好方法。在阅读以前写下的笔记时,你更容易"了解"自己。了解自己,用更成熟、更有见识的新眼光审视自己,而后有意识地决定自己要如何成长,这样的能力是成熟、智慧的标志,也是开始思考如何领导他人的坚实基础。

你可以在笔记中记录你为管理自己第一层次的习惯所做的努力。也就是说,你管理自己的睡眠、饮食、锻炼、社交、学习等日常活动的能力有多强?饮食、吸烟、锻炼和社交等很多日常活动会对你的健康产生很大的影响。尽管如此,很多人仍然无法为自己改变自己的习惯。这会导致生活和工作中的能量降低。如果说领导就是管理能量,首先是管理你自己的能量,然后是管理周围人的能量,那么,这个练习就是一个很好的起点。

压　力

管理自己压力的能力是自我领导的关键元素之一。领导职责有苛刻的要求;职责越大,要求越苛刻。你只要看看那些大国的政治领导人在职时头发白得有多快就知道了。事实表明，压力对体重、心血管疾病、诸如吸烟等各种嗜好以及行为表现等方面都有重大的影响。卓有成效的领导者学会了如何管理自己的压力，让自己能够继续出色地完成工作。他们知道有一点压力（良性压力）是好事，但压力太多就可能会致命。

我敢肯定，你听说过很多关于管理压力的常见建议，也许你已经尝试过其中一些或很多建议。一些基本建议包括合理睡眠、合理饮食、减少刺激性食物（比如咖啡因）的摄入、频繁且定期地锻炼、沉思、与另一半建立健康亲密的关系、培养爱好和包括休假在内的定期休息等。虽然相关研究已经非常明白地说明了要如何管理压力，但还是有很多管理者和领导者没有在生活中实施这些基本建议。他们忙于工作，四处出差，电话响个不停，短信蜂拥而至，问题层出不穷，于是这些建议就被抛在脑后。霍尼韦尔航空航天公司的一名前首席执行官说过，他太爱自己的工作了，常常省略午饭和晚饭，工作到深夜。他的出差日程满满当当，这意味着睡眠减少、宴请增多、全是娱乐活动、几乎毫无锻炼。直到他的心脏病医生在他开会时打进电话，对他说你必须现在就到医院来，他才被迫意识到他也许没有（在第二层次）觉察到自己的压力水平。但他的身体觉察到了。肾上腺皮质醇不断分泌，腰围不断变粗，血管慢慢阻塞。他是幸运的，医生们从他的胳膊里移植了三条动脉到他的心脏里，预防了致命的心脏病发作。他也许在某个时候问过自己："我的日常习惯是帮助我完成了更多工作还是缩短了我的职业生涯和生命？"我们都能从这样的"自我讨论"中频频受益。这属于自我领导的问题。

9.4 结 论

我们人类往往是受习惯支配的生物，除非我们直面这个问题，学会更有意识地管理自己的行为，否则我们对他人的领导就可能会被视为虚伪和独裁之举。要想在自我领导方面做到出类拔萃，一个成年人需要有强烈的自我概念、需要有更加由内而外而不是由外而内的生活方式，需要有主动而非被动成长的决心。自我领导意味着需要直面这样一个问题：是拥有真正成熟、独立的行为方式，还是仅仅成为继承前辈遗传的纯粹过客？处理好这个问题会为你创造一个基础平台，让你可以鼓励他人改变——也就是领导他们。

本章概念

1. 人类往往是受习惯支配的生物。
2. "习惯"指的是不假思索地重复。
3. 每个组织都被完美地设计来产生它正在产生的结果。这种说法也适用于人类。
4. 一个关键问题是，个人或组织是否始终有能力、有兴趣重新审视自己的习惯并改变它们。大多数人和组织往往做不到这一点。
5. 除非个人或组织能了解、审视和评价自己潜在的习惯，否则他们就很可能在余生不断重复过去。
6. 可以说，愿意和能够重新审视自己的习惯是成熟的标志或征兆。
7. 坏习惯可以加剧与压力相关的问题。卓有成效的领导者会学会通过睡眠、锻炼、饮食、与爱人的关系以及沉思来有效地管理自己的压力。
8. 自我领导看起来像是一个矛盾的词语；但是，能够在各个层次领导或影响自己的行为是成为卓有成效的领导者的先兆。
9. 尽管我们不能总是如愿地影响身边的世界，但我们可以不断学习自我领导，让自己用更有成效的方式应对身边的世界。如果做不到这一点，我们就只能成为继承前辈遗传的纯粹过客。

思考题

1. 请列出你用来指导人生的10条最重要的价值观。你是如何学到它们的？
2. 看看你是否能在自己的日常活动中找出5种习惯（在任何一个层次）。哪些是你每天都在盲目重复的习惯模式？评价这些习惯模式对你的成熟和幸福有何贡献。它们是有所帮助还是有所阻碍？产生了怎样的帮助和阻碍？

案例讨论

每天早上，帕特都会在起床后冲上一杯咖啡，边悠闲地抽烟边看报纸。在淋浴、穿好衣服后，他会出门，右转，搭乘地铁，经过40分钟的车程抵达单位附近的地铁站他在单位所在大楼的底层买一个羊角面包和一杯咖啡，然后走进电梯。在办公桌前坐下后，他查看电子邮箱里的邮件，花一个小时回复前一天晚上的邮件。然后，他开始处理与手头项目相关的一堆文件。上午的时间过半，帕特抬头张望。时间是10点23分。30英尺外，一位比帕特年长30岁的高管正在和帕特一样埋头工作，只不过工作量更大，而且是在一道玻璃墙后。帕特转动一下自己的脚趾，让血液流动起来，然后继续埋头工作。晚上回到家里的时候，帕特筋疲力尽。他飞快地做了一顿简餐，以碳水化合物为主，看一小时的电视，然后上床睡觉。

第10章 领导者指南：行为方式背后的原因

　　自主意味着行动和自我保持一致——这意味着在行动的时候感受到自由和自我意志。自主的人完全愿意做自己正在做的事情，他们在从事这项活动的时候充满兴趣而且十分投入。他们的行为源自他们真实的自我意识，因此他们是在做真实的自我。相反，受到控制意味着人的行动是迫于压力。受到控制的人在行动的时候没有个人认同感。他们的行为不是自我的表达，因为自我已经屈服于控制了。在这种情况下，我们有理由说，他们被异化了。

——爱德华·德西[1]

领导者想要影响他人，因此如果他们不理解他人行为方式背后的原因，他们的领导可能产生随机的、也许无法预测的、甚至疏离的效果。尽管领导者想要激发人们更多的能量，然而实际上他们的行为可能适得其反。例如，你也许一直试图让下属完成某项工作，然而不论你怎么做，他们就是没有反应。另一方面，也许你的上司一直要求你完成某项工作，但是你就是不愿意做。当他人不愿意按照我们的意愿做事时，他们看得见的行为常常会让我们感到困惑。如果你问过自己，"那么，他为什么要这么做？"你就是在努力解决这个问题。在家里的时候，在工作的时候，在玩的时候，你肯定看到过他人的一些行为在你看来是意料之外、非同寻常或完全不合逻辑的。你可能见过两个人在类似的处境下却有完全不同的反应。

所有这些事都给潜在的领导者提出了这样一个问题：人们行为方式背后的原因是什么？不断有人写书讨论这个复杂的主题，但领导者必须有某种描述人类行为的心理导图——事实上，我们可以说他们确实有这样的心理导图。即使可能不是有意识的（第二层次），但每个人都拥有描述人类行为的心理模式或心理导图。问题在于，你对人类行为的有意识（第二层次）和潜意识（第三层次）的理解是否正确而有效。

本章基于第 9 章介绍的习惯性概念，介绍一些有关人类行为的基本原则，这些原则应该能帮助你在各种情境下理解他人的行为。随后，我们在第 11 章提出一个概括性框架，事实证明它对处于各种情境中的领导者都切实有效。

10.1 两种遗传

我们所有人生来都有两种强大的遗传。第一种是我们的基因遗传。在我们生活的这个时代，足足拥有3万个基因的人类基因组首次被绘制出来。我们拥有了一幅生命蓝图的地图，但我们仍然在学习它们的用途。这方面的认识正在发生突飞猛进的变化。我们的基因究竟决定些什么呢？

任何一位家长都会告诉你，每个孩子都有与生俱来、独一无二的脾气秉性，即使在相同环境下养大的孩子也是如此。我们显然从父母那里继承了各种各样的特征。其中不仅包括头发和眼睛的颜色、新陈代谢和体型这样的身体特征，还包括行为模式或倾向。看起来，我们的基因影响的可能远远不止我们的身高和头发颜色，它们还影响呼吸、饮食、生殖和社交等更为基本的物种特有的本能或内驱力。

例如，伦敦商学院的奈杰尔·尼科尔森证明，人类行为的很多方面，包括看似普遍的建立等级制度的倾向，都是"固化"在DNA链中的遗传特性。[2] 是否存在领导基因？"升至最高位"的人是否受到了天性的驱动？如果人们没有领导基因会怎样？他们是否还能学会更有效地领导他人？

天性和教育之间的平衡问题是一个有趣的难题。[3] 例如，我们可能无法"教会"一个顽固专制的领导者温和宽厚，就像我们无法"教会"一个人不过敏一样。我们可能无法教会一个安静、内敛、谦逊的人热情四射，就像我们无法教会一个人长出尾巴一样。但是，人类仍然是地球上适应性最强的物种之一。里德利（Ridley）指出，在某些重要方面，我们的"教育"或养育方式实际上塑造了我们的"天性"。

10.2 大　脑

与此同时，我们的基因和其他元素一起决定大脑这个最神奇的人体器官的工作方式。刚出生时，人类的脑细胞以每分钟25万个细胞的速度迅速增殖。每个细胞或神经元都能连接其他1万个神经元。神经元可能的连接数字十分惊人。大脑还充斥着大约300种激素。这些激素的作用以及它们相互关联的方式一直是众多研究的关注焦点。某些激素出现失调似乎会对人类行为产生显著的影响。

约翰·拉提描述了他所谓的"阴影综合征"，这是一些严重心理疾病的轻微表现形式，我们之中很多人都有这些症状。[4] 这些阴影综合征包括抑郁症、轻度躁狂症、愤怒情绪障碍、注意力缺陷障碍（ADD）、强迫症（OCD）、双相障碍（BPD）、社交恐惧症（SAD）以及其他类似病症。一个人或者有这些症状，或者没有。其实它们的出现具有连续性，所以一个人会出现这些病症的轻微、中度或重度症状。拉提和约翰逊断言，这些症状在很大程度上是孤独症的轻微表现形式，这一点很有趣。简单地说，孤独症意味着个人固着于某种情绪状态，从而影响了自己与他人和世界建立联系的能力。

尽管我们几乎每天都能在身边观察到所有这些阴影综合征，然而其中最常见的是ADD。ADD是指难以专注于一种事物的一系列症状。你可以认为，ADD患者与他人的不同之处在于他们和外部世界之间没有"缓冲器"。例如，大多数人可以在杂货店或音像店安静地浏览大量可供选择的商品。然而ADD患者常常发现这种环境过于刺激、无法抵挡。他们的头脑无法过滤掉所有选项，因此他们会同时感受所有选项，这让他们心力交瘁。我们大多数人都有缓冲器，可以让我们过滤掉身边不相关的刺激源，帮助我们只关注一种事物。这种能力对于人际关系有很大的帮助，因为我们大多数人可以忽略或过滤掉人与人之间常见的小过错。而ADD患者往往会因为小事大发雷霆，而且常常认定他人是在合伙和他们对着干，或者认定他人对自己太无礼或太残忍，而事实其实并非如此。

另外，这种缓冲器还能让我们检查自己的思想——它在第二层次的思想和第一层次的行为之间设置了一道屏障。ADD患者在完成这个任务时会觉得很困难，因此他们不论想到什么或感受到什么都会不假思索脱口而出，这常常让他人觉得困惑、摸不着头脑。ADD患者可能要费很大力气才能找出正确的词汇或者把一个句子或一个不完全句子中的多个论点联系在一起。

患有ADD的孩子会让家长和老师火冒三丈；患有ADD的员工同样会让老板和潜在的领导者火冒三丈。对阴影综合征轻度患者有效的疗法对中度患者可能无效，这涉及药物治疗的问题。而药物治疗是一个有争议的问题，很多人认为社会给孩子和成人开出了过量的药物，以此作为"最终的解决办法"。没有跟ADD、SAD或OCD患者共同生活或工作过的人可能不会了解这些病症（即使只有轻微症状）有多棘手。

由于这些综合征源于遗传，也就是说，是大脑中生化物质失调的表现，所以世上所有的心理咨询和应对机制训练都帮不上忙。如果你的胰腺没有分泌足够的胰岛素，你是无法命令自己的胰腺增加分泌量的，你需要接受药物治疗。同样，如果你大脑中的化学物质有些失调，那么努力生活并不能让生活更轻松。

因为大脑中含有太多种化学物质，我们对其功能和相互关系的认识有限，所以寻求药物治疗的人常常会发现，为特定的失调情况寻找合适的药物治疗方案通常是一个反复试验的过程。这些综合征的轻度患者也许会从拉提和约翰逊的书中获益。他们应该坚持寻找合适的药物治疗方案，帮助自己泰然应对人生的起起落落，在这个过程中，他们不应该有任何羞耻感。

不论你出生时得到什么基因遗传，你还会得到第二种遗传——父母和环境的模因赋予你的"礼物"。

10.3 模因遗传

模因是人们随时间逐渐形成并传递给他人的想法和信念，或者说价值观、假设、信念和期望（VABE）。[5] 模因就是理查德·布罗迪所说的"思维病毒"。[6] 和基因一样，模因是代代相传的信息包。

模因的表现在很多方面也和基因一样。模因和病毒一样不断复制，直到环境不再适合生存，它们才会消亡。[7] 有时，它们就像拥有生命，会疯狂传播；有时，它们会逐渐消失。"不浪费，不奢求"是在经济困难时期形成的模因。"不要用你的左手摸别人"是在没有现代卫生设施的游牧民族产生的模因。"马镫"是在中世纪形成的模因（心理概念），随后传播开来，最终改变了全球政治和军事力量格局的整体面貌。[8]

我们可以把模因当作为我们的行为奠定基础的心理构件（与遗传的身体构件形成互补）。在第二层次，我们很清楚自己的一些模因。而其他的模因对于我们而言太常见、太基本，以至于我们已经视而不见了，就像水中的鱼对水视而不见一样。我们认为理所当然的概念，比如电，在历史上很长一段时间里其实并不为人所知。不论我们在哪里出生，我们当前的这一整套模因都经过了一代又一代人的传播、提炼和传承。

10.4 反　　思

在生活中，尤其是在领导工作中，一个基本的挑战是更清楚地了解我们个人的模因，并且作为成年人决定哪些模因是要永远留在自己、后代、同事和下属身上的，哪些模因是要设法根除的。如果我们不进行这种反思式的重新审视，我们就会成为继承前辈遗传的纯粹过客，不断传递他们对于这个世界是什么样子以及应该是什么样子的思想、信念和假设。我们无法超越自己的基因天赋，但我们可以有意识地超越自己的模因天赋，这是真正成熟的人和有远见的领导者的标志。[9] 不管模因是有意识的、潜意识的还是前意识的，由于它们支配我们的行为，影响我们的动机，因此如果不能看清并审视它们，我们就无法真正设计自己的生活，更不要说设计他人的生活了。那么我们就只是前辈留下的蓝图的执行者。

但是，大多数领导者对人类的动机看得过于简单了。他们只关注自己看得到的东西，并不关注它们背后的原因。领导者思维中的这种忽略因果的倾向可能导致灾难性的后果。我敢说，历史上的大多数领导者，尤其是商业领导者，都是第一层次领导者，他们只瞄准第一层次看得见的行为。他们往往忽略他人的基因天赋和模因天赋。爱因斯坦不是曾经说过："每个复杂的问题都有一个简单、优美但错误的答案。"第一层次领导是一种简便的方式，能让人做到"足够好"——这是平庸绩效的惯常模式。如果我们想让别人全力投入工作，我们首先需要理解他们的核心信念和价值观，也就是驱动他们的模因。

10.5 人类的幼年时期

我们在刚生下来的时候是一张白纸。如果把一个两天大的婴儿抱在怀里，你会发现，他的眼睛甚至跟不上你在他面前晃动的手指。这并不让人感到意外，想想看，人类胎儿在最初的 9 个月里一直是母体不可分割的一部分。不论他们对生命有什么初步认识，他们都完全被包裹在另一个人的体内。随后，在出生后，我们要完全依靠他人才能生存下去。我们要花 3 到 6 个月的时间才能意识到自己是单独的个体——我们是独立的，我们不再完全附属于另一个人，我们是"我"。这张白纸的基因条件当然会影响我们，然而我们在这张白纸上写下的东西也会产生巨大的影响。

这种自我意识形成后，至少有五个基本问题会随之出现。它们不是有意识的问题，但它们是无论如何都必须解决的问题。这些问题的答案会影响我们的个体意识、我们在这个世界上的地位意识以及我们的基本立场。这些问题是：

1. 我冷时，会有人温暖我吗？
2. 我饿了时，会有人喂我吗？
3. 我尿湿时，会有人擦干我吗？
4. 我害怕时，会有人安慰我吗？
5. 我孤单时，会有人爱抚我吗？

如果这些问题得到了肯定的回答，我们往往会感到（而不是认为）自己得到了关爱，我们在世界上有了一席之地，生活（特别是其中的关键人员）是可靠的、有保证的、令人安心的。我们开始明白，尽管"我们"不是"他们"，但"他们"对我们很好。我们开始认为我们的关注对象，也就是我们的父母，具有关心、爱护和可靠等品质，而我们会把这些品质推广到生活中的其他对象或人身上。[10]

如果这些问题没有得到满意的回答，我们往往会有不同的感受——我们没有得到（如自己想要或需要的）关爱，我们在这个世界上可能没有（如自己想要或需要的）一席之地，生活和世界上的其他人没有（如自己想要或需要的）那么可靠、有保证或者令人安心。当然，没有哪个父母能一直守在我们身边。有时，当我们冷了、饿了、尿湿了、害怕了或者孤单了，妈妈并不会过来。随后产生的不确定性就可能让我们质疑身边世界的安全性。

如果太多次得不到满意的回答，我们就会开始形成人格"空洞"，或者说对自己在世界上的地位感到不确定甚至恐惧。这些空洞有时很小，有时则非常大。例如，在法国，对黑猩猩的研究显示，如果黑猩猩幼崽得不到母猩猩的爱抚，即使为它提供绰绰有余的庇护、温暖、光线、食物和水，幼崽最终还是活不下来。对于人类而言，对孩子基本但深切的需求如果给予太多负面回应，可能让他们产生不确定甚至背叛的感觉。英国著名心理学家梅兰妮·克莱因（Melanie Klein）称其为"好乳房和坏乳房"现象：我有时得到了想要得到的东西，有时没有得到，在没有得到的时候，我会对生育我的人感到生气。这可能变成一个人严重的心理困境，尤其是当消极回应超过积极回应的时候。

这些人格"空洞"可能对我们的人生产生很大的影响。如果空洞足够大，它们会一直存在，甚至也许会支配我们成年后的活动长达数十年，甚至整个人生。让我来给你举个例子吧。有一天，一个学生来找我。她走进办公室，关上门，坐下，随即哭了起来。我问："怎么回事？"她说，她刚刚得到了她梦想的工作，薪酬高出她的期望，而且聘用她的恰恰是她一直想进的公司。"嗯，"我说，"那问题是什么？"

原来是她给母亲打电话报告这个喜讯，然而才过15秒，对话内容就变成了母亲的慈善工作、母亲最近的成果、母亲手头的工作、母亲近来获得了多少赞美等等。随后，这个学生对我说："我的整个人生就是这个样子。每次我想和她谈谈我自己的时候，话题很快就会变成她！"

这个例子表现出两个明显的情感空洞：一个属于学生，一个属于母亲。想想，在女儿获得她有生以来最大的职业成就时，母亲为何有这样的表现。很有可能是因为这位母亲在她小时候，在之前我们提到的五个基本问题上没有得到父母足够积极的回应。需要安慰时，她没有得到安慰。需要爱抚时，她也没有得到足够的爱抚。由于在人格中存在这个空洞，她开始设法通过成就和后来生活中的人际关系"填补这个空洞"，设法得到小时候没能得到的爱、肯定和安慰。

随后，当她变成母亲时，她的孩子成了另一个填补这些空洞的工具。她可能在无意中利用了还是婴儿的女儿来爱抚自己和证实自己的重要性。她没有对女儿说她爱她，而是可能说，"如果你爱妈妈，就别哭了，让我睡一会儿"或者说"如果你爱妈妈，你就快点学会自己上厕所，我就不用再给你清理屎尿了"。在一天之中，母亲会跟还是婴儿或蹒跚学步的孩子有多少次互动？这些对话模式反复重复，可能产生深切、持久的影响。在这个过程中，孩子的需求没有得到满足。因此随着她长大，她的人格中也形成一个空洞，这个空洞太大了，因此，当她最高兴、最成功的时候，她首先想到的就是给母亲打电话，再次寻求母亲认同自己的存在——然而她再次得到了相反的回应。

她的母亲甚至到了这个年纪还是看不到女儿的成就，女儿也看不到自己已经足够成功的现实——她必须寻求母亲的认可。当然，其危险在于，女儿也会结婚，也会成为母亲，她会再次重复这个过程。这些空洞会用这样的方式代代相传。

我们还可以在成年生活中的其他地方观察到这些婴儿时期形成的"空洞"带来的行为结果。如果你在鸡尾酒会上碰到某个人，你们的对话全部都是围绕他的生活、兴趣、爱好和目标展开，你就可以猜测他是否正在通过现在的这种习惯行为、通过让他人关注自己来设法填补他的空洞。你也许还遇到过这样的情况，你正在和一小群人交谈，另一个人走了过来，不知怎么就把对话的主题（不论你们在讨论什么主题）转到了他自己身上。人们为什么会有这样的行为？这往往是因为他们在婴儿时期的需求没有得到满足，而后他们在不知不觉中试图用余下的人生填补这个空洞，试图获取自己在小时候没有得到的关注和肯定。梅兰妮·克莱因[11]和爱丽丝·米勒[12]称其为父母传递给孩子的"礼物"。从完全由别人照顾（作为胎儿）到即使与我们最亲近的人也不会总是给予我们始终如一的关爱和照顾，这个过程中注定会出现或大或小的冲突，这种"礼物"会让孩子学会应对这些冲突。

问题在于，我们在后来的人生中是无法填补这些空洞的。填补空洞的尝试只会带来无尽的挫折和痛苦。米勒指出了这一点，盖尔·希伊也有同样的观点。[13]不论我们能获得多少成就，不论我们赚多少钱，不论我们盖多少大楼，不论我们赢得多少赞美和奖励，它们都无法填补因为父母没能满足我们婴儿时期的需求而给我们留下的空洞。

但是，我们可以识别这些空洞，了解它们从何而来，然后根据这些认知，采取一些必要的行动，摆脱这种想要填补空洞的渴望。如果有必要，我们可以为自己的希望或需求没有得到满足这个事实伤心难过，但接下来我们要学会承认自己，承认自己作为人在世界上占有一席之地的权利，然后继续生活。用克莱因的话来说，我们必须忍受"好乳房和坏乳房"的困境，我们必须承认现实，也许会伤心难过，但随后仍要继续生活，从而弥平冲突。用奇克森特米哈伊的话来说，我们需要学会超越我们遗传的空洞，克服它们。[14]

但是，这五个基本问题还意味着第六个与领导相关的问题，这个问题会伴随我们的一生：我怎么才能让他人按照我的意愿做事？在得到有影响力的职位时，我们会就如何"全盘地"或"针对空洞"影响别人制定策略。也许我们早就知道，威胁恐吓在大多数时候都奏效。也许我们知道，装可怜可以让我们得到想要得到的结果。也许我们知道，在各方面都拔得头筹会让我们得到别人的崇拜，这正是我们内心所渴望的。类似的策略各有利弊。

10.6　巩固这些倾向

尽管这部爱丽丝·米勒所谓的"戏"大多在人生最初3个月到3年的时间里上演，但有人说，这些早期倾向往往是在人生最初10年中的某个时刻凝结或固化的。莫里斯·马西[15]提出了一个假设，认为"你在10岁的时候是什么样的人"在很大程度上决定你的基本人生价值观，这些价值观会影响你的行为。在那时，对于这五个问题的基本回答已经重复了太多次，你已经能根据这些回答了解这个世界了。我自己的一个例子也许有助于说明这一点。我的父亲是在20世纪30年代的大萧条时期长大的。当时家里为了有东西吃，在一小块空地上种蔬菜。不过后来父亲赚到了一些钱，在爱达荷州开了几家大型汽车旅店。我们长大后去看他时，他请我们出去吃饭时还是认为"你们只能吃4.99美元的东西"。即使他完全能在这座城市里的任何一家餐馆眼睛都不眨一下地请客，他也不会抛弃这种在儿时就渗透到他人格中的核心价值观。也许你在自己的家庭中也看到过这样的行为，某个人所坚持的价值观看起来大概是在他10岁或更小的时候烙印在他头脑中的，可是这些价值观现在看起来已经不合时宜了。

认识相同点和不同点

媒体在描述这种现象的时候普遍使用"这一代"或"那一代"（婴儿潮一代、X一代、Y一代等等）的说法。其中的假设是当前的一代（不论定义一代人从何时开始到何时结束的难度有多大）具有一些普遍的核心倾向，这些倾向是我们商业和政治领导者应该了解的。由于普遍的社会影响因素会在年轻（10岁左右）、敏感的头脑中留下烙印，媒体的这些描述也许有一定的道理。然而随后的问题是：我们怎么才能开始了解各种类别的人？他们怎样才能被领导影响？当我们思考他人行为方式背后的原因时，我们至少可以发现七个层面的相同点和不同点。

在有些方面，每个人和其他人一样，而在有些方面，每个人又和其他人不同。

1. 人性：有些人类特征具有普遍性。除了我们的DNA、体形以及呼吸、饮食和生殖等基本特征，幽默、微笑、大笑、社交、游戏等似乎也是所有人共有的特征。威廉·格拉瑟认为，我们所有人都有五种基本需要：生存、爱和包容、权力、自由以及娱乐。[16]

2. 区域文化：例如，在某些方面，斯堪的纳维亚人和北欧人完全不同，拉丁美洲人和北美人完全不同。

3. 国家文化：在种族相近的"区域"中，不同国家的人经过多年的学习会形成不同的行为方式。例如，同为斯堪的纳维亚人（区域），但挪威人和瑞典人有不同的行为方式；同为拉丁美洲人（区域），但墨西哥人和哥伦比亚人在某些方面可能有明显的差异。

4. 地方文化：在大多数国家里，地域相近的地区会和其他地区有所不同。例如，在美国，南方人的很多行为方式与北方人或西部人不同。

5. 组织文化：企业也会形成文化。在可以预见的行为方式上，一家公司的员工往往可以和另一家公司的员工形成鲜明对比。

6. 家庭文化：不管你生活在什么地方，你的行为肯定会受到家庭教养和原则的影响。例如，有些人乱丢垃圾而有些人不会，这在很大程度上取决于家庭教养。

7. 个性：我们从双胞胎研究中得知，即使拥有相同的基因天赋和环境教养，人们还是各不相同，他们会让自己和别人区别开来。每个人都有一些自己特有的特征。

领导者必须考虑所有七个层面的相同点和不同点，不论是要在海外开办新工厂，还是要试图激励表现不佳的员工有更好的表现。在有些层面，我们可以用同样的方式对待每个人，然而在有些层面，我们必须区别对待每个人——不管他是本公司的员工还是来自其他国家或区域的商业伙伴。每个人都有家庭和个人的遗传，这种遗传决定了他的言行。

应对这七个层面之间的相同点和不同点成了一个领导难题。我能用同样的方式影响每个沙特阿拉伯人吗？我能用同样的方式对待每个南方人并且期待他们坚定地追随我吗？我能假设所有人都为了钱或者为了赞美而工作，并期待这能让他们全力以赴吗？不幸的是，很多潜在的领导者都假设自己的那套价值观映射了他人的价值观，在试图领导和影响他人的时候，他们总会回到自己的世界观上。在世界各地的领导岗位上，这是最难解决的问题之一。这个假设和其他相关假设都属于我们对如何领导和管理他人的假设。

10.7　激　励

普通领导者的激励观一般包括两种想法——奖励和惩罚。我们把胡萝卜伸到别人面前，期望他们为了够到胡萝卜而前进。如果没起作用，那么我们就会站到他们身后，用皮鞭抽打他们的屁股。如果还是没起作用，我们就会沮丧地举起双手，大声说："我实在不知道怎样才能让这些人往前走！"如哈利·莱文森[17]所指出的，当我们使用胡萝卜加大棒的模式激励他人的时候，考虑到站在胡萝卜和鞭子之间的形象，我们真正的意思其实是："我实在不知道怎样才能让这些蠢驴往前走。"但是如果我们仅仅因为他人不愿意做那些在我们看来显然十分合理的事情，就推断他们肯定和蠢驴一样没干劲、懒惰、愚蠢或顽固，那么，我们就是在欺骗自己。

奖赏和惩罚模式之所以不是总能很好地解释人类行为，一个原因是，同样的东西，对于一个人来说是奖赏，对于另一个人来说可能就是惩罚。当我们将同样一根胡萝卜伸到组织中每个人面前时，只有那些重视这个奖赏的人才会有反应。当我们向组织中的每个人举起同样一根鞭子（威胁）时，也不是每个人都会有反应。显然，一个人的价值观会对特定胡萝卜或大棒的效果产生巨大的影响。如果对方不重视胡萝卜或不惧怕大棒，他就不太可能对这种激励方式有反应。对于这个问题，期望理论为我们提供了部分解答，该理论认为，如果人们预计自己能完成任务而且预计自己能得到他们重视的奖赏，他们就会受到激励，但是如果他们不重视奖赏，就不会受到激励。[18]

我们再次回到第一层次相较于第二层次和第三层次的问题。很多领导者说，我们不应该关心一个人的内心，因为我们无法对其进行观察或管理。斯金纳的信徒们有意无意地支持行为矫正的概念。[19]他们认为，由于思想、感受和价值观是看不见的，所以它们无法管理，即使能管理，也管理不好。如果有人想要了解或解释这种无法看见的东西，会被认为是假内行或空想家。他们还说，管理者应该关注外显的行为，然后奖励让人满意的行为，惩罚不让人满意的行为，从而塑造人们的行为。在一个管理研究班上，老师建议，管理者不应该管理人，而应该管理人的投入和产出，确保令人满意的行为受到奖励，不让人满意的行为受到忽视或惩罚。这种方式显然针对的是行为，是第一层次的方式，很容易造成能量的大量浪费。

大多数人换工作、辞职或退出其工作和组织，很大程度上是因为自己的才干、兴趣和能力遭到了忽视和浪费。他们发现，他们是什么人、他们想成为什么人和能够成为什么人以及组织对他们的要求之间存在很大的差距。管理者应该关注产出而不是产出的创造者，这种建议只会进一步让员工疏远组织生活和生产能力。人仅仅是资源，这种观点加剧了企业在工作体验中去人性化的倾向——并且让一个模因得以长久保留："人都是同质化的、可预测的、可替换的部件。如果一个不好用，就换另一个。"让这种模因问世的是弗雷德里克·泰勒以及其他支持科学管理原则的人。[20] 事实已经证明，人远比第一层次的简单奖惩原则所建议的复杂得多。然而，大多数管理者似乎仍然支持这种普遍的模因，认为他们作为管理者能够控制同事的行为。

10.8 选择的自由

作为领导者，你想在多大程度上控制员工的行为？请思考这个问题。从0%到100%，你想对员工行为的控制达到何种程度？90%？为什么？10%？为什么？请在图10-1选择你想要的控制程度，再想想其结果和利弊。

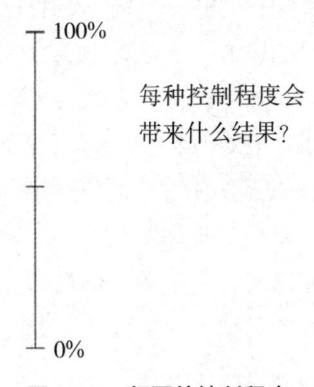

图10-1 想要的控制程度

威廉·格拉瑟[21] 对这种控制理论（control theory）进行了阐述。每个孩子在刚降生到这个世界上的时候都要依靠父母生存，这是控制理论的模因形成的前提条件。不论在世界的什么地方，大多数父母都支持"控制理论"的三条中心原则：（1）我知道对你而言什么是正确的；（2）我有权告诉你对你而言什么是正确的；（3）如果你不做正确的事，我有权惩罚你。

到了十几岁，很多孩子就会开始反抗控制理论的原则。然而奇怪的是，很多孩子始终没有抛弃这些原则；他们只是站到了另一边，从控制理论模因的接受者变成了传播者。

当然，另一种方式是选择理论（choice theory）。选择理论的中心原则是：

（1）每个人都知道对自己而言什么是正确的；（2）没人有权告诉别人对他们而言什么是正确的；（3）当别人选择做的事无害时，不应该因为他们的选择惩罚他们。这些模因或 VABE 是大部分人类行为的核心。民主和专制之间、资本主义和计划经济之间以及独裁式领导和参与式领导之间的斗争引发的争议都是围绕这些核心模因以及它们在生活和社会中的展现方式展开的。

很多人相信他们只能对外部刺激做出回应（而不是自己选择是否回应），相信他们能让别人按照他们的意愿行事，相信他们有权利或者有责任根据别人是否按照他们的意愿行事来对其进行奖励或惩罚，这时，他们就是在支持控制理论，也许他们是在无意间这么做的。这样一组模因会带来很多不良结果，其中包括人生在世的选择范围这个最重要的结果。

根据选择理论的观点，你做每件事都是在选择——不论你是否意识到这一点。你可以选择不接正在响铃的电话。别人没有按照我们的话做事时，并不是他们让我们生气（第二个假设）——而是我们自己选择生气。在根据自己的模因选择和应对外部刺激时，如果我们忽视自己的意志，我们的选择范围就会变窄，我们就会成为人生棋局里的小卒。接着，我们就会开始丧失我们的内在动力。聪明人会意识到，我们所有的行为都是选择的结果，领导者会为别人创造更多选择，因为领导就是要引发别人的自愿响应。我们可以把格拉瑟的观点与有关基因对大脑化学反应以及后继行为的影响的讨论结合在一起。强迫症患者真的是自己选择强迫行为的吗？

格拉瑟还提出了四种行为方式：

1. 活动（我们的言行）
2. 思想
3. 感受
4. 生理机能（我们的身体反应和化学反应）

因此，完整的行为包含全部四个元素。不出所料，这些元素与我们提出的人类行为和领导的各个层次的一般模型惊人地一致。格拉瑟认为，关键在于我们都在自己选择我们在各个领域的行为方式，包括情绪领域。例如，如果所爱的人去世了，大多数人会说，除了难过，我们别无选择。格拉瑟认为，"难过"也是一种选择。如果换一种角度看，我们可能会在此刻发现满足、安宁甚至和谐和快乐。格拉瑟阐述了古罗马斯多葛学派哲学家的见解：影响人们的不是事件本身，而是人们对事件的看法。事件实际上不会控制我们，他人也不会。是我们自己选择让他们控制我们以及我们的反应。事实是，我们基于自己的模因或 VABE 选择自己对世界的回应。深入理解这个概念会让大多数人获得自由。

奇克森特米哈伊认为，达成这种自由的方法是，我们要在自己足够成熟的时候停下来检查自己的模因或 VABE。事实上，他认为，能够反思、检查和提炼我们的核心模因或 VABE 是对成熟的准确定义。在还是孩子的时候，我们别无选择——我们只能继承上一辈赋予我们的模因。在成年后，我们可以选择——如果我们选择接受选择。成年后，我们可以认识自己的模因和人格空洞，我们可以拿出自己的勇气，开始挑拣和选择我们愿意保留和利用的模因。在这个过程中，我们变得更自由、更成熟、更独立、更真实。如果有人鼓励我们完成这个过程，我们就会得到成长。

对潜在的领导者来说，这里的经验教训在于，设法支持他人实现独立会带来他们的坚定追随，而坚守控制理论的核心信念则会虚弱我们影响他人的能力。人们希望获得独立和自由。他们想要拥有能够主宰自己人生的感受，作为领导者，如果想最大限度地发挥他们的才能，你是不会忽略这个现实的。

我们在前文中说过，人生中最重要的问题是，你或者任何其他个体是否只会成为将前辈的基因和模因传递给下一代的容器？我们还说过，对于大多数人而言，回答是肯定的。对于想要成为领导者的人，问题在于，你能否学会成为更有成效的领导者所需的一切？或者说，你是否认为你就是这样、就是这么回事？如果你愿意学习更多相关知识，那么第 11 章会为你介绍一个人类行为模型，它会巩固本章介绍的大部分内容，并且提供一个方法，供你思考如何在所有三个层次影响他人。

本章概念

1. 我们都有基因遗传和模因遗传。
2. 由基因决定的行为似乎比我们之前认为的多，其中可能还包括领导。
3. 大脑的生化失调往往会引发"阴影综合征"（注意力缺乏障碍、双相障碍、社交恐惧症、强迫症等），它们会在不同程度上对行为产生巨大的影响。
4. 三类不同的模因或 VABE 包括区别、

战略和联系。
5. 成熟意味着，作为成年人而不再是毫无戒备的孩子，我们能够认识和审视自己获得的遗传。
6. 控制理论的原则包括：（1）我知道对你而言什么是正确的；（2）我有权告诉你对你而言什么是正确的；（3）如果你不做正确的事，我有权惩罚你。
7. 选择理论的中心原则是：（1）每个人都知道对自己而言什么是正确的；（2）没人有权告诉别人对他们而言什么是正确的；（3）当别人选择做的事无害时，不应该因为他们的选择惩罚他们。

思考题

1. 你有哪些遗传倾向？对于它们，你能做什么？
2. 你相信领导能力会遗传吗？为什么？
3. 你在人生中经历过怎样的阴影综合征？是在哪里经历的？是哪些阴影综合征？它们是怎样在你身上显现出来的？对于它们，你做了什么？
4. 你父母教给你的最重要的五个模因是什么？如今你是怎么看待它们的？
5. 你经常感到自己不得不采用某种行为方式吗？为什么？
6. 你如何把本章有关控制理论和选择理论的讨论与之前有关由内而外或由外而内生活的讨论联系起来？
7. 在你的企业，你想在多大程度上控制员工的行为？为什么？可能会带来什么结果？
8. 到目前为止，你在人生中认识和克服了哪些模因倾向或基因倾向？有何感受？

案例讨论

鲍勃的举动让他的上司玛丽感到困惑。玛丽很担心，因为尽管鲍勃拥有足够的能量和创造力，但他似乎很少能完成自己启动的项目。他似乎经常在开会的时候走神，而且经常在讨论的时候脱口而出，打断别人。有时，他脾气很大，尖锐地批评别人，然而5分钟后，他又奇怪为什么所有人看起来都那么闷闷不乐。另外，鲍勃的工作特点是时不时表现出色，时不时又看起来无所事事、心不在焉。上个月，鲍勃来找玛丽，要求提前支取下个月的薪水。玛丽把这一切看在眼里，她想知道该拿鲍勃怎么办。

第 11 章　理性情绪行为模型

作为人类，你会体验四种基本过程，它们对于你的生存和幸福必不可少：(1) 你有知觉或感觉——视觉、味觉、嗅觉、触觉、听觉；(2) 你有感受或情绪——爱、恨、恐惧、罪恶感或难过；(3) 你运动或行动——走路、吃饭、游泳、攀爬等等；(4) 你推理或思考——记忆、想象、假设、推断、解决问题。一般而言，你不会孤立地体验其中任何一种过程。

——阿尔伯特·埃利斯

鉴于分属于三个层次的人类活动的复杂性，领导者需要一个人类活动的一般模型，帮助他们从别人身上激发他们想要得到的积极行为表现。这个人类行为模型必须考虑基因、模因天赋以及后天养成的倾向，从而解释人们行为背后的原因，并且给我们提供一些实用的工具，帮助我们开始思考如何和他人共事、如何和他人沟通以及如何领导他人。这种理论意味着这个模型在承认行为的同时也要承认思想和感受。

阿尔伯特·埃利斯[1]以及其他"理性情绪"研究者的成果为此提供了基础。图11-1中的理性情绪行为（rational-emotive-behavior，REB）模型是以埃利斯的研究成果为基础建立起来的，它为在职管理者提供了一个途径，让他们更深

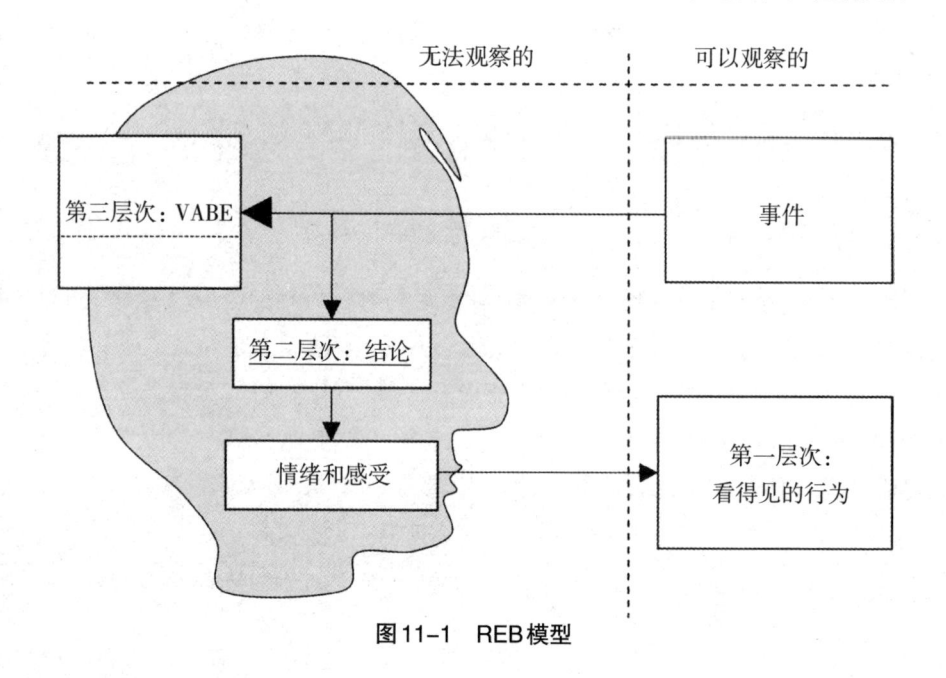

图11-1 REB模型

入地钻研人类行为，穿透人类行为的表象，理解人类行为及其动机，从而更有成效地领导他人。REB 模型包含几个元素：事件和我们对事件的感知、我们有关世界应该是什么样子的价值观和假设、对现状的结论或判断、感受以及行为（即格拉瑟所说的"活动"）。

11.1　事　件

套用一句常见的俗话："事情发生了。"别人跟我们说话，或者不跟我们说话。门开着，或者关着。我们的行为得到了反馈，或者没有。下雨了，或者没下。所有这些事情都是"事件"。我们关注一些事件，也忽略一些事件或者因为看得不够多而没有有意识地关注一些事件。我们在观察的时候看到了什么很重要——正如我们之前定义领导观的时候讨论过的。看到同一个事件的两个人可能产生不同的感知和结论。我们可以看到人们做了什么，听到人们说了什么。我们如何解读这些事件会对我们的行为有很大的影响。照相机和麦克风捕捉到的不一定和我们的感知一致。

11.2　感知和观察

观察和感知不是一回事。我们在这里所说的观察结果仅仅是指不具人格、没有情绪的相机镜头看见的东西。观察结果是一种描述，而不是一种判断。观察结果可以是："约翰是今天 8 点 15 分来的。"相反，感知结果是观察结果的一个子集，是对观察结果过滤后留在我们意识中的东西。也许我们根本并没有注意到约翰今天是什么时候来的。也许我们甚至没有注意到约翰今天是否来上班了。因此，相机可以不加过滤记录一系列事件，而我们会不断过滤和筛选我们"看到"或感知的东西。所有通过感知筛选后留下的东西就是我们看到的东西，即使它们对于所发生的一切来说可能只是很小的一部分。

11.3　VABE

当我们观察某事时，我们会立刻把这件事与自己有关世界是什么样子以及应该是什么样子的一系列价值观、假设、信念和期望（VABE）进行比较。我们的观察结果和我们的期望之间出现任何差距，都会产生问题。如果没有发现差距，事情就是它们应该有的样子，我们会放心地继续。VABE 是我们对于世界应该是什么样子以及别人的行为应该是什么样子所持的信念。我们甚至可以拥有关于自己行为的 VABE——进而根据它们对自己进行评判。这些"应该"和"应当"组成了我们的价值观体系。当我们说某人应该做这个或者应该做那个的时候，我们就是在表达自己的某个 VABE。

如我们在前面的章节讨论过的，我们的 VABE 是在我们年幼的时候经过多年形成的。我们是从父母、朋友、老师和自己的经历中学习到这些 VABE 的。交流分析（transactional analysis）理论的支持者把它们称为我们父母的磁带或者"手稿"，它们让我们想起父母告诉过我们的有关对错的微小信息。[2] 然而，我们的 VABE 不仅仅包含他人教给我们的东西，还包含我们自己得出的有关这个世界及其中的人们的运行方式的结论。

例如，某人看到身边的人为了获取更多财富而辛勤工作，他可能会在某一刻得出结论："人们是贪婪的。"如果这个人一直不断看到这种行为，他可能就会开始把这个结论奉为一个相对核心的假设，以此解释人们行为方式背后的原因。如果这个人自己也这么做，这种假设甚至会得到进一步的巩固。表 11-1 中列举了一些常见假设的例子。显然，在第 10 章介绍的所有七个层面上，在不同的文化中，人们普遍持有的 VABE 会有所不同。这些例子中，有些在你看来可能很正常，有些在你看来可能不合常理。这取决于你的文化、教养和当前持有

表 11-1　VABE 举例

1. 一定要把盘子里的东西吃光。	11. 要质疑权威。
2. 过马路一定要走人行横道。	12. 员工应该为公司全力以赴。
3. 你的意志要服从集体的意志。	13. 员工应该为自己的人生全力以赴。
4. 来世比今生更重要。	14. 要想把事做好，就要亲历亲为。
5. 没有来世。	15. 要想把事做好，就要找到合适的团队。
6. 仁慈是善举。	16. 专业人士应该穿西服、打领带。
7. 仁慈是愚行。	17. 你应该一直称呼你上司的＿＿＿（名或姓）。
8. 你不能相信＿＿＿。	18. 永远别给傻瓜机会。
9. 好父亲会＿＿＿。	19. 一定要满足上司的要求。
10. 一定要服从上司。	20.（写下你想到的一两个例子。）

的 VABE。

本书的主要论题是，要了解 VABE 以及它们怎样影响行为，这对卓有成效的领导而言是必不可少的。有些人称其为基于价值观的领导；[3] 我们称其为第三层次领导。如果你了解别人的 VABE 组合，你就会更深入地了解他们行为方式背后的原因——从而为领导他们做好更充分的准备。

VABE 的某些重要特征是我们必须记住的：

1. VABE 的影响力各不相同。有些基本信念对我们特别重要。我们把这些信念置于人格的核心位置。我们都设法小心翼翼地保护自己的核心假设。与核心假设相比，对我们不那么重要的外围假设更容易改变。图 11-2 简单描绘了这样一个概念：与外围 VABE 相比，核心 VABE 很可能对我们的行为产生更强大的影响。

2. VABE 显然因人而异。有人可能认为"应该在吃饭时把盘子里的东西吃光"，然而有人可能完全不这么认为。在同一种文化背景下，有些社会价值观和假设是很多人共同持有的。事实上，我们就是这样在第 6 章介绍的七个层面中的一个层面定义文化。但是，如果你接受假设因人而异的观念，那么接下来，为了了解某人行为方式背后的原因，你就必须对这个人的假设有一定的了解，而不仅仅是了解你自己的假设或者你所认为的更大文化背景下的假设。有些作者把这种思维方式称为"傲慢"的黄金定律：我们希望自己得到某种对待，但我们为什么要认定别人也希望得到相同的对待？他们认为，"白金定律"应该是"按照他人希望的方式对待他们"。这是人类自有史以来就一直不太擅长的东西。

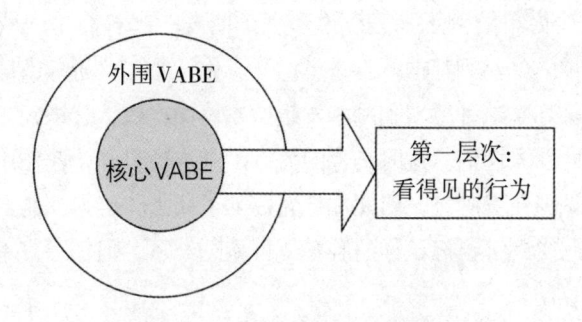

图 11-2 核心 VABE 的重要性

3. 人们既有针对他人应有行为方式的 VABE（对外视角），也有针对自己应有行为方式的 VABE（对内视角）。人类具有评判自己的独特能力。除了能观察他人的行为，我们还能观察自己的行为。我们形成了能够描述"优秀"自我的 VABE。我们把 VABE 的这种对内视角称为"理想化自我"。理想化自我是我们对自己"应该"是什么样子的展望。在这种理想化的自我中，有些部分比其他部分更重要——我们会激烈地维护这些重要的部分。

我们所有人的心中，在别人看不见的地方，隐藏着大量相互关联的 VABE。根据其依据和来源，有些 VABE 是我们坚定持有的，有些则是我们很容易就会更改的。有些 VABE 是我们用来评判外在事件的，有些是我们用来评判自己的。如果我们足够明智，就会注意到我们自己的 VABE 不一定与身旁的人一致。当我们思考"这个人行为方式背后的原因是什么"以及"我怎样才能最有效地影响这个人"时，这种认识会为我们打开一扇大门，让我们探索充满魅力的人生。答案在一定程度上存在于你观察到的事件和你的 VABE 之间的联系之中。

11.4　迅速得出结论——要小心

要了解人们行为方式背后的原因，关键在于他们所见和他们所信之间的比较——即感知和 VABE 之间的比较。决定我们行为的不是我们身边发生的事件，而是我们对身边发生的事件与我们对应该发生什么才会激发我们行为的个人基本假设之间的比较。注意，在图 11-1 中，指向"结论"的线源于事件和 VABE 的比较，而不是直接源于事件或 VABE。

来看一个简单的例子。假设你和一个朋友一起打高尔夫球。你们俩都从发球区打出球，你们俩都把球打进了树丛。你认为，鉴于你的球技，你不应该把球打出界。你拿这种感知和刚刚发生的事情做比较，意识到二者之间存在差距。这种差距让人懊恼。这时，你的另一个基本假设开始起作用了：你认为专业人士不应该随便发脾气，因此你把咒骂咽了回去，努力控制自己，压住了怒火。然而你感受到了愤怒，你的脸甚至可能憋红了，但你一言不发，以便保持住最后一丝克制。

相反，你朋友的基本假设是："我们都会犯错。没人能一直保持完美，特别是在打高尔夫球的时候。"他用这个基本假设和他的击球失误做比较，然后平静地走出发球区，同时思考自己在哪里出了错。你们俩经历的事件相同，但感受和行为却不同。用相同的事件和不同的个人假设做比较，会带来不同的行为。

当我们看到某件事时，会立刻拿它和我们的 VABE 做比较——时间可以短到十亿分之一秒。这种比较会产生多种选择。如果我们的观察结果与我们的期望一致，那么一切都没问题，我们会继续下去。而如果我们看到的东西和我们的期望不一致，就表明出现了问题。我们可以忽略二者之间的差距（我们看到的东西和我们的期望之间的差距），继续前进，仿佛一切都没发生过。我们也可以对事件感到焦虑不安，并且试图改变它。

马尔科姆·格拉德威尔在其畅销书《眨眼之间》中探讨了基于核心价值观进行瞬时判断或决策的概念。[4] 我们都在眨眼之间做出判断。有时，这些迅速的判断或结论是行之有效的，有时，它们会出现偏差、运行不良，因为它们与我们身边的世界不符。卓有成效的领导者会进行充分的自省，能够重新审视他们的潜在假设，而只作为容器将前辈的基因和模因传递给下一代的人会固守第一层次的方法。如果我们不能反思自己的潜在 VABE，思考如何改变它们、让它们符合我们的观察结果，我们就会再次落入同一个陷阱。因此，我们都要做科学家——我们都要能观察自己对事件的反应，并思考那种反应背后 VABE 的本质。

不管怎样，我们都会在不到一秒的时间里完成这种比较，然后得出结论。我们往往在瞬间迅速得出我们对情境、别人和自己的评判。某人对我们说："哎呀，一个有修养的人是绝不会做这种事的。"我们会立刻做出反应——很可能是生气和反击。有必要指出，并不是对方让我们生气。如果我们实事求是，我们会发现是我们自己选择对对方的评论感到生气。如果我们能够调整或改善自己的潜在 VABE（在这个例子中，可能是"做人不应该高高在上"等等），那我们在听到这个评论后可能就不会心烦意乱了。格拉德威尔指出，这种瞬间判断可能产生灾难性的后果，比如法庭审判员或者街上警察的瞬间判断。

我们之所以会迅速得出结论，一个原因是我们往往把自己理解的含意投射到各种情境之中。[5] 这是很自然、很正常的，因为我们只能投射根据我们的经历和我们对世界运行方式的假设体会出的含意。这就是为什么有句老话说："你在说别人的时候，更多地是在说自己。"这种将我们自己理解的含意投射给世界的倾向，再次突显进一步了解我们自己的假设和他人的假设对我们来说是很有用的。当一个人"迅速得出"结论时，如果我们留意，我们就会更加了解这个人的基本 VABE，而在我们处理和这个人的关系时，这会给我们提供很大的帮助。

11.5　内部结论

　　人类还有观察和评判自己的能力。我们可以把对自己的观察结果称为我们的自我形象。我们把我们认为自己应该是什么样子与我们眼中自己的所作所为进行比较，做出自我评判或者得出结论——我们是优秀的父母、出色的高尔夫球手、糟糕的司机、糟糕的诗人等等。这些结论可能在很多方面影响我们的行为。我们可能越来越坚信自己是什么样子或者不是什么样子，以至于不再尝试用任何其他方式做事。例如，我们可能以为"擅长某事的人第一次尝试做这件事的时候就很在行"。如果我们试着做某事但表现不佳，那我们可能再也不会尝试了，这对我们自己和他人来说可能都是巨大的损失。这些自我实现的预言代表了一种内向型的、消极的皮格马利翁效应。[6] 另外，我们的结论，不论内部结论还是外部结论，还经常激发我们内心的强烈情绪。图 11-3 显示了在 REB 模型中这些内部结论和外部结论之间的关系。

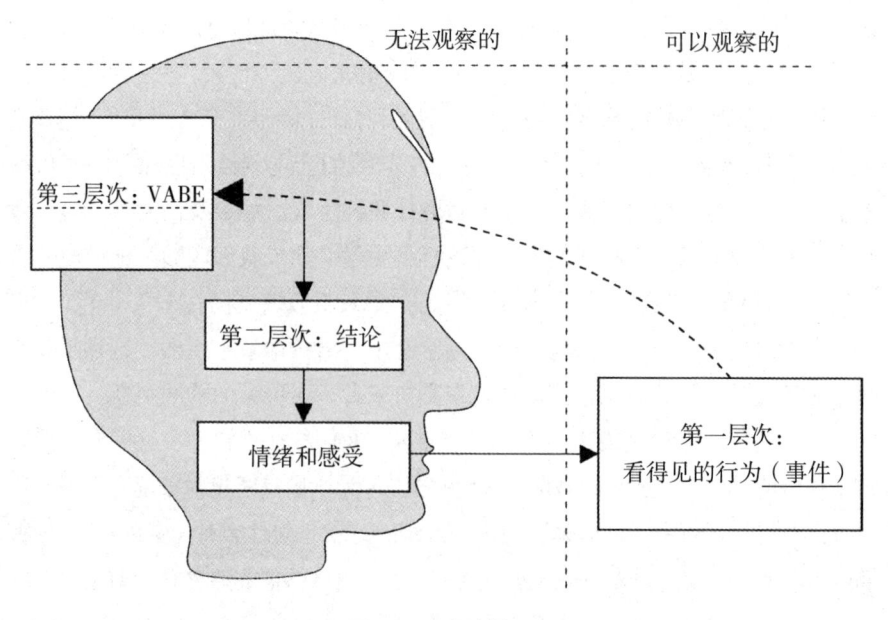

图 11-3　评判自己

11.6 情绪和感受

不论我们的结论是内部的（关于我们自己）还是外部的（关于他人），它们往往会激发情绪。如果我们认为人应该说真话，那么当看到有人说谎时，我们就会认定这个人是骗子并为此感到气愤。如果我们认为我们应该仁慈，那么当我们发现自己漠视一个无家可归的人时，我们就可能认定自己不够善良并为此感到内疚。有人则认为命运应该由自己把握，那么他在漠视这个无家可归的人时就可能没有任何感觉。显然，情绪是人类行为的一个重要组成部分。

当我们的结论反映出我们的观察结果和我们的假设一致时，我们通常有积极的感受——高兴、喜悦、满足、骄傲等等。当我们的观察结果与我们对他人或自己的假设相违背或不一致时，我们认为不是事情有问题就是我们自己有问题，因此我们往往会有消极的感受——悲伤、不满、愤怒、嫉妒、失望等等。对感兴趣的观察者或者潜在的领导者而言，这些感受为他们了解人们行为方式背后的原因打开了窗户；也就是说，它们打开了一扇认识人们的 VABE 的窗户。

我们在他人身上观察到的行为往往负载着他们的情绪。REB 模型让我们可以逆向推断某个特定事件引发特定情绪反应所必需的潜在 VABE。这样一来，REB 模型就拥有了一个等式结构，但其中存在一个缺失的变量：即情绪行为背后的 VABE。如果我们能知道这种动态比较的所有元素，即观察结果（你看到了什么？）、VABE（你相信什么？）、结论（你对此做出了什么评判？）以及感受（这让你产生了什么感受？），我们就能开始了解人们行为背后的原因了。图 11-4 描绘了这个缺失一个变量的结构。

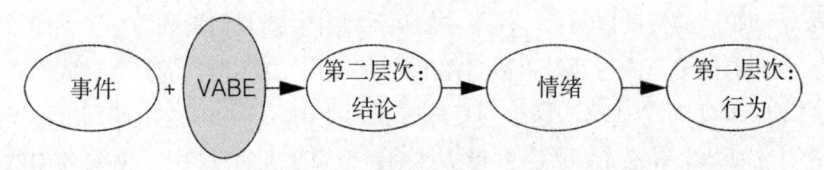

事件 + VABE → 第二层次：结论 → 情绪 → 第一层次：行为

要根据某个事件得到某种行为、情绪和结论，一个人必须有什么信念？

图 11-4 缺失的变量——VABE

如斯金纳的信徒们所说，了解人们的想法或感受并非易事。因此，我们必须敏锐地察觉他人传达给我们的有关他们自己的信号。当我们看到某人显然十分生气而且知道是什么事让他发火的时候，我们就可以开始推断他的潜在假设可能是什么了。如果某人十分生气，他的 VABE 通常与当前的事件相悖。如果我们能足够留意、能很好地倾听，这个人甚至可能愿意直接告诉我们是什么潜在的 VABE 激发了他的感受。[7]

然而，人们常常只是模糊地意识到自己的 VABE，因此他们无法描述自己的"事件+VABE→结论→情绪→行为"等式。模糊的假设让他们不知道自己的感受缘何而来。事实上，很多人完全没有察觉到自己的感受。对于简单的问题，只要和某人聊聊就可能揭示你们两个人的潜在假设、结论以及情绪。对于较为困难的问题，则可能需要让心理学家、顾问或者训练有素的辅导员等更具专业资质的人来帮助你了解感受的源头。如果说潜在假设和观察结果的比较会带来结论，进而激发感受，那么能够准确地识别潜在假设会让你深入了解人们行为方式背后的原因。

请注意，不是所有行为都源于 REB 模型描述的事件链条。第 12 章有关智力的讨论探讨某些人类行为怎样彻底绕过理性循环。如果描绘外部刺激的信号被直接传达给大脑中一个称为"杏仁核"的部分，我们就可能真的"不假思索地采取行动"了。这种行为属于情绪智力的范畴，稍后会更详细地讨论。

11.7　看得见的行为

第一层次的行为是我们用事件和自己的 VABE 做比较的另一个结果。看得见的行为就是能用摄像机捕捉的人们的言行。它包括人们的言语、姿势、面部表情和眼睛的转动以及走、跑等主要运动动作。当我们看到另一个人的行为时，我们对这个人的行为是否适当得出结论。换言之，他人的行为在我们看来变成了"事件"。"适当"这个词意味着我们使用了 VABE 这个评判过滤器来决定什么适当、什么不适当。在设法理解和影响他人的过程中，如果我们忽略他们行为背后的东西，也就是他们看到的事件和 VABE 之间的联系，我们就是在忽略其行为的根本原因，这样，我们也就忽略了一个可以有助于我们了解这个人并与其共事的有力工具。

11.8　一个实例

REB 模型的基本元素都具备了，那么让我们试着用一个实例来解释人们行为方式背后的原因吧。请思考下面这个小插曲：

> 乔治娅正陪着一位重要客人走出公司总部，这时她看到了一位同事的下属比尔。比尔显然很着急，正往外走。经过大堂的时候，比尔大骂前台接待员没帮他叫住出租车，然后气冲冲地走出前门。乔治娅的客户转身对她说："这是个有意思的家伙。你们这儿还有多少像他这样的人？"

这是一个小插曲，每天我们要经历很多这样的事件。如果你是乔治娅，你会怎么做？在读下去之前，请思考片刻，确定你会怎么做或怎么说。有趣的是，大多数群体会给出各种各样的答案，其中包括：

1. 一笑而过，什么也不做。
2. 第二天去找比尔，斥责他的行为不够专业。
3. 追上比尔，要求他道歉。
4. 第二天去找比尔的上司，要求他斥责比尔。
5. 向客人解释（你会给出什么解释？）。
6. 回答说："噢，他不是我们的人，我可以向你保证。"
7. 等一等，看看比尔是否会回来道歉。如果他没回来，就去找他。

也许你还会有不同于上述答案的做法。所有这些反应从何而来呢？毕竟这只是一个偶发事件。使用 REB 模型，我们就能开始理解每个行动方案背后是怎么回事了。表 11–2（见后页）列出了这些行为，并且提供了它们背后的逻辑推断，即激发这种行为必须有哪些潜在的 VABE。

你可以看到，这些 VABE 有很大的差异，而且可能因人而异。这里的挑战在于不能强迫所有人都拥有相同的 VABE；从领导者的角度看，你应该了解共事者的 VABE。

表11-2　可能的行为和潜在的VABE

观察到的行为	推断出的VABE
一笑而过，什么也不做。	骂接待员不是什么大事，有权有势的人都会理解这种行为。
第二天去找比尔，斥责他的行为不够专业。	你不应该当着客户的面斥责员工；骂接待员是不够专业的表现，是不能接受的。
追上比尔，要求他道歉。	你应该现场斥责员工并责令其改正。
第二天去找比尔的上司，要求他斥责比尔。	应该只有直属上司才能斥责员工。
向客人解释（你会给出什么解释？）。	包括客户在内的他人要求我们对这种糟糕行为给出解释。
回答："噢，他不是我们的人，我可以向你保证。"	为了保住"面子"或声誉，通过撒谎来掩饰某人的短处是可以接受的。
等一等，看看比尔是否会回来道歉。如果他没回来，就去找他。	大多数人会意识到自己做了坏事，如果你不干涉，他们会自己做矫正。我们应该给别人矫正的机会。

11.9　含意链

关键在于，哪种行动方案"正确"并不那么重要。表11-2中列举的所有行为对于相信相应VABE的人来说都是正确的。真正的挑战在于，首先要能描述"事件+VABE→结论→情绪→行为"这种关联。我们可以把这种关联称为含意链，因为它显示了事件、某人赋予该事件的含意以及该人行为之间的必备关联环节。含意链就像我们在战略分析中使用的价值链。我们必须设法确定这个链条，评估每个环节的特征，特别是在我们想要影响某人的时候。暂停下来梳理别人的含意链并不要求你成为心理学家，但确实需要你更仔细地判断人们行为方式背后的原因。

11.10　REB模型和领导变革

如果我们试图改变某人的行为，但却只着眼于他的行为，那么我们其实就是在黑暗中摸索。例如，如果你对下属说，要是他能提高销售额你就给他加薪（胡萝卜），你就是在假设你的下属想赚更多钱，这种愿望强烈到足以让他为了赚钱而改变自己的行为。这种假设常常是正确的，但人能花掉的钱是有限的。不论你相信与否，与薪水相比，某些人更重视工作关系、工作带来的挑战、工作包含的多样性以及工作的其他特征。一系列研究确实表明，人们在为了钱做事的时候往往反而会丧失动力。[8] 例如，志愿者组织通常比盈利机构更有动力、更为投入。

因此，如果金钱奖励看起来无法激励某人，你可能说："如果你的销售额在这个季度末没有提高，你就会被解雇（大棒）。"这种办法会带来顺从、为避免惩罚而屈从、勉强服从甚至挑衅性的消极怠工。对方可能比较找到新工作的可能性和改变自己行为的代价，从而得出结论，决定自己宁愿去找新工作。试图改变人的行为，就像试图移走冰山的顶端却没有意识到还有九成的冰山隐藏在海面之下你看不到的地方。人们的VABE也大多没有显现出来。和对冰山的探索一样，对人稍稍做点有根据的探索往往会揭示潜藏部分的本质。

假设你正和销售团队中一个业绩平平的成员谈话。经过一番对话后，可以明显地看出，这个人认为"人不应该急于求成"。他也许和急于求成的人有过不愉快的经历，甚至可能有急于求成的父母，因此对这种人际交往模式感到反感。只要求他必须更自信不太可能改变他的行为。如果不能帮助他弄清潜在的VABE并且把这个VABE的效用和当前的工作需求进行比较，你不太可能取得什么进展。他也许愿意重新审视这个VABE并努力改变。若非如此，那最好还是再找一份更适合他的工作吧。应对消极的反馈对于我们大多数人而言都很难。

11.11 自我概念

我们往往会否认、轻视、歪曲或忽略负面反馈，因为我们都希望对自己得出正面结论。事实上，这可能是人类最根本的动力。著名社会科学家早川一会说过：

> 所有人类活动的根本目的是保护、维持和强化自我概念或符号自我，而非自我本身。[9]

什么是符号自我？我们的自我概念可以分成三个部分进行有效的解释。

首先，有关我们认为自己应该是什么样子的内向型假设是理想自我。其次，有关我们是什么样子的内向型观点是自我形象。我们不是观察外部事件，而是"观看"自己的行为，这会成为 VABE 比较的信息来源。请再看看图 11-3。第三，当理想自我（自我导向的 VABE）和我们的自我形象之间出现差距时，当我们采取我们认为不应采取的行为方式时，我们就会对自己得出负面结论，我们的自我感受也就是自尊就会受损，如图 11-5 所示。换言之，我们不仅可以把 REB 模型用于外部事件，还可以把它用在我们自己身上。我们的自我形象和理想自我之间重叠的部分越多，我们的自我感受就越好。我们的自我形象和理想自我之间距离越远（不论是因为目标太缥缈还是因为行为太贫乏），我们的自我感受可能就越差。

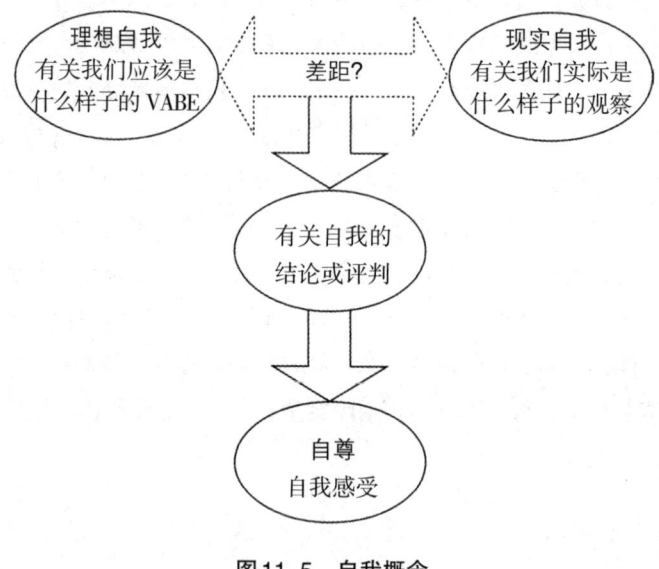

图 11-5　自我概念

11.12　防卫机制

一般而言，我们不喜欢看到自己理想的自我形象和现实的自我形象之间存在差距。因此我们会设法保护自己，让自己不用承受由于意识到这种差距而带来的心理痛苦。事实上，我们都会设法保护自己的自我结论，因此我们建立了防卫机制。有些防卫机制卓有成效，会激励我们针对这种差距采取行动。有些防卫机制则不那么健康有效，会让我们掩盖或忽视这种差距，或者让他人身上出现更大的差距，这样我们自己身上的差距看起来就不那么严重了。健康的防卫机制包括幽默、现实评估、视角放大、征求意见、目标设定和跟踪以及为他人做奉献等。不那么健康的防卫机制包括压抑、分裂（忽视）、否定、默认和勉强自己以及把愤怒等负面感受转嫁给他人等。如我们在前面提到过的，大脑的化学反应也可能影响人们对防卫机制的"选择"。

这些机制可能很强大，足以让我们只能意识到与我们的基本假设相符的感知，从而让我们得出积极的自我结论。在儿童遭受虐待的极端案例下，为了让自己内心有一个可以让自己"喜欢"的人，有些儿童甚至建立了多重人格（巨大的"空洞"）。

受到威胁时，我们会自然而然地激发自己的防卫机制。我们在生活中经常感觉受到了威胁，这是正常的，因为这会让我们保持警惕，并且避免让我们对随之而来的反馈中任何细小的摇摆都做出回应。是否具备健康的防卫机制是区分没有行为能力的精神病患者和正常健全的成年人的重要标志。必须指出，当一个人的防卫机制运行（或者可以说"启动"）时，这个人不太可能把你想要传达给他的信息听进去。在训练、教学或说服的情境中，你必须学会使用适当的交谈方式，让他人的防卫机制保持放松而非激活。图 11-6（见后页）简要描述了防卫机制是如何嵌入 REB 模型的。

11.13　对领导者的意义

这种推理方法对领导者而言有很多意义：

- 应该关注自己的动机和模因天赋。能够反省和了解自己对领导方式和激励方式的假设是一种至关重要的领导能力。[10] 统计数据显示，大多数所谓的大型收购有很高的失败率，这表明，除了财务期望之外，起作用的还有很多其他东西。如果为了填补某个人的心理空洞而试图实施错误的建设、收购或扩建，那么后果会远远超出我们的期望。
- 为了更有效地应对他人、和他人共事以及管理他人，必须留意每个人

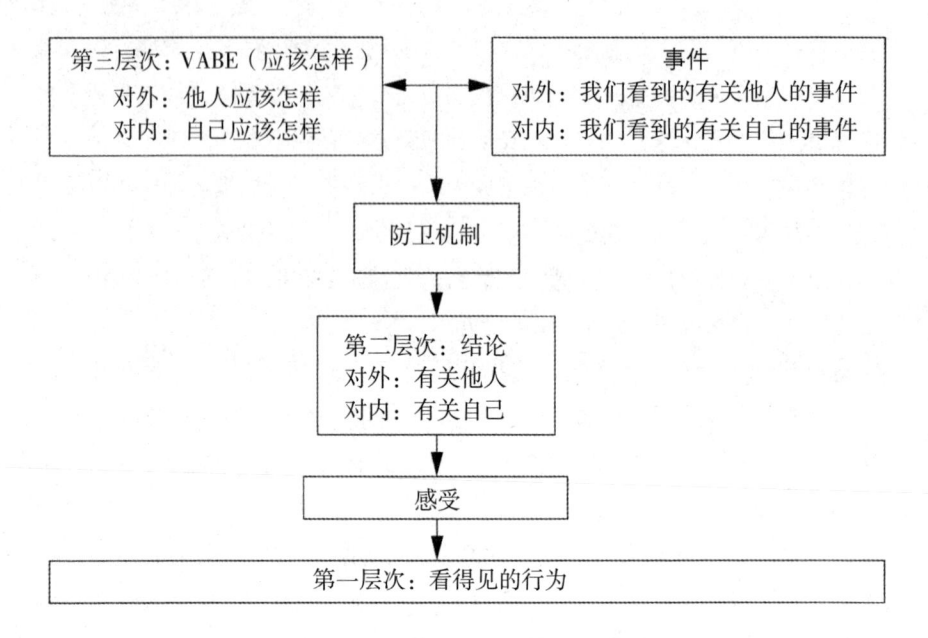

```
┌─────────────────────────┐         ┌─────────────────────────────┐
│ 第三层次：VABE（应该怎样）│ ◄─────► │ 事件                         │
│ 对外：他人应该怎样        │         │ 对外：我们看到的有关他人的事件│
│ 对内：自己应该怎样        │         │ 对内：我们看到的有关自己的事件│
└─────────────────────────┘         └─────────────────────────────┘
                                            │
                                            ▼
                                    ┌───────────────┐
                                    │   防卫机制     │
                                    └───────────────┘
                                            │
                                            ▼
                                    ┌───────────────┐
                                    │ 第二层次：结论 │
                                    │ 对外：有关他人 │
                                    │ 对内：有关自己 │
                                    └───────────────┘
                                            │
                                            ▼
                                    ┌───────────────┐
                                    │     感受       │
                                    └───────────────┘
┌─────────────────────────────────────────────────────────────────┐
│              第一层次：看得见的行为                               │
└─────────────────────────────────────────────────────────────────┘
```

图 11-6　包含防卫机制的 REB 模型

心理冰山（第三层次的 VABE）露出水面的那一角（第一层次看得见的行为）。它们能让我们更深入地了解人们行为方式背后的原因。

- 如果我们不了解别人的核心 VABE，我们不太可能成功地引导他们实现改变。一旦（通过倾听、观察或测试）对同事或者下属的核心 VABE 有了些许了解，管理者就能评估这些假设是否能带来与组织目标一致的行为。如果一个人的 VABE 和组织文化的 VABE 不符，这可能意味着需要更长的辅导期或指导期，也可能意味着他应该去寻找另一个更适合他的组织。

- 在规模较小的绩效管理背景中，如果认为对方的不当之举是基于其人格的基本假设，管理者就可以开始考虑给这个人安排其他工作了，因为核心价值观不太可能迅速改变。相反，如果潜在假设看起来是一个外围假设，管理者可能有希望设法和这个人一起挖掘这个假设及其相应行动的效用，让这个假设及其促成的行动发生改变。如果管理者忽视影响和引发行为的 VABE，他就会否定员工的人性面，更糟糕的是，他会对他人行为方式背后的原因妄加猜测。猜测可不是管理。

从这些意义中可以总结出一个简单但有效的辅导模型，我们会在第 24 章（"领导变革"）详细讨论这个模型。它包含下列步骤：

1. 设法了解对方的 VABE。你能用文字描述它们吗？（该练习是一种很好的训练，能够让你的思维更加敏锐——很多人认为自己理解某事物，但等到把自己的想法写下来，才发现他们对该事物的了解其实并不那么透彻。）

2. 跟对方证实你的评价。你能在闲谈中清晰表达你的暂时性结论吗？"嘿，约翰，在我看来，你似乎认为如果想把事情做好，就必须亲历亲为。是不是？"如果他对你的观察结果表示肯定，你就可以确定这一条没错，也就可以继续确认下一条了。

3. 设定一个时间期限，看看你愿意在这项任务上花费多少时间。你愿意花多少时间改变对方？六个月？两年？你不一定要把这个目标透露给对方，但是在你心中，这个时间期限关系到你工作的松紧度和你耐心的松紧度。

4. 开始辅导。这一步需要你积极地和对方见面，讨论所针对 VABE 的效用。"如果想把事情做好，你就要亲历亲为"不是一个十分有效的管理或领导 VABE。"约翰"愿意讨论这件事吗？你善于控制你们的谈话吗？你能引导他主动发现为什么另外一种方法可能更有效吗？这也许会花费你更多的时间。如果没有时间辅导对方，让他改变效率低下的 VABE，那你凭什么认为自己能管理或领导他呢？你的领导模式是"我说了他们就会照做"吗？

5. 评估你是否取得了进展。到你在第 3 步设定的尝试期限结束时，如果你没有看到进展，那么你也许就需要换一种方式了。如果你看到了进展，那么你可以继续辅导，情况有希望进一步得到改善。然而，只是简单地告诉"约翰"让他把工作交给别人是不太可能促成改变的。有两个可能的原因可以解释你为什么没能取得进展：辅导对象也许不愿意改变所针对的 VABE，或者是你可能辅导得不够好，无法帮助他实现改变。无论是哪种情况，你可能都得另想办法了。

11.14 结　论

人类行为是一个复杂的课题。要想让自己在推动和激励他人的时候心里有底，领导者需要一个全方位驱动的灵活模型。REB 模型是一个经久、有效的模型。有了这个模型，你就能了解人们行为背后的主要原因，了解如何才能最有效地影响他们。有了这个模型，你就能开始变成一个第三层次领导者，撼动人们的心灵，而不仅仅是控制他们的头脑和双手。

然而，要完成这个任务，你需要了解自己第三层次的活动、你自己的 VABE 和这些 VABE 对你行为的影响。如果没有反思自己潜在假设的能力，你就可能使用不当的假设，而它们将会成为你的障碍。因此，最终，真正的第三层次领导者不仅要思考如何领导他人，还要思考如何领导自己。第三层次领导者有机会成为一个成熟的人，即通过反思超越自己的基因遗传和模因遗传的人。这种领导者有能力在第三层次打动他人——实际上就是有能力激励他人。

本章概念

1. REB 模型包含前一章描述的人类行为的很多方面。
2. 领导者可以用 REB 模型理解人类行为，包括他们自己的行为。
3. 领导者擅长细致地观察身边的事件，他们了解周围的事物。
4. 我们把身边的事件和我们的 VABE 进行比较，然后根据这些比较得出结论。
5. 我们的结论激发我们内心的情绪。
6. 我们的结论和情绪影响我们的行为，而这些结论和情绪是以我们的 VABE 为基础的。
7. REB 模型不仅可以解释外部行为，还可以解释内部行为——也就是说，可以自我评判。
8. 我们都设法保护自己的自我概念。
9. 卓有成效的领导者了解他人的 VABE，他们设法影响他人的 VABE，而不仅仅是影响他们的行为，这是第三层次领导的精髓。

思考题

1. 你怎么才能更善于观察他人的 VABE？
2. 当别人说"应该怎样"或"应当怎样"时，你是否留意了？
3. 你是否擅长倾听和推断别人的信念？

4. 和你最亲近的人有哪些核心 VABE？你能把它们写下来吗？
5. 你的下属有哪些核心 VABE？你能把它们写下来吗？
6. 哪些防卫机制你用得最多？它们有没有用？为什么？

案例讨论

布兰迪是一名刚毕业的 MBA，她第一次出席管理团队会议。上司介绍了当天的主题——某位客户的账目。听了五分钟后，布兰迪举手想要提问。上司没理她，继续发言，团队的其他成员纷纷紧张地向她使眼色。会议缓慢地进行，布兰迪发现没有一个团队成员对上司的主张或数据提出质疑。布兰迪认为上司的发言中有几点需要澄清或证实，但似乎没人提出来。经过咳嗽、举了两次手并且遭到无视后，她不再设法插嘴表达自己的意见了。会后，她的两个同事走过来问她："你刚才在干什么？"

第12章 领导与智力

> 大量证据证明，擅长支配情绪的人，即能够很好地了解和管理自己的感受、有效地读懂和处理他人的感受的人，在人生的任何领域都会占据优势，不论是谈恋爱、建立关系，还是掌握组织政治斗争中决定成败的潜规则。
>
> ——丹尼尔·戈尔曼

人们通常认为聪明人最有可能成为行业、国家和机构的领导者。有趣的是，一项对在高中毕业典礼上致辞的学生代表的调查显示，20年后，其中大多数人在为他们的同学打工。[1]这个有违直觉的结果使我们不得不反思自己对于智力以及智力与卓有成效的领导之间的关系的想法。

在一个多世纪的时间里，商业领导者通常努力淡化经营中的情绪，认为这不够专业、缺乏素质、与优秀的决策无关。这种倾向在一定程度上源于西方文明启蒙时代的哲学。弗朗西斯·培根爵士说过，知识就是力量。和其他启蒙时代的哲学家一样，培根将知识视为通往人类解放的途径，而将情绪和激情视为获取知识的障碍。从那时起，这种模因就一直留在全球的企业文化之中。如今，商学院传授的很多领导模型都以理性分析的决策制定为中心，这些模型认为情绪会破坏或妨碍优秀决策的制定。学生受到的教育是寻找"正确答案"，并且要用严格的、分析性的和逻辑性的方式来寻找。

另外，在为无数孩子提供教育的时候，整个工业化世界的教育系统都专注于理性智力的概念。在这个过程中，智商（IQ）概念一直是最突出的智力衡量标准。教育系统的课程设计即便不是为了提高学生的智商，也是为了更多地利用学生的智商。尽管近年来智商测试和同类的一般智力或能力倾向测试的有效性遭到了质疑，[2]但是学术能力测试（Scholastic Aptitude Test，SAT）和一般管理能力测试（General Management Aptitude Test，GMAT）等纯理性思维的测试仍然对个人的学业产生巨大的影响。

然而，最近人们开始提出一些有关智力本质的惊人推断，其中很多推断与从前的假设截然相反。丹尼尔·戈尔曼指出可以从近年来的研究中总结出三条重要推断：

1. 现有的标准化智力测试不能预测人生或商业上的成败，因为它们无法涵盖所有因素。智力不是只有一种，它以多种形式出现。在多种智力中，用智商衡量的理性智力只是其中的一种。
2. 尽管情绪有时可能破坏清晰的思路，但科学研究已经表明，情绪对于理性思维和决策而言是一个必不可少的元素。有一种智力可以称为"情绪智力"，你也许和弗朗西斯·培根爵士一样，觉得这个概念看起来有些自相矛盾，然而有抱负的商业领导者应该更有效地理解和使用这种智力。
3. 尽管传统观点认为智商是遗传的、不可能改变的，但近年来被人们认可的各种智力似乎在很大程度上是可以习得的。

12.1　多元智力：加德纳的研究

戈尔曼利用若干研究者的成果证明了多元智力的存在。长久以来，人们一直认为世上只有一种智力，哈佛教育学院的心理学家霍华德·加德纳发现这个观点不仅执迷不悟，还是有害的。他在很大程度上把这种观点的错误归咎于智商测试，事实上，他把这种观点称为"智商测试思维方式"：人"要么聪明，要么笨"，或者说人"天生如此"；"对此你几乎无法改变"；"测试可以告诉你你是否是聪明人中的一员"。美国的大学入学考试"学术能力测试"也是基于同样的观点，即单一智力决定个人的未来。这种思维方式渗透到了全球社会的大部分地区。[3]然而，从统计数据上看，智商测试结果、学术能力测试得分和学习成绩对于人生成败的预测相对而言准确性较低。（戈尔曼认为智商对于个人成功的贡献在 20% 左右。）

霍华德·加德纳在其开创性的著作《智力的框架》一书中提出了多种智力，批判了单一智力的观点以及智商测试思维方式。加德纳确定了七种智力：

1. 语言智力
2. 数学 – 逻辑智力
3. 空间智力（如画家或飞行员所展现的智力）
4. 运动智力（如舞者或运动员的优雅动作所展现出的智力）

5. 音乐智力
6. 人际交往智力（治疗师或外交家可能要依靠这种智力）
7. 自省智力（类似于自我意识）

加德纳的观点解释了为什么传统测试无法有效地预测成败：因为他们只测定多种必不可少的重要智力中的一两种。其他学者也提出了多种智力。斯顿伯格提出了三种智力：分析智力、创新智力和实践智力。[4] 他指出，智商具有"惰性"，和其他实践智力无关。他还指出，在一种文化中被认为高明的东西在另一种拥有不同侧重点的文化中未必高明。

戈尔曼采纳了加德纳的人际交往智力和自省智力，并且引用了数百项研究，建立了被他称为"情绪智力"或情商（EQ）的概念。戈尔曼断言，在帮助人们成为卓有成效的领导者这方面，情商和智商一样重要。加德纳指出，智商较高的人常常为智商较低的人打工，这表明，"聪明"既不是获取商业成功的唯一标准，甚至也不是最根本的标准。

这是一个很有说服力的观点。让我们更仔细地探讨一些不同类型的智力吧。

12.2 智　商

智商（一般被我们用来作为智力的指标）很大程度上是遗传的，但可以通过求知欲、学习培训以及为人生增添经验来磨练或挖掘。你也许没办法让自己的智商分数有多大改变，但你可以学会如何更好地利用自己的天赋。如果你不知道自己的智商，也不用担心，因为一般说来，尽管标准化测试有一定程度的预测能力（智商低的人最终往往赚不到什么钱，智商高的人常常从事要求高、权力大、薪水好的工作），但智商测试只能反映一种智力。对于获取成功和建立领导影响力来说，其他种类的智力至少是同样重要的。表12-1列出了理性智力的一些相关特征。

表12-1　理性智力

· 基因天赋	· 处理能力
· 环境刺激	· 求知欲
· 大多数学校教育的关注焦点	· 训练

12.3 情　商

如戈尔曼所说，情绪智力基本上是管理自身情绪的能力。它首先是识别自身情绪的能力，然后是了解这些情绪的能力，最后是让自己摆脱戈尔曼所谓"情绪劫持"的能力。根据这种观点，智商是你的脑力，而情商是你的情绪控制能力。（这个顺序完全符合领导观的讨论。）

如表 12-2 所示，培养情商的第一步是学会识别你的情绪。很多人常常说很清楚自己的情绪，其实他们并不是很清楚。你是否和这样的人交谈过，他们看起来显然心烦意乱，脖子上青筋暴起，脸涨得通红，嗓门提得很高，然而当你要求他们冷静下来的时候，他们会尖叫着说："我很冷静！"这样的人没有意识到自己的情绪现实或体验。人们难以识别自己情绪的另一种表现是，当你问别人他们感觉怎样时，他们常常描述自己的行为或想法。很多人不善于识别和关注自己的情绪状态。他们中的很多人认为情绪世界是不真实的，在经过多年对情绪的压抑或克制后，他们已经意识不到自身的感受了。没有多少能干的在职管理者和领导者真能做到识别和谈论自己的情绪。

表 12-2　情商

· 识别自己的情绪	· 和自己对话，让自己摆脱情绪劫持
· 管理自己的情绪	· 关注或集中注意力

不论是否了解自己的情绪，人们常常成为自身情绪的俘虏。用戈尔曼的话说，他们被自己的情绪"劫持"了，丧失了对理性过程的控制。一个人开始只是出现一点小情绪，随后情绪不断加剧，直到他无法清晰地思考，被情绪吞没，这时就发生了情绪劫持。最常见的情绪劫持与愤怒、恐惧和抑郁有关。例如，一个被愤怒劫持的人可能最初只是有一点生气，随着时间的推移，他变得越来越生气，直到最后彻底爆发，公开表现出自己的敌意，不论当时的情形是否需要这样的举动。情商低的人在愤怒、害怕或抑郁的时候会发现自己陷入了一个越来越大的情绪漩涡中，直到他们无法清晰地思考或无法做出正确的决策。

请思考被恐惧劫持的情形。现代仪器让我们能够更深入地了解这种劫持是如何发生的，因为我们可以越来越精确地追踪在不同事件发生时掠过大脑的电脉冲。我们过去认为，当一个人看到像蛇这样的危险事物时，他的眼睛会向大脑中负责思考的区域发出信号，大脑会有意识地记录危险并向肌肉发出迅速移动的信号，然后我们就会跳起来。每个第一层次的行为其实都是一个理性选择。事实上，我们已经知道，有一条"回路"会绕过大脑中负责思考的区域，把危险信号直接传递给位于大脑脑干顶部一个微小的杏仁状结构，这个部位被称为"杏仁核"。

从人类大脑的发展角度看，杏仁核是一个古老的结构；它的进化早于新大脑皮层（位于杏仁核的上方区域，处理有意识的思想），其运行很大程度上不受大脑思维的控制。如果杏仁核接收到来自视神经的回路信号，报告说看到了蛇，它会立刻启动一个复杂的化学过程，向血管注入肌肉刺激激素，于是你在真正意义上"不假思索"地跳起来。如果你控制这些化学反应的能力不够发达，杏仁核就会制造越来越大的恐惧感，让你在应该站住不动的时候跳起来，或者让你在应该跳起来的时候吓得动弹不得。当你气得无法"正确思考"或者气得"脸色发青什么都干不了"的时候，你可以将此归咎于杏仁核以及它在大脑边缘系统中的同伴们。

艾奥瓦大学的神经学家安东尼奥·达马西奥博士（Dr. Antonio Damasio）对杏仁核和大脑记忆中心之间回路受损的病人进行了研究。这些病人完全没有出现智商退化，然而他们的决策能力差得惊人。他们在职业生涯和个人生活中做出糟糕至极的选择，即使最寻常的决定（比如，是吃白面包还是全麦面包？）也常常将他们困扰得不知所措。达马西奥推断，他们的决策能力受损是因为他们无法进行情绪学习。搜索他们上一次遭遇类似情况的记忆时，他们想不起他们对当时的结果有什么感受，因为他们显然不能触及由杏仁核储存或控制的情绪经验。

达马西奥的研究（以及其他类似研究）意味着，理性时代的哲学家传授给我们的传统智慧以及多年来的科学和商业经验至少有些时候是错误的：实际上，情绪是理性决策不可或缺的。喜悦的成功和痛苦的失败，这些记忆有助于指引我们在日常生活中做出决策。

相比之下，杏仁核和新大脑皮层之间联系很强的人看起来更有能力做出正确的决策，也就是说，能基于理性信息和情绪信息平衡地做出决策而不仅仅基于其中一种信息做出决策。看起来，如果人们经过多年学会了如何管理自己的情绪，也会学会如何更好地管理自己的行为和他们的人际关系，这些又会转化成他们在商业世界更大的成功。

和智商一样，在某种程度上，我们无法改变出生时拿到的那把情商牌：例如，我们在第 10 章提过，事实已经证明，抑郁具有遗传因子。好消息是，与智商相比，情商似乎更容易受到学习活动的影响。你可以培养情绪能力，它们有助于扩展你的个人生活和职业生涯。让我们根据表 12-2 列出的要点来探讨几种改善情商的办法。

12.4 识别自己的情绪

建立情商的第一步是识别或者意识到你的情绪。在你看来，这也许再简单不过了，你的感受是不言而喻的，因此这一点简直不值一提。但是进一步分析，你会发现事实并非如此。

我们所有人都有忽略自己情绪的时候。戈尔曼列举了一些我们公认的例子，"早上起来心情不佳"，结果一整天都不高兴。我们所说的"早上起来心情不佳"也许实际上是因为脚趾踢到了浴室门上、和爱人的交流有些冷冰冰、收音机里传来了坏消息或者前一天晚饭吃太饱或体内化学物质稍稍有些失调而导致一晚上没睡好。或许其实只是因为天气不好。反正不论因为什么，很多人都没有意识到，有了这样的初始情绪背景，他们一整天都行为乖僻，或者看起来情绪低落、"闷闷不乐"。

认识情绪需要反思。如果学会暂停片刻，关注自己的内心并且探寻自己的情绪，就能更敏感地意识到它们。一开始，你也许可以挑一个平常的日子，在这一天里问自己几次："我现在有什么感受？"这样连续问一周，你就能更轻松地察觉到自己的感受了。接下来的挑战是用更积极的方式管理这些情绪——情商高的人都会接受这个挑战。情商高的人不会轻易屈服于自己的情绪——他们会设法管理自己的情绪。

有人可能会想："你说得没错，但在理性的商业世界里，我不需要知道自己的感受。"让我们质疑一下这种心态。道格·纽伯格（Doug Newburg）提出了一个重要的问题（你在后文会了解更多有关道格的内容）："你的感受影响你的表现吗？"事实上，每个人都会对这个问题给出肯定的回答。接下来，问问自己多少次想过或者被上司问过这样一个问题：你今天希望有什么感受？对于这个问题，可能没有人能答得上来。所以，想想看，要想成为首先领导自己而后领导他人的卓有成效的第三层次领导者，关注和意识到自己的情绪是何等重要。很多人之所以压抑自己的情绪，是因为工作不称心。为了应对这种情况，他们学会压抑自己的感受，干完活就算了，就像学会如何在糟糕的婚姻中生活一样。这种行为也是平庸绩效的惯常模式。

12.5 管理自己的情绪

一个人能管理自己的情绪吗？如果你早上醒来的时候心情不佳，你能改变自己的感受吗？也许管理自己情绪的想法对你而言过于"理性"或者过于"人为"。也许你更愿意让自己的情绪起起落落，你喜欢它们自行消长。虽说这不成问题，但数据似乎表明，如果你能更多地意识到自己的情绪、管理它们，而不仅仅是压抑和忽视它们，你就更可能对自己和身边的人产生积极影响。在出现愤怒、恐惧和抑郁等可能让人大伤元气的情绪时，这种积极影响尤其重要。稍后我们会探讨如何应用这个原则带来积极的情绪共鸣和高绩效。

对于情商低的人来说，情绪劫持可能就像无法抵抗的行动号令：愤怒导致咆哮，恐惧导致逃跑，抑郁导致哭泣或退缩。但是，经过练习，可以用戈尔曼所说的有建设性的"自我对话"克服杏仁核发出的催促指令。[5] 想到这种潜力，我们就再次回到了奇克森特米哈伊的核心问题：你是否只会成为将前辈的基因和模因传递给下一代的容器？如果不能超越或克服自己不受控制的情绪倾向，你就很可能只会成为这种容器。换言之，有人在公路上抢了你的道，你不必非要大喊大叫、拍打方向盘、咬牙切齿、绷紧手臂肌肉。你还有其他选择。

要管理自己的情绪，你首先必须下定决心，认定自己想要控制它们。下定决心并不意味着仅凭意志力你就能管理情绪，但是，除非下定决心，否则你不太可能提高自己的情商。如果你对自己说，"我想学会怎样才能不经常生气、不经常抑郁或者更加勇敢"，这就是一个起点。

接下来的一步是进行有建设性的自我对话。识别自己的情绪，然后停下来"和自己对话"，检查你在外部事件和自己的情绪反应之间是否建立了也许不够理性的联系。再想想那位粗鲁的司机。如果你想象一下，也许，只是也许，这名司机匆忙抢道是为了赶去医院，你是不是突然间就觉得没那么生气了。即便认定这名司机就是自私自利、粗鲁无礼，你还是可以对自己说："哎，我希望他别这么干，但我无法控制别人的行为，所以我为什么要让一个根本不认识的人毁了我此时此刻或者一整天的心情呢？"

12.6 关注或集中注意力

对于焦虑而言，分析思考过程本身往往是问题的根源：有些人几乎什么事都担心。（而对有些人来说，这属于生物化学方面的问题，不是能够轻易从行为层面解决的。）但是，如果你选择批判性地审视自己的悲观假设（"这种糟糕的结果真的无法避免吗？还有哪些其他可能的结果？我能采取哪些有建设性的行动来让自己更可能获得有利的结果？或者更简单点，我真的希望今天一直这么沮丧吗？"），你也许就会渐渐克服它们。智商高的人经过多年的学习，学会了如何进行这种批判性的审视。一旦意识到焦虑情绪出现，为了阻止其攻击，他们有时运用有建设性的自我对话，有时甚至可能采用武术、冥想或者祈祷等放松身体的方式。[6]

管理情绪是一项个人挑战。你愿意提高管理自己情绪的能力吗？你愿意检验自己在这方面的能力吗？如果能管理自己的情绪，你不仅会对自己的生活有更美好的感受，你还能更好地管理自己的人际关系，成为更优秀的领导者。

尽管戈尔曼将情商的个人层面和人际层面结合在一个概念里，但为了说得更清楚，我们会在下一节将两个层面分开说。

12.7 社交商

戈尔曼断言，高情商对个人的人际关系产生积极影响。如果情商是管理情绪的能力，那么社交商（social quotient，SQ）就涉及认识和管理人际关系中的情绪。[7] 社交商能力与情商能力相似，但其指向的是人际关系中的他人。和情商一样，社交商在很大程度上可以习得。在重视人际交往能力的组织世界，你无法用传真或电子邮件握手，完善的社交商能够让你达到单凭智商无法达到的地位。和智商类似，社交商能力包括识别他人的情绪、关注或关心他人的情绪状态、能够帮助他人管理他们的情绪状态等，如表12-3所示。[8]

表12-3 社交商

・识别他人的情绪	・倾听
・理解他人的感受	・解决冲突
・关心	

　　这种社交商能力是识别自身情绪的情商能力在人际关系方面的自然延伸。越善于了解自己的情绪，就越可能善于关注他人的感受。当然，要想体察他人的情绪状态，难点在于人们通常不将自己的情绪诉诸语言。更常见的是，人们通过音调、面部表情、姿势或其他形式的身体语言等第一层次的非语言暗示来表达自己的情绪。一些研究显示，一般而言，女性比男性更善于察觉这些暗示；不过，只要留心和用功，任何人都能学会了解他人情绪的能力。

　　在组织环境中，学习这种能力的机会很多。在会议、销售演示以及与下属和上级的偶然交流中，关注非语言暗示能让你敏锐地意识到别人的情绪体验。了解如何读懂这些暗示是一项重要的人际交往能力。你可以在谈话、会议和群体中勤加练习。在听别人说话时，看看你是否能看出对方的情绪。一开始，这项双重任务可能让你感到困惑；不过，只要不断练习，就会习惯成自然，你就会学会更完整地倾听。

倾　听

　　很多人只是口头上说倾听是一项重要的领导能力。但他们其实并没有很好地倾听，这是因为他们关注的只是交谈的内容或者他们自己要说的话。在应用于社交商时，"倾听"不仅仅意味着让对方说话，它意味着专心地聆听，用眼睛和耳朵识别对方言语内容之外的情绪。它意味着在轮到你向对方给出回应的时候，你至少要暂时抛开自己原本想说的话。它意味着你要看看自己是否能了解对方内心说的是什么，而不仅仅是对方口头说的是什么。这里的挑战在于要意识到对方正在体验的情绪。如果你能了解对方的感受，那么接下来的问题就是，你关心对方的感受吗？

理解和关心

当你意识到他人的感受时，你就能理解、体察他们的情绪体验。理解和关心他人的心情通常会促成个人生活方面的第三层次联系，增强我们的领导力。如果能够看出并且关心他人的感受，我们就拥有了影响他人和被他人影响的重要机会。如果你能帮助他人管理他们的情绪，你就能成为第三层次领导者。

帮助他人管理他们的情绪

如果你看到了他人的情绪，如果你关心他们的情绪现状，如果你有能力帮助他们管理情绪，你就有机会影响他们。这是一种很有效的领导形式。如果你能强化有效情绪，削弱不良情绪，你就能对他人产生巨大的影响。

在有些情况下，你可以帮助他人管理他们的内在情绪，帮助他们摆脱情绪劫持。请看一个8岁女孩的例子。这个女孩尽管很有天赋而且精力充沛，但常常被日常琐事击倒。当她有这种感觉时，她会自言自语，不知所措，直到在沙发上或床上哭着蜷缩成一团。她的父母能清楚地看到这种情绪爆发的形成过程，就像阴云在天边聚集起来的过程一样。在学习了戈尔曼的观点后，他们设法帮助她管理自己的情绪，他们和她谈话，帮助她了解：（1）她能控制自己的情绪，能止住不断向下的情绪漩涡；（2）她能只专注于一件需要完成的事，在做这件事的时候不用担心其他事；（3）她不仅能为完成了这件事而产生良好的自我感受，还能为管理好自己的情绪而产生良好的自我感受。几年过去，如今这个女孩已经变得更善于了解和管理自己的情绪了。也许这一切只是时间的作用，但对许多人而言，时间的推移只会强化他们早年的行为。如果生化失调也在其中起作用，那么挑战就更加艰巨了。

企业里的同事也一样。你可以帮助其中一些人学会更有效地管理他们的情绪。首先要设法找出他们为什么会有当前的感受。如我们在第11章解释过的，情绪往往基于事件和潜在VABE（价值观、假设、信念和期望）之间的比较。当你问自己或他们"你为什么有这种感受"时，你就开始了解他们的基本价值观和假设了。如果你能了解这些价值观和假设，你就能更清晰地了解他们如何响应身边的世界。然后，你就可以开始帮助他们重新审视这些假设。这种方法会让很多管理者感到不适应，但是善于使用这种方法的管理者能够对同事产生深远的影响。

社交商还能让你帮助他人管理他们在人际关系中的情绪。在组织环境中，解决冲突和争端是最重要的能力之一，也是最能证明社交商有效用的例证之一。商业世界里经常出现冲突，有时还会伴随激烈的情绪和指责。"解决方案"大多是从上面传达下来的，从情感上讲，它们只是名义上的解决方案：生意还会继续做下去，但难免有人怀着委屈和怨恨离开，也许心里还想寻求报复。从长远看，当士气和凝聚力崩溃时，整个组织就会受到损害。

管理充满情绪的冲突情境的能力是一笔宝贵的个人财富。如果人们的情商和社交商较低，他们就可能被自己的情绪击败。如果你善于识别情绪、善于管理自己的情绪以及人际关系中的情绪，你就可以帮助自己和别人平衡理性和情绪的冲突，影响他人，让他们做出更好的决定。优秀的调停者不仅智商高，还拥有强大的情商和社交商能力。

这里有一个简单的例子。一名员工对同事的批评反应激烈，被自己的情绪劫持了，连珠炮似的反驳，让情况越来越紧张激烈。这时，情商能力高的人会寻求自我对话，审慎地解读这些批评，抑制自己的破坏性情绪。同样，社交商高的调停者会向受到伤害的一方解释，对方的话原本并不是为了伤害他，无论如何，这些评论都只是数据，不一定是事实，没必要放在心上，除非他自己选择让自己难过。随后调停者会对批评者解释说，如果想要影响他人，就必须选择更适当的措词。

"这是常识！"你是不是会这么说？没错，这对于社交商高的人来说可能是常识，但对于社交商低的人来说也许就不是常识了。社交商高的人能够帮助很多人弥补他们情商的不足，在这个过程中，同事们可能会认为他为人不凡，和领导职务相称。不用说，组织会发现，这样的调停者和领导者是极为宝贵的。如任何一位外交家或婚姻顾问都会告诉你的，解决冲突的能力或者说社交商能力是可以习得的。

12.8 变革商

到这里，我们应该介绍下一种智力了。尽管加德纳或戈尔曼没有明确指出，但这种智力会对领导和领导能力产生巨大的影响，它被称为变革商（change quotient，CQ）。变革智力是指识别变革需求的能力、对变革管理的情感适应以及对变革过程的理解和掌控［表12-4（见后页）］，人们的变革智力似乎各不相同。

表12-4 变革商

- 识别变革需求
- 在情感上适应变革
- 掌控变革过程

变革商高的人是终生学习者，与较为固执的人相比，他们能更好地适应飞速变化的商业环境。在面对挑战时，变革商高的人看到的是机遇而不是威胁。他们愿意学习情境需要的任何技能，而不是想方设法使用自己已经知道的东西。以下几点建议可以帮助你培养自己的变革商。

识别变革需求

很多人发现自己很难识别身边环境中的变革信号。这些信号也许来自客户、爱人、员工、财务指标或者同事和同辈。英国研究者齐曼在这方面发现了一个有趣的观察结果。他注意到，醉酒的司机尤其危险，因为他们先是偏离道路，然后看到一棵树，于是纠正方向，但纠正过了头，看到迎面而来的汽车头灯，于是再次纠正方向，可是又纠正过了头，很可能就这样一头扎进前面路边的树丛中。接着，齐曼指出，看似矛盾的是，清醒的司机也这样驾驶汽车。他们从来不会完全笔直地开车，当他们发现外来数据出现偏差（渐渐靠近马路边沿）时，就朝道路中间的方向微微修正方向。差别在于，醉酒的司机在发现数据出现偏差方面的能力下降了，等到他们修正方向的时候已经太晚了。当然，反过来同样危险：对于外来数据过于敏感的人可能由于路线上的细微变化过多而不知所措。[9]

我们可以把同样的推理用在商业领导者身上。卓有成效的领导者会有很高的变革商；也就是说，他们能及时识别变革需求。杰克·韦尔奇在20世纪的最后20年里担任通用电气的首席执行官，事实上，他的六条核心领导座右铭之一就是："在不得不改变之前主动变革。"[10]能够从众多信号中筛选出重要的信号，拥有变革的意愿，能够思考全新的行事方式，并且具备实施变革的能力，这些对潜在的领导者来说是至关重要的。

理解和掌控变革过程

很多人害怕自己不理解的事物。我们对某事越理解、越胜任，这件事对我们来说就越不可怕。变革也一样。对于变革，有些可以预见的模式和反应是可以描述和理解的。你可以先练习管理规模较小的变革，这样，你就会越来越善于管理规模较大的变革。我们会在第 16 章讨论变革的一般过程及其管理方法。

对变革的情感适应

对于我们大多数人而言，变革本身几乎没有什么令人舒服的地方。根据定义，变革意味着离开我们的舒适区，体验不同的事物。尽管有些人喜欢而且寻求走出舒适区的体验，但我们大多数人都是在自己熟悉的事物中寻求舒适和安慰。我们喜欢自己的习惯，实际上这些习惯可以解释我们 70%～95% 的行为。

高变革商的一个标志是对频繁的变化持有积极的情感态度：认为变革是为了进步，应该乐于接受。在一次管理研讨会上，一个与会者在描述自己的一条核心管理原则时说："痛苦是你的朋友。"他的意思是，学习几乎总是伴随着某些让人不舒服甚至痛苦的经历，学习之所以是好事，是因为它能帮助你增强自己的竞争优势，因此，痛苦是你的朋友。

这个观点和斯科特·派克《少有人走的路》一书的主题一致。[11] 派克认为，大多数人选择舒适的路，一条他们知道的路，但愿意学习、成长和有所贡献的人会选择少有人走的路，一条伴随着些许不舒适、些许痛苦和些许学习的路。他指出，选择这条路通常意味着需要付出一些额外的努力。而且选择这条路的人通常会更适应身边的世界、更有影响力。

12.9 结 论

在《情商》一书中，戈尔曼拿旅程做比，强调情绪学习不只是一门课，它是一门学问："在本书中，我会作为一名向导，引导你了解这些有关情绪的科学认识，这段旅程的目标是让你能够更深入地理解生活和身边世界里的一些最令人费解的时刻。"[12] 这个目标和我们在第 8 章提出的"明确"的概念是一致的。和大多数旅程一样，向导只能为你做这么多。最终，每位旅客还是必须凭借自己的力量走过这段旅程。本章对我们每个人提出的挑战或者说建议在于，要评估我们为领导工作所做的情绪准备，要提高我们培养情绪智力的能力。这种评估要求我们在更宽泛的背景中看待智力，其中不仅包括智商，还包括情商、社交商和变革商。

本章概念

1. 智力通常与优秀的领导者联系在一起，但最近的研究显示，卓有成效的领导者拥有多种智力。
2. 卓有成效的领导者拥有很高的情商，并且能够恰当地管理自己的情绪。
3. 卓有成效的领导者还拥有很高的社交商，因为他们能识别他人的情绪并且帮助他人管理他们的情绪。
4. 卓有成效的领导者展现出很高的变革商，也就是说能够识别变革需求、能够在情感上适应变革管理并且善于理解和掌控变革过程。

思考题

1. 你是否能很好地管理自己的情绪？如果你想评估自己的情商，可以上网搜索情商的测评办法。
2. 你是否能很好地识别每天和你一起工作的同事的情绪状态？你是否曾经跟他们核实过你的看法？在过去的一周里，你在工作中观察到了哪些情绪？
3. 你上一次帮助别人管理他们的情绪是什么时候？你是怎么做的？结果怎样？哪些地方你原本可以做得更好？
4. 高情商与充满情绪或忽视情绪有何差别？每种做法会产生什么结果？
5. 请列出你在自己的生活中做出的重大变革。你对这些变革的掌控度如何？你从中学到了什么？哪些感受是和这些变革联系在一起的？
6. 现在你在自己身边看到了哪些变革信号？这些信号要求你做出哪些变革？你对它们有何感受？你预计自己会实施变革还是会逃避变革？

案例讨论

埃伦受命领导公司的一支内部顾问团队，这支队伍主要负责寻找公司里的低效流程，然后设计和推荐新流程，取代这些低效流程。她的团队有五个人。鲍勃非常聪明，但在社交方面很差劲，他常常批评他人的想法，说他们是在犯傻或者根本没有想清楚。玛丽工作勤奋，而且愿意按照埃伦的意思做事。希文也很聪明，而且很尊重别人。他会演奏三种乐器，会说四种语言。他常常在私底下跟埃伦说，他认为团队需要更好的合作。

乔治从前是运动员，工作很勤奋，而且有抱负。他习惯在每次开会前跟每位团队成员碰头聊天。拉吉莎是团队中除了埃伦外唯一拥有硕士学位的成员。她擅长的领域是科技，很会设计调研项目。埃伦一面思考自己的团队在为公司提出合理的增效建议时面临的挑战，一面也关心如何帮助团队高效地工作。她刚刚接受了一项新任务，评估公司的一个部门，她想知道怎样才能最好地把团队成员组织起来。

第13章 共鸣、领导和人生目标

我一直对高山感兴趣。第一次到瑞士，在看到了高山后，我说："这就是我必须去的地方。"我放下一切，找了一所登山学校，在瑞士花了几个星期的时间学习了一些基本的攀岩知识、如何在冰山上刨冰阶以及登山的基本技巧。我真的很喜欢这一切。毫无疑问，在高难度攀岩中遭遇险境时，如果滑坠，你就没命了。你肯定不会刻意寻找这些险境，但你难免会碰到基本上只能前进、无法后退的危险状况。高度集中的注意力和在这样的注意力下操作的兴奋感……会让你变得非常敏感，就好像……你的视觉敏锐度和感觉敏锐度一下提升了十倍，你能看到和感觉到平时感觉不到的东西。这就是攀岩让我真正喜欢的地方。

——汤姆·柯伦
万豪集团前战略规划高级副总裁

一位全球知名的音乐家在世界各地举办音乐会。

游泳比赛的世界纪录保持者在奥运会上赢得金牌。

一家消费电子产品企业的首席执行官连续10年披露40%的年增长率。

一家教学医院的胸外科主任为他的第400位病人做冠状动脉搭桥手术。

上面这些人有哪些共同之处？首先，最明显的是，他们都处在事业的巅峰，很可能也是他们能力的巅峰。其次，他们一直保持这样高水平的表现，并非偶尔为之。最后，让人惊讶的是，尽管他们拥有完全不同的背景和职业，但他们遵循的模式似乎是一致的。在音乐领域起作用的东西似乎也会在外科领域起作用；在体育领域起作用的东西似乎也会在商业领域起作用。如道格·纽伯格在他的一项研究中所说，[1] 上面这些人以及近500名和他们一样的世界级成就者所遵循的思维和行动模式似乎具有明显的一致性。通过访问这些不同行业的世界级成就者，纽伯格[2]针对顶级表现建立了一个有效的模型。这个模型中的概念与我们有关领导的讨论（领导就是管理能量，首先是管理你自己的能量，然后是管理周围人的能量）直接相关。这个共鸣模型可以帮助你学习怎样更好地表现、怎样更快乐地工作、怎样简单但有效地定义生活的意义，从而成为更强大、更自信的第三层次领导者。

世界级成就者是在各自的职业领域表现最佳的人。例如，纽伯格的研究对象包括一位100米仰泳世界纪录保持者和奥运会金牌得主、一位两次获得美国大学体育协会年度最佳球员称号的篮球球员、一位全球知名的爵士乐演奏家、一家重点大学医学中心的胸外科培训主任、负责管理训练有素的飞行员及其装备的军队人员，以及一家连续15年增长率保持两位数的高科技零售连锁企业的首席执行官。

纽伯格从访问中发现的模型包含如下因素：一贯表现优异的人都有一个体验性梦想；他们愿意为了梦想非常勤奋地工作；他们强烈地感到自己有责任创造自己希望享有的自由；他们都曾经遭遇过巨大的障碍；他们坚守自己的体验性梦想，以此管理自己的能量和心理状态；当他们的表现达到最佳水平时，他们会获得一种和谐或者完整的体验，即纽伯格所说的"共鸣"（resonance）。纽伯格提出的共鸣模型如图13-1所示。

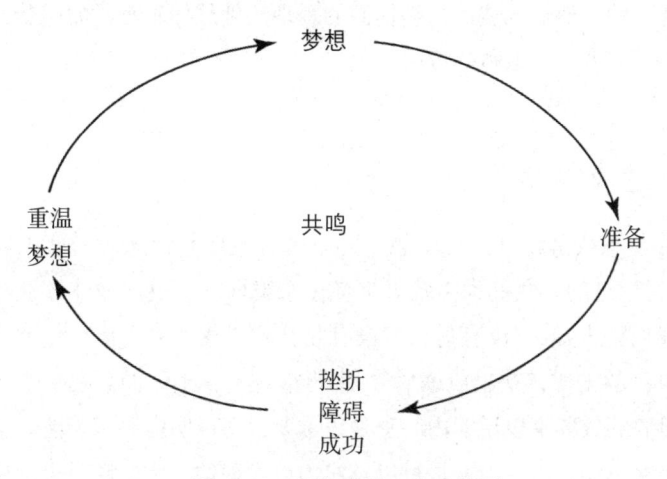

图13-1　顶级表现：共鸣模型

来源：Based on Doug Newburg, University of Florida

13.1 梦　想

纽伯格样本中的世界级成就者描述了两种梦想。第一种是大多数人熟悉的梦想，即他们长大后要做什么或者成为什么人。"做什么或者成为什么人"可以表述成"做医生""做音乐家""做奥运会金牌得主""做一家高增长企业的首席执行官"或者"做世界纪录保持者"等。世界级成就者往往把这些梦想称为目标。我们中的大多数人对这种梦想只有短暂的想法，我们把它们称为"外在梦想"。我们梦想成为飞行员、律师、总统或者参议员。有些人可以实现这些梦想，有些人实现不了。不过，这项研究表明了一件事，实现梦想所需要的远远不只是获得一个头衔或取得一项成就那么简单。

纽伯格访问的世界级成就者还进一步在谈话中非同寻常地提到了一种体

验性梦想，实际上这是一种当他们的表现达到最佳水平、他们充分享受其中时所特有的一种内心感受。一位两次获得美国大学体育协会年度最佳球员称号的篮球球员说："你看，这和得金牌无关。金牌确实是我们的目标。但这不是我打球的原因。我的梦想是在打球的时候尽可能保持最佳水平，赢得比赛。"一位奥运会游泳金牌得主说，他的梦想是"轻松加速"，即他只花了 85% 的力气就达到了 100% 的速度时在水中体验到的那种和谐感。这些对梦想的定义都是"体验性"的，他们描述的是当他们的表现达到最佳水平时的感受，和他们正在做的工作或者正在取得的成就无关。

13.2 内在梦想

体验性梦想或者说"内在梦想"和一个人希望有什么感受有关。如我们在第 12 章讨论过的，我们大多数人都受过系统训练，不论做什么都忽略自己的感受。我们被告知："没有付出就没有收获。""我不关心你有什么感受，你只管干好自己的工作，交出成绩！""别再抱怨了，干你的活吧！"然而纽伯格的研究对象的叙述不仅说明内心感受很重要，还说明内心感受能对结果产生影响。换言之，如我们在前文提过以及纽伯格发现的，你的感受会影响你的表现。请花点时间思考这个问题：你的感受会影响你的表现吗？如果你和大多数人一样给出肯定的回答，那么请问问自己，你的"上司"上次问你希望有什么感受是什么时候。大多数人会觉得这个问题太荒谬，他们会笑着说他们的上司"从来没这么问过"。

这种在结果和体验之间取得平衡的观点在其他商业管理研究中有过先例。例如，"俄亥俄州领导研究"得出结论，卓有成效的领导的两个主要因素是任务和过程。布莱克和穆顿建立的管理方格理论对相关发现进行了总结，它鼓励管理者不仅要关注工作是否完成，还要关注工作是如何完成的。[3] 只得到漂亮的数字是不够的，还必须从始至终建立良好的人际关系。这种任务和过程的二分理论还出现在劳伦斯和洛希针对组织设计的一项开创性研究中，他们注意到，任务的差异化和跨组织边界的整合是互补的，二者的平衡是有效组织设计的一个必不可少的因素。[4]

最近，哈佛商学院的麦克·比尔和尼汀·诺瑞亚将实施变革的领导者分成三类：只关注经济结果（任务）的领导者、只关注组织流程（过程）的领导者以及两个因素都关注的领导者。[5]另外，曾担任通用电气首席执行官的杰克·韦尔奇在其任期内使用一个十字坐标轴来标注手下高管的才能：一条轴线代表结果，另一条轴线代表过程。

尽管人们之前就发现任务和过程之间需要平衡，但是与很多管理者相比，纽伯格的研究对象更清晰地说明了二者之间的差别：它们代表着两种梦想。一种梦想与成就相关，一种梦想与体验和感受相关。

对于大多数人而言，第二种梦想，也就是内在梦想，是一个很难理解的概念。从某种程度上看，它和我们之前讨论的情绪智力相关，和很多人在识别自己的情绪和情绪体验方面的能力不足相关。大多数人不擅长这种识别。和内在梦想相关的一个根本问题是："你今天希望有什么感受？"大多数人从来没考虑过这个问题，他们一开始可能认为这是个不相关的问题。"重要的不是你有什么感受，"他们会说，"而是你做了什么。"事实证明，你的感受可能对你的表现产生巨大的影响。当道格第一次问我这个问题的时候，我被问住了。没人问过我这个问题——我妈没问过，我爸没问过，我的教授没问过，我的老板也没问过。

共鸣模型所描述的梦想就是内在梦想。如果想了解自己的内在梦想，你首先需要将它和外在梦想（即要做什么或者成为什么人）区分开。你在情感生活方面的梦想是什么？也就是说，你每天希望有什么感受？回想你在表现最佳时有什么感受会是一个很好的起点。你能描述那时的感受吗？你能用语言表达你在能力巅峰时的内心体验吗？我们将介绍其他一些概念，它们有助于解释内在梦想这个概念。

13.3 沉浸和共鸣

米哈伊·奇克森特米哈伊曾经担任芝加哥大学心理系主任，他在自己的职业生涯中一直研究一种被他称为"心流"的现象。[6]他在还是孩子的时候就对这个概念产生了兴趣，那时他在纳粹集中营里，他发现有些囚犯找到了忍受甚至美化自身现状的办法，而有些人似乎轻易就放弃了，然后很快死去。后来，他发现各个领域有很多人展现出了这种最后被他称为"心流"的激昂活力。他在以《心流》为题的书中说，心流具有以下几个特征［如表 13-1（见后页）］。

表13-1　心流的特征

・时间扭曲（加快或减慢）	・看起来不费力（轻松流露）
・忘我	・内心满足
・注意力高度集中	・重获更强大的自我
・以最高水平表现	

1. 时间扭曲。对于一个处于沉浸状态的人来说，时间不是加快了就是减慢了。如果时间加快了，你会意识不到时间的流逝，然后突然在某个时刻发现："哇，时间怎么过得这么快？"如果时间减慢了，你会意识到每分每秒的细节，仿佛人生变成了电影慢镜头。特德·威廉姆斯（Ted Williams）曾经说过，在棒球飞向垒位时，他能看到棒球上的接缝——就像在看慢镜头。本章的引语就反映了技术攀岩者眼中时间扭曲减慢的现象。

2. 处于心流状态的人会失去自我意识。他们不再担心自己在他人眼中的形象。在心流状态中，他们是由内而外地生活，而不是由外而内地生活。他们不再担心自己的头发、服装、语言等问题。

3. 处于心流状态的人密切关注手头的任务。

4. 处于心流状态的人有最高水平的表现，达到他们的能力极限……

5. ……然而这看起来并不费力气，仿佛这种表现是自然而然地从他们身上流露出来的。运动员有时会谈论这种感觉，不紧张也不费力，却有最高水平的表现。数学家有时会有同样的说法，在那一刻，通往答案的路径几乎毫不费力就出现了。

6. 处于心流状态让人产生强烈的满足感。处于心流状态的人完全享受其中。这是一种强烈的心理体验。

7. 心流状态让人感到更加强大的自我。当心流体验结束后，你会感到自己变得更强大，更有能力，在世界上更有立足之地，更能应对世上的兴衰成败。你会有一种成长和进步的感觉。

奇克森特米哈伊把这种现象称为"心流"。篮球球员称其为"进入了状态"。东方宗教和语言称其为"wa"，[7] 或者说融入身边的环境。纽伯格称其为共鸣。共鸣是一种融入情境和事件的体验，在这种状态下，人们能够熟练、轻松对事件产生影响，而且还会产生心理上的满足感。[8]

所以，你的内在梦想是什么？是"在打球的时候尽可能保持最佳水平，赢得比赛""轻松加速"，还是"易如反掌、不慌不忙而且全心投入"？如果你无法立刻回答这个问题，不要失去希望。它看起来像是一个很简单的任务。我第一次听到纽伯格描述内在梦想后，回到家里，一晚上没睡着。我花了两年时间才找到自己的内在梦想。也许你能比我快。如果你想找到自己的内在梦想，你也许可以先想想自己进入"心流状态"的那些时刻。事实上，每个人都在生命中的某个时刻体验过心流状态或者共鸣状态。当你感到进入"心流状态"时，你在做什么？你身处何处？周围的环境怎样？你有什么感受？

当高管团队被问及他们的心流时刻时，课堂里的气氛通常变得活跃和热烈，在描述自己当时身处何处以及正在做什么的时候，他们一直面带微笑，不断打手势。有些人提到跑步，有些人提到孩子出生，有些人提到化学，有些人提到编写计算机代码，有些人甚至提到微积分！[9]（我们承认，有些人会指出，性爱看起来拥有共鸣的所有特征，但出于妥当性的考虑，我们将其略去。）共鸣有各种不同的来源。

心流的转移

体验内在梦想并不意味着整天打篮球或者放下工作去钓鱼。有些人会说："嗯，我在跑步的时候进入心流状态。那我怎么才能在工作的时候进入心流状态呢？"这个问题很重要。首先要注意，活动和对活动的体验不是一回事。活动和体验显然具有关联性，如图 13-2 所示。

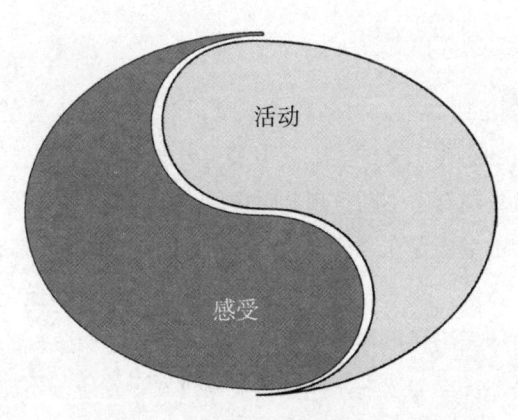

图 13-2　内在梦想和外在梦想的关联性

如果你能把自己的心流体验从一种活动转移到另一种活动呢？一个人能把心流体验转移到一种乍看起来似乎没可能让人出现心流状态的活动上吗？答案是肯定的。换言之，一个人可以学会将篮球、钓鱼、音乐或游泳等活动中的共鸣状态转移到其他活动上。想想奇克森特米哈伊小时候在集中营里观察别人的经历。如果在那样恐怖的环境下都能观察到心流状态，为什么不能把心流状态从一种活动转移到另一种活动上呢？

当我还是一名年轻的助理教授时，一名以教学能力闻名的老同事很照顾我。有一天，我问他能不能来听听我的课，他同意了。我头一天晚上一直准备到很晚，第二天，我在课堂上使出浑身解数，课后跑到他的办公室听他的反馈意见。他言简意赅地说："你的课很无趣！"哎呀！他接着说："我发现你中午和博士生一起打篮球。""是的，"我说，"我喜欢打篮球。""挺明显的，"他回答说，"打完球回来的时候，你神采飞扬，步履轻快地走过大厅，浑身散发着活力！你必须揣摩怎么在课堂上打篮球！"听到这句话后，我想："哼，这可是个馊主意。你是不可能在课堂上打篮球的。教学是工作，打篮球是游戏。"但对这句话反复思索了一番后，我逐渐意识到，是的，一个人是可以在课堂上打篮球的。这里有诀窍。一个人传"球"，有些人漏接，有些人则娴熟地运球并投篮得分，让所有人发出惊呼，然后我们转身回防。关键在于，共鸣体验是可以转移的，学会这种转移技巧的人能够大幅提升自己在各种活动中的表现。然而，首先要面对的挑战是识别共鸣体验的源头以及共鸣体验出现的时候有什么表现，这样你才能识别并描述你的共鸣体验。

心流的重现

无论心流状态从何而来，大多数人认定，对共鸣的体验是转瞬即逝、无法重现的。纽伯格的研究意义重大，其中最重要的一点是，已经有很多人发现了共鸣现象，而且正在努力不断重现共鸣体验，不论是在体育领域还是在音乐领域，不论是在手术室还是在会议室。很多职业要求人们每天都有上佳的表现，如果出错就会有人丧命，如果表现平平就会遭殃。如果你是航空母舰上指挥飞机降落的官员，但却无法和正驾驶飞机降落的飞行员进行良好的沟通，那可就有大问题了。如果你是奥运选手，你就不能错过发令枪声，不能有所保留。如果你是心脏外科医生或者演奏家，在需要手术或表演的时候，你就不能在心里想今天是不是在状态；你需要能不断地进入状态，并且一有暗示就能进入状态。你可能永远不知道你每次是怎么"让这种状态出现"的，但是，世界上至少有 500 个人正在大幅提升他们的成功率。

有些人似乎立刻就知道自己的内在梦想是什么。有些人则需要花些时间和力气才能找到自己的内在梦想。也许你能自然而然地知道自己巅峰状态的情绪体验。如果不能，你可能就不得不在这方面花些工夫了，直到你能找到并且能确定自己找到了你愿意不断在生活中重现的情绪体验。

对共鸣的普遍追寻

可以认定，大多数人类活动都指向对共鸣的寻求。世界级成就者发现了共鸣，找到了可以让自己体验共鸣的领域，并且尽可能在人生中重现共鸣。普通人似乎也在不断追寻共鸣。看看小孩子吧。他们的好奇心和求知欲很强烈。在玩耍的时候，他们彻底投入，沉浸其中，学习，成长，扩展自己的边界。然而，不知何故，随着年纪的增长，这种"魔力"似乎从很多人的生活中消失了。罗伯特·麦卡蒙（Robert McCammon）在《男孩的生活》（*Boy's Life*）一书中指出，我们身上的这种魔力被家庭、学校、教堂和其他文化传统强化形式抹杀了。

环顾四周，你看到有多少人在机械地行动？你知道有多少人在失去自己的魔力？相反，你知道又有多少人热爱他们的工作，工作似乎让他们看起来精力充沛、精神振奋？多数参加高管培训课程的人通常推测，根据他们的经验，大约 10%～40% 的人看起来对工作很投入。大多数人都在有意无意地寻求这种共鸣现象，但往往找错了地方。想想现代社会的各种成瘾行为，毒品、酒精、赌博、滥交和寻求刺激，它们似乎都显示了人们追寻共鸣和心流的内在驱力。人们自然希望有良好的感觉，希望感到自己的才能得到有效的利用，并且是以一种轻松自如的方式。然而，这些成瘾行为的问题在于，它们是实现共鸣的旁门左道，因此是虚假的。它们不具备心流的七个特征，不会让人感到成长和能力提升。如果人们通过酒精、毒品、性甚至是过山车和蹦极让自己变得兴奋，"一夜过后"，他们就会意识到这种兴奋是虚假的，因为其中没有成长。

如果不努力让这种共鸣体验发生，它就只能是人为设计并且由别人制造的短暂体验。虚假的共鸣不会增加你的技艺、实力或能力。简而言之，你没有成长，因此靠走旁门左道来寻求共鸣是行不通的；虚假的共鸣不会带来真正的成长，而人们只有以成长为基础，才能不断建立共鸣体验。共鸣模型的这个元素让我们必须解决为目标努力的问题。

13.4 准　备

最终取得世界级成就的人已经从内在梦想的形成阶段进入了紧张、有时略显漫长的准备阶段。要实现梦想，就必须做准备。准备可能包括上学、培训、练习、研究、规划不同的经历、旅行、约见专家、阅读以及改变生活方式等。每个活动的核心目标都是在选定领域获得心理、情绪、身体甚至宇宙观上的优势。这里的核心问题是，哪些活动能帮助你体验自己的内在梦想？

准备可能要花费几个月、几年甚至几十年的时间。一位著名的爵士乐演奏家说，他早年曾经租住在一个偏远的农庄里，农庄有一个小牲口棚。在一年多的时间里，他每天都花8～10个小时的时间在牲口棚里用一架小型三角钢琴练习指法。他的新婚妻子说，那段日子可真不好过。他很少洗澡，很少换衣服，也很少理发。在这段为期15个月的"棚内生活"大约过半的时候，他决定学习双手交叉弹奏，因此他交叉双手，再次开始埋头苦练。当同台的演奏者看到他交叉双手仍能丝毫不差地继续弹奏时，都对他的精湛琴技叹为观止。因此，凭借这段时间的准备，他从牲口棚里走出来的时候已经能够彻底自由地表达了。他能用手指在琴键上自由地表达内心的感受。他经过多年的钻研和练习，又投入15个月全神贯注的努力，才实现了这个目标。

然而，如果准备没有针对性或者与人生梦想的实现不一致，那么花在准备上的时间就毫无意义。事情的参与者之所以产生共鸣，是因为他们热爱的是这件事本身。对于产生共鸣的音乐家或艺术家来说，出售作品是次要的——体验创作过程中的喜悦才是首要的。要理解这个概念，就必须记住，内在梦想（共鸣）不同于外在梦想（目标）。完善的准备会让你短暂地瞥见共鸣以及它在真正出现时可能是什么样子。那么，要想延长这些体验、让它们更频繁地发生、增加它们再次发生的可能性并且让偶尔出现的共鸣变成经常重复出现的生活常态，就必须做额外的准备。要做如此辛勤的准备，有哪些要求？如何才能专注于卓越的表现从而勤奋工作呢？

13.5 能量循环

答案在于如何管理自己的能量。我们回到本书开头对领导的定义：领导就是管理能量，首先是管理你自己的能量，然后是管理周围人的能量。大多数人注重管理时间，但世界级成就者注重管理自己的能量。什么样的能量才能让你在某个领域跻身世界级行列呢？大多数人之所以中途放弃，是因为准备工作太紧张、太苛刻。为了有卓越的表现，奥运选手会花几个月甚至几年的时间进行训练，反复做同一个动作。我的一个同事说："卓越是一种神经质的生活方式。"他说得对。要跻身世界级行列，你必须拥有一种能量，能让自己把时间和才能都投入一件事上。大多数人似乎不具备这种能量，也许是因为他们对最终结果想得太多，对他们有多热爱自己正在做的这件事想得太少。如果你做某事是因为希望未来得到某个结果，而不是因为你热爱这件事，你就不具备将这种紧张的准备工作坚持到底所必需的能量。"被迫更多地练习"是行不通的。

世界级成就者做事是出于自己的选择，而不是出于义务。当进入义务的领域时，你实际上是在消耗自己的能量。夏威夷铁人三项赛需要选手连续完成三个项目，包括在公开海域游泳 2.2 英里、自行车骑行 112 英里和马拉松 26.4 英里，戴夫·斯科特（Dave Scott）曾六次获得这项比赛的冠军，请思考斯科特的这段话：

> 比赛时我从来不戴手表，我的自行车上也没有计速器。它们会分散我的注意力。我要做的就是找到一个强有力的节奏，并且一直保持这个节奏。[10]

斯科特已经意识到，即使目标是你自己制定的，它们也还是会变成由外而内的目标，这种责任感或义务感（"我必须加速"）实际上会消耗而不是增强你的能量。

要有世界级的表现，必须具备提升能量的几个要素。首先，在纽伯格的研究中，世界级成就者多次提及自由。事实证明，对他们来说，自由是很重要的。纽伯格的研究对象们以不同的方式谈到自己对自由感、自由意志和自由表现的需求。他们谈到了能力自由、行为自由以及心理自由。尽管这些自由很相似，但我们还是能从他们的表述中看出一些细微的差别。

"能力自由"与表现的自由相关。它意味着自由表现的能力。例如，艺术家或音乐家的表现自由与用画布或音符准确表现其所见、所感和内心体验的高超能力相关。"能力自由"涉及经过资质训练而具备高超的表现能力。能飞身跃起把篮球扣进篮筐或者能从30英尺外连续投中空心球（纽伯格就可以做到）的球员拥有表现的自由。多次成功为手术台上的患者动手术的外科医生拥有表现的自由。无论是在工作、对话、写作、主持会议还是在协调复杂项目的时候，努力提高自己表现能力的人就是在建立他们的"能力自由"。"能力自由"就是通过密集的练习或紧张的准备而建立起来的表现或表达的自由。

相反，"行为自由"意味着克服和超越妨碍我们充分表现自己的限制。我们也许拥有内在的能力，也就是表现的自由，但如果没有受邀参加关键会议、没资格参加大型联赛或者看不到患者，我们可能就无法自由地发挥自己的能力。组织规章、习俗、传统、他人的期望、财务限制、法律准则和其他外部因素都可能阻止我们发挥自己的能力、限制我们的"行为自由"。如果没有建立起控制外部环境的"行为自由"，我们就无法不受限制地进入特定的情境，让自己的能力得到自由的发挥。例如，一名著名的音乐家说，他忍受在城市之间奔波，忍受在经纪人、航班、汽车旅馆和各种各样的行程中周旋，只有这样，他才能在灯光亮起、聚光灯打在舞台上时自由地演奏。他说，他的忍受是收费的，但他的演奏是免费的。他在内心拥有表现的自由——他忍受外部世界施加的诸多不便就是为了拥有"行为自由"。

"心理自由"与妨碍人们实现最佳表现的心理状态相关。这些心理状态可能包括缺乏信心、沮丧、平庸感或无名感、无知或者缺乏动力。在某种意义上，心理自由是让"能力自由"成为可能的条件之一。如果一个人摆脱了怀疑、恐惧和过度分析的影响，他就可能获得表现的自由。

世界级成就者的自由观的关键在于，他们彻底地、发自内心地对自己的结果负责。他们在访问中没有露出丝毫优越感。相反，这些世界级成就者知道，他们有责任学习新方法，树立决心，完成准备。这种对自由和责任之间关系的认知激发学习的强烈渴望，激发探索新方法来拓展自由的强烈渴望。

寻求创意

当一个人找到自己想要得到的自由并且承担随之而来的责任时，他就开始探索了。这种探索可能意味着阅读、上课、创造新的经验、建立新的人际关系或者去往不同的地方。这种探索中隐含的意思就像匿名戒酒互助会的口号一样："愚蠢的定义就是你不断做着同样的事却期待产生不同的结果。"世界级成就者明白，为了实现自己的目标，他们必须寻找、学习和运用新的行事方式。他们意识到了自由和责任之间的关系。这种探索会带来很多新创意。

新创意可能来自交谈、观影、阅读、调研、上课、在新场合获取新经验或者用新方法或者在新场合重组旧经验等。世界级成就者欢迎而且总是寻求用新的方式来定义自己是谁、自己想要做什么以及如何才能着手实现自己的想法。在某种意义上，寻求新创意就是在摆脱无知，摆脱对自己是谁、自己想要做什么以及自己喜欢做什么的无知。

在某种程度上，我们所有人都在寻求新创意。事实上，思考如何发展自己的职业生涯就像在小巷中探索，有些巷子是走不通的，我们在这个过程中不断进行各种尝试，放弃我们不喜欢的，追求我们喜欢的。世界级成就者会充满激情地探索各种可能性，寻求能帮助他们实现梦想的答案。不幸的是，我们中有很多人已经放弃了能够让自己不断体验到只有在沉浸状态中才会出现的那种内心的兴奋感的可能性。

管理你的能量

能量循环的第二个要素是认识和管理能量增强因素和能量消耗因素。时间管理专家强调花费在各种活动上的时间，讲求时间的平衡。每周工作100个小时的心脏外科医生不敢奢求时间的平衡。我的一位外科医生朋友更注重管理自己的能量。他关注消耗自己能量的事和增强自己能量的事。例如，他讲述了自己如何选择从办公室走到手术室的路线。直达路线是穿过一条狭窄、空荡、背阴的走廊，走廊上常常堆着纸箱和其他闲置物品。这条路又脏又暗，布满灰尘，但比较快。另一条路线要绕点弯，先要绕行一条铺着地毯的走廊，然后穿过一个阳台，在这个阳台上可以俯瞰大堂，大堂里患者们来来往往，偶尔还有人弹奏那里的小型三角钢琴。通过认真的自我观察，他注意到，当他选择直达路线，走到手术室的时候，他的情绪和能量稍稍有些低落。而当他选择那条较长的绕弯路线时，他更高兴，更振奋，情绪更高昂，能量更充沛。

这位外科医生还很注重吃完东西后的感受。他一步步地从自己的饮食中去除了消耗自己能量的食物，保留了增强自己能量的食物。[11] 如果你正面临一次生死攸关的开胸手术，你想要什么样的医生来给你动手术？没人希望在被推进手术室后还要猜测主刀医生今天是不是"在状态"。

请注意，这种自我意识概念是第12章介绍的情绪智力的一种延伸。大多数人不关心自己的感受及其背后的原因。前面提到的这位外科医生就十分关心自己的能量及其影响因素。你也能有这样的自我意识，如果你做到了，你就在管理能量（首先是管理自己的能量）这条道路上迈进了一大步。

与能量循环相关的一个根本问题是：你愿意为什么而努力？"愿意"这个词包含很多含义。我所说的"愿意"意味着你明白你在该领域的自由取决于你自己，你要独自承担实现这种自由的责任；"愿意"意味着你非常有兴趣学习如何在该领域有上佳的表现；"愿意"意味着你愿意管理自己的能量来实现这种自由。我们再次回到领导的定义："领导就是管理能量，首先是管理你自己的能量，然后是管理周围人的能量。"如果领导就是激发追随者的自愿响应，那么你怎样才能管理自我领导中的自愿响应呢？你怎样才能像戴夫·斯科特那样避免在错误观点的误导下陷入义务心态（告诉自己不得不做某事），一直让自己保持自主选择和能量充沛的状态呢？

能量循环的三个要素支持着共鸣模型的四个步骤。定义和明确你的梦想需要能量，反复练习直至你具备行动能力需要能量，克服障碍需要能量，建立心理专注力从而让你无需外部刺激就能重温梦想也需要能量。

我们大多数人都梦想获得前面讨论的各种自由。我们想，如果能有泰格·伍兹的那些代言合同，如果能像贝蒂·米德勒那样唱歌，如果能像杰克·韦尔奇或者杰夫·伊梅尔特那样管理企业，那岂不是很好？然而，事实上，与世界级成就者相比，我们大多数人对自由和责任之间关系的理解比较肤浅。看到别人赢得自由而我们自己没有，我们可能感到嫉妒甚至沮丧。可是我们没有看到，世界级成就者为了赢得自由努力了数年甚至数十年。让我们再次回到这个部分的核心问题：你愿意为什么而努力？

> 然而，与世界级成就者相比，我们大多数人对自由和责任之间关系的理解比较肤浅。

你也许已经意识到自由和责任之间的联系，并且做出了有意识的选择，决定不愿为了建立这些自由而付出代价。在这种情况下，你可能不会感到沮丧，你选择了一条更简单、更平和、更轻松的道路。如果你对自己诚实，就会承认自己满足于这样的结果——无法进一步发挥潜能，只能实现有限的自由。这是一种选择。与斯科特·派克的《少有人走的路》相反，这是一条常有人走的路。

亚历克斯·霍尼曼（Alex Horniman）说："卓越是一种神经质的生活方式。"这句话让很多人觉得不高兴、不舒服。可能只有不了解自由和责任之间关系的人才会有这样的感觉。霍尼曼说这句话的意思是，一个人要想让自己的表现达到最佳水平，必须贡献出很大一部分生命来建立这种"能力自由"。例如，迈克尔·乔丹在中学的时候曾被学校的篮球队淘汰，但他却更加专心提高自己的球技，甚至为了打篮球开始逃课。外科医生花费多年时间学习严格的课程，为了完成医学院的学习养成了几近偏执的学习习惯，随后，为了能够站在手术室里动手术，他们还要经受医院实习的考验。在私营机构，成功的高管常常比大多数同事付出更多的工作时间，在晚上和周末加班。在有些人看来，这些人是工作狂。如果说神经质就是指对生活中某个特定方面过于执着，那么"正常人"所谓的神经质行为就和世界级成就者的专注表现惊人地相似。

这种投入程度在很多方面都与卓有成效的领导者相似，不论他们拥有什么样的职业或事业。亚历克斯·霍尼曼[12]还针对领导提出了一个简单、有力的定义："领导是一种投入行为。"也就是说，当一个人真正投入某项事业、某个问题、某个活动或某个主题，即使他无意领导别人，人们也会开始注意到他并有所响应。这种投入会感染别人，领导随即发生。同样，如果世界级成就者致力于建立某种自由，他们会开始勤奋地履行相关的责任。很快，他们建立起"能力自由"，接着建立起"行为自由"，然后体验到"心理自由"。但是，雄心壮志的世界级成就者通常会碰到障碍。

13.6 挫折、障碍和间隔的成功

不幸的是，漫长、紧张的准备并不能保证梦想或目标的实现。很多人努力地做准备，接着却遭遇重大挫折。也许准备和训练带来的并不是希望的结果，反而是伤害。或者，调查研究得出的不是新认识，反而是令人失望的统计数据。或者，奔赴演奏现场的旅程带来的是疲惫而不是能量——也许提供咨询的专家并没有提供多少好建议。或者，艰苦的训练没有带来更快的速度或更高的准确性。或者，团队会议只造成了团队成员之间的紧张气氛和冲突摩擦。

据纽伯格的研究对象们所说，在这个阶段，他们往往相信，只要自己更努力，就能成功。然后他们开始在准备和挫折之间循环往复，如图13-3所示。在遭遇障碍时，他们认为有"必要"加倍努力，更加勤奋地工作。长此以往，这个过程就会形成某种恶性循环，更加努力，遭遇挫折，更加努力，遭遇挫折。在这个反复循环的过程中，追寻梦想的能量、投入以及动力逐渐减弱、模糊甚至消失。当练习变得机械，研究变得单调，探索变成任务和琐事，能量就会消失，人就会走向平庸。我们将这个过程称为"义务循环"，因为人们在这个阶段经常说"我必须做这件事"或者"我必须练习"。只要听到自己使用这种责任循环的标志性用语，就一定要小心！这正是你陷入这个反复循环阶段、能量正在耗尽的显著标志。这条路既不通往世界级表现，也不通往世界级领导。

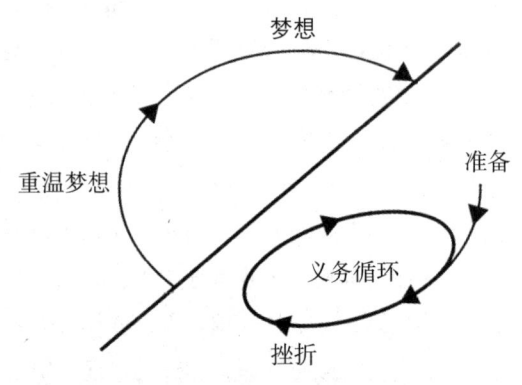

图13-3 义务循环

看起来，有很多人陷入这种准备－挫折循环，丧失了信心，开始寻求其他让他们维持生计的办法。雄心壮志的演员变成了服务员，当上了领班，买了车，慢慢变成了义务的囚徒，被其他领域的小小成功俘虏，然而这些成功与梦想无关，反而让人分心。当你在其他领域体验到某些细小的积极反馈时，就会受到诱惑，一点点把能量从梦想转移到其他活动上。随后，当你在某天醒悟过来的时候，你会奇怪自己怎么会变成现在这样，怎么会放弃自己的梦想。你也有可能永远都意识不到这种损失，永远都不会追问。与挫折和障碍相关的关键问题是：是什么阻碍你每天感受自己的内在梦想？

成功可能带来障碍

从另一个方面看，外在梦想的成功可能导致你远离自己的内在梦想，这是一个矛盾。成功实现外在梦想的人常常受到鼓舞，这可能是好事，也可能是坏事。例如，在锦标赛中夺冠的高尔夫球手会突然间陷身于企业活动、代言会议、球场设计邀请和参加晚间电视节目的邀请等等。如果不注意，他们会发现自己球打得少了，球技也变差了。也许他们实现了自己的外在梦想，但他们可能正在忘记自己的内在梦想——也就是他们在球打得好的时候获得的感受。他们只有按照世界级成就者所说，克服挫折、障碍和成功的妨碍，才能放心地继续追寻他们的内在梦想。

13.7 重温梦想

如果世界级成就者忘记自己的梦想，他们的表现就会变得机械、达不到世界级水平。也许他们已经做得"足够好"，足以维持生活或者继续从事自己选择的职业，但其表现只会停留在较为平庸的水平。相反，如果他们能够记住并关注自己的内在梦想，也就是说记住并关注他们希望获得的感受，那么，他们在前进的时候就会有明确感、目标感和投入感。于是，分心的事就不会那么耗费能量，障碍就不会那么难以克服，挫折也就不会那么令人沮丧了。差别在于，世界级成就者会回过头来继续努力，从梦想而不是从障碍或挫折出发继续进行准备，如图 13-4 所示。如果在心理和情绪上跟自己想要的感受建立联系

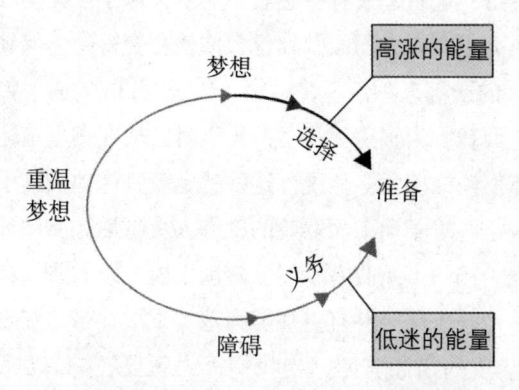

图 13-4　重温梦想：对待工作如义务和选择之间的差别

并且心怀对目标的展望，而不是一次又一次从挫折带来的失望出发，努力就会变得容易得多。

心理学或者说情绪学可以解释这种情况。这可能是情绪智力的一个方面。有意识地改变心态、重新关注外在和内在梦想并且为准备、练习、努力重新注入能量并非易事。然而做到重新关注梦想的人会说，自己感到一种激情的注入、一种更轻松的方式和一种能让他们有更好表现的释怀。一位曾经创造世界纪录的奥运游泳选手听了媒体的评论，坚信如果不赢得金牌，自己的事业就会有缺憾。在最后一次参加奥运会的时候，他非常努力，但最终还是以 0.06 秒之差痛失金牌。虽然银牌也不容小觑，但他还是非常失望。第二天，按照计划，他要参加 4×100 米混合泳接力赛，游第一棒，但他们的队伍处于下风。他说他觉得太累了，无法保证是否能比赛。赛前，一个队友提醒他："你应该像过去一样游，别担心输赢。"他说，那时他决定专注于自己在水中的感觉，也就是训练时经常感受到的"轻松加速"的感觉，不再关心输赢。没过多久，距离前一天痛失金牌还不到 24 小时，他就在他游的那一棒打破了自己创造的世界纪录，他们的队伍也赢得了金牌。这个例子表明，与关注外在梦想相比，重温内在梦想会对表现产生更加积极的影响。

当准备看起来不起作用而挫折和障碍看起来无法克服的时候，世界级成就者总是能重温自己的内在梦想，冲破阻碍。这意味着要暂时停下来，摆脱"失败－我必须更努力"的恶性循环，重温自己对内在梦想的定义，重新让自己的注意力集中到梦想带来的愉悦感上，把结果放在一边。重新回到这条路上反而会让人表现得更好，这看起来有些矛盾。高尔夫球手往往明白这个道理。如果太想把球打好，太想在方方面面做到位，你就会变得身体僵硬。《体育画报》（*Sports Illustrated*）的撰稿人乔治·普林顿（George Plimpton）曾经三次参加美国职业高尔夫球巡回赛，为报道和写书搜集素材。他在书里描述了他站在开球区球座前那种身体僵硬的感觉。他说，这种感觉就好像他的脑子是一艘老航母的船长，正在通过空心管子向下面船舱的工程人员喊话。胳膊伸直！屈膝！手腕别打弯！低一点，慢一点。收右手肘。转动手腕。蹬右脚。诸如此类。他的描述生动地说明，专注于结果并且更加努力地尝试往往带来灾难性的后果。

普林顿活灵活现的描述表明，当我们极力想要控制自己身体的行为时，我们往往会失败。这里的挑战在于，要让自己放松，体会我们所寻求的感受，即内在梦想。准备是必不可少的，而且它有可能像一节用了很久的电池，总有能量耗尽的时候。如果不能给自己重新注入能量，障碍的力量就会开始超过梦想的力量，最终占据上风。例如，以那位经验丰富的心脏外科医生为例。根据计划，他这天下午给自己的第 403 名患者动手术。可是就在这天上午，他有一名患者不治身亡。第 403 名患者在手术前了解医生此刻的心情吗？如果医生不能把这天上午的挫折经历放在一旁，这天下午他可能就无法有世界级水平的手术表现，这肯定是第 403 名患者希望提前知道的。如果医生有办法重温自己的内在梦想，不论是通过内在方法还是通过外在方法，他也许就能在给第 403 名患者动手术之前让自己在情绪、心理和身体上恢复能量。在这个例子中，当上午那名患者去世时，纽伯格接到电话，赶到医院和这名外科医生见面。他和医生讨论的基本问题是：你为什么成为一名心脏外科医生？一开始，他们的对话并不愉快。

很多人认为这种推理方式过于情绪化，或者说过于温和，但是说到底，这是为了提升表现。与重温梦想相关的关键问题是：怎样才能重温你的梦想？

在纽伯格一步步的引导下，医生想起自己最初的梦想。他说，在 6 岁那年的一天晚上，他听到屋里一阵喧闹，于是跑去客厅。他站在客厅门口，亲眼看到祖父因为心脏病发作离开了人世。当时还是孩子的他感到很无助，于是发誓要让自己做好准备，让这样的事情不再发生。他说，这就是他成为外科医生的原因。

在那一刻，他与决定了他事业的情绪体验重新建立了联系。重温梦想的经历让他有了新的心态。随后，作为工作咨询师的纽伯格和这位外科医生一起去探望即将动手术的那名患者，她是一长串患者中的一员。他们询问这位 65 岁的老太太为什么想要活得更久些，一开始她怀疑地看着他们，但是经过几分钟的询问后，她犹豫了一下，随后说自己有两个孙子，她想和他们一起去游泳。此时此刻，这位外科医生成功地把自己的内在梦想和患者的梦想联系在一起，并且在这个过程中再次获得了能量。

这名医生事后说，事实证明，他在那次手术中觉得自己就像有一种灵魂出窍的感觉——他能看到自己的双手在敏捷地缝合切口，觉得那好像不是自己的手。他就像是在自己头顶上看着自己。四个小时的手术仿佛只有短短几分钟。他有了一次共鸣体验，最重要的是，这次共鸣体验是他自己促成的。

这名患者的手术很成功，几个月后她给医生寄了一张自己和孙子一起游泳的照片。在反复有过几次这样的体验后，这位医生学会了如何与自己的内在梦想建立联系。他有一个抽屉，里面装满了患者寄来的照片，这些患者的梦想曾经和他的梦想联系在一起。当情绪低落或者陷入义务循环时，他就会拉开这个抽屉，看一两张照片，重新与自己的内在梦想建立联系，也就是找回他从事这个职业的情感动机。这给他带来了强大的动力和能量。

通过重温梦想，世界级成就者在重新进入准备过程时会带着全新的能量和目标感，更重要的是，带着愉悦的心情，如图13-4所示。由于能够与实现内在梦想的愉悦感重新建立联系，世界级成就者可以把能量、激情和能力自由结合在一起，让自己有最佳的表现。

那些每天上班下班、往往不会让我们想到世界级成就的普通人也是如此。每当我们开始觉得自己的工作是苦差事、自己的能量消失殆尽时，只要暂停一下，重温决定了我们现状的那些选择，尤其是重温我们希望在当前活动中得到的感受，我们就能重新让自己充满能量。从根本上说，如果我们能了解和运用能量循环的原则，我们就会意识到是我们自己选择了自己的现状。[13] 如果我们让自己待在苦差事的模式，也就是义务循环中，我们就不会倾尽全力，我们的机会就会逐渐减少。相反，如果我们能重温和牢记，在如此多的选择中，我们挑选了这条路、这个工作以及它带给我们的内心感受，每天都给自己重新注入能量，那么我们就能让自己和自己的工作充满活力。当我们这样做时，当我们记住自己是在为了什么而努力时，某种特别的现象就会出现。

这种特别的现象就是共鸣：感到自己彻底融入了周围环境，从而让外在体验和内在体验合二为一，实现了自己不费力气就能有最佳表现的期望。甘地说："幸福就是你的想法、你的言谈和你的行为和谐一致。"曾经作为主教练帮助芝加哥公牛队和洛杉矶湖人队赢得总冠军的菲尔·杰克逊说："赢得胜利对我来说很重要，但真正让我快乐的是完全投入到工作中的体验。"如果我们把这种认识俗套地称为"重要的是旅程而不是终点"，我们就低估了这个概念的力量。如果我们意识到至少要为我们的感受和我们的努力付出同等的时间和关注，我们就开始看到这种概念的价值了。

13.8 结 论

共鸣以及如何建立共鸣很重要，事实上，它有力地回答了人生的一个根本问题：人生的目标是什么？共鸣从四个方面回答这个问题：（1）在有生之年找到自己的共鸣；（2）致力于建立这种共鸣的能力；（3）认识到共鸣发生时是人生最美妙的时刻；（4）帮助他人找到他们的共鸣。表 13-2 是对这个观点的总结。

表 13-2　从共鸣的角度看到的人生目标

1. 找到自己的共鸣	3. 享受自己的共鸣
2. 致力于自己的共鸣	4. 帮助他人找到他们的共鸣

第一，你能否在有生之年弄清什么会给你带来这种沉浸状态或共鸣体验？遗憾的是，很多人一直没弄清。第二，如果你找到了自己的共鸣，你是否有足够的能量和决心来提高自己的能力，让这种共鸣不断重现？第三，当共鸣发生时，你能否识别它，是否承认这就是人生最美妙的时刻？可以肯定的是，如果你十分专注，毫不费力地表现出最佳水平，享受其中，同时不断学习和成长，那你还能有什么其他要求呢？第四，如果你能帮助他人找到和重现他们的共鸣，不论在家里、在工作中、在娱乐活动中还是在其他任何地方，这将是多么了不起的领导啊！

有些人可能担心这种共鸣模型是一种自私的概念。那么请想想，你也能和特蕾莎修女一样在为他人服务的过程中找到共鸣。另外，如果你是在帮助他人找到和反复体验共鸣的方法，这怎么会是自私之举呢？有些人可能会说这是一种否定神性的宗教世界观。如果在传授福音或者从事其他传教工作的时候产生了共鸣，你肯定会继续下去，接着布道和传授福音。关键在于，你能否在有生之年弄清什么会让你产生这种共鸣？如果你有幸找到了答案，你愿意努力争取不断重现这种共鸣的自由吗？共鸣模型显然适用于宗教体验，也适用于科学聚焦、艺术表达和商业成就。

不幸的是，似乎有太多人一辈子都没弄清什么会让自己产生共鸣，没找到能让他们投入其中、让他们全力以赴的目标，他们只是转瞬即逝地经历过让人深感满足的共鸣体验。在自己的体验中找到共鸣、培养能力重建这种共鸣以及在共鸣发生时享受其中，然后帮助他人找到他们的共鸣，对于怀有雄心壮志的领导者来说，还有什么事业能比这些更积极呢？

最后一个问题：那些虽然有梦想但看起来注定永远不可能实现的人怎么办呢？比如，一直没有打进 NBA 的篮球球员，一直没有考上医学院的学生，或者一直没有当上首席执行官的管理者。在某些案例中，我们看到，尽管有证据表明有些人的梦想显然无法实现，他们还是在几近可怜地坚持着。首先，在这种情况下，其中很多人追寻的是外在梦想而不是内在梦想。他们关心的是成为大人物或者成就大事业，而不是关注是否享受自己的工作。谁说在意大利打球的前大学篮球明星就不会享受自己的工作？谁说曾经想要成为医生的药剂师就不会全心全意帮助他人改善他们的健康？谁说升职受挫的中级管理者就不会喜欢和现在的下属共事，就不会在其他公司找个更高的职位？谁说挣扎着维持生计（成功的外在衡量标准）的作家或艺术家就不会在工作中产生共鸣？差别在于我们关注的是什么，是外在梦想，还是内在梦想。

然而，有时，为了面对现实，我们不得不调整自己的梦想。坚持不切实际的外在梦想，在某种程度上意味着舍弃自由，逃避与自由相伴而来的责任。找到共鸣还意味着找到我们能做的事情，并且尽我们所能做到最好。当共鸣发生时，我们会感到人生非常完满。如果我们感受到了这种共鸣并且努力让共鸣在生命中更频繁地重现，我们也许就能理解为什么有些人看起来已经走到了职业生涯的尽头，却仍然要再坚持久一点，试图从自己的人生中找到最后一点共鸣。

本章概念

1. 当人们毫不费力地表现出最佳水平并且融入周围的环境时，心流或者共鸣就会发生。
2. 大多数人都曾经在自己的生活中有过共鸣体验、心流体验或者所谓的"进入状态"。
3. 尽管人们普遍存在相反的想法，但沉浸或者共鸣是可以强化和重复的。
4. 世界级成就者拥有梦想。
5. 世上有两种梦想：内在梦想和外在梦想。两种梦想我们都需要关注。
6. 有些人天生就有梦想，有些人的梦想是父母或教会赋予他们的，有些人则必须重新发现或者建立自己的梦想。

7. 世界级成就者努力创造自己的梦想。
8. 世界级成就者管理自己的时间,更会管理自己的能量。
9. 世界级成就者尤其了解自由、责任、创意和学习之间的关系。
10. 所有怀有雄心壮志的世界级成就者在实现梦想的道路上都会遭遇挫折、障碍,都会经历间隔的成功。
11. 世界级成就者克服障碍的方法是重温他们的梦想,尤其是他们的内在梦想。
12. 产生共鸣并且能帮助他人产生共鸣的领导者能够创造出卓越的成绩。
13. 定义人生目标的一种方法是建议人们应该在有生之年找到自己的共鸣、致力于培养能力重建这种共鸣以及在共鸣发生时享受其中,然后帮助他人找到他们的共鸣。

思考题

1. 你什么时候产生过共鸣?你当时在做什么?你有什么感受?你怎么才能在工作中重现这种共鸣?
2. 你的内在梦想是什么?
3. 你愿意为了什么而努力?
4. 什么会帮助你认识自己的内在梦想?
5. 什么会妨碍你认识自己的内在梦想?
6. 你怎样才能经常与自己的内在梦想重新建立联系?
7. 什么会消耗你的能量?
8. 什么会恢复你的能量?
9. 在你的工作群体中,如果每名成员都能经常产生共鸣,那会出现什么情况?
10. 在让工作群体产生共鸣的过程中,你怎样才能起到带头作用?

案例讨论

一名退休的首席执行官在银行里有数千万美元的存款,他想知道自己在有生之年该做些什么。他正和妻子闹离婚,孩子们已经结了婚,尽管他还不到60岁,却已经做过心脏开胸手术。他买过一辆法拉利,又卖掉了。他在世界的大多数地区居住过。他超重30多磅。他想知道在晚年做些什么。你会给他什么建议?

第14章 全球商业领导者

> 我们难道不应该鼓励管理者用巧妙、实用的方式变得更老练、更有经验吗?
>
> ——亨利·明茨伯格

当今的全球经济是一个"扁平的世界",[1]要想在其中获得成功,你可能要在世界的各个角落做生意。其间的含意显而易见。那么,你如何学会跨越不同的区域、国家和地方边界进行有效的经营呢?没有这些知识和能力,全球经济将不复存在。20世纪后半叶,国际商务还只是一个规模不大、正在增长的细分市场,然而到了21世纪,我们已经建立了几乎对地球上每个人产生影响的全球经济。你无法逃避的一个现实是,你生活在全球经济中,而且参与其中。你可能在国内不声不响地做着生意,然而突然一天起床后却发现你的公司成了一家外国企业收购的目标。如果仔细查看家里大部分产品的标签,你很可能发现绝大多数产品都是来自国际企业或全球企业。甚至你的工资也会受到全球市场及其基准的影响。

我们过去认为企业主要分为国内企业、国际企业、区域企业或全球企业。国内企业完全在本国境内做生意,利用本土供应商,服务本土客户。国际企业在海外设立分支机构,采购原料或商品,或者提高销售。这些都不是真正的全球企业,因为他们的管理主要采用本土和地方视角。区域企业主要在某个区域内经营,反映该区域的VABE(有关世界是什么样子或者应该是什么样子的价值观、假设、信念和期望)。这些公司可能在多个国家都有供应商和客户,但是其经营主要限于欧洲、北美、非洲或者亚洲区域。全球企业的运营、合作伙伴和联盟遍布世界各地,最重要的是,他们的高级管理者也来自世界各地,他们实际上代表了全球的各个区域。很多全球企业有多个"总部",显示出他们在思维和视角上的多元化。

14.1 文化是VABE的集合

文化是共享一系列重大VABE的群体。事实上,共享的VABE定义了群体身份。在思考自己的归属时,你是如何"定义"自己的?请思考表14–1(见后页)

表14-1　地理身份分类

1. 全人类	5. 城市
2. 区域	6. 社区
3. 国家	7. 家庭
4. 地方	8. 个人

中的清单。依次列出你最重要的三个身份。也就是说，你大体上是怎样看待自己的？

全球商业领导者必须跨越所有这些类别，要有效地这样做，他们必须能够尊重他人的身份和归属。有些人可以做到这一点，然而很多人或者说大多数人做不到。我们已经在前面描述过这些差异。当然，地理边界并不是唯一的边界，还有民族边界、宗教边界和种族边界。全球领导者还必须跨越这些边界。

最具破坏力的VABE

对卓有成效的全球领导者来说，最具破坏力的VABE就是："我是对的，你是错的！"只要还有人坚持这种假设，人们谈判、跨越边界做生意以及和平相处的能力就会打折扣。（我认为）这种假设在世界上造成的痛苦和死亡比任何其他假设都多。我知道你的头脑正在跨越时空飞速旋转。"不！"你也许会说，"如果这是真的，那么世界就是相对的，任何人都可以相信他们想要相信的任何东西，世界就会陷入混乱！"等一等。我的推断并不是说整个世界都是相对的，任何人都可以相信他们想要相信的任何东西。我的推断是说，当个人、群体或国家假设自己是正确的、他人是错误的，就会带来成见、傲慢、高高在上、偏见、冲突、战争和大规模死亡。在探讨国家或全球的政治和历史时，这看起来显而易见。而在全球经营的层面上，其间的联系可能就没这么明显了。

有些人在面对商业机会时根深蒂固地认为自己是正确的（或"正义的"）、他人不那么正确，这样的人会发现，跟他人相比，他们比较难达成交易。别人会感觉到他们高高在上的心态，从而感到反感。尽管这种心态不是要征服对方（这是有史以来人们一直使用的一种策略），但它会带来憎恶和分歧。除此之外，我们还有一些其他思维方式。

你可以这样想："我喜欢我的生活方式，我也允许你按照你想要的方式生活，事实上，我发现了解你的生活方式很有趣。"以洗澡这件小事为例。我们在爱达荷州的农村长大，不论是否有必要，每周都要洗一次澡。我还能记起，每次洗完澡后母亲都要让我清理浴缸，我会用水冲洗浴缸，把留在浴缸里水线上的那圈污渍洗掉。后来，我19岁的时候去日本，在那里生活了两年。有一次，我刚要爬进盛满热水的浴池，旅店老板跟我说："不，不，不！"在泡澡之前你得先淋浴。为此，浴室里有一个小木凳，墙上有一排水龙头，还有一个小木桶、一些肥皂和一块轻薄短小的"手巾"。我了解到，在日本，你要先坐在这个小木凳上，脸冲着墙和水龙头，把自己彻底洗干净，包括洗头和刮胡子。你要用小木桶盛满水，冲洗自己。在完全洗干净之后，你才能泡澡。为什么？因为你泡完澡后还有其他人来泡澡。为什么？因为烧水要花钱，燃料、能源和资金都是稀缺资源，所以你要节约使用。那么，哪种方式是"正确"的呢？

　　当然，如果考虑到宗教、政治、民族和种族，讨论就更为复杂了。即便如此，还是要请你思考：如果你我出生在巴基斯坦北部、中非、北爱尔兰或南美，我们会不会有不同的世界观？如果我们出生时拥有另一种肤色，我们会不会有不同的世界观？答案当然是肯定的。那么，我们是通过什么方式拥有"我是对的，你是错的"这种假设的呢？从历史上看，是通过权力和征服。全球商业领导者会放弃这种方式，采用更为相互尊重的方式。由于大多数宗教领袖和政治领袖似乎都坚信自己是正确的、他人是错误的，我渐渐相信，未来的世界和平将掌握在全球商业领导者的手中。我的这个断言向全球商业领导者提出了更大的挑战，还把潜在的重担压在了他们肩上。这不仅仅是提供产品和服务那么简单。其副产品更为重要，这个副产品就是世界和平。当你抛出环境问题和可持续性问题时，当你质疑企业能否在可循环的世界中经营时，全球商业领导者肩负的重担既艰巨又极其重要。因此，怎样才能学会成为更优秀的全球商业领导者呢？

14.2　卓有成效的全球领导者的特征

　　摩根·麦考尔曾经针对全球高管做过一项研究，找出了往往能够预示全球商业成功的 11 个关键特征。[2] 这些特征包括学习意愿、正直、文化敏感性、关注影响和宽广的视角等。

　　麦考尔研究了受雇于 6 家国际企业的 838 名管理者，由此总结出一些要素。这是一份很长的清单。然而稍做合并，我们或许可以把它变得更简洁，同时也不会让它过于简化。将这些要素与一些商业成功人士给出的成熟建议结合在一起，我们就可以找出现代全球管理者的几个关键特征——这里使用的是典型的西方视角。另外，我们已经知道领导特质理论引发了很多争议。即便如此，我们还是可以以此作为起点，讨论怎样做才能成为成熟的全球领导者。

海外经历

全球高管了解全球经济，知道怎样在扁平的世界做生意，因为他们曾经在海外生活过，有时一住就几十年。对有些人而言，这些经历仅限于某个国家或区域，这样的话，他们掌握全球视角的能力也会受到限制。在多个国家和全球多个区域的生活经历会为高管们提供很大的帮助。这些不同的海外生活经历通常会让他们拥有外语能力，当然事实未必尽然。关键在于学会怎样在各个区域做生意，怎样在不同的背景下参与竞争。对于全球视角，致命的一点是总想回国，总认为当地的环境不如自己的国家好，总不和所在国家和区域的高管阶层来往。

如果没有在海外生活过，或者不想到海外生活，你就很难超越自己的文化史和文化观。以罗伯特·约翰逊为例，他曾先后担任霍尼韦尔航空航天的首席执行官和迪拜航空的创始首席执行官。约翰逊在通用电气和霍尼韦尔工作的时候，曾在堪萨斯、纽约和菲尼克斯任职，也曾在欧洲和新加坡任职。在本书写作之时，他生活在迪拜。约翰逊不断搬到不同的地方，可是他一直保持着学习各种文化的蓬勃热情，他在这些文化中找到了自己。[3]

强烈的自我意识

戴维·纽柯克是一名资深国际顾问，他在英国出生并接受教育，后来在世界各地工作，现居美国。他指出，"强烈的自我意识"能让人们了解自己的信念、看清自己和别人的差异，对全球高管的成功至关重要。[4] 加拿大蒙特利尔市麦吉尔大学的亨利·明茨伯格认同这个观点，他总结出五类关键高管能力，自我意识也被纳入其中。[5] 从根本上讲，明茨伯格的意思是，除非对自己的 VABE 有足够的了解，知道什么时候他人会在这些问题上和自己有分歧，否则就无法了解他人根深蒂固的信念，因此，也就无法适应、容忍或者说接纳他人的这些信念。要认识和尊重他人的信念，你必须了解自己的信念。否则，你会变得自以为是和高高在上——商业机会也会随之消失。

文化多样性

全球高管需要具备文化多样性，这说起来容易，做起来就难多了。你愿意吃生鱼吗？蛇呢？生猴脑呢？你愿意调整自己的饮食和睡眠习惯来适应当地高管的习惯和模式吗？你想过带礼物给对方吗？你是否意识到一些小事也会让人反感，比如把筷子插进米饭里、对别人亮鞋底或者用左手碰别人等等？这类见识大多来自经验，因此，我们的第一个建议是到海外生活，但很多见识也可以通过准备、阅读以及求知欲获得。我曾经和一位资深高管同行，他去过一个国家17次，但据他说，他除了待在豪华轿车和办公室，哪儿都没去过。完全相反的一个例子是理查德·伯顿爵士，他是19世纪最活跃的文化探索者之一。他以坚持不懈地寻找、探索和体验全球不同的文化而闻名，当别人问他为什么要这么做时，他说是因为"魔鬼的驱使"。[6] 你对他人的生活和文化也怀有同样强烈的兴趣吗？还是你一直认为自己的文化和背景天生高人一等？

谦　逊

要想了解其他文化，了解他们如何做事，尤其是如何做生意，意味着一定的谦逊。吉姆·柯林斯在《从优秀到卓越》一书中对"第五级领导"的描述使谦逊在有关领导的讨论中成为更加活跃的话题。然而柯林斯对谦逊的描述注重的是不自我膨胀、不以自我为中心，而这里所说的谦逊更强调，其他地域和文化对人生问题做出了非常有趣的解答，优秀的国际商务人士应该以开放的心态看待和关注这些答案。我所说的谦逊并不是指与当权者和有钱人相处时的窘迫感——完全不是这样。我指的是怀着真正的兴趣潜心学习他人如何做事。这种谦逊包括认真倾听、真心希望了解不同行事方式的意愿和能力。

终生学习和求知

这个特征和谦逊相关，因为学习意味着你已经谦逊地认识到自己有更多东西需要学习、认识到自己"懂"得还不够多。埃里克·霍弗说过一句名言："学习者将继承地球，而所谓博学者会发现适合他们的世界已经不复存在了。"这是一个强有力的概念——"博学"是一件危险的事。南卫理公会大学的米克·麦吉尔指出，必须认识到，你的"博学"可能造成固步自封和弄巧成拙。[7]世界在飞速改变和前进。没有强烈的求知欲和学习的渴望，潜在的全球高管会落于人后，会越来越无法与同行对话，更不要说跟上他们的脚步了。

诚　实

尽管很多美国人可能会说其他商业文化是如何地不诚实（鉴于泰科、安然、世通等事件，这么说的基础是什么？），但诚实和正直确实是跨国经营的高管的基本特征。全球商业高管必须坚守承诺、言出必行。在与政治和经济人物的交往中，只要不守承诺，他们的声誉就会受损。这是一个非常有趣、吸引人的话题。你可能认为"诚实"或者"正直"是一个简单明了的问题——你要么讲真话，要么说谎。事实表明，对跟我合作过的每一个国际管理团队或高管团队来说，诚实和正直的定义大不相同。它们意味着说出事实吗？是全部事实？还是只有你认为别人有必要知道的事实？还是只有他们希望听到的事实？还是只有能让某人在某个特定领域内经营的事实？其中的很多问题我们会在有关道德和职业伦理的章节进行更详细的探讨。

但是请思考这样一个例子。一天晚上，我和一位首席执行官一起吃饭，他是一名国际高管，负责管理庞大的业务。我们在席间就政治、诚实和克林顿政府展开了讨论。我跟他说起史蒂芬·柯维很久以前在给我们讲课时提出的一个说法："如果一个男人对自己的妻子不忠，那么他也会欺骗商业上的合作伙伴。"那位首席执行官称，事实绝非如此，他认识的很多高管都常常欺骗他们的妻子，但在商业交易中，他无论什么时候都会相信他们。换言之，你能把诚实分门别类吗？我曾经在高管讨论会上看到人们高声争论这个问题。无论怎样，无论你如何设计自己人生的道德和职业伦理，在全球商业背景下，高管还是需要知道你什么时候靠得住。如果你没有履行自己的商业承诺，你的声誉就会受损。

全球战略

全球高管拥有全球视角，他们能从战略角度思考如何管理企业，如何利用他们竭尽所能从世界各地找到的顶尖人才。前面提到的罗伯特·约翰逊在迪拜创建了迪拜航空，这是一家全球航空企业，任用来自欧洲、非洲、中东、印度和美国的管理者，不到一年时间，他就把迪拜航空发展成为一家价值80亿美元、全球运营的企业——这一切都基于约翰逊的全球战略思维。一个人在这方面的能力大多来自他在世界各地的董事会会议室里跟企业最高层的交流沟通。这种能力能让人看出全球行业的各个部分在世界各地的发展变化。最好的供应商在哪里？原材料呢？劳动力成本呢？有利的经济环境呢？通过改进管理来创造价值的机会呢？增添新技术、实现更高的效率和利润的机会呢？

在迫不及待中徐徐图之

同时，约翰逊指出，必须在迫不及待中徐徐图之。在人际关系、历史、文化原则和时间意识都不同的新环境中学习做生意可能需要耐心，这容易理解。但如何在迫不及待中徐徐图之呢？这意味着你必须既要抓紧时间又要有足够的耐心，让当地的程序顺其自然地展开。你无法强迫花蕾提前绽放。事实上，日本的防身术"合气道"也有类似的原则。[8]

能言善道

考虑到通过翻译交流或者用不同语言艰难对话的困难，能够清楚地表达自己的意思是一种关键的全球商务能力。如果你说话漫无目的、思路含糊不清、找不到适当的词语表达自己的意思，你很难取得商业上的成功。最近，一个朋友告诉我，他有一个叔叔会说七种语言，但不管说哪种，别人都听不懂。如果你可以用对方的母语和他们对话，你往往会获得不少加分——但是，如果你把重要信息说得太含混、太愚钝、太难以理解，你很快就会处于不利的境地。正如我们在其他地方说过的，清晰表达是一种关键的领导能力，它在国际舞台上的作用甚至更大。

优秀的谈判者

要跨越民族、国家和区域的边界做生意，需要有强大的谈判能力。有些人似乎比他人更享受谈判过程。如果总担心"要照顾对方"、"不要太咄咄逼人"或者"不要强加于人"等等，那么你很难成为优秀、强大的谈判者。很多商学院设置了议价和谈判课程（往往非常受欢迎），试图增强学生这方面的能力。你可以从这些课程中学到很多技巧和能力。另外，有很多书籍可以帮助你在第二层次上归纳出有效谈判的原则。[9]如果让这些技能为你增添谈判的制胜手段带来的愉悦感，你就会变得非常擅长谈判。当然，你的竞争对手或者谈判对象可能就生活在这样的文化背景下：从小到大，谈判一直是他们日常生活的一部分，很少有"固定"的价格，什么都能商量。

人　性

这看起来像是一个奇怪的特征。我所说的"人性"是指你拥有一种对人类社会的强烈归属感，我们的相似性多过差异性。这回到了我们之前有关不同层面的地理差异的讨论。很多人甚至绝大多数人往往更认同当地的群体和圈子，而不是整个人类。全世界范围内宗教、民族、种族和其他表面冲突的不断激增表明了这种认同过程的力量。全球商业领导者可能会保持自己的历史感、背景感以及民族或国家自豪感；但是，他们对于整个人类的归属感更加强烈，这种归属感会支配他们的外在行为。这种认同感让你能够和背景不同的人一起谈判——这是很多人做不到的。"我们在这方面是一致的"和"为了达成交易，我们应该求同存异"，这种意识对于全球领导者而言比毫不妥协地坚守宗教或民族背景更为重要。

风　度

在国际舞台上，风度很重要吗？全球管理者和观察者认为，风度很重要。风度的来源多种多样。你可能没有高大的身材或者没有天生无穷的能量（如果有的话，这是一个优势），所以有意识、有目的地思考如何亮相才能对他人产生影响会成为你的一个挑战。据说，后来成为美国总统的林登·约翰逊在刚到华盛顿特区时只是一名国会助理。在住进助理宿舍后，他每天早晚要来回几次到公共洗手间"刷牙"。事实上，他是在创造结识别人的机会，对他们进行评估，练习和他们讨论。后来，约翰逊出了名，他仅凭自己的气势和风格就能说服别人，比如他会低下头，盯着对方的眼睛，面对面地提出自己的观点。你肯定听说过这样一些人，他们走进屋里的时候，不知怎么，立刻就吸引所有人的注意。有影响力的全球领导者身上有一种魅力。其中一部分来自职务或头衔——但仅仅是一部分而已。更大的部分来自衣着、自信、能量水平、对别人的兴趣和面对挑战的沉着和从容。我们可能不愿意相信身材、衣着、言谈、能量和对别人的兴趣很重要——可是它们确实很重要。

14.3 结　论

　　全球商业领导者是极具能量的个体，他们拥有跨越国界成就一番事业的决心。要实现这个目标，需要在迫不及待中徐徐图之，需要拥有尊重各地差异的谦逊态度，需要意识到全人类的共性，需要具备沉着的风度。其中很多东西都可以习得——有些人凭借基因遗传天生就具备这些东西。仅凭海外生活经历并不一定能培养出国际风范，但会有很大的帮助。有了海外生活经历，再加上前面提到的尊重他人、求知欲和决心，培养过程就会加快。

本章概念

1. 我们可以将人类行为视为全人类、区域、国家、地方、城市、社区、家庭和个人层面上的共享 VABE 的集合。
2. VABE 的集合还能跨越种族、区域或民族背景等地理边界存在。
3. 第三层次领导之所以对于全球商业领导者非常重要，是因为文化差异就是集体共享 VABE 的差异。除非你能轻松地识别、理解和应对第三层次的 VABE，否则你很难成为卓有成效的全球领导者。
4. 不论地点、历史和起源如何，几乎所有强势文化都存在"我是对的，你是错的"这种核心假设。
5. 成功的全球商业领导者往往不会自以为是地判断其他文化的 VABE，他们往往保持开放的心态，有很好的幽默感，喜欢在世界各地游览和生活，耐心地对待拥有不同想法或信念的人。

思考题

1. 你最不能容忍或最挑剔哪个群体？为什么？你会和来自这个群体的人做生意吗？你会相信来自这个群体的人吗？
2. 你生活半年以上的国家有几个？你从这些生活经历中学到了什么？你之前持有的哪些 VABE 受到了海外生活的挑战？
3. 你会说多少种语言？这对你在国际市场中的经营能力来说是帮助还是妨碍？有何帮助？有何妨碍？
4. 列出你愿意生活超过两年的国家。你为什么不愿意去别的国家？
5. 你愿意品尝下列国家的"特色"饮食吗？你能想象它们的特色饮食是什么样子或者包含什么原料吗？它们是印度尼西亚、日本、中国、尼日利亚、南非、埃及、黎巴嫩、希腊、德国、俄罗斯、印度、巴基斯坦和乌兹别克斯坦。

6. 典型的美国商人在外国经商时往往会展现出哪些特征（基于哪些潜在的VABE）？这些特征会对拥有其他文化背景的商人有何影响？

案例讨论

你们的团队要去国外出差，你是团队中的初级成员，要为即将到来的为期两周的亚洲之旅做准备，首席执行官在出发前一周对你说，他不会带包和信用卡。当你们结账离开东京一家昂贵的酒店后，你接到爱人的电话，说你的信用卡刷爆了，她没法买东西了。周末你们要和一家日本公司的首席执行官见面，但你们的首席执行官拒绝穿西服，因为这天是周末。对方的接待人员到车站来接你们，你看到当他发现你的首席执行官准备穿着开领衬衫和卡其布裤子去和他们西装笔挺的首席执行官和随行人员见面时，他脸色刷白，并且他低声对你说，不能让这种事情发生。于是你说服首席执行官钻进一个小卫生间，你把手提箱递了进去，让他换衣服。午宴开始的时候，对方的首席执行官拿出他的名片和礼物送给你们这边团队的每个成员，然后等着你们的名片和礼物。午宴的第一道菜里有生鱼片、海藻和飘着生鱼子的汤。

第15章 权力与领导：领导他人

你必须透过追随者的眼睛看领导工作，并让所看到的东西成为现实。我学到的经验是，如果你引导人们找到他们自己的力量之源，他们就会得到激励。

——安妮塔·罗迪克

领导最终可以归结为影响他人。具备了战略愿景和管理变革的能力，领导者还必须知道如何影响他人，而且必须愿意影响他人。本章探讨我们的基本领导模型中左上角的连线，即领导者和追随者之间的关系。我们之前定义了权力和领导（下面突出显示了它们的定义），讨论了影响的层次（行为、有意识的思想和VABE），接下来我们就要思考如何才能在第三层次影响他人了。

> 权力是让他人按照你的意志行事的能力。
> 领导是影响他人的能力以及影响他人使其自愿响应的意愿。

从历史上看，领导是和头衔或职位联系在一起的。后来，在20世纪中期，领导常常被程式化地描述为计划（planning）、组织（organizing）、激励（motivating）和控制（controlling）（POMC）或者知识（knowledge）、态度（attitude）、技能（skills）和习惯（habits）（KASH）。这些方法旨在让他人按照领导者的意志行事，这也是我们对权力的定义。

弗伦奇和雷文提出的经典权力观流传很广，[1]他们认定，人们是通过五种基本权力来源之中的一种或多种来影响他人，这五种源头是：法定权威、强迫、奖励、专长和参照。法定影响力的基础是追随者认可领导者的头衔具有法定权威。如果追随者认为人们应该服从自己的上司（或者老师、公爵、教练等任何一个有头衔的人），那么追随者就会让这些人影响自己，实际上就是赋予这些人权力。这种合法性可能是因为尊贵的身份、组织头衔、在组织中的等级，或者被社会定义为应该尊重的东西，比如年龄或资历。我们可以说，公司的首席执行官凭借自己的头衔拥有指挥手下的权力。警察拥有指挥公民的合法权力。

权力的来源
1. 法定权威
2. 强迫
3. 奖励
4. 专长
5. 个人参照

强迫当然是建立在恐惧基础上的。受到强迫的追随者害怕如果不按照领导的意志行事会招致可怕的后果。这些后果可以是身体上的、情绪上的、社交上的或者职业上的，比如丢掉工作或者私密信息被公开。有时，强迫仅仅是一种人格的力量，也就是通过凝视、怒视或其他面部表情和暗示来胁迫别人的能力。

如果领导者是用某些东西换取顺从，以此影响他人，那么就是奖励权力在起作用。这些关系通常是"如果怎样，就怎样"的关系（比如，"如果你为我做这件事，我就为你做那件事"）。奖励权力的基础是领导者能够拿有价值的东西跟追随者交换，这些东西通常可能涉及金钱、接触商业交易或要人的机会、正面评价等等。

当一个人对某个关键问题知道得比别人多时，专长的影响力就会显现出来。例如，如果任务是造一座桥，而团队里只有一名土木工程师，那么这名工程师很可能会具有最大的影响力，成为团队的领导者。当然，如果是另一个团队或者涉及另一个任务，这名工程师可能就毫无影响力了。专长权力在很大程度上取决于眼前的任务以及在追随者看来领导者的能力与任务是否相关。

最后，参照权力是指因为追随者钦佩、尊重和想要效仿领导者而让领导者具备了影响他们的能力。想要效仿某人风格的人会受到这种风格的影响。想要加入某个俱乐部的人容易受到掌握入会许可权的人的影响。参照权力制造了社会上所谓"超级粉丝"或"追星族"：这些人到处追逐名人，渴望更加接近名人，渴望更像名人，渴望进入名人的小圈子。

15.1 影响力的来源和领导的层次

在任何特定情境中，人们可以也的确会利用所有这些影响力来源。没有人只利用单一的影响力来源。不过，并非所有的权力来源都有同样的效力，这取决于具体情境、相关人员和对未来的期望。根据本书描述的领导观，从长远来看，奖励、专长和参照权力比法定权力和强迫权力更有效。原因是法定权力和强迫权力降低了自愿响应的可能性，而追随者的自愿响应是领导的一个要素。

> 从长远来看，所有持久、有效的关系，包括领导者和追随者的关系，都具有自愿性和互惠性。

法定权力依靠的是职务而非专长或换取奖励的意愿。全球数据显示，中级管理者对高级管理者的尊重度很低，这意味着法定权力并不是卓越领导的基础。另外，法定权力和强迫往往是结合在一起的。强迫可以让人们在短期内服从，但它不像让人尊重的影响力来源那样具有持久力。强迫是第一层次的影响力来源："你要按我说的做，否则就会受罚，我可不关心你是怎么想的、你有什么感觉。"基于强迫或法定权力让他人完成任务是平庸绩效的惯常模式，无法带来世界级的绩效。

专长权力在很大程度上取决于能力和判断力，奖励权力取决于互惠交换，两者都可以视为理性的影响力来源或者说第二层次的影响力来源。一个人在运用这些权力时是在试图改变别人的想法，说服别人。当追随者思考领导者提供的奖励是否具有吸引力时，他们的第三层次价值观就会起作用，然而这里的目标焦点会落在理性的说服上。

最后，当人们因为想要效仿领导者而追随时，他们就是在 VABE 的层次或者说在第三层次进行响应。我们的身份，也就是我们认为自己是什么人以及我们想要成为什么人，是参照响应的重要组成部分。因此，一般来说，标签和成员资格在这个世界上很重要，在领导职位上尤其重要。当我们说"我是基督教徒""我是穆斯林教徒""我是 Delta Tau 兄弟会成员"或者"我想像约翰·肯尼迪一样"时，我们就是在向世界宣布有关我们核心价值观和信念的一些东西。宗教领袖、非营利组织的领导者、政治领袖、国家领导者、区域领导者、时尚领袖和一些商业领导者都意识到了第三层次参照方法的力量。忽略这种权力来源的人也能利用其他权力来源产生显著的影响，但他们没有能够充分利用自己的潜在影响力。

另外，鉴于我们对领导的定义，任何不是让人们自愿响应的权力来源带来的都不是领导。这样看来，强迫会让你脱离领导的范畴。你可以行使权力，人们至少可能在短期内在第一层次有所响应，但只要他们不是自愿响应，这就不是领导。

显然，法定权力和强迫是如今掌权者普遍使用的影响力来源。很多人之所以顺应别人的意愿，是因为他们认为"上司"有权对他们提出要求或者有权以某种方式伤害他们。这些方式作为促使别人完成任务的手段十分普遍，而且得到了广泛的认可。[2] 但它们不是领导。史蒂芬·柯维曾经断言，当你把自己的头衔作为促使别人完成任务的手段时（比如，"我是副总裁，所以你必须照我说的做！"），你就是在使用"拐杖"。和走路时使用的拐杖类似，领导或权力拐杖用起来比较笨拙，不会对世界级绩效有多少贡献。因此，如果你使用职权或者强迫别人的手段，你就是在削弱自己的领导能力。

要检验这个概念，一个方法就是问自己一个核心的领导问题：这些人之所以做这项工作，是因为我让他们这么做，还是因为他们明白我们为什么必须做这项工作而自愿认可应该这样做？如果答案是"因为他们明白而认可"，那么你就踏上了成为卓有成效的第三层次领导者的道路。如果答案是"因为你让他们这么做"，那么你也许就要重新思考一下自己影响他人的方式会带来什么长期后果了。从长远来看，所有持久、有效的关系，包括领导和追随者的关系，都具有自愿性和互惠性。

布拉德福德和科恩提出的通过交换理论而非权威来影响的原则
1. 将他人视为潜在盟友。
2. 明确你的目标——你想要什么。
3. 确定他人想要什么。
4. 确定你能给予他人什么有价值的东西。
5. 确定你是否有实现交换的人际关系基础。
6. 选择交换基础，开始交换，直至交换实现互惠。

15.2 认 可

只要你试图影响他人，目的肯定是从他们的响应中激发能量。也就是说，领导者应该得到别人对自己想法的认可。"认可"是在职管理者和管理专业的学生都经常使用的一个词。他们可能说："我会和上司（或者我的员工）谈谈，说明我的理由，获得他们的认可，然后继续做下去。"很多人似乎都认为在这个等式中,认可是一个二元的东西,要么有,要么没有。

事实上,认可并不是一个二元的概念。而且它比"肯定、中立或否定"还要更复杂。请思考表15-1中的模拟量表。我们至少可以在七个级别上对领导的认可或投入进行思考。对他人领导企图的最低级别响应是积极抵抗。这时,追随者积极地抗拒领导者的意图。积极抵抗的形式可能包括蓄意破坏、违抗、对抗和罢工等。

表15-1 认可的级别

1. 热情	5. 无动于衷
2. 投入	6. 消极抵抗
3. 赞同	7. 积极抵抗
4. 服从	

消极抵抗比积极抵抗高一级,但也没什么可骄傲的。消极抵抗的人不会把自己看成革命者,但他们反对领导举措,愿意暗中抵抗。消极抵抗包括工作拖拉、制造"疏忽大意"的错误、只做领导者要求做的事和在对话中强调领导的错误等。

无动于衷是指员工不管怎样都不关心管理层怎么说。这些员工来上班,但对领导视而不见,他们应付差事,然后下班回家。他们关心的不是工作。

服从是指做应该做的事,执行命令。服从是一种"机械的行动",是严格遵守法律、政策或命令,但丝毫不考虑行为的目的。

赞同是指员工说"我同意做这个",但他们对任务不积极或者说不投入。赞同至少在本质上是肯定而不是否定的。出于赞同而工作的员工肯定比只是服从的员工更有动力。

投入是指员工不仅说"我愿意做这个",还会说"我想做这个"。获得这种级别的认可会让大多数领导者感到很高兴,因为这反映出不只是服从,而是一种内心的投入,这预示着优异的绩效和成绩。投入的员工渴望工作,渴望获得工作的满足感。他们往往会付出更多努力,在工作要求的基础上思考更多的东西,全身心地投入到工作中。

热情比投入更进一步,因为热情的人把自己的工作视为生活中最重要的事。其他一切都要辅助和服从他们的职业活动。你也许认为这个定义有点极端,在某些方面的确是这样。如果说卓越是神经质的生活方式，那么就需要凭借工作热情、以工作为中心组织生活中的其他一切事物。拥有热情的人往往很少有其他兴趣。他们勤奋努力。他们可能变成工作狂。以诺贝尔奖得主、《愤怒的葡萄》(*The Grapes of Wrath*)的作者约翰·斯坦贝克(John Steinbeck)为例。他在写这本书时一直记日记。在书写到一半的时候，他和妻子吵架，他在日记里写道，如果一个作家因为老婆没法写作，他就应该换一个老婆。这种说法会让很多认为应该把家庭放在第一位的人感到震惊。而对于斯坦贝克来说，职业活动是第一位的，其他一切都要以此为中心。他并不孤独，历史上的很多世界级成就者都因为对工作的热情做过这样令人震惊的事。

我们在个体层面上思考不同级别的认可时，会出现一系列问题。任何一位领导者、教练或主管都可能问自己，他们在每个员工那里获得了什么级别的认可或激励。人们也会在团队层面对自己的团队或部门提出类似的问题。人们还可能在组织层面提出类似的问题。例如，请想想环保和可持续性的问题。员工个人是否认可我们需要用环保的方式从事经营的想法？整个部门呢？最后，整个组织是遵守这方面的法律、认同这些概念、热情地践行这些概念，还是因为其正确性而在行业中积极带头实施可持续性概念？

另外，我们可能会问，哪些领导技巧和方法会带来高级别的认可？这将是后面三章的重点，我们在这三章探讨第一、第二、第三层次的技巧会在他人身上激发什么反应。我们还会在这三章确定这些技巧，以及它们一般是如何影响他人的。同时，我们发现，很多领导者依赖自己的头衔或者说自己的"法定"权威来让他人按照自己的意志行事。然而我们提出的认可级别理论表明，追随者会自己选择如何响应领导举措。仅仅因为某个拥有职权的人或者说"当权者"对他们说他们应该做什么，不一定意味着他们就会照做，即使他们照做了，也不会投入任何热情和能量。

15.3 互惠货币

阿伦·科恩和戴维·布拉德福德[3]将这个基本认识推进了几步，他们认为，不论是否借助权力，影响关系都是以互惠交换为基础，这种交换的货币是可以找到并管理的。这些货币并非金钱货币，而是人们用来进行交换的心理货币，例如用努力换取称赞、用工作换取认可、用妥协换取加入等。科恩和布拉德福德断言，这种交换模型意味着，影响他人的过程遵循如下的逻辑顺序：

  1. 假设他人是能帮你完成目标的潜在盟友。如果不能建立这种联系，你就很难想到用他们想要的东西来换取你想从他们身上得到的东西。这个观点和卓有成效领导的六个步骤是一致的，弄清他人能为你的事业做什么贡献是一项关键的领导能力。

  2. 明确你的目标，了解自己想要什么。这个步骤和明确愿景的原则一致。如果你不清楚自己想要什么，你如何评估他人是否能够做出贡献，你又如何才能开始吸引他人？

  3. 以科特和加巴罗的那篇关于如何管理上司的著名文章[4]为基础，认真评估他人的世界，了解他们关心的问题、他们关注的重点和目标以及他们当前的需求。如果不做这样的评估，你很可能就无法为他人提供他们想要的东西，换取你想要的东西。

  4. 评估你的资源，确定你能给他人提供什么他们想要或需要的东西。有时，你还必须评估自己是否愿意给予别人认可、称赞或其他形式的人际货币。

  5. 对你和他人的关系做出诊断，看看潜在基础是否能支持这一系列交换。这一步类似于在开始尝试使用领导影响力的工具和技巧之前需要先拥有道德基石或道德基础。如果没有信任和尊重的基础，你很难基于交换建立影响力。

  6. 选择一个交换基础，开始进行交换，直到双方的关系开始变得轻松，持续地互惠互利，很像是商业关系。如果你还没有和他人建立能够支持互惠交换的关系，这样的交易或互动很可能不会发生。

  科恩和布拉德福德的模型聚焦于人们之间的交换媒介，即各种各样的心理货币，它们虽然无形但确实存在。人们对这些心理货币的重视程度各不相同。如果善于识别心理货币、善于识别别人重视哪些心理货币并且善于交换心理货币，不论你有什么头衔或权力，你都能大幅增强自己的影响力。科恩和布拉德福德确定了几种人们可以用来换取影响力的货币：基于激励的货币、与任务相关的货币、与职位相关的货币、基于关系的货币以及与个人相关的货币。

  基于激励的货币包括愿景、卓越的表现以及道德的正确性等。当你拥有对自己的部门、组织、社区或社会来说意义重大的愿景时，他人可能希望参与其中，愿意为了加入而听从你的指挥。如果你的团队被公认为你们这一行的翘楚，他人可能为了与这种良好声誉产生联系而容易受到你们的影响。另外，他人可能因为你的行为具有的道德正义性而受到触动，希望投身其中。领导者可以用激励货币换取追随，激励货币是一个新的视角，可以用来观察目标是什么、它能有多好、它有多正确。

与任务相关的货币包括新资源、学习机会、工作支持、快速响应以及信息等。如果你能为他人提供额外的资源，比如资金、人员或设备等，他们就可能容易听从你的要求。如果你能为他们提供学习新东西的机会，他们就可能响应你。如果你能支持他们的工作，他们就可能愿意支持你的工作。如果你能承诺更快速地响应他们，他们就可能愿意调整自己的做事方式。如果你能让他们更方便地获取他们需要的关键信息，他们就可能愿意接受你的领导。

基于职位的货币包括认可、引见、声誉、内部成员资格的重视以及社交网络的关系人等。如果你对他人优秀表现的认可会在他们的世界中产生影响，那么不论他们是否直接为你工作，你都可以用这种认可来换取他们对你工作的帮助。如果你能接触到他人眼中的重要人物，你就能用引见来换取响应。如果你对组织人际网络的评论会影响某人在组织中的声誉，你就可以用能提高他人声誉的评论来换取对方的自愿帮助。如果你是某个"内部"团体的一员，而他人很看重这个团体的成员资格，你就可以用让他们加入团体来换取这种归属感。另外，如果你认识能给他人带来好处的人，你就可以用你的引见来扩展他人的社交网络，以此换取他们的帮助。

基于关系的货币与双方关系的质量相关，包括理解、认同和个人支持等。如果你愿意花费时间和情绪能量并且具备反思性倾听和体谅的能力，你就可以用自己关注和理解他人的观点和境遇的意愿来换取他们帮助你实现目标的意愿。另外，如果能向他人真诚地表达认同感和友谊，你就可能对他们产生更大的影响。如果你能在他人需要的时候给予他们个人支持和情绪支持，他们就更有可能在你需要的时候帮助你。

最后，科恩和布拉德福德确定了与个人相关的换取影响的货币，比如感谢、所有权、自我概念的建立以及舒适度等。当你向他人表达自己的感激时，他们通常会感到和你更亲近、更密切，因此在你需要帮助的时候，他们更有可能提供帮助。如果你能承认他人的"所有权"或承认他人是某个项目的关键人物，他们可能容易受到你的影响。如果你能诚实地肯定他们的个人价值、自我意识或者自我定义，他们可能对你的要求有更多的响应。最后，如果你能管理自己的人际关系，尽量不让别人感到不舒服，你更有可能得到他们的关注和自愿响应。

你在读到这些影响货币时可能想到，当你的情感不真实的时候，你可能会用很多其他方式，有可能是操纵的方式，用这些货币换取他人的响应。在这里给你一句警告：尽管这种做法在短期可能有效，然而，如果你一开始不具备道德基础，那么使用影响技巧操纵他人的做法最终一定会被识破，你的影响力也会因此遭到极大的削弱。如果你赞扬某个想要得到赞扬人却并非出于真心实意，对方很可能会看出这是虚假的赞扬，而你的影响力也会因此受损。

每次交换完成后，问问自己：交换完成后，我被对方看成敌人还是盟友？如果答案是"敌人"，你的影响力就下降了；如果答案是"盟友"，你的影响力就提高了（如图15-1）。

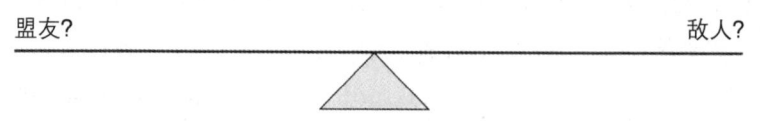

盟友？　　　　　　　　　　　　　　　　　　　　　敌人？

每次互动后问问自己：在对方心中，天平向哪个方向倾斜？

图15-1　盟友→←敌人天平

交换模型的一个主要优势是它能帮助我们思考我们如何才能管理自己的上司或我们对其不具有正式权力的其他人。这里列出的步骤将寻找联盟基础包含在其中。很多人在处理人际关系的时候都带着改变对方的强烈意图，不过他们有时很好地掩饰了这种意图。即使有人说"我上司的做法是错误的，但我还是得参与其中，了解他的看法"，但他通常很快就会开始设法改变上司的想法。鉴于这个人和上司交谈时的这种论调以及随后的结论，他通常会被上司视为敌人而非盟友。挑战在于，要让自己以能为对方的目标和期望提供帮助的盟友形象出现。如果做不到这一点，你就会被视为妨碍而非助力。

当然，这种方法的第一个挑战是了解和评价他人的目标、挑战、愿景、梦想和动机。如果你能通过仔细倾听和观察完成这种评价，接下来的挑战就是弄清如何帮助对方实现他想要完成的目标。这个简单的观念是很多人在职业生涯中大获成功的基础。[5] 如果你无法真心认同他人的目标，你可能就无法使用第三层次的方法影响他人。

交换模型有一个重要的潜在消极方面：如果人们感到某人帮助他们主要是为了建立影响力而不是出于对他们的真诚关心，交换模型就会引发他们心中的憎恨。在这种情况下，受帮助者会感到"欠了人情"，不得不做出相应的响应。他们这么做可能只是为了减轻自己的亏欠感，但这种响应不太可能是有抱负的第三层次领导者希望得到的那种质量很高或时间持久的结果。回想前面有关由内而外生活和由外而内生活的讨论可以知道，如果一个人听命于人是出于亏欠而不是出于自愿选择，他就不太可能感受到强烈的动机和能量。

这个难题的主要解决方法是深切、真诚地关心别人的幸福，帮助他们实现目标。不这么做，领导最终会被视为自我服务和漠不关心，别人对你的这种认知会对你的影响力造成巨大的打击。你可能会说，你不是特别喜欢和你一起工作的人，或者你真的不太看得起为你工作的人，如果是这样，那你也许只得满足于第二层次领导甚至是第一层次领导了。当然，要记住，如果你们的竞争对手拥有一位第三层次领导者，那你们可能就很难和他们并驾齐驱了。

15.4　信任和尊重的作用

如果互惠关系是基于道德基础，信任和尊重就会建立并影响潜在追随者的意愿。一项对一家大型保险公司上下级关系的研究显示，上下级关系中的信任和尊重水平在下级的学习体验中所占的比例超过75%。学习可以说是接纳他人影响的另一种形式，从这个意义上说，信任和尊重对于建立牢固的领导者和追随者关系而言必不可少。[6]

有时，人们拒绝接受将人际关系视为一系列交易或交换。在他们看来，这种观点过于商业化。然而促成这种观点的原因值得我们思考。史蒂芬·柯维在《高效能人士的七个习惯》[7]一书中将人际关系比作记录公司财务收支的会计账户。柯维的说法很有说服力，他认为我们都有和他人交往的"账户"。当我们帮他人做的是他们认为有价值的事时，我们就往我们彼此之间的账户上存入了一笔款项，而当我们要求他们帮我们做事时，我们就取出了一笔款项。反过来也一样，如果他人帮我们做事，他们就往我们彼此之间的账户上存入一笔款项，由于账户里有这笔"余额"，我们将来很可能会响应他们的要求。如果我们要求他们做的超出了我们为他们做的，我们可能用尽账户中的余额，甚至可能透支，让他们感到在双方的关系中我们一直是他们的负担。如果他们信任我们，他们可能允许我们在短期内透支账户，但这种局面是不稳定的，很可能不会维持太久。管理我们的人际关系以及影响他人的能力的挑战在于，至少要让人际关系账户维持平衡，如果我们想在未来拥有更大的影响力，就要在账户中积攒大笔余额。

此外，交换模型的人际关系借贷系统被很多社会所采用，在一些社会中还被正式化了。例如，在黑手党的公开账目中，又或者在日本，互惠交换的明确规则早已确立。在日本，社会成员学会了认真留意所付出的恩惠和所得到的恩惠之间的平衡。人们会谨慎控制自己欠下的人情债，他们不会随便接受陌生人的恩惠，因为他们害怕将来还不起。

15.5 施加影响的一般方法

如果把影响模型和交换模型结合在一起，我们就能得到影响他人的一般方法。按照这种方法，如果你不能（1）拥有明确的目标，（2）清晰明确、富于感召力地传达这个目标，（3）向他人说明这个目标和你的人际关系能给他们带来什么好处，从而获得他们的支持，（4）管理与他人的互惠交换，（5）管理实现目标的进程，你就不会对他人产生持久的影响。

大多数领导因为目标不明确或缺乏说服力而以失败告终。领导者缺乏战略见解，一般领导模型中右上角的连线断裂了。如果你不清楚自己是谁，不清楚自己想要做什么，你就无法在自己和他人身上激发出卓越的表现。至关重要的是，明确自己想要做什么，并为这个目标、使命或梦想全力以赴甚至付出毕生努力。我们已经在前面的章节对制定战略愿景、宪章以及构建个人梦想相关的各种观点进行了探讨。如果你不能明确这些因素，你就无法吸引他人。

15.6 第三层次影响

理解了社会权力的来源、人际关系交换理论以及领导语言的力量，我们现在要面对的问题就是如何利用这些东西影响他人的 VABE，进而影响他们的思想和行为。不论有意还是无意，卓有成效的第三层次领导者都理解下列基本原则：明确你想要什么、观察他人的 VABE、证实他人的 VABE、设定一个尝试期、利用你的影响力劝导他人重新审视和修改其 VABE。这些原则是本章介绍的研究和见解的综合体现。

第一个挑战是明确你想要什么。你的人生梦想、你的人生使命、你的抱负、你对成功的定义以及你的短期目标都是你日常行为的驱动力。除非明确这些定义，否则你很难影响他人，你也不会知道如何才能和他人交易，而且你很可能不清楚自己要对他人提出什么要求。

第二，只要稍做训练，你就能观察到他人身上明显的 VABE，并且能对他们行为方式背后的原因有深入的认识。我们在第 11 章探讨了这个现象。每当有人说"我应该做这个"或者"人们应该做那个"时，他们就是在向你透漏他们的一部分核心 VABE。如果把它们记录下来——最好是写在纸上，因为思想不够具象、不够精确——那么你就可以开始勾勒某个人第三层次动机的大致轮廓了。

观察结果只是观察结果——它们不一定反映事实。因此，第三层次影响模型的第三步是证实你的观察结果。通过与他人交谈，你就能证实你的观察结果是否准确。政治家为了把握"国家的脉搏"一直在这么做。你当然可以自顾自地解读数据。不过，证实你的推断是否真正准确很重要。你可以与你想要辅导或培训的人说："你知道，根据我对你的观察，你似乎真的很重视获得正面反馈。是不是这样？"或者对他说："根据我对你的观察，你似乎认为要想把事做好，就必须亲历亲为。对不对？"你很快就会发现你的推断是切中要害还是大错特错。

第四，大多数领导者会设定某种时间限制。他们会问自己：我愿意在这项任务上花费多少时间？如果要影响他人，不论是一个人、几个人、群体还是组织，领导者都会进行同样的评估。他们可能公布自己的时间限制。通常还是不公布更好。公布最后期限，尤其是在试图进行变革的时候，可能反而让你为难。如果你想要引导别人改变其行为，你可以对你自己说："我要给这个任务 6 个月的时间。"然后，在"尝试期"结束时，你可以重新评估，决定是否值得继续努力下去。

第五，有了明确的目标，对他人的 VABE 或第三层次现实状况有了清楚的认识，也限定了时间范围，你就可以开始"引导"或影响他人了。这种引导可以有多种形式，包括演讲（对很多听众）、一对一的咨询辅导、绩效汇报、实习监督等。在这个过程中，你可能要调动作为领导者和指导者的所有能力，你还可以通过阅读或向其他专家咨询来加深对这个过程的认识。

在尝试期结束时，你可以暂停下来，评估你的进展。对方是否正在进步？你们是否建立了更牢固的关系？你们是否进行了更有效的交换？对方的表现是否在改善？如果这些问题的答案都是肯定的，那么你就可以怀着一定的满足感确认你已经具备了第三层次领导者的能力，也就是说，你能够以尊重别人的方式影响他们的基本 VABE，获得他们的自愿响应。相反，如果对方没有多少改变或者毫无改变，你可能就必须得出结论，你的这次尝试没有成功。

有两个基本原因可以解释为什么你可能得到消极结果。不是你的引导能力不足以影响对方，就是对方的变革商太低。不论是哪种原因，你可能都要停止尝试，为自己或对方设置新的目标，让双方都能投入其他更有建设性的活动中去。这样的过程各行各业天天都在发生，不论是在政界、军队、体育界，还是在商业组织。

15.7 结 论

领导和影响他人是一项复杂的任务。你可以用多种不同方式尝试领导他人。如果你选择以权力为基础，利用强迫、操纵和武力等手段影响他人，你会得到第一层次的响应，对方可能在行为上响应你，但头脑和心灵没有被触动。相反，如果你选择一开始做更多的工作，明确你的需要和对方的 VABE，学会清晰明确、尊重他人、鼓舞人心、始终一致的说话方式，如果你运用这种语言能力吸引他人，你很可能会得到积极的响应，不仅包括行为上的响应，还包括第二层次和第三层次的响应。

这种方法意味着深入影响他人的能力不仅涉及学习特殊的领导技巧和诀窍，还涉及态度、理念和动机——你的态度、你的理念和你的动机。如果你真的想要更有成效地领导他人，那么我们劝你思考本章介绍的这些原则，专注于你的目标、你的语言和从他人身上激发出第 13 章提到的世界级绩效的能力。

本章概念

1. 我们一般利用自己的头衔、强迫、奖励、专长或团队成员资格来影响他人。
2. 人们用各种各样的方式响应我们的影响企图。他们的"认可"可以分为积极抵抗、消极抵抗、无动于衷、服从、赞同、投入、热情这七个级别。
3. 事实上，所有的人际关系都以交换为基础，要让关系持续，交换必须是互惠的，而且必须大致对等。
4. 语言是卓有成效的领导者最有力的工具之一。领导语言要清晰明确、尊重他人、鼓舞人心、具有一致性。
5. 要卓有成效地影响他人，就要尊重对方的目标，让自己以帮助对方实现目标的盟友形象出现。
6. 卓有成效的领导者知道如何向自己希望影响的对象发出世界级的邀请，获得他们的自愿响应。
7. 第三层次领导者明确自己的需要，观察他人从而推断他们的VABE（需要），证实这些VABE，并且为自己改变他人的尝试设定时间限制。他们以盟友的身份出现，运用尊重、激励和交换等方式引导对方，然后对进展进行评估，决定是停止尝试还是继续下去。

思考题

1. 你最常运用哪种方式影响他人？你最常利用哪些影响力来源？
2. 当你影响他人的时候，你知道他们响应你时的认可级别吗？你怎么才能知道？
3. 你想要影响的人有哪些个人目标？如果想不出这些目标，你怎么才能让自己以盟友的形象出现？如果你列举不出这些目标，你怎么才能把它们找出来？
4. 列出你想要影响的人或群体。在每个人或群体旁边注明你在哪个层次尝试影响他们。如果你在第一层次尝试，想想尝试的结果和你目前的进展。如果你在第三层次尝试，想想你如何才能让自己更有效地影响对方。
5. 在接下来五次你试图影响他人的时候，留心自己说的话，在其中找出清晰明确、尊重他人、鼓舞人心和具有一致性的激励之辞。把你的语言和你获得的认可进行比较。

案例讨论

格雷格艰难地维持着和上司芭芭拉的关系。格雷格是一个有计划的人，他喜欢提前把事情安排妥当。根据迈尔斯-布里格斯（Myers-Briggs）性格分类法，格雷格具有很强的判断型人格。与之相反，芭芭拉是理解型人格。她往往喜欢考察所有选择，延迟决定，而格雷格希望找到一个能接受的答案后，继续解决其他的问题。两个人都曾在不同的领域为组织做出过重要贡献。最近，格雷格一直埋头处理两个项目。两个项目的文件已经在芭芭拉的案头放了几个月的时间。在一次团队会议上，芭芭拉称，时代已经变了，她想把所有项目推倒重来。格雷格觉得沮丧和泄气，他决定摆脱芭芭拉的领导。

第16章 第一层次领导的历史优势和现代吸引力

　　首席运营官面无表情地看着莉萨说，她从来没学习过领导，对领导一无所知，而且也不想学。莉萨目瞪口呆。进一步询问后，莉萨得知首席运营官的管理理念很简单：员工必须听指挥，不许发牢骚。

——一家大型工程公司一名匿名员工的叙述

　　要建立和维持我们需要的人际关系，我们必须停止使用强迫、武力、迫使、惩罚、奖励、操纵、指挥、激励、批评、责备、抱怨、唠叨、纠缠、排位、分级和淡漠等手段。我们必须把这些具有破坏性的行为替换成关心、倾听、支持、协商、鼓励、关爱、友好、信任、接纳、欢迎和尊重。这些词语决定了外部控制心理学和选择理论之间的差别。

——威廉·格拉瑟[1]

第一层次领导，即专注于影响看得见的行为的领导，在历史上一直是占据主导地位的领导模式。这种情况多半始于我们之前描述过的狩猎和采集时代，随后一直延续到现代。我们认为，在早期人类社会中，权威取决于武力和权力，专注于控制看得见的行为是掌握或担任权力职务的自然结果。你靠武力夺得控制权，就要靠武力维持。工业时代的最后200年里，大多数担任领导职务的人（让我们将他们称为"当权者"，这样我们就可以区分优秀的领导者和无能的领导者）也支持第一层次的领导方式。这有很多原因。第一层次领导看起来更简单、更快捷、更有效率，而且对于某些人来说，更"道德"。

　　第一层次领导之所以"更简单"，是因为你不必思考或担心他人的想法、感受或信念。你让别人做事，他们要么照做，要么不做，你都看得见。你能评估他们的工作成果。你能看出他们在工作的时候是否充满激情、能量充沛，是否如鱼得水，但这是次要的考虑因素，可以归结于"他们的个性"。第一层次领导的确更简单——除非你在使用第一层次领导方式的时候考虑是否有必要监督他人。想想几千年前被征召入伍的士兵。在入侵希腊时，如果不是波斯人手持长矛跟在从亚洲征召来的下等士兵后面，这些士兵可能就逃回家了。同样，在现代，如果第一层次领导者离开房间，"追随者"的绩效通常会大幅下滑。

　　第一层次领导之所以"更快捷"，是因为当权者要做的只是仔细说明他希望看到的行为，然后袖手旁观，指令要么得到执行，要么不会。不需要长谈，不需要深入分析，只需要明确、详细的指令。清晰的传达能力是第一层次领导者的一项重要能力。如果结果出现问题，常常是因为指示得不够清晰、员工听得不够清楚或者对员工的激励不够。

　　在很多人看来，第一层次领导更有效率，也就是说，你能让任务更快地完成。下达命令、指示、强制和威胁能够让他人立刻行动起来。如果使用第一层次的技巧，从下达指令到看到对方行动，往往只经历较短的时间。就像老话说的："我让你跳的时候，你就应该问要跳多高！"问题在于，这种表面上的效率并不真实。人们心中的潜在认可级别通常较低，他们拖拉、怠工、缺乏能量。一段时间之后，就会导致效率全面下降。

在一些人看来，第一层次领导也更"道德"。这些人不愿意"修补"别人的思想或人格，他们认为只关注看得见的行为是合乎伦理的。对他们来说，事实证明，大棒加胡萝卜的方式行之有效；先用胡萝卜诱惑你的追随者，如果他们不响应，就用大棒打他们。这种方式显然符合斯金纳的理论，根据他的理论，人的思想和价值观就像暗盒装着的东西，是看不到的，因此和领导者的目标不相关。大棒加胡萝卜的方式有一个方面经常被人忽略（顺便说一句，这也意味着你的关注对象像蠢驴一样处在胡萝卜和大棒之间）[2]：除了观察对方的外在行为，你必须一开始就考虑他的内心活动；如果不这么做，你怎么能知道哪些胡萝卜和大棒会起作用？为了回避这个问题，第一层次领导者假定每个人都受到金钱的激励。

不过，胡萝卜加大棒的方式要求胡萝卜和人们的内在价值观之间存在或明或暗的联系——如果我不喜欢胡萝卜，我就不会受到激励，不会采取行动。通过奖励让人们按照你的希望采取行动，这说得通，但是，有意或无意地奖励别人的某种行为，却希望他们实施另一种行动，这就是愚蠢之举了。[3]如果你不知道人们重视什么，你怎么能设计出有效的奖励制度呢？显然，不同的人重视不同的奖励。对这个人来说，更多的薪水是激励，而对那个人来说，工作的满足感才是更有力的激励。人们确实会用时间和努力换取财务回报——尽管在有些情况下是少得可怜的财务回报。

与心理学中的操作性条件反射和管理学中的期望理论相关的研究大多试图阐明奖励和行为之间的联系。期望理论开始质疑严格的斯金纳理论。期望理论认为，一般而言，能否通过激励让人们采取行动，取决于他们是否认为自己能完成任务，取决于他们是否认为自己在完成任务后会得到奖励，取决于这些奖励对他们是否有价值。期望理论学者说，如果一个人觉得奖励对他来说没有价值，他的动力就会迅速减少。因此，期望理论学者想知道人们重视（第三层次）哪些奖励以及他们为什么重视这些奖励。这种询问让我们得出一个与斯金纳理论完全不同的观点：除了看得见的行为，领导者还必须了解和应对更多东西——卓有成效的领导者必须在第二、第三层次付出努力。

16.1 第一层次领导假设不同个体具有一致性

第一层次领导的潜在假设之一是，可以把人看成可更换的机器部件。也许这很正常，因为批量生产技术发明后，组织的规模不断扩大（因此很难认识和了解每个人），工程师式的思维十分普遍。在100多年的时间里，领导者一直用机械论的观点看待组织。但是人们和机器在很多方面都有差异。我们的思维能力和评估事物价值的能力让我们与机器以及其他动物区别开来，对于机器和其他动物，我们能在所有个体上看到一致的行为：所有机器人的行动应该都一样，事实也确实如此。

本书的观点是，由于人的行为跟有意识的思想和VABE存在非常密切的联系，如果希望了解人们行为方式背后的原因，我们必须了解他们的思维过程、他们的价值观体系和他们对世界是什么样子或者应该是什么样子的基本假设。如果我们想领导这些人，我们必须了解他们行为方式背后的原因。

我们对领导的定义（影响他人从而让他们自愿响应的能力和意愿——实质上就是首先管理你自己的能量，然后管理周围人的能量）意味着，在真正的领导者-追随者情境中，追随者的意愿对于卓有成效的领导而言必不可少。不情愿或迫于义务的追随者不会有高水平的能量。如果要让追随者热情高涨、充满能量，我们必须关心能量的问题——这取决于他们的思想和VABE。我们必须注意，我们是否在强迫别人服从，或者说别人是否自愿选择听从我们的命令。这意味着，我们必须关心别人的想法和感受。如果当权者不在附近，追随者会怎么做？为什么？如果当权者提供的奖励没有了，追随者会怎么做？为什么？他们会选择继续按照要求行事吗？如果是这样，领导可能就真的发生了。如果不是这样，所发生的也许就不是领导，而是某种其他形式的权力关系。

16.2 第一层次领导技巧

看得见的行为是第一层次领导关注的主要焦点，甚至是唯一焦点。第一层次领导者不关心人们的想法或感受，只关心他们的行为。第一层次领导忽略人们的想法或感受，奢望只要向追随者下达指示或命令，他们就会服从或遵守。因此，第一层次领导者的普遍手段是下达指示、下达命令、下达指令、盼咐别人、要求成果、要求报告以及在成果没有实现的时候施以惩罚。然而，这种方式的一个问题是，追随者通常感到受到冒犯和侮辱。

第一层次领导的常用技巧：

命令	强迫
指令	激励
指示	奖励
胁迫	操纵
威胁	设定目标

斯坦福大学的鲍勃·萨顿在《论浑人》[4]一书中描述了一些令人讨厌的家伙，这些人得到领导职务很大程度上是凭借他们胁迫别人的能力。这些人嚷嚷、喊叫、咒骂、扔东西、拍桌子、上窜下跳、唾沫横飞、肆意叫嚣，或者设法用其他方式在自己的管理生涯中横行霸道。显然，他们不关心他人的想法和感受，他们只想控制他人看得见的行为。[5]

第一层次领导还有一个比较隐蔽、但同样有害的特点：盲目注重结果和目标的实现。第一层次领导者极其注重目标的设定和实现，以至于从一开始就相信和传播一个在我看来是过去100年中最耗费能量的管理假设：

PWD WTHTD ROHTF

很多人甚至把这个假设跟成熟和成年相提并论，而在我看来，它就像一只从大多数组织成员身上吸取能量的双头怪。这个假设（VABE）就是：

专业人士会做必须要做的事，不管自己有何感受。（Professionals will do what they have to do regardless of how they feel.）

很多管理者，甚至几乎所有管理者都相信这个假设。事实上，很多人认为这个假设是"成年"的基础。孩子们根据自己的感受做想做的事；成年人学会为了成就放弃自己的选择权和感受。然而，请想想，如果让员工处于义务心态、不顾他们的感受，你就是在否定那些给他们带来能量、热情和创造力的东西，也就是在否定他们的选择权和愉悦感。

因此，胁迫、威胁、指挥、命令、过于注重目标而牺牲体验以及任何形式的强迫或操纵都是第一层次的手段，它们都有一个重大的弊端。

16.3　第一层次领导让人失去能量

如前面提到过的，第一层次领导在历史上一直是占据主导地位的领导模式——强者控制弱者。然而，这种做法并不真正有效；事实上，根据我们的定义，它甚至不是领导（除非他人是自愿响应）。当我们仅仅关注他人看得见的行为而忽略他们的思想、信念和感受时，我们就放弃了影响他人从而让他们自愿响应的领导关系，开始建立强迫关系。中世纪欧洲的国王们是领导者还是独裁者？人们听从国王的命令是因为他们害怕丧命还是因为他们和国王拥有共同的价值观？在商业领域，在基于权力的支配关系中，员工常常发现自称领导者的管理者不把他们当人看，而把他们视为管理机器中的齿轮或者说实现目标的工具。换言之，他们采用的是第一层次的领导方式。管理者不是真的关心我们，他们只关心我们的工作，这种认识本身就会让员工失去能量。

因此，如果你一开始就缺乏关心、期待所有个体都一模一样并且只关注外在结果，加上员工响应你是迫于义务而不是选择，那么，你只能得到能量不高、不够投入的"追随者"。在面对触及或质疑员工的思想或信念的事件或情境时，他们对第一层次领导者的忠诚会受到严重的威胁。他们服从命令的毅力以及贡献创意和热情的意愿会渐渐减弱。如果长期受到这样的对待，员工就会像这种体系鼓励的那样，在心理上和情绪上与自己的工作脱节，人虽然来上班了，但是头脑和心灵没有放在工作上，而是"挂在空挡上"。

这种连锁反应会激发链条中的下一环——对"激励"的强烈兴趣。在过去的100年里，管理者反复问自己如何才能更好地激励员工。如今，如果没有用大篇幅来探讨激励问题，管理类的教科书就不完整。你怎样让员工照着你的意思做？通常的答案都和激励相关。我们竭尽全力地避免思考员工有意识的思想和潜在的VABE，设计出即刻见效的激励体系，然后再次得到有些冷淡、缺乏热情的追随。如果管理者更注重自愿追随，更注重第二、第三层次人类行为的变化，激励问题就不会那么重要了。

然而，传统的第一层次领导方式在很长时间里一直十分奏效。全球经济体都在扩张，劳动力相对廉价而且很容易找到，相对稳定的国内市场使得管理层将劳动力视为跟厂房和设备一样的商品。从这方面看，工会的形成可以视为工人对没有人情味的第一层次领导方式的大规模、有组织的反应。无论如何，这种领导方式"起作用了"，公司壮大了，赚钱了。

然而，如今，环境急剧变化，竞争日趋激烈，管理团队已经无法凭借这种唯利是图的第一层次领导关系在竞争中取胜了。[6] 从员工身上激发一半甚至三分之二的能量已经不够好了。现在，不论在什么地方，人们都在设法建设高绩效的工作平台。不幸的是，很多管理者试图保留原来的管理原则，在第一层次肤浅地运用新出现的领导技巧。这种脱节表现为，在应用全面质量管理、授权和自我管理团队等最新管理方法的同时，没有相应改变组织其他方面的现实状况，比如奖励制度、晋升制度、培训、结构、运营文化和领导方式等。管理者奉行的领导理论与他们的领导行为之间存在差异，在员工的头脑中形成了一道信用鸿沟。"领导者"说一套做一套，或者无法做到"言行一致"。这条信用鸿沟消耗员工听从或遵守指令的动力。事情本来不会如此，因为虽然过去50年的相关研究发现了很多这方面的问题，但"世人"其实远比大多数管理者知道得多。这条鸿沟也被称为"知行鸿沟"。信用鸿沟和知行鸿沟让很多员工因为当权者的行为而感到寒心失望。

很多新的管理体系试图在第二、第三层次解决问题。但是，如果用在第一层次，它们往往会失效，而那些尝试过它们的第一层次领导者会说："看吧，我对你说过，这不管用。"试图实施第三层次方案的第一次层次领导者很可能只会在员工中引发更多的冷嘲热讽。新方案和顽固的旧管理风格之间的鸿沟会催生员工对组织的疏离感。

16.4 结 论

第一层次领导在历史上一直很普遍。从表面上看，它更有效率和效力。但这些成效往往只在短期内出现。如果使用第二、第三层次的领导技巧，随着时间的推移，领导者会获得更高级别的认可。我们会在下一章探讨第二层次的领导技巧。

本章概念

1. 控制看得见的行为是第一层次领导关注的主要焦点，甚至是唯一焦点。

2. 第一层次领导之所以在人类历史上一直是占据主导地位的领导模式，可能是因为有史以来一直由强者控制弱者的行为。
3. 第一层次领导者的主要假设是专业人士会做必须要做的事，不管自己有何感受。
4. 第一层次领导技巧包括武力、胁迫、强迫、威胁、操纵、命令和惩罚等。
5. 第一层次领导从本质上讲让人失去能量。
6. 第一层次领导之所以继续存在，是因为它源自过去的权力体系，而且人们认为它更简单、更快捷、更有效率而且更"道德"。

思考题

1. 花一周时间注意观察，在纸上或笔记本上记下在你身边发生了多少次第一层次领导。记录当时的情况和你观察到的具体行为。
2. 记下在一周时间里你有多少次在让别人做事的时候没有考虑他们的想法或感受。
3. 回想自己的个人经历，写下别人不顾你的想法或感受让你做事的经历。写下当时你的感受。

案例讨论

案例1

一家华尔街经纪公司的一名分析师计划周末和未婚妻一起去加勒比海度假。他在几个月前就通知了自己的上司，而且已经提前完成了工作。这个周末他们就要按照计划出发了，可是上司在周三告诉这名分析师，他们计划在下周一早上8点召开一次高层会议，这个周末他必须留下加班，为会议准备分析资料和数据资料。分析师提出抗议，但上司对他说："要么留下干活，要么被炒鱿鱼。"分析师只好取消了所有安排。他整个周末都在加班，周六晚上还通宵赶工。他在周一早上7点半把报告放到了上司的办公桌上。当他从上司秘书的桌旁走过时，他问了问这次会议的事。可是秘书回答说他们没有安排这样一次会议。

案例2

一个领导发展项目的主管对最近一期学习班中的一个团队很担心。这个团队的三名成员没有取得任何进展，尽管他们要在六周后给首席执行官做最后陈述，但他们还不能在项目重点、研究方法和项目阶段等方面达成一致。最后，项目主管走进来，威胁他们说要让他们在首席执行官面前难堪，并且告诉他们要"成熟起来"。六周后，团队的陈述很成功。三个人中有两个人递交了课后感想，描述了他们在这个项目中学到的东西，另一个人什么也没交。

第17章 第二层次领导的挑战

> 毫无疑问,有些情况下,情绪会干扰推理。
> ——托尼·达马西奥[1]

第二层次领导试图影响他人的思维方式。这种方式假设人们的思想影响他们看得见的行为，因此要想影响他人看得见的行为，就要改变他们的思维和决策方式。第二层次领导全在于理性，收集信息、数据、原因、论据，然后用这些东西说服他人。第二层次领导假设他人是"成熟、理性的成年人"，能够被可靠的论据和数据说服。

　　随着文艺复兴以及理性和科学的兴起，第二层次领导更为普及。在这之前，真理控制在某些机构手中，什么可以接受，什么不可以接受，都是他们定义。随着文艺复兴和随后的工业革命，人类比以前更容易接受推理和基于数据的论证了。如果说第一层次领导与身体相关，第二层次领导就与头脑或者说大脑相关，具体而言，就是与大脑皮层相关。

17.1　人类的大脑

　　由于第二层次领导涉及影响人们的思维方式，所以我们应该探讨一下思维是怎么产生的——也就是说，人们如何思考。"脑科学"正在迅速发展，因此我们现在知道的东西很可能不久后就会被扩展或被取代。如今，大多数研究者都认可，人类的大脑由三个重要部分组成：脑干、边缘系统和大脑皮层。

　　脑干位于脊髓的顶端，从结构和功能上看，似乎是爬行动物先祖的进化残留。科学家称脑干为"爬虫脑"。它控制一些相对原始的活动，比如猎食、漫步、交配、领地意识和争斗等。[2] 我们也许会奇怪，在现代全球化的社会中，相互联系、配合、协作和伙伴关系比远古时期重要得多，爬虫脑干对我们还有什么用呢？如今，相较于更高级别的刺激，还有多少人类行为是受爬虫脑干本能驱动的呢？我们怎样才能激发一种本能而不是另一种本能呢？一个人能在多大程度上控制这些基本的本能呢？

边缘系统位于脑干上方。这套结构一般与进化链中哺乳动物的进化有关。这个区域包含的模块和单元控制情绪，包括游戏的兴趣、快乐、悲伤和偏好等。边缘系统中的波动影响一个人对事物的感受，可能导致情绪的起伏和感受的变化，正是这些波动和变化让人们的生活丰富多彩。

大脑皮层是"第三脑"，是大脑中最发达的部分。它具备思维能力、解决问题的能力、认知能力、将符号和概念联系起来的能力、记忆能力、时间感知能力以及对各种选项进行评价的能力。在某种意义上，是大脑皮层让我们成为人类。有了大脑皮层，我们就能看到和关心他人、人类和未来，才能解读过去，才能试着领导自己——这是另外一章的主题。从科学角度看，大脑皮层自身可以分成几个区或几个叶。每个叶似乎有特定的功能，然而它们之间相互联系和相互重叠的程度非常重要。

例如，诺贝尔奖获得者、神经科学家埃里克·坎德尔指出："新的脑生物学可能更加令人不安，因为它意味着我们从动物祖先那里演化而来的不仅有身体，还有头脑和特殊的分子，它们构成了我们的自我与他人意识、过去与未来意识等最高级心理过程的基础。另外，新的生物学还断定，意识是一种生理过程，最终可以解释为相互作用的神经细胞群落所使用的分子传信通道。"[3]

请思考出生后人脑的发育。证据显示，出生后，人脑以每分钟 25 万个细胞的速度迅速生长，直到完全补足大约 1000 亿个神经元为止。每个神经元都能连接其他 1 万个神经元。这些数字是十分惊人的。每个脑细胞或者说神经元都有一个包含在细胞体里的神经核、一个轴突或者说长形纺锤体和一系列看起来像树杈一样的树突或者说树枝状突起。有些神经元两端都有树突，有些只有一端有树突。有些轴突可以长达一米，考虑到它们微小的体型，这样的长度是非常惊人的。

轴突的末端和其他细胞、神经元或肌肉相连。但它们并不是真正地"相连"，因为之间还有小小的空隙或者说突触把它们隔开。人们通过对大脑的研究对这些小小的空隙以及发生在这里的异常复杂的电化学过程有了很多了解。如果这些精密的突触过程在某方面出现了偏差或者受到了干扰，可能对个体的生存和体验造成严重的后果。

这方面的一个重大发现是细胞之间的联系或者说通道用的次数越多就越

牢固。也就是说，它们会生长出更多的树突连接，对于有机体而言，信号传输过程就会变得"更容易"。你越用右手练习写字，神经元之间的联系以及神经元和肌肉之间的联系就建立得越多，你就越容易变成"右撇子"。树突的生长能力显然会持续终生。换言之，不论你的年龄大小，[4] 只要在某方面反复练习，就能提高自己在这方面的能力和适应性。同样，如果不练习，你在这方面的能力就会全面下降——也就是说，你的树突连接就会开始消失。

儿童发育心理学显示，在最初的 6 到 10 年里，儿童飞速建立细胞间的联系。说话习惯、语言习惯、运动习惯、左右手习惯以及数百种其他日常习惯都是在这个时期"固定下来"的。我说的"固定下来"指支持某种适应性和能力的树突连接建立起来了。没有建立起来的树突连接显然会被身体吸收，也就是说，会消失。这种生理学讨论能让我们更容易理解习惯是怎样形成的以及要改变它们有多难。例如，请想想习惯性的思维方式。

17.2　公式和演绎推理

你意识到自己在思考，也意识到自己的存在。大脑发育异常可能导致如今人们所说的两类心理机能障碍：情绪障碍和思维障碍。情绪障碍（比如双相障碍）可能更多与边缘系统相关，而思维障碍（比如精神分裂症）可能更多与大脑皮层相关。在正常的发育过程中，随着人们学习和进入学校，细胞之间的连接开始以我们还不完全了解的方式建立，于是人们形成了各种思维模式。例如，在说到归纳推理和演绎推理的时候，我们可以发现有些人更喜欢其中一种推理。

很多人更喜欢演绎推理。演绎推理是指先有原理、再将其应用到现实经验的思维方式。公式代表演绎推理者可以应用到现实的原理。只要知道"力等于质量乘以加速度"，初学物理的学生就可以在测量物体的质量和运动后计算力的大小了。只要知道"资产等于负债加上净资产"，商科学生就可以开始计算企业的资本结构了。

但是，演绎推理所需要的公式从何而来呢？它们来自那些数千年来进行归纳思考的人。归纳与演绎相反，因为归纳始于现象体验，也就是说始于发生的事件。通过仔细观察，你可以描述它们的模式，然后构建原理，描述它们发生的原因。牛顿在观察天体和地球后写下他的物理学定律的时候用的就是归纳推理。早期的萨满教巫师和宗教领袖也是如此，他们观察各种现象并构建解释这些现象的"原理"时用的也是归纳推理。我们可以将归纳推理和演绎推理看成知识山峰的两个山坡，归纳推理是左侧向上的山坡，演绎推理是右侧向下的山坡，如图 17-1 所示。

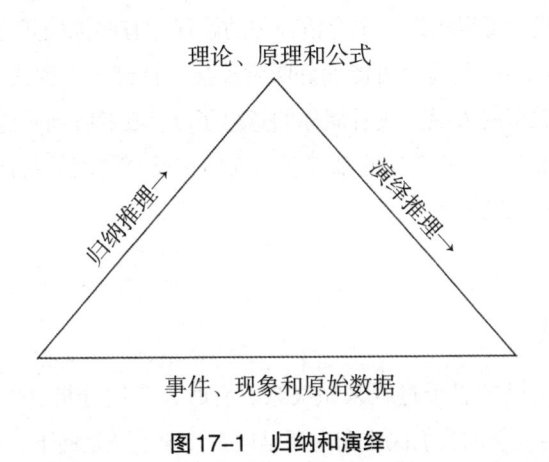

```
              理论、原理和公式
                   /\
                  /  \
         归纳推理→ /    \ ←演绎推理
                /      \
               /        \
              /_____\
           事件、现象和原始数据
```

图 17-1　归纳和演绎

在有关领导的讨论中，一定要注意这种区别，因为商业世界充满了公式。几百年来，研究者和作家给我们提供了一个又一个经济、会计、金融、市场和运营公式。随着时间的推移，公式越来越多。于是，商业教育在很大程度上变成了想方设法让学生记住和使用所有这些公式。

但是，这存在几个问题。一个问题是，商业是人与人之间交换价值的过程，是动态的而不是静态的，也就是说这些过程会随着时间发生变化，有时这种变化还非常迅速。在这种环境下，从原始事件中发现模式、从这些模式中推导出原理、然后将它们应用于高风险情境并看出相对直接的结果的能力就变得非常关键了。然而，尽管商科学生需要培养这些归纳推理能力，但他们接受的商科教育在很大程度上是由演绎训练组成的。这是一个两难的困境。我们怎样决定新生应该花多大精力学习前辈的洞见，又应该花多大精力培养自己在原始数据的漫漫泥沼中发现模式的能力？一方面，我们不希望学生或员工花太多时间和精力多此一举，重新发现已经被前人发现的规律。另一方面，我们也不希望他们丧失自己思考和发现正在出现和演变的规律的能力。

神经语言程式学（Neurolinguistic Programming，NLP）代表一种推理方式，

当人们学习如何学习时，他们会建立熟练的心理通道，通往他们特有的思维模式。例如，神经语言程式学的支持者说，有些人更喜欢通过观察事物来学习（视觉型），有些人更喜欢通过倾听事物来学习（听觉型），有些人更喜欢通过身体力行来学习（运动知觉型）。鉴于我们之前对大脑及其神经网络的讨论，对这种说法，我们可以给出一个合情合理的解释：有些神经元之间的通道可能偏好视觉连接，而有些通道可能偏好听觉连接。神经语言程式学的拥护者说，你可能听到视觉型的人说"我看懂你的意思了"，或者听到听觉型的人说"我听懂你的意思了"。但所有这些都表明，人们在反复使用某些神经通道的过程中形成了自己的思维模式。

17.3 决 策

我们利用自己的思维过程来做决策。有时，我们分析过度。然而领导者必须做决策。他们帮助我们决定向左还是向右，向上还是向下，进入还是退出。公式也可以帮助我们做这些。

以货币的时间价值为例。你愿意现在就拿到100美元，还是愿意等明年拿120美元？这是一个具有欺骗性的提问。从表面上看，只要你知道计算货币时间价值的公式，这个问题就很简单。首先，我们必须知道当前的利率。如果利率是10%，那么我们会很愿意等到明年拿120美元，因为我们有理由相信，如果现在就拿到100美元并存起来，我们明年只能得到110美元。

我们会这么做吗？等到明年拿120美元是否有风险？这件事是否"有绝对把握"？什么事能"有绝对把握"？如果在这一年里利率上调呢？如果承诺明年给我120美元的组织在这一年里破产了或者被当地政府国有化了呢？如果真的存在这些可能性，我怎样才能评估它们？

现在再来回顾这个问题：你愿意现在就拿到100美元，还是愿意等明年拿120美元？我们可能会像上面两段所说的那样得出理性的答案。但是如果你不交租金就会被赶出出租屋，无论未来有什么投资机会，你现在都得拿出钱来呢？如果你想要在某个国家建立人际关系，而且你出于政治原因或其他原因并不关心投资回报呢？如果你想要证明纳税损失呢？这时，你的偏好就会成为决策的关键。事实表明，商业领域的决策并不总是最理性的（谁知道最理性的决策能占多大比例）。然而到了某个时刻，就必须有人做出决策并采取行动。

　　这里，我们还需要提出另一个更重要的问题：设定目标。我们已经在第 8 章有过这方面的讨论，这里提出这个问题是因为它是一个特有的认知行为。长久以来，学者们一直在争论人们为什么会在激励下采取某个特定行为。诺瑞亚和劳伦斯在《驱动力》(Driven) 一书中列举了人类的四种基本驱动力：获取、保护、生育和创造。获取是指不论我们拥有多少都还想再多得到一些，正是这种驱动力促使我们讨论设定目标在人类行为中的作用。人类会为自己和他人设定目标。事实上，设定目标是影响自己和他人的一种重要手段。研究显示，如果是具体目标而非概括目标，而且当人们相信自己能完成这个目标并且全力以赴完成这个目标的时候，他们就会在这个目标上花费更多的精力。[5] 显然，每个人的目标各不相同，而且，有些人的目标比他人多很多。卓有成效的领导者会学习管理为自己（自我领导）以及他人设定目标的过程。如果领导者的目标和追随者的目标不一致，或者追随者不认为自己能够实现领导者的目标，追随者的动力可能就会降低，也就是说他们完成目标的能量可能会降低。我们会在如何在第二层次合乎逻辑地说服他人按照你的意志行事这个主题中探讨设定适当目标的重要性。

第二层次领导的常用手段和技巧：

逻辑	辩论
数据	目标
推理	讨论
分析	公式
图表	证据
论证	历史

17.4　第二层次领导的手段和技巧

　　第二层次领导的主要手段是逻辑和数据。要做出强有力的论证，二者缺一不可。如果你想说服别人接受你的观点，从理性方面看，你需要有可靠的逻辑和数据。很多决策者忽略逻辑，凭借自己的直觉或个人偏好（VABE）做出决定。我们稍后讨论这个问题。现在，我们先来想想如何才能运用理性说服别人接受你的结论。如何做出可靠的第二层次论证呢？

要有效地运用理性说服别人，你的逻辑推理过程必须清晰、严密、没有瑕疵。这（以及本章前面介绍的神经科学的基本原理）是很多书籍和大学院系的研究主题，我们不从头探讨这个主题，但是可以给出一些起步的建议。第一个建议是找些逻辑推理方面的好书来读一读。从本质上说，这些书籍主张的原则和人们在自然科学中使用的原则是一样的。这些原则是：

1. 阐明你的观点。你究竟想要阐明什么？如果你无法简明扼要地表述自己的结论或前提，那么你之前很可能思考得不够充分。你可能已经在学校的作文课上学习过这条原则。这条原则在领导中同样重要：你想说明什么？
2. 逻辑推理的每个步骤都要避免没有前提的假设。确保逻辑分析和展开过程的每个步骤都谨慎地建立在前一个步骤的基础上。在论证过程中，避免插入期许、愿望或梦想，避免回避问题。
3. 一目了然地提出你的支持性数据和分析。你提出的数据应该有代表性、没有偏见、完整。不要忽略矛盾的证据。确保你的分析与问题相符，确保你不会使用过时或遭人否定的分析技巧，确保你的数据是运用正确的取样原则精心挑选出来的。推理过程的每个步骤都要一目了然。让你的听众"看清"你的逻辑推理步骤和你得出的结论。
4. 确保你是在讨论相关的观点。不要把不相关的事混为一谈。要抓住中心观点。
5. 避免循环论证。要小心循环推理。严密的推理有头有尾，但并非首尾相接。我们曾在前文讨论过因果图的概念。
6. 在分析和数据的基础上提出你的结论。不要让偏好、期许、愿望以及其他不合逻辑或者不相关的问题和评论掺杂进来。
7. 不要让你的偏见影响你。要保持寻找"真相"的渴望，也就是说，要找出事物的真实面目和运行方式。要努力承认自己的偏见（这一点很难做到），将注意力集中在手头的事实和数据上。
8. 找到盟友。很多高管在决策时根据建议的"分量"对其做出反应。如果你能找到几个事先就认同你的论证的人，特别是被高管尊重的人，你就更有可能让领导听取你的论证。

9. 交叉验证。请其他有才智、有经验的人检查你的推理，确保你没有任何疏漏。你是否考虑到了所有起作用的因素？你是否遗漏了什么？你咨询人是否认同你的每个逻辑推理步骤？是否认同你的结论？

使用这些原则，你就能建立逻辑严密的论证。当然，你的论证是否令人信服、是否有说服力要取决于几个因素。你是否采用了能让上司理解的方式来陈述结论？[6]你是否"借用了权威"，引用了和你观点一致的其他知名权威的论述？你是否考虑到了上司的第二层次认知习惯？也就是说，如果他是视觉型的人（参见本章前面有关神经语言程式学的讨论），你是否在陈述中加入了图表？还是你想当然地以为他会适应你偏好的风格？即使你考虑了上司的认知习惯，即使你的逻辑推理清晰、严密、有可靠的数据支持，并且广泛引用了相关权威的论述，你的上司仍然有可能不赞成你的观点，仍然有可能不采纳你的建议。这是常有的事。

17.5　第二层次领导的问题

第二层次领导的问题在于，事实上，每个公式都包含或者说基于多个假设，其中一些假设不一定正确或者不一定一致。牛顿假定时间和空间是一致的、不变的。爱因斯坦放宽了这个假设，于是能更好地解释事物运行方式的相对论问世了。经济学家经常以其他条件相同为前提做出假设，以此提出自己的理论。问题在于，其他条件是不同的，而且会发生变化。更糟糕的是，有很多人甚至是大多数人持有的有关世界是什么样子或者应该是什么样子的VABE与数据或逻辑推理并不相符。当二者出现冲突时，说不准哪一方会胜出。每个人的头脑里每天都会进行这样的斗争：我是要接受新信息和数据呢？还是要因为原来的思维方式让我感到更适应而否决它们呢？当然，人们未必会在第二层次思考这些问题，他们可能仅仅是在半意识或者潜意识的第三层次体验这些斗争过程。

不是每个人都做出理性的决定。事实上，我们可以认为没有人能做出完全理性的决定，每个决定都包含明显不理性、负载价值观（"第三层次"）的部分。很多决定完全基于渴望或偏好。你可能赢得争论但仍旧输掉决定。这有很多原因：个人偏好、爱面子、自负、之前的投入、为了避免风险而"安全"行事，等等。

让我说得更直白些吧：如果没有第三层次 VABE，那么不论你有多严密的逻辑推理、多高质量的数据，你都无法做出决定。也许你也听说过菲尼亚斯·盖奇的故事。[7]

1848 年，盖奇在佛蒙特州参与铁路修建工作。他的任务是往花岗岩里钻出的孔里填火药，炸出铁路的基道。一天，他犯了一个小错误，填火药的金属工具被他擦出了火花，火药爆炸，工具被炸了出来，向上插入盖奇的头部，从他头的顶部钻了出来。长话短说，盖奇神奇地活了下来，但插入他头部的工具如外科手术般切掉了他的大脑中控制情绪和偏好的部分。随后，因为盖奇奇异生还，人们对他做了大量研究。盖奇后来可以熟练地进行加减法等数字运算，但他无法做出哪怕最简单的决定，比如穿什么颜色的袜子、什么时候去看理疗师等等。尽管他能计算，但他无法做决定，因为随着失去的那部分脑组织，他也失去了自己的所有偏好。没有 VABE，你就变得和一部有机电脑差不多。这就是学会在第三层次影响他人如此重要的原因。只有理性是不够的。

在全球商业领导者的头脑中，每天都在发生强烈的碰撞。当这些高管感受看得见的行为、有意识的思想和潜在的 VABE 造成的影响时，这种碰撞就会发生。员工没有按照高管的意志行事，高管于是试图控制员工的"行为"。在这个过程中，他们常常运用逻辑推理让自己具有说服力。但是最终，第一层次领导和第二层次领导的行为，归结起来都需要审视和理解潜在的假设，这些假设是形成"更高"层次结论和公式的基础。这就把我们带到了第三层次。

17.6 结 论

自从进化出了更复杂的大脑，我们人类一直使用它来说服他人认同自己的想法。文艺复兴和科学方法兴起之后，我们一直试图越来越多地依赖逻辑、推理、数据和分析，越来越少地依赖感受和信念。很多人在这方面做过了头，不再承认不那么理性的感受和信念的重要性和影响。然而理性辩论和论证的作用有限。要成为真正的领导者，你还需要学会如何在第三层次影响他人。

本章概念

1. 随着文艺复兴和理性时代的到来，人类对理性领导的兴趣剧增。
2. 第二层次领导的手段是推理、解释、逻辑、数据、说服和论证。
3. 人类大脑包含经过数百万年进化而来的爬行动物、哺乳动物以及"人类"的元素。
4. 设定目标是人类有意识地驱动自己的行为的主要手段。卓有成效的领导者会学习如何制定具体、可行并且与员工的目标保持一致的目标。
5. 第二层次领导是指当权者试图影响他人的思维方式，尤其是影响他们的决策方式。
6. 但是，决策不仅受到推理和逻辑的影响，还受到偏好和情绪的影响。
7. 要让自己的论证卓有成效，第二层次领导者不仅要思考论证的力度，还要思考对方的接受能力和理性程度。
8. 卓有成效的第二层次领导方式通常具有逻辑完善、数据有力以及表述精彩、敏感等特点。
9. 最终，即使是最完善有力的论述也可能不足以撼动他人的思维或决策。这就把我们带到了第三层次，即VABE的领域。

思考题

1. 当你试图影响别人的时候，你使用逻辑和数据来说明自己观点的频率和效果如何？
2. 你是否假设他人成熟、理性、讲求逻辑，应该会认同你的逻辑论证的说服力？
3. 当别人试图影响你的时候，为了揭示他们的逻辑和支持性数据，你是否曾经问过对方："是哪些数据让你得出这个结论？"或者"你是怎样得出自己的结论的？"
4. 请想想到目前为止你认识的所有人。根据你的估计，他们之中有多少人会对完善的逻辑和有力的数据有所响应？
5. 与他人相比，你在生活中的哪些领域观察到较低的逻辑和数据水平？商业决策以及与商业相关的决策呢？
6. 请想想到目前为止你接触过的商业决策。它们之中有多少是在完善的逻辑和有力的数据基础上做出的？为什么？

案例讨论

案例1

约翰娜是一名刚毕业不久的MBA，她的上司让她准备一篇分析文章，分析他们的公司是否应该收购一家小公司。他们公司是一家全球性制造企业。这家小公司在国外，拥有二流的市场和资质。

约翰娜感到很兴奋，因为她可以用到自己的专业知识了。于是，她着手组建了一个团队，开始收集、分析和编辑数据。她搜集了这家小公司所在国家的相关信息，包括利率、汇率、政治趋势和私有化历史，搜集了这家公司财务记录的相关信息，包括其收益、利润和债务结构，还搜集了劳动力市场性质、公司的技术基础以及公司与母公司战略的匹配度等信息。工作繁重而艰巨，但让人产生很大的满足感，约翰娜和她的团队在约定的时间走进高管会议室汇报他们的分析结果。约翰娜对自己的分析结果以及自己的思考和数据的质量很有信心。她迫不及待地想要展示自己的分析结果。她说出了自己的结论以及相关的理由和数据，她认为不应该收购这家公司。高管们耐心地听她说完。之后他们却让她回去再拿出一个方案。

案例2

请阅读《魔球》（*Moneyball*）这本书，解读美国职业棒球大联盟中决策的性质。它们是理性决策还是其他性质的决策？请描述你在数据和逻辑分析基础上赢了辩论但"输了全局"的一次经历。

第18章 第三层次领导的焦点和影响

> 不论男人还是女人，不论什么年纪，不论什么文化背景，不论什么教育程度，不论从事什么行业，所有人都有情绪，都会留意他人的情绪，都会培养调整情绪的娱乐活动，都会在很大程度上通过追求快乐的情绪和避免不快乐的情绪来调节自己的生活。
>
> ——托尼·达马西奥

第二、第三层次领导认可潜在追随者的思想和价值观的重要性。第三层次领导能够影响他人的心灵，即影响他们有关世界是什么样子或者应该是什么样子的基本价值观、假设、信念和期望（VABE）。第一层次领导注重获取他人看得见的顺从行为，而第三层次领导寻求他人深层次的投入甚至热情。第三层次领导意识到，现在的员工寻求的不仅仅是每个月的报酬，他们还想做有意义的工作，不仅值得他们付出时间和才干，还要值得他们付出创造力和投入。然而，世界各地有很多员工因为自己没有得到应有的对待而最终在第三层次相信，工作和投入是无法相容的。

第三层次领导意识到，在服务型经济中，如果不能在第三层次影响员工，他们无法而且不会让客户满意，更不要说让客户高兴了。在实施第一层次领导的组织中，客户会经历无数让人失望和气愤的"关键时刻"，也就是服务或产品交付到客户手上的时刻。[1] 在免下车购餐窗口，如果接待你的快餐店员工是在第一层次上工作，他在把快餐袋递给你时脸上露出假笑，而且和你没有目光接触，如果你质疑袋子里少了四样东西，他会说，"我把它们放进去了，肯定是你没看到"，随后还会不耐烦地看着你，因为你挡了道。这种第一层次的员工是在应付差事。在当今这个世界，竞争愈演愈烈，有些公司在学习如何让大批员工关注客户的思想和感受，对于厌倦了和只在第一层次上工作的员工打交道的客户来说，不同于第一层次方式的做法会更有吸引力。

第三层次领导试图了解员工的基本假设和价值观，并且试图通过培训让这些假设和价值观跟企业的目标和战略方向保持一致。在我们的基本领导模型中，横向的连线代表这种关系。第三层次领导意识到在这个层次影响别人的重要性，抛弃了"领导者无需知道他人的想法和感受，只需关注他们的行为"的基本假设。第三层次领导认为员工的行为与他们的思想和感受紧密交织在一起。

显然，第三层次领导要求潜在的领导者放弃我们之前提到的曾在历史上占据主导地位的第一层次领导观，采用新的领导观。第三层次领导者还超越了科学数据驱动的理性模型，承认人们常常出于"非理性"的原因选择投入某项活动。潜在的第三层次领导者必须培养新的能力，包括推断他人思想和感受的能力。本书的一个重点就是鼓励你培养这些能力，这样你才能开始在第二和第三层次影响他人。你愿意学习如何才能既影响他人看得见的行为，又影响他们的头脑和心灵吗？如果你发现自己想的是"我不关心他们的想法或感受，我只想让他们每天好好干活拿工资"，那么暂时停下来，好好想想你的做法会产生什么后果。你能凭借一系列以交换为基础、肤浅、唯利是图的人际关系建立高绩效的工作平台吗？如果你的管理团队总是担心怎样才能在上司不在场的时候控制和支配员工的行为，你能建立追求卓越和高质量的组织文化吗？如果你只在第一层次上工作，你能期望建立一个以卓越绩效为特征的组织吗？获得卓越的绩效需要些什么？

你可能会想，很多人都不愿意投入到自己的工作中，他们只想干一天活，拿一天工资，干完活就回家。这我也看到了。但我想知道，其中有多少员工是因为其教育和工作经历才变成这样的。无论如何，这是第一层次的思维，是平庸绩效的惯常模式。

如果在第二或第三层次上提问，你应该问自己："这些人回家后干什么？什么东西激励这些人？他们是不是把工作当作苦差事，可是回家后就去参加当地保龄球或垒球联赛而且在比赛中充满激情？"如果是这样，第三层次领导者就会问："我怎样才能让这种潜在的能量在工作中迸发？我怎样才能让他们在工作的时候'打垒球'？"如果你在工作以外的时间跟踪自己的员工，你是否会发现他们在勤奋甚至充满热情地努力实现自己的个人目标？这个目标会是什么？如果你能想到他们在做一些事的时候充满热情，那么你可以问问自己："我怎样才能让这种热情出现在他们的工作中？"不过，他们中有些人回家后也可能什么都不干。

在第一层次的组织中，有些员工回到家后的活动水平甚至可能还不如工作的时候。在这种情况下，你很可能无法让他们的生活发生明显改变。这样，也许你就需要考虑重新审视和设计当初让这些人进入组织里来的招聘制度了。

如果你已经承认第三层次领导比第一层次领导有效得多，那么你可能就想知道怎么才能实现第三层次领导呢？

18.1 第三层次领导的技巧

如何开始在第三层次影响他人呢？也许没有哪个简单的法子能做到这一点，即使有，领导者也必须实实在在地执行每个步骤，肯定不能弄虚作假。我们会在第 19 章提供一系列指导原则，但它们还有扩充和更改的空间。不过，总体来说，我们鼓励你思考这些行为。你能将它们称为"技巧"吗？也许不能，因为除非你实践它们，否则它们很可能不会奏效。你能学会实践它们吗？30 年的教学和咨询经验告诉我："能。"第一组行为涉及你对他人的态度：你尊重他人吗？第二组行为涉及你如何才能影响他人的 VABE。

表明尊重的技巧

这里的基本前提是，如果你不能感受并表明你对他人的尊重（记住我们在第 6 章提出的领导的道德基础），他们就不会在第三层次参与你的日程。你的很多行为会表现出你对他人是否尊重。首先要注意的就是你倾听的质量。倾听是指要相信对方有话要说。忽略对方说的话就等于是在说："你的选择在我看来无关紧要。"因此，要表明你对他人的尊重，你能做到的第一件事就是仔细倾听，这种做法很可能也最有效。倾听是一种可以培养的能力。我在哈佛读博士的时候，曾经选修一门为期三个月的倾听课程。我没想到这个课题会如此复杂。我的妻子和孩子可能说我通不过这门课程，但是我确实充分认识到我曾经是一个多么糟糕的倾听者。

例如，高质量的倾听意味着你不能一心多用。如果你一边倾听一边读报纸、吃饭、爱抚宠物，这就意味着倾听无关紧要。尊重对方的倾听是指把注意力完全放在说话的人身上，不关心其他的东西。喜欢一心多用的人会发现很难做到这一点。放开其他一切专心地倾听需要相应的能力、兴趣、耐心和充分的尊重。能力可以学习，而耐心、兴趣和尊重必须从自己的内心寻找。

高质量的倾听还意味着你要关注对方。不仅关注他们在说什么，还要关注交流信息的其他渠道，包括面部表情、视线移动（需要目光接触）、手势、其他形式的身体语言、语气、节奏、音调、语速以及很多其他沟通元素。如果专心倾听，你就会开始获取越来越多与对方的情绪状态、未说出口的顾虑、恐惧、希望等相关的信息。第一层次领导者会忽略其中的大多数信息，不是因为缺乏这方面的能力，就是因为缺乏这方面的意图。

你还可以通过让他人拥有选择权来显示对他们的尊重。我的意思是，第三层次领导者使用的方式是邀请而非命令。如果你吩咐别人做事，你就是剥夺他们的选择权，你们之间的关系已经退化成为物质或法定权力的关系。在这样的关系中，恐惧往往是主要的动力来源。而我敢说，恐惧肯定不是世界级表现的基础。请想想别人请求你做事和别人吩咐你做事之间的差别，从前者变成后者相当于你从自行选择变成了履行义务，你的内心会有何反应？这会对你的激励水平产生什么影响？有效的邀请是有根据（第二层次）、有意图（第三层次）的请求，而不是期望对方服从的吩咐（第一层次）。

有时我们会在无意间对他人表现出不尊重。当我们的语言习惯招致对方的防备和怨恨时，就会出现这种情况。第 20 章会更详细地探讨这个问题，我到时再谈。关键在于，我们的一些语言习惯可能削弱我们的第三层次领导能力。

我们对他人表明尊重的另一种方法是透露个人信息。我们不向他人透漏信息是因为我们不相信他们或者不想邀请他们进入我们的圈子。这等于是在跟对方说："你还不够好或者跟我还不够亲密，不配知道这些信息。"尽管第 20 章会进一步探讨这个问题，但在这里还是请你注意，你与他人的社交距离会影响你的影响能力。你与他人（在社交上）距离越远，他们越不可能真心实意、充满热情地追随你。尽管老话说"熟悉让人滋生轻视"（我怀疑这句话最初是否是一个第一层次领导者说出来的），但反过来也说得通，"疏远让人减少投入。"

最后，能够和愿意说明自己的理由，给出让他人感到满意的解释，也能表明你对他人的尊重。如果你不解释，那么你的潜在假设肯定是"你不会懂的"或者"你不配听我的解释，干活就行了"。有时当权者做出一些"解释"，提供少得可怜的信息，敷衍地说明他们的行为，这反而会导致不信任和怀疑。给出让人满意的解释意味着你足够尊重对方，愿意继续讨论，直到消除对方坦诚的质疑。

影响 VABE 的技巧

对他人表明尊重能为影响他们的 VABE 奠定基础。具备了这个基础，接下来需要什么呢？由于第三层次的投入基于一致的信念，第三层次领导者必须具备清晰的愿景，明确自己想要做什么。要邀请他人追随自己，就必须阐明自己为组织构建的愿景。如果他们看不清你的愿景，他们怎么可能全力以赴地追第三层次领导的手段和技巧：
自我表露	坦白
讲故事	以身作则
构建愿景	关心
坦承的对话	服务他人
积极倾听	邀请
保守秘密	尊重他人

随你呢？我们会在第19章更详细地探讨这个问题。

明确肯定（assertion）也是一种关键的第三层次领导能力。你能否阐明自己期望的愿景，邀请他人加入，随后明确肯定他们为什么应该加入你的事业中来？事实上，没有哪个领导者能确切地知道未来的努力会有什么结果。但你可以明确地肯定你的信念。你可以解释你为什么会有这样的信念。

如果你在阐明、解释、构建愿景和明确肯定的时候是真诚的，他人会感觉到你言行一致。你不可能长时间假装言行一致。因此如果你愿意坦诚以对，没有欺骗或操纵，让他人相信"自己看到的就是事实"，在某种意义上你就能成功地在第三层次触及他人。

这样做也有助于避免无关紧要的谈话内容。你可以把时间花在无关紧要的闲聊上，讨论天气，回避艰难的对话。根据我的经验，卓有成效的领导者渴望直接讨论核心问题，对于无关紧要的闲聊或混乱模糊的逻辑很不耐烦。他们想知道你对核心问题的看法。因此他们会直接提问。有些人觉得这样的对话过于紧张或者太具侵略性。而在第三层次上思考和工作的人会发现其他一切谈话内容都无关紧要，基本上是在浪费时间。

要想说服他人相信你说话算话，以身作则是一个重要因素。我的意思是，要亲自实践你的主张。因为有很多习惯会影响我们的生活，所以大多数人在理解其他行为方式之前需要先观察和体验这些方式。如果你的行为得到他人的关注，你就是在影响他们对世界是什么样子或应该是什么样子的期望，你就暂时获得让他们考虑不同行为方式的<u>一丝</u>机会。你可以认为这么做很反常或很古怪，也可以认为这么做是了解不同行为方式的机会。如果你认为自己有更好的方式并且以身作则地实践这种方式，而且还收到很好的效果，那么他们可能就会愿意进一步学习这种方式。

对于很多当权者而言，以身作则最难的地方是灵活性。已经掌握实权或者获得成功的人往往认为他们取得当前的成绩是因为自己的为人和行为方式，因此他们的期望就变成了他人应该适应他们，而不是相反。商业管理者往往会在言语中提及保持灵活性是何等重要，然而这种灵活性并没有在他们的行为中明显地显现出来。要求他人改变行为方式是一回事，而愿意为了成长、以身作则和为人真诚而改变自己的行为方式则是另一回事。

讲故事也是一种有效的第三层次领导技巧。显然，在史前时期，所有人类都将口头传授作为传播知识的方式。即使在现代，也没有什么能和一个精彩的故事一样引人入胜。强大的第三层次领导者会用故事和花絮来阐明自己的观点，让这些观点更容易被人记住。令人吃惊的是，大多数人不想用自己的经历、自己的人生故事来传达自己的观点。然而你在生活中学到的最有效的经验肯定大多来自你自己的经历。请记住，真诚是最重要的。不要像有些人那样为了追求效果而虚构故事。这样做最终会后患无穷。

上述有关需要怎样做才能在第三层次影响他人的建议也许能够帮助你在领导职位上更具影响力。我敢肯定，第三层次领导比第一、第二层次领导更有效。但你也应该意识到，第三层次领导也是有阴暗面的。

18.2　第三层次领导与投入的潜在阴暗面

在投入自己相信和重视的事情时，你往往会特别努力。这是好事。这正是我们坚持第三层次领导时所寻求的能量和投入。另一方面，也要小心，因为当你投入自己深信不疑的事情时，你也许会过于努力，以至于开始伤害自己和他人。你可能工作太勤奋或者太痴迷，最终让自己筋疲力尽。这种紧张感还会蔓延到他人的身上，比如同事和下属，你对他们的要求会超出他们的能力或职责范围。越来越多的文献描述了这种现象，随着世界的前进步伐越来越快、我们能够得到的信息量越来越多、令人窒息的竞争压力越来越大，这种现象很可能会日益加剧。如果对这个话题感兴趣，你可以读一读玛丽琳·马克洛维茨（Marilyn Machlowitz）的《工作狂》（*Workaholics*）、黛安·法索（Diane Fassel）的《过劳死》（*Working Ourselfs to Death*）或者安妮·威尔逊·沙夫（Anne Wilson Schaef）和黛安·法索的《上瘾的组织》（*The Addictive Organization*）。罗伯特·瑞奇（Robert Reich）在《成功的未来》（The Future of Success）一书中也提出了相似的观点，认为如今人们比十年前工作得更勤奋、更辛苦，但休息得更少了，甚至工资也相对更低了。[2] 黛安·法索描述了人们逐步变成工作狂的过程，一开始是忙碌不断，接着是列清单，最后，不幸且出人意料地以死亡告终。

即使第三层次领导能够带来非凡的成果并且能够让员工和雇主之间建立起全心投入的关系，但它也可能导致筋疲力尽。[3] 曾先后在霍尼韦尔航空航天和迪拜航空担任首席执行官的鲍勃·约翰逊曾说，新任务让他兴奋不已，他会忽略午饭，工作到深夜。在这个过程中，他的锻炼减少了，健康状况也一路下滑。[4]

能引发别人狂热崇拜的人通常是极具成效的第三层次领导者。他们能够提出一系列吸引他人的愿景、原则和价值观。如果追随者的生活过于由外而内，就有可能形成一种以领导者为中心的狂热崇拜。然而，这些领导者剥夺了追随者对生活的选择权，他们很可能牺牲对他人的尊重来换取自己的权力和影响力，因此尽管他们可能卓有成效，但称不上"优秀"。

要在第二、第三层次和他人合作，首先要求领导者付出更多的努力和投入，但这也预示着会有更多全力以赴的追随者群体和更高的生产质量。当工作群体离开上司的监督也能高效率、高质量地完成工作时，领导的介入或监督就越来越多余。第三层次领导在一开始会比较繁重；你需要在前期投入大量精力，了解和关注员工的第三层次价值观，但当认识了他们的价值观并且能够让这些价值观与工作取得一致时，你很快就不再需要费力监督和管理员工了。

18.3 组织层面的意义

到目前为止，我们主要是从个人和人际角度来考察第三层次领导。我们还能从更宽泛的组织层面讨论三个层次的人类行为。我们稍后会在第 22 章（"领导组织设计"）进行更详细的探讨，但是现在，你只需注意，所有三个层次的行为既会在个人和人际层面出现，也会在组织层面出现。第一层次或肤浅的组织领导体现在对最新潮流和技巧的盲目应用上。第一层次领导者在文献中读到最新的技巧，就企图将这些技巧一股脑用到组织中，根本没有考虑这些新技巧会对其他相关系统以及组织的结构和文化产生什么影响。有时，第一层次组织领导还表现为高管重金雇人开设培训课程，但此后自己从来不去上课。组织中其他的第一层次元素还包括组织持有的厂房和设备。这些组织的有形表现形式会表现出更多深层次的东西。

组织层面的第二层次活动指的是规章、流程、指导原则以及它们支配的日常行为。从人类学的角度来说，这些就是组织执行的惯例。尽管我们不能在事后观察它们，然而如果当时就在现场，我们就会看到这些集体习惯是如何展现的。它们可能包括日本企业的早锻炼、美国企业的茶歇或者法国企业的8月假期。人们的这些行为是有意识的，但是为什么？

每个第一层次的建筑以及每个第二层次的惯例或流程都是基于一系列潜在的信念。这里的挑战在于，要准确地解读你在第一、第二层次看到的东西，从而清晰地了解人们的信念。这有时候并非易事，因为有很多因素牵涉其中。你会在第22章更多地了解背景因素、领导层的VABE和组织设计的决定如何结合在一起创造出组织文化——组织文化又如何反过来带来组织的业绩。组织中的第三层次行为包括组织文化，也就是组织成员共同持有的一整套价值观和运行原则，组织成员会理所当然地认为这些就是"我们这里的做事方式"。这些文化现状不一定与组织及其附属机构的设计一致。如果二者不一致，就会出现"意外后果"。

组织层面的第三层次活动，就像个人层面的第三层次活动一样，是半意识的。有些员工也许可以对现有文化的方方面面侃侃而谈，有些员工则可能对现有文化理解得不够清楚，无法清晰地表述，尽管现有文化能够从他们的行为中表现出来。用克里斯·阿吉里斯（Chris Argyris）的话来说，第二层次是组织"赞成的理论"，而第三层次才是实际起作用的理论。[5] 表18-1列举了这些要素。它们和埃德·沙因的描述稍有区别，不过它们说明了这样一点：管理者的所作所为（试图使用文献中的最新潮流）、管理者对组织的看法（组织的结构和流程）以及管理者内心深处对管理和组织的想法很可能完全不同。

表18-1 个人和组织分析的层次

层次	个人	组织
第一层次	看得见的行为	人为产物，即建筑、有形事物等
第二层次	有意识的思想	赞成的理论，"言谈"、惯例、仪式、风潮等
第三层次	价值观、假设、信念和期望	实际起作用的理论，"行为"及其潜在假设

18.4　在个人和组织层面应用第三层次领导

第三层次领导既影响个人关系中的第三层次活动，也影响组织管理中的第三层次活动。在这两种情况下，第三层次领导都假设，当第一、第二和第三层次活动的核心特征全部一致时，高绩效就会出现。如果三个层次活动的方向和主旨之间出现差异，也就是说个人或组织的行为、思想和感受之间出现差异，就会导致效率低下，削弱领导的效力和成员的能量。

在如今这个喧嚣的世界里，领导者要想富于成效，学会在第三层次影响他人变得越来越必要。官僚体系基于职位的权力基础会继续消融，个人的影响力会越来越重要。尽管第一层次领导看起来更快捷，而且200年来的推动力也"支持"第一层次的影响，然而第一层次领导正逐渐失去效用。客户服务的关键时刻越来越重要，世界范围内的竞争迅速加剧，这要求员工越来越深入地参与到战略决策过程中来。如果组织要存活并壮大，以各层次的高投入为基础的世界顶级表现越来越重要。尽管前期学习在第三层次影响他人可能比在第一层次的运作更耗费时间，但它会带来长期的效益，包括员工更发自内心地投入工作、工作质量更高、客户更满意、生存机会更大等。

第三层次领导的弊端是领导者必须学会察觉和控制自己和他人过度操劳、筋疲力尽的危险。这促使我们思考第三层次领导的道德层面，我们将在第19章探讨这个问题。

18.5　结　论

大多数领导者会把本章和前两章介绍的第一、第二和第三层次的技巧结合起来使用。每个层次的技巧都有利有弊。第一层次的技巧更快捷、更简单，但它们往往会引发表面化的、缺乏热情的响应。第二层次的技巧讲求逻辑，服从于严密的推理，但是它们往往不敌潜在的信念和不理智的行为。第三层次的技巧可以非常有效、极具激励性，但它们往往需要更长的时间来培养，而且可能被滥用来制造狂热的崇拜，还可能导致筋疲力尽。毫无疑问，没有哪个领导者只用一个层次的技巧。不同领导者之间的差别在于他们如何平衡各种技巧。当你思考自己该如何领导他人的时候，你会如何平衡各种技巧？你是否偏爱第一层次的技巧？你是否十分依赖第二层次的逻辑和理性？尽管我们不准备说对于某个特定工作而言如何平衡才"正确"，但这种平衡显然会根据组织的不同而各不相同。不过，个人倾向，或者说个人与手头任务的适合度，对这种平衡的影响更大。我敢肯定，与第二、第三层次相比，更多商界的当权者更注重第一层次。这往往带来丧失能量的员工和组织文化。你有什么样的领导层次特征？

本章概念

1. 第一层次领导只关注行为，忽略大多数人的两大激励来源：他们的想法以及他们的信念和感受。
2. 第三层次领导试图影响个人或组织的VABE。
3. 第三层次领导技巧的基础是建立尊重以及愿意在明确肯定的同时保留选择权。这些技巧包括倾听、解释、表露、邀请、明确肯定、构建愿景、关注、讲故事等。
4. 与第一层次领导相比，第三层次领导常常在前期耗费更多时间，但从长期看往往更有效。
5. 大多数领导者把第一、第二和第三层次的技巧结合起来使用。不同领导者之间的差别在于他们如何平衡这些技巧。

思考题

1. 评估你的领导层次特征。你的领导层次特征对于追随者来说有哪些意义？你认为熟悉你的人会怎样描述你的领导层次特征？
2. 从你的经历中找出曾经在第一、第二和第三层次对你产生影响的人。哪些人你最尊重？你从他们身上学到了什么？他们身上的哪些东西是你愿意效仿的？或者他们身上的哪些东西是你不愿意效仿的？
3. 你会怎样描述父母影响你的方式，第一层次、第二层次还是第三层次？你能举出哪些例子？你认为这些经历对你的领导风格有何影响？
4. 你最信任哪个组织或机构？为什么？这个机构的什么地方让你有如此深的感触？你愿意为这个机构做什么？不愿意做什么？为什么？
5. 找出几次你试图影响他人的情况或事件。你是怎样着手的？你的努力主要放在第一层次、第二层次还是第三层次？你为什么会这样想？结果怎样？
6. 你愿意更加精通哪些第三层次的技巧？你计划如何实现这个目标？

案例讨论

　　一家大型科技公司的通信团队在经过全面重组后听说他们将要迎来一位新主管。新主管的当选者公布后，大家并不兴奋。首先，因为她效力低下而且异常严厉的管理风格，她的上一份工作结束得并不光彩；第二，她是一名公司高管的好友，因此大家认为她得到任命是公司高管任人唯亲的结果；第三，她没有接受过通信方面的正统培训——她是一名工业工程师。

　　新主管决定设立一个新的管理职位，帮助自己实施改革。她不知道的是，她手下的管理者和员工们想的一样，认为她已经选定由一名天体物理学家担任这个职位了。通信专家们觉得受到了伤害，因为新主管并不了解真正的通信从业者有什么样的要求。

　　新主管想在第一次全员会议上获得大家的支持，让大家对通信团队的新发展方向感到兴奋。她一开始就承认自己并没有接受过通信方面的培训，但她做过很多次这方面的演示，因此她觉得自己很有经验。然后她公布了这个新管理职位，宣布她会"广撒网"，寻找适合这个岗位的人（她不知道我们已经知道她已经选定了某个人）。最后，她下达了一个有趣的指令：禁止我们讨论有关改革的话题。她还说，她不想听到任何人讨论有关改革的话题，如果发现员工谈论这个话题，她会很不高兴。她又说，如果有人有疑问，可以找她。

第19章 卓有成效领导的六个步骤

没有梦想就不会有什么作为。要成就伟业,必须有伟大的梦想。每个伟大成就背后都有一个心怀伟大梦想的梦想家。要把梦想变成现实,除了梦想家还需要很多其他条件;但是首先必须有梦想。

——罗伯特·格林利夫

领导他人可能是一个复杂的选择。有时，领导责任会不请自来。有时，领导是你从年轻时起就追求的东西。有人认为，领导可能是一种遗传驱动。不论你是怎么得到权力职位的，你都需要有一个起点。等到要用的时候再去买领导方面的书就太迟了。此时你心里与领导相关的VABE，不论好坏，都会成为你展开领导活动的平台。你很难知道会有什么样的领导机会，因此也很难为所有的意外情况做好准备。不过，在本章，我们会为你提供一个卓有成效领导的通用方案，不论遇到什么情况，它应该都能为你提供很大的帮助。

首先，我敢肯定，你可以产生很大的影响。这个世界可能有时看起来非常庞大、不可抗拒，你也许永远也不可能影响数千人或者数百万人。然而在你的社区、部门、事业部或者地区，你也许有很大的机会领导他人。我希望你为这个时刻做好准备。

领导会对生活方式产生巨大的影响。随着做出的决定越来越重大、影响的人越来越多，你需要在心理、情绪、社交、智力和道德方面有所成长。是否愿意或选择以某种方式领导他人，取决于你自己。产生多大的影响，在多大范围内产生影响，也取决于你自己。你可以选择影响一个人、十个人还是几百万人，还可以选择用什么方式影响他们。当然，每个选择都有其要求和结果。如果你选择影响数千人，你的选择就需要你为这数千人付出时间，不懈努力，赢得他们的追随。这种生活方式肯定与希望只影响几个人或者什么人都不影响的人所选择的生活方式有很大的不同。不论你选择什么生活方式，其结果都会反映在你和包括你家人在内的周围人身上。然而，重要的是记住，这是你自己的选择。

让我们暂时假设，你想影响他人，想成为领导者。时间到：这种方式可能不对。领导者至少有两种，一种是想要领导他人，另一种是被迫领导他人。如果你想要成为领导者，问问你自己为什么。这里存在一种危险：如果你是在某种普遍意义上想要领导他人,你就会关注权力的外在形式而不是结果。你可能本末倒置,当你专注于建立和保护自己的权力时,你的成果很可能含混不清、不合逻辑。我们认为,真正卓有成效的领导者并非一开始就希望成为领导者;而对以寻求头衔、职务、地位、权力和领导的外在形式为首要目标的人来说,这些东西反而不会持久。

你最好问问自己:"我想要为社会(我的社区)贡献什么价值?"或者,"我在内心深处认为哪些改革是改进我们的社区、组织或世界所必需的?"我认为,真正卓有成效而且有道德基础的领导者首先会以服务同胞为自己的理由、宗旨、目标,而不会因为看起来有魅力、有权力、受尊重和薪水高就把成为领导者作为自己的目标。最终,基本上以职位为目标的"领导者"会沦为看守者,既不会有什么建树,也不会被人记住多久。

想想在你认识的人中那些实现了这个目标的人。一旦成了领导者,他们做了些什么?他们的管理是有重点、有成效,还是没有重点、没有成效?为什么?我们可以提出一种解释:成为一个卓有成效的领导者是以服务他人为目标并积极投入其中的副产品。

> 成为一个卓有成效的领导者是以服务他人为目标并积极投入其中的副产品。

因此,我们首先要有一个前提:有道德基础、卓有成效的领导者首先要拥有一个强烈的目标或理由。由于一心渴望实现这个目标,这个人就会成为领导者,这是施展影响力让他人自愿参与这个目标所必需的垫脚石。没有这样的目标基础,所谓的领导者就只不过是追求私利的看守者而已——只会固守自己的过去。他们寻求头衔和威望往往是为了满足自己而不是服务或提升周围的人。在你看来,这样的评价是不是过于苛刻了?或者说过于理想化了?显然,世界上有成千上万的人有钱有势——而他们对此颇为自得。但是,本书并不是要讨论如何获取财富和权势,尽管第三层次领导者往往会自然而然地获得影响力和财富。

正如奈杰尔·尼科尔森所指出的,有些人似乎"天生就是领导者"。[1] 毫无疑问,很多人都想变得有钱有势。但也有些人想改进事物,让世界变得更美好。因此,不论你是觉得需要领导他人,渴望有钱有势,还是想提高自己的领导能力以便产生更加积极的影响,我们都要提出这样一个问题:"如果想提高自己影响他人的能力，你应该如何着手呢？"

"按步骤进行领导"的方案是危险的。世界上有太多种领导方案，[2] 有些有抱负的领导者只顾寻找获得权力的捷径，忽略了在第三层次让这些方案的潜在原则融入自己的世界观的重要性。但要想对他人建立深层次的影响，创可贴的方式是不会奏效的。不要一找到喜欢的方案，就像穿外套一样简单地套用这个方案，你要警惕这种诱惑。如果你不是在自己的核心 VABE 基础上建立个人的领导风格，你对他人的影响很可能引起怀疑和困惑。最终，只有你对他人的影响是基于真实的自己，你才能卓有成效地在第三层次领导他人。正如开头提到过的，本书的期望之一是鼓励你广泛地探索领导概念，然后将那些对你有用的东西融入你独特的领导风格之中。

因此，本书提出的方案首先是要阐明你对领导的第三层次假设。随后，我们会提出你可以采取或学习的其他五个"步骤"或流程，我们相信，如果你真诚、积极地履行这些步骤，它们就能帮助你成为更有成效、更有影响力的领导者（见表19-1）。

表19-1 卓有成效领导的六个步骤

1. 明确你的核心	4. 支持他人从而让他们能够做出贡献
2. 明确哪些事情是可能的	5. 坚持不懈
3. 明确他人能做的贡献	6. 衡量和庆祝进展

你会发现，所有步骤都是用动名词的形式表述的。这样的表述是为了传达一种含义，所有这些步骤都不是二元过程（要么做，要么不做）。你也不能一蹴而就。每个步骤都需要你投入毕生的努力，一直改进，不断打磨、审视和调整，持续成长。这六个步骤会变成一种生活方式，它不能让你在短时间里就能打动他人，也不能让你一劳永逸。

19.1 明确你的核心

詹姆斯·艾伦说过："心里怎样想，就会成为怎样的人。"[3] 尽管艾伦的说法更适用于第二层次而不是第三层次，但它确实意味着你内心对自己的想法会体现在第一层次上，体现在你对待他人的方式上。对于潜在的领导者而言，"你是谁"以及"你的核心如何影响你的领导"是两个十分关键的问题。你的核心及其内容对你的领导能力至关重要。如果你的核心清晰集中，你就更有可能对他人产生有效的影响。如果你的核心模糊分散，你就不太可能打动他人。你会在身体、情绪、社交和组织层面失去平衡，无法为他人提供可靠的支点。

例如，习武的人会学习保持平衡、稳定的站姿。他们专注于身体的重心，也就是合气道中所说的"中心点"，这个身体上的中心点就相当于 VABE 核心。身体或情绪上有核心的人是很难被撼动的。不论你如何推挤，这个人都会牢牢地站在地上，一动不动。在社交上和生活中拥有核心的人也是如此——因为他们有"分量"。

只要拥有核心，反对力量、赞成或不赞成的摇摆、不稳定的基础甚至你爱的那些人的责难都不会打扰你、阻止你或者让你失去平衡，知道这一点，你就会开始渴望明确自己的核心。在这个过程中，你在身处动荡之时会变得更沉着、更坚定、更稳固。尽管练习某些身体技巧有助于你培养这种能力，但要明确你的情绪核心意味着要明确你的信念和价值观。因此，建立核心也往往意味着进行思考和冥想练习。

建立核心还意味着要学会由内而外地生活而不是由外而内地生活。如果总是担心别人的想法或者担心他们会对你的行为有什么反应，你很难让自己的内心保持平静、建立核心。你必须做到不要过于重视别人对你的评价。只有在你是自己行为的最终裁判时，你才能有信心坚持自我，才不会担心他人的评价。

有人可能永远也无法完全明确自己的核心。原因是，我们永远也无法彻底体验全部生活，生活总是促使我们重新审视、打磨甚至改造自己的核心价值观。我们也许认为我们知道自己在具有挑战性的特定情境下会怎么做。我们也许希望如此，但现实是，在至少遭遇过一次或者几次这样的情况并且看到自己的反应之前，我们绝不会真的知道我们会怎么做。

我们在这里举一个极端但贴切的例子。马克·贝克的《越战》收录和编辑了越战的目击者对战争筹备、奔赴战场、参与作战以及战后回国等整个过程的第一手叙述。[4] 书中有一段讲述一个排的年轻美军士兵在自由射击区中若干天的巡逻经历。这些士兵疲惫、饥饿、恐惧、极度紧张、全身充满肾上腺素。有一次，他们发现一个越南老大爷和一个年轻姑娘，俩人骑着一台摩托车。他们拦住俩人，检查他们的背包，在包里发现了美国产的水果罐头。他们指责老人从美国士兵那里偷走这些罐头。老人不承认，提出了抗议。与此同时，两名士兵把那个年轻姑娘也就是老人的孙女推进稻田里实施强奸。其他士兵还在后面排起了队。老人抗议时，有人开了枪，几乎把老人打成两截。

大多数人在听到这个故事的时候会感到震惊和厌恶。大多数人认为，如果我们是那些士兵中的一员，我们肯定知道自己那时会怎么做。我们可能会想象 19 岁的自己站出来对战友说，"别这么干！"或者"不应该这样！"也许我们还可能想象自己甚至愿意牺牲生命，也不愿参与或默许这样的事情。然而，说实话，如果威胁我们生命的是我们的"朋友"，也就是曾经和我们一起受训、吃饭、睡觉、我们救过和救过我们的那些人，我们会怎么做还真不好说。如果我们曾经受到手持枪支、手榴弹的妇女或儿童的攻击，如果我们饥饿到无法清楚地思考，如果我们出于某种原因无法把老大爷和他的孙女看成值得尊重的个体，我们也许就不会按照我们在客厅或者教室里想象的那样行动了。因此，生活要求我们一直明确自己的核心，思考、实践以及遵守我们的基本价值观。

我们可以探索和完善自己的核心，经常反思和强化自己的核心决定。如果我们希望以某种方式应对生活中的各种状况，我们就应该不断探索、检验和改善自己的核心，尽可能明确我们的核心是什么以及我们将如何实践其内容。

松下政经塾是一所位于日本神奈川县的领导学院，是由松下电器公司的创始人松下幸之助创办的。松下幸之助非常杰出，以他和他的领导风格为主题的书有好几本。[5] 他的领导学院也同样杰出。1993 年，有 250 多人申请入学，只有 5 个人被录取，录取比率为 50∶1。学院的学制为 5 年。第一年的学习没有老师和课程。第一学年结束时，学生要完成一次考试，这次考试只有一道考题。如果没通过，就会被退学。这道考题是："你的人生目标是什么？"一年级学生要用这一年的时间决定自己的人生使命。这里的潜在假设是，要具备领导资格，你必须知道自己的人生使命，否则，你凭什么说自己能领导他人？这是一条简单但有效的原则。

你清楚自己的人生使命是什么吗？你清楚你的核心是什么吗？你知道你主张什么吗？你知道哪些事自己会做、哪些事自己不会做吗？如果不知道，你就很难领导他人。你愿意花时间解决这个问题吗？如果你在松下幸之助的领导学院，你就有整整一年时间专心致志地钻研这个问题。你想用不到一年的时间来回答这个问题吗？第 7 章（"个人、工作群体和组织的宪章"）和第 13 章

("共鸣、领导和人生目标")很大程度上就是为了帮助你思考这个基本问题。这里有其他几个建议,告诉你如何才能着手明确自己的核心。

明确你的核心

很多人一辈子都没有弄清自己的核心。他们一直到死都没有验证过在面对考验时自己是否会坚持自己的内心信念以及自己会如何坚持这些信念。于是,他们回避领导职务,因为领导职务需要在行动中体现出他们的核心,因此他们从未成为领导者。要明确你的核心,一个办法是看看什么让你投入其中。投入不仅仅意味着让你感兴趣或者如史蒂芬·柯维所说的让你"关心"。[6] 是什么占据了你的想象、你闲暇时的思考和你的梦想?是什么让你不由自主地微笑、让你心跳加速、让你绘声绘色地和他人交谈?你预计自己参与什么活动时会受到激励,随时准备在身体和精神上投入大量的精力?

这些东西会开始构成你的核心。如达顿商学院教授亚历克斯·霍尼曼(Alex Horniman)总爱挂在嘴边的那句话:"领导是一种投入行为。"当真正投入某件事时,我们甚至用不着刻意就开始影响他人。他们开始发现我们在投入这件事的过程中展现出来的能量和卓越表现,他们开始听出我们声音中透漏出的活力,他们开始看到我们的干劲,这一切都会感染他们——于是,他们开始想要参与其中。事实上,我们会在不自觉的情况下或者没有声明自己想要成为领导者的情况下就开始领导他人。投入是会传染的;就像病毒一样,它会扩散开来,他人会开始感受到它并且卷入其中。

找出并检验你的核心投入可以帮助你明确核心的内容。要想变得更具影响力,这个建立核心的过程至关重要,因为它会让你更加由内而外地生活。显然,建立核心并不是你花一个下午就能完成的。你也不可能只靠询问别人来自何方就看出他们的核心。明确你的核心是一个终生的过程。重新审视和改进自己的投入会让你不断完善你的自我定义。这个过程的下一步要求你思考自己持有的过程价值观,思考如何才能实现自己的核心投入。

发展人格:目标和方法

一个人的人格是其所有选择的集合,包括对目标的选择以及实现这些目标的方法的选择。你的选择方式会突显我们之前讨论的领导的道德层面。要从你是否尊重追随者这个角度考察你的领导道德水平,一种方法是问你自己:鉴于你对待他人的行为,你是否愿意马上和对方换位相处。如果不愿意,你可能就要开始问问自己是否尊重他人了——如第 6 章所说的那样。

第二种常用的方法是设想你对待他人的方式突然登上了某家全国性报纸的头版头条。你会为报道感到自豪吗?还是会发现自己为得到更多肯定而在报道中略去了某些对话、附带交易或行为?如果你对两种检验方法都感到犹豫,我们建议你不仅要反思自己影响他人的尝试,还要从明确自己的核心这个角度想想这种犹豫意味着什么。

各种形式的冥想

明确核心的第三种方法更为形而上,涉及各种形式的冥想。人们常常发现通过祈祷、冥想或减压练习能够让自己的核心更加清晰。像练习武术那样找到身体的中心点也能有所帮助。有趣的是,找到身体的中心点可以帮助你强化对自己的核心以及如何管理自己的人生的看法。例如,学习合气道或跆拳道的经历可以帮助你发现对人生和人际关系的新思考。如果你学会安静地坐一会儿或者站一会儿,把精神集中到呼吸上,排除其他一切思绪,你就会有一种超乎寻常的平静感和安宁感。这种身体和精神练习会帮助你更清楚地了解自己的信念和感受。

由于明确自己的核心永无止境,那么,一直等到完全明确核心再去影响他人是行不通的。即便对自己的核心没有完全彻底的认识或者绝对清晰的了解,我们还是要继续生活下去。

从战略上看,明确你的核心后,随之而来的就是明确对于你以及你的工作群体、组织或社会来说哪些事情是有可能的。如果你明确了自己的核心,但并不了解周围人的核心,那么你还是不会有什么作为。明确自己的核心从其本质上看是被动的。因此,卓有成效领导的第二个步骤是明确哪些事情是可能的。

19.2 明确什么事情是可能的

如果说明确自己的核心涉及探究你的内心,那么明确哪些事情是可能的则涉及尽可能探究外部世界。对大多数人来说,明确哪些事情是可能的涉及拓宽我们的视野,超越我们通常的阅历和理解。要明确哪些事情是有可能的,就要非常细致地设想个人或机构未来可能和应该发生哪些事情。从实质上讲，这就是战略思维。第 5 章围绕战略思维这个主题进行了探讨，不过我们还是可以在这里做出一些概括性的评论。

斯坦·戴维斯在《将来完成时》一书中声称，领导者用将来完成时进行思考；也就是说，他们对自己想要实现的目标看得非常清晰，对实现目标的步骤理解得非常透彻，他们说话的时候其实就是在用将来完成时。[7]例如，他们会说："当我们实现自己的梦想时，我们将完成 X、Y 和 Z。"仿佛领导者已经看到了马丁·路德·金所说的"乐土"，现在正在追忆。大多数人看不到未来的"乐土"，甚至看不到未来的坐标。卓有成效的领导者会努力弄清自己的目标。他们已经"看到"他们渴望的未来，因此知道他们将要去往何方。罗伯特·弗里茨提出了这样一个问题："你想要创造什么？"[8]要回答这个问题，你必须了解自己的想法。你可以称之为战略思维、构建愿景或任意一种你想到的说法。但卓有成效的领导者对自己将要去往何方心里有数。他们的任务是让其他人也明白。

明确潜在未来的心理设想

你和你的组织可能变成什么样子，明确你在这方面的心理设想并非易事。这需要你摆脱当前的心理框架，放开当前的心理束缚（假设），积极地在心中用成千上万片思想和数据的碎片拼贴出一幅图画。有些人可能觉得，如果是想象一段浪漫关系、参加职棒大联盟的比赛或者在一级方程式赛道上争夺世界冠军，明确自己的心理设想会很容易。心里有了这些令人兴奋的追求目标，我们就可以非常细致地想象我们在这些情境下会怎样表现。卓有成效的领导者会对自己和组织的梦想和愿景投入同样的能量。要成为卓有成效的领导者，你必须培养这种能力。

要描绘对未来的心理设想，一个最大的难题是如何为这个过程分配时间。大多数人不会拔掉电话线、关上门、翘起脚，苦思冥想自己的愿景以及如何实现这个愿景。我们每天忙于应付邮件、电话、会议和各种紧急事项，就像柯维说的，我们在工作时一直处于危机模式，也就是说我们在工作时处于"第一象限"[9]——我们一味埋头处理越来越紧迫的重要事项。我们忽略了从长计议，甚至不再要求从长计议。

另一个难题是如何将这些对未来的设想记在心里。我们往往短暂地瞥见未来，随即就在繁杂的日常事务中将其遗忘。例如，上个月你有多少次设想过10年后、20年后或30年后的未来？我们往往过于关注当前的压力，以至于丢失了自己的方向。如果你无法将这些设想记在心里，就很难让它们影响你的思维，更不要说影响每天和你互动的那些人的思维了。

你能清楚地看到你的工作群体或组织在5年后、10年后、20年后、30年后或者100年后应该是什么样子吗？你也许会觉得这些问题很愚蠢，尤其是在这个以迅速变化为特征的信息时代。很多高管培训班的学员都说，他们会努力让自己的视野延伸到30天后、90天后、或许360天后，但他们认为，在这个变化越来越快的世界，他们是看不到几个月后会发生什么的，更不要说几年后了。

松下幸之助再次为我们提供了一个有趣的对照。20世纪80年代末，在被问及是否担心松下当时持续的亏损时，他说："不担心，一切都在计划之中。"当被问及他的计划涵盖多长时间时，他回答说："250年！"他为自己创办的公司构建了长达250年的愿景，这个愿景分为10个阶段，每个阶段25年。每个阶段都包含一系列阶段目标、长期目标和事项，要实现他对250年后的潜在未来的展望，就必须完成这些目标和事项。尽管公司正在经历一些短期亏损，但第一个阶段的基本要素都在按计划进行。他当然希望公司盈利，然而他最关心的不是稳定增长的利润，而是能够长期产生利润的基本要素和战略支柱。与此同时，松下电器完成了第一个阶段的目标，进入了第二个阶段。

你需要从现在开始培养习惯，定期花时间训练自己思考未来、设想潜在的未来、思考细节、追寻细微的推理线索、描述如何才能实现这些设想。你不会一下子就获得这种能力。和身体素质一样，你的战略设想素质也来源于反复、积极的努力。第5章已经在这方面为你提供了一些指导。

阅读是一个积累想法的好办法。如果你阅读的范围十分广泛，而不仅仅限于自己的领域，你就会开始看到不同学科和行业之间的联系。要乐于将阅读扩展到其他领域，这样你就能找出对自己的领域产生影响的趋势和事件。最近，一名高管培训课程的学员说，他每天晚上要看两本书。是的，一个晚上两本！他很多年前就开始培养这种能力了，当时他想上一个他喜欢的高中老师的课，于是报名参加了补充阅读课，因为那个老师在那个学期只开了这门课。尽管这位朋友只是个普通的阅读者，但他在阅读的过程中学到了很多技巧、获得了很多见识，经过多年的实践，现在这些技巧和见识让他每年能阅读和消化将近600本书。你能想象这样的信息摄入会怎样激发你对未来的设想吗？我承认，这个人是一名核物理学家，因此比普通人聪明一些，但是，如果他能通过训练让自己获得快速学习的能力，你也能。

我们还要鼓励你开始构建各种未来的情境，它们会让你熟悉通往梦想的道路。彼得·舒瓦茨（Peter Schwartz）在《前瞻的艺术》（*The Art of the Long View*）一书中细致地描述了这个过程。它与战略规划和企业规划不同。本书有关战略思维的章节对这个过程有更加详细的讨论。

19.3 明确他人能做的贡献

潜在领导者面对的一个基本问题是，明确他人或者说潜在追随者能做什么。如果无法了解他人能做什么以及他们如何才能对你的目标和愿景做出贡献，你不太可能让他们全力以赴。你在这方面的视野会对你的领导效力产生很大的影响。有些人在这方面的视野很窄，有些人则能看到很多可能性。要明确他人能做的贡献，有两个因素非常关键：（1）你对他人的基本潜在假设；（2）你是否清楚实现愿景所需的关键技能。

对他人的基本假设

官僚的工业时代有一个普遍且危险的后果，很多管理者从工作职责的角度看待员工。随之而来的就是你从你希望其承担的工作职责的角度看待员工。这种视角会妨碍你考虑他人的才能，妨碍你设想他们能为某个特定目标或日程做什么贡献。这种官僚思维是基于这样一种假设：我们需要找出适合特定工作职责的员工，管理层的任务是尽量减少员工工作绩效的波动。这种管理思维会给极具才能的人带来毁灭性的打击。这是在用第一层次的思维方式思考他人能做的贡献。吉姆·柯林斯在《从优秀到卓越》[10]一书中极具说服力地指出，招聘人员最好聘用有才能的人，让他们自己弄清要做什么。

正如前面提到的，官僚的领导方式假设管理层确切地知道需要完成哪些工作，员工可以机械地工作，环境会足够稳定，因此企业不需要具备迅捷的反应速度和有创造力的员工。显然，在当今的世界里，这种假设并不总能说得通。

更有效的领导方式是假设员工有才能、有学习能力、有把工作干好的基本愿望。当然，这些能力因人而异，对员工行为的监督也总是很重要。但是，如果在看待、聘用、培训和管理员工时着眼于培养他们的能力和判断力，你就能越来越多地依靠他们的工作能力，而不是他们的工作职责。另外，员工对工作的认识可能比组织中高他们好几个级别的管理层更有根据、更准确，在动荡时期尤其如此。

培养员工才能的整个过程以及为结果负责的意愿称为"授权"，这个词已经有些用滥了，在一定程度上是因为很多管理者只是嘴上说得好听，但其实并不相信相应的基本假设。授权其实不是一个二元概念；和大多数事物一样，它是一个连续的区间。我们可以从谁会做出以下决定的角度来思考授权问题：

1. 这里出了什么问题？
2. 这些问题的根源是什么？
3. 我们有哪些解决方案？
4. 各种解决方案都有什么好处？
5. 谁来决定我们使用哪种方案？
6. 谁来实施我们选择的方案？
7. 谁来评估我们试行所选方案的结果？

所谓被授权的员工通常只被允许做前四项决定。"更高级别"的决定留给管理层。因此，不能说员工是否被授权了，只能说他们处在授权区间的什么位置。

从某种意义上讲，审视自己关于他人能贡献的工作价值的深层假设，明确他人能做的贡献，也是明确自己核心的一部分。如果你关于他人能力的基本假设比较狭隘，那么你明确他人能做的贡献的能力就受到限制。如果你能设想和意识到人们是会学习、成长和发展的个体，并且愿意投入时间和精力促进这种成长，你就能得到不同的响应。你对他人的看法能帮助你确定他们会怎样响应。如果我们把他们当成机器人，他们就会开始表现得像机器人一样。如果我们期待他人做出更大的贡献，他们就会开始做出更大的贡献。

确定关键技能

要重组我们对他人的看法、重组我们对他们能做的贡献的设想，另一个挑战是要知道实现我们的目标需要些什么。大多数公司在评估工作岗位和候选人之间的匹配度时主要看技术能力，这是第一层次的思维方式。请思考另一种不同的方式。

美国食品机械化学公司位于南达科他州阿伯丁市的工厂为美国海军制造导弹发射筒。管理这家工厂的鲍勃·兰卡斯特（Bob Lancaster）是一名非比寻常、卓有成效的领导者，他建立了一种非同一般的工作环境。工厂需要一名新的焊接工，管理层招聘新员工时采用了新的基本假设而不是传统方式。传统的第一层次方式是：公司登广告招聘焊接工，收到应聘者的简历，然后根据经验、推荐和面试挑选出最合格的焊接工。

然而，这家位于阿伯丁的工厂具有一系列不同的基本假设，相应地确定了一系列不同的关键技能。[11] 第一个新的基本假设是组织中组织流程比技术技能更重要。根据这个逻辑，一群资质很高但无法合作的人反而不如一群资质一般但能合作良好的人有效。

第二个假设是，社交技能比技术技能难教——教人焊接比教人团队合作、学习、自尊和其他相关人际技能容易得多。第三个假设是，有些人接受过专业技术培训，工会又鼓励他们专心发展几项技能，因此他们又强化了曾经受过的培训，这些人在学习新的组织流程时会遇到困难。

有了这些假设，工厂的管理层意识到，他们需要的关键技能是自尊（这样的员工能毫无芥蒂地接受反馈）、学习态度（这样的员工有兴趣甚至渴望学习新的技能和技术）、团队精神（这样的员工愿意分担工作和责任）以及以质量为豪（这样的员工渴望设法改进结果）。因此，他们制定了一个以上述原则而非焊接技术技能为重的长达四小时的招募和筛选流程。

事实上，通过这个流程，他们筛除了所有有焊接经验的应聘者，最终雇用了一名从来没有做过焊接工作的妇女。他们之所以选择她，是因为她聪明、爱学习、善于社交、乐于接受反馈并且显然喜欢团队合作。事实证明，她在很短的时间里就成了一名熟练的焊接工，工厂的薪酬制度规定工厂按员工的技能支付工资，因此她后来又学会了很多其他技能。管理层相信，如果雇用一名技术娴熟也许还有过工会经历的焊接工，他们是很难让他学会更重要的社交技能和更多其他技术技能的。尽管新聘用这个女员工花费了几周时间才熟练掌握焊接技能，但她在第一年里为工厂创造的价值就远远超过了一名熟练的焊接工。

之所以出现这种情况，很大一部分原因在于这家工厂的核心理念。另一部分原因在于这家工厂组织关键人力资源的创新方式。还有一部分原因与领导者有关：首先是鲍勃·兰卡斯特，随后是杰夫·巴斯特（Jeff Bust）、罗杰·坎贝尔（Roger Campbell），接着是萨拉·曼（Sarah Mann）。这些人知道，建设一个为员工提供支持、让他们充分发挥自己能力的组织很重要。要确定这种组织的核心，就要确定建设他们想要的工作平台所需的关键技能。在这个案例中，关键技能大多是所谓的"软技能"，比如提供和接受反馈、学习、团队合作、灵活性以及人际关系等。

关键在于，如果不能清楚地知道自己希望他人做什么，知道在自己的设想中有谁能完成这些工作，你就可能在疏忽之中聘用、依赖或信任错误的人。卓有成效的领导者会透过技术证书的表面评价，深入了解员工带到工作中的第三层次 VABE。

19.4 支持他人从而让他们能够做出贡献

之前提到，传统的领导假设人们应该适应工作职责。这种假设限制了管理层对员工的期望，也限制了组织的结构、系统和文化。在不断变化的环境中，组织越来越有必要找到不同于传统的新方式来组织和管理员工。第 22 章将更深入地探讨这个主题，我们先在这里提出一些初步见解。

有两种因素影响这种对组织的重新设计：(1) 信息技术爆炸式地增长；(2) 人们越来越迫切地想要控制自己的生活。不管管理层是否愿意，两种因素都会给员工"授权"。两种因素都要求卓有成效的领导者设计出新的组织形式，为员工提供支持，激发而不是抑制员工的创造力和责任感。

信息时代的组织结构

在席卷全球的组织重新设计浪潮中，也许没什么比信息技术爆炸更具影响力的了。正如前面提到的，准确、庞大、及时的商务活动信息越来越普遍，开始切实地改变现代组织的形态。随着同步数据库、视频会议、网络会议和电子邮件越来越普及和廉价，协同定位越来越不成问题。低廉的分布式电脑分析和通信能力意味着，如果获得允许，组织的各级员工都能收集和分析数据、做出决定并跟其他组织的各级员工进行交流。组织越来越没必要依靠垂直等级结构做出可靠的决策。事实上，在很多情况下，员工做出的决策比高他们几个级别的管理者更可靠，因为他们更接近数据和客户。管理层意识到了这种潜在的力量，组织中的层级正在消失。

新兴的信息制看起来有点像我们过去所说的非正式组织或有机组织。像波士顿这样比较老的城市，街道其实是由蜿蜒的放牛小路演变而来的；同样，在组织中，新的权力和影响力通道正在由数据更及时且更准确的非正式沟通渠道演变而来。在有些情况下，组织控制正迅速从垂直的等级结构转向基于信息的网络。例如，我们可以以美国中西部的第一银行（BancOne）的一段历史为例。

第一银行是一家成长中的大型区域银行，他们采取一种非同寻常的、令人兴奋的方式来管理自身的成长。其他成长中的区域银行会收购新分行，重新粉刷大楼，贴上新标志，实施大量新的运营程序以便让新分行按照"我们的方式"行事。与之不同的是，第一银行利用信息技术来管理新的合作伙伴。

首先，第一银行的管理者明确自己的目标，为他们希望看到的绩效确定了47个关键指标。然后，他们建立一个信息系统，让他们可以将新分行迅速与自己融为一体。接下来，他们对信息系统进行设计，让它能对根据信息收集得出的分析结果给出几乎同步的反馈。管理层还和系统中管理超过50家银行网点的其他管理者共享分析结果，而不是把分析结果锁在自己的柜子里。所有这些特征都与基于官僚心态的计划、组织、激励和控制等传统方式大相径庭。[12]

有了这个系统，新收购进第一银行系统的银行的行长们突然发现，自己每周都会收到一份系统中所有银行47个关键指标的排名表。换言之，即使是一个月前刚刚收购的银行，它的行长也会在每周一收到一份打印材料，显示这家银行的47个指标在系统里所有银行中的排名。

现在，你认为接下来会发生什么？如果假设员工不关心自己的绩效（这是官僚思维普遍持有的假设，这种假设会限制你的思维），那么你也许会认为不会出现什么特别情况。相反，如果相信员工希望有高度的自我评价，希望在同事中有出色的表现，那么你也许会期待出现不一样的情况。

真实情况是，银行行长们很快就开始拿自己银行的表现与系统中的其他银行进行比较。当看到自己的银行在某个指标上表现欠佳时，他们就会看哪家银行表现更好。于是，刚刚收购来的银行的行长们走到了一个关键时刻。如果一个行长自负、缺乏学习精神，他就可能拖延一段时间，不向系统中的其他银行学习。

但是，这个过程多半会促成一种新兴的文化。行长们开始互相打电话，完全绕过集团的管理层，找出对方为什么会有这么好的业绩。模范行为不是在组织里层层渗透，而是迅速在系统的各个部分之间自由传播——这比通过集团培训或者季度工作总结传播快多了。组织中的每个决策者，也就是"小领导者"，每周都会得到及时的数据，拿自己的业绩和他人进行比较，然后设法提高自己的排名。每个行长都会用适合自己银行和员工的方式实施其他行长的建议，调整、修改和重塑他们得到的建议，让这些建议符合自己的能力和当前的重点。在这个过程中，他们创造了更加强大的学习型组织文化。

接着，到了下一周，每家银行都会收到一份新的当前排名，显示系统中其他银行都发生了什么，每名领导者都会看到上周采取的措施产生的结果和业绩。所有这些情况出现的同时，不会出现负面的组织内部政治斗争，也不会出现为了等待高级管理层的分析、决策、培训计划和协调而造成的拖延。如果没有一流的信息技术和高级管理层有效利用这种技术的理念，这一切就不可能发生。当然，对47个指标的挑选是系统的重要组成部分。有人可能会认为，没有哪个领导者能做到追踪所有47个"关键"指标；但是，如果你们组织得当，为什么做不到呢？

这个例子表明，卓有成效的领导能够重新设计组织系统，为他人或者说追随者提供支持，让他们更容易释放自己对组织的潜在贡献。卓有成效的领导者不仅能够明确潜在追随者能做的贡献，还能弄清如何对工作系统进行重组才能激发追随者的潜能。

授权系统设计

第一银行还为我们树立了一个授权系统的范例。其隐含的假设是银行管理者都希望有好业绩，他们比其他任何人都更了解自己的银行，他们愿意根据银行的历史传统和运营环境尽可能提高银行在关键指标上的表现。没人告诉他们一定要做什么或者一定不能做什么。高级管理层假设，如果中级管理者得到适当的信息而且能够看出公司期望的发展方向，他们就会知道该做什么。（说句实话，根据我们之前的讨论，这个系统基本上符合斯金纳的理论，它注重输入和输出，不太关注行长层面的第二、第三层次活动。）

我们的组织结构、系统和文化往往抑制而不是鼓励员工充分发挥他们的才能。很多员工经常听到"不该知道的你不用知道"、"不要提问，干活就行了"、"我们不是雇你来思考的，我们是雇你来听话干活的"、"我的工作是思考，你的工作是干活"或者其他类似的话。这类语言[13]及其背后的假设构成了官僚思维的基础，而新兴的后官僚组织或者说信息制组织以不同的语言为特征、以不同的假设为基础。

新兴的信息制的一个变化是，我们正逐渐放弃员工应该适应组织的旧假设（"这是我的组织结构图，现在让我们找出适合的人选并把他们安排到适合的岗位上"），新的假设是我们为有才能的人提供最新信息，让他们安排好自己的工作，满足客户的需求（"这是我的员工，让我们来弄清目前要如何组织才能满足客户的需求"）。正如彼得·圣吉所写的，这种转变意味着领导者正渐渐成为新型组织形式的设计者。[14] 其中很多组织围绕圈子或网络建立，而不是围绕金字塔形的官僚机构而建立。"谁拥有什么职权"正在丧失其组织原则的地位，而"谁拥有正确的信息和见识"正逐渐成为新型组织形式的基础。

因此，在某种程度上，卓有成效的领导意味着抛弃企业一直秉承的、商学院教了几十年的官僚制假设，意味着寻找和创造新的组织原则，让可靠的信息和员工的多种才能得到迅速、充分的利用。

19.5 坚持不懈

卓有成效的领导者坚持不懈。他们往往展现出异乎寻常的毅力。吉姆·柯林斯把这种特质称为"意志力"。[15] 如果你拥有目标和愿景并且渴望实现它们，别人就很难让你偏离既定的轨道。如果对目标和愿景不够投入，你就会偏离方向，你对他人的影响效力就会下降，甚至让自己越来越困惑。在我们真正的基本假设和真正重视的东西在同行中或在高风险的情境中显现出来、让我们的价值观经过现实考验之前，我们很难知道自己究竟持有什么价值观；同样，我们对自己目标的投入也是如此。我们往往会在投入某个目标的过程中观察自己，以了解自己对这个目标的投入程度。与之前介绍的那些步骤一样，这个原则既是明确自己核心的一种体现，也是明确自己核心的一种手段。我们通过观察自己对目标的投入程度来了解自己有多大的毅力。我们通过这种观察来明确自己的核心。

人生是汽艇还是木片

要思考投入或者毅力的建立过程，一种方法是把人生和商业经营比作海洋——广阔、诱人、善变、开放、令熟练的水手向往。同时，人生的海洋里还有乱流、狂风、暴雨、深海动物以及彻底毁灭的可能。有些人一头扎进自己的人生，没有任何目标或方向，天真地想要尽快体验人生的全部。他们在驶离海岸的时候只想到要带船桨，船上没有发动机，没有船帆，也没有舵，于是他们变成了浪头上的木片，漫无目的地随波逐流。有时，这样的木片确实可能凭借运气和海风抵达宜人的海滩，享受更美好的人生。但是，大多数木片哪儿都到不了，还没有在意识到自己本可以有不同的人生就沉入海底了。

领导者有目标，让他们全力以赴的目标。这些目标为他们提供航海图。他们的毅力会变成巨大的船帆，他们的核心会变成指引他们前进的罗盘。当命运的狂风吹起时，他们调整帆和舵，利用人生带来的一切让自己始终朝着目标航行。当没有海风或者遭遇逆风的时候，领导者的内心发动机会不断为他们提供前进的动力。遭遇汹涌的风浪时，领导者还有储备燃料可以让发动机继续提供动力。领导者不会轻易偏离航线。[16]

这种坚持不懈，这种被击倒后能再爬起来、被倾覆后能重新摆正自己的动力，是实现重大目标不可或缺的。没有它，潜在的领导者就会变成追随者。这种行为也许看起来像是顽固，但坚持不懈与顽固不同。坚持不懈的领导者仍然愿意倾听、愿意了解和利用能够帮助他们实现期望目标的任何事实、真相、有价值的信息或者联盟。顽固的人则是坚持最初选择的愿景或战略方法，不论周围发生什么，都不加修改。坚持不懈需要一种不同的投入。

建立投入

轻易选定的目标不会带来专注的投入。持久的投入取决于认真的思考、对目标和愿景的审视（有时会很痛苦，常常是由他人的批评引起的）以及始终明确的核心。投入源于自知。如果知道自己想要什么，知道自己行为背后的原因，而且愿意为了得到自己想要的东西而改变自己的行为方式，你就能投入自己的目标。投入得越多，你就越能坚持不懈。

坚持不懈还源于自信。如果不相信自己的目标或不相信自己实现目标的能力，你就很容易偏离方向。坚持不懈的一个最著名的榜样是发明灯泡的托马斯·爱迪生。他尝试了一千多种组合，才找到了让电流变成光线的方法。你能想象自己在实现目标的过程中失败了 200 次时的感受吗？如果失败了 600 次呢？如果失败了 900 次呢？你还会继续下去吗？这种坚持不懈需要你坚信自己目标的价值，坚信你能促成目标的实现。

19.6 衡量和庆祝进展

如果没有得到某些积极的反馈，我们很少有人能继续坚持下去。我们都需要一些数据以某种方式告诉我们："好，你正在实现目标！你正在取得进展！"没有这样的鼓励，我们的进步意识、增值意识、未来意识就会开始枯萎，我们的动力和希望也会随之枯萎。卓有成效的领导者会在对待自己和他人的方式中体现这个原则。

注重正确的衡量标准

如第一银行的例子所示，注重正确的衡量标准是一种关键的领导能力。史蒂夫·克尔在"论期望此事却奖励彼事的愚蠢之举"[17]一文中坚定地指出，如果我们示范和奖励带来某种结果的行为，就不能期望得到另一种截然不同的结果。然而，他指出，很多管理者和管理系统都陷入了这种谬误之中。官僚制组织奉行"上司最知道"的基本原则，他们做出的决定往往让眼前的问题变得更严重。我们常常把它们称为"意外后果"。

意外后果源于没看清前方的情况、不了解我们面对的人。一个很好的例子是墨西哥城的空气污染问题。墨西哥城是世界上最大的城市之一。由于坐落在群山环抱的盆地之中，数量庞大的机动车经常给墨西哥城带来严重的空气污染。为了缓解空气污染问题，市政官员经过协商提出一个方案，他们计划大幅减少路上行驶的汽车，希望以此减少空气污染。

他们决定，每个人每周至少有一天不能使用自己的汽车。他们认为，这个规定会鼓励人们拼车，减少道路上行驶的汽车数量。他们认为，要推行这个方案，一个简单的方法是按照车牌尾号实施限行。如果你的车牌尾号是 1，你就不能在周一开车上路，以此类推。他们期望限行方案能立即减少 15% 的空气污染。然而意外后果出现了，大多数人又买了一辆二手车，车牌尾号与原有汽车不同，在限行的那天开这辆二手车，而大部分二手车的引擎和尾气排放系统效率低下，于是这个法规不仅没有缓解空气污染问题，反而让问题更加恶化了——污染程度几乎翻倍！

注重正确的衡量标准是一种关键的领导技能。[18] 如果员工开始认为自己的工作成果无关紧要或者偏离了根本目标，他们就会灰心丧气，变成不够坚定的追随者。相反，如果领导者能够追踪一系列关键指标，能够说明这些指标与目标和愿景的关系，员工就会清楚自己正在为什么而工作，就会更加专注。如果你选择了错误的衡量标准，你就可能让组织中的大量能量偏离到不会产生任何成效的方向上。

我们往往能在每月或每季度的利润数据中发现因为错误目标而分散注意力的例子。每个人，尤其是投资者，都希望看到稳定且不断增长的利润。然而，如果以此为关注重点，就可能如第8章描述的那样在追随者中造成意外后果。

注重半满的杯子

另一种与衡量相关的常见残余官僚思想是偏差管理。偏差管理就是任由事情发展，直到出现了偏离组织计划的偏差，管理层才介入进来，让事情返回正确的轨道上。从根本上讲，这种做法会对相关员工的动力产生负面影响。

首先，谁知道计划是否正确、是否适合当前的商业环境呢？随着商业环境的迅速变化，商业计划会过时、会脱离现实。越来越多的公司在制定灵活的计划，与传统的半年一次或一年一次的汇报和管理周期相比，这些计划具备更快速的响应能力。其次，如果在事情不顺利的时候，管理层与员工的沟通主要围绕批评展开，如何能指望员工成为充满热情的追随者并且安心地配合管理层呢？这种方式管理的是不好的一面，而不是好的一面。是否能找到正确的衡量标准并且建立积极的管理理念，意味着平庸组织与充满活力的领先组织之间的区别。

卓有成效的领导者会关注关键指标的进展，与员工一起庆祝进步。他们不会想杯子是怎么变得半空的，不会想组织怎么会有错误和不足，他们会思考杯子是怎么变得半满的，怎么才能进一步把它填满。他们会以成功为基础继续前进，不会一味地指责失败。没错，大声责骂也许会在第一层次带来短暂的成果，但员工学会了如何在领导者离开的时候继续工作吗？很可能没有。相反，他们学会了在表现和质量等问题上依赖管理者，这种依赖并非故意，但存在隐忧。配合领导者的员工知道自己什么时候做对了，因为他们会得到称赞。他们会开始设法获得更多积极的反馈。庆祝进展会让员工的工作表现超越平庸和窠臼，展现出其本来面目，让其符合组织的目标和愿景。

19.7 结 论

个人领导特征仅仅是卓有成效领导的必需元素之一。然而，你是什么人以及你做了什么事确实会对积极的领导结果产生很大的影响。本章提出了你可以用来提高个人领导效力的六个步骤。每个步骤都是一个持续的过程，不是可以一蹴而就地完成或学会的。领导需要长期地投入个人探索和个人愿景之中。没有这种程度的投入，领导是不太可能实现的。

本章概念

1. 卓有成效的领导者拥有明确的核心；也就是说，他们知道自己是什么人、自己相信什么、自己想要在人生中实现什么。
2. 卓有成效的领导者清楚组织的潜在可能性，他们为组织构建了愿景。
3. 卓有成效的领导者能够看出他人能用他们特有的才能为愿景的实现做出哪些独特贡献。
4. 卓有成效的领导者是优秀的组织设计者；在努力实现愿景的过程中，他们对组织进行改造，支持有才能的员工，让组织帮助员工而不是限制员工。
5. 卓有成效的领导者坚持不懈。他们不会放弃，他们具有足够的灵活性，会通过不同的途径达成自己的目标。
6. 卓有成效的领导者会意识到进展，并且称赞实现这些进展的员工。

思考题

1. 你的核心领导原则是什么？如果让你负责一个组织，你在迄今为止的人生中学到或者说归纳的哪些东西能帮助你完成这个领导任务？
2. 你的组织的目标是什么？你能立即把它简单明了地写下来吗？你对这个目标投入吗？为什么？
3. 你的所有共事者对这个目标有什么贡

献?你能确定每个人做出的贡献吗?
4. 你会怎样改造你的组织,让它变得更有效?你如何才能实现自己的想法?
5. 人生中有哪些事情是你坚持不懈投入其中的?有哪些事情是你愿意花10年时间努力实现的?这种投入与你的领导能力有什么关系?

案例讨论

一名中级管理者刚刚得到任命,负责领导一个通信团队。他坚持每周一上午召开一次冗长的员工会议。从一开始就能明显地看出,他没什么管理经验,对会议管理也一无所知。他是在没有竞争对手的情况下得到这个职位的,很快团队成员就开始把他叫做"彼得",这个外号源于"彼得原则"。

周一上午的大半时间,与会者都在听"彼得"讲话,因为他的风格是单向沟通。他甚至说过,他可以想说什么就说什么,因为这是他的会议。员工闻言,震惊不已。

每次会议后,他都会发给手下一份长长的行动概要。在随后的一周时间里,他会更新这份概要,给手下发去大量冗长、重复的电子邮件。关系好的团队成员开始比较他们收到的邮件,他们发现"彼得"给团队的各个成员发去不同的邮件。另外,他还把邮件用密件抄送给很多中级管理者和同事。

有一天,"彼得"走进一名手下的办公室,问这名手下是否觉得团队中存在信任问题,因为他感到某些团队成员有反感情绪。这名手下对他说,团队里确实存在信任问题,他首先要做的应该是向大家宣布他将停止用密件抄送邮件。"彼得"满脸通红,飞快地走了出去。

第20章 领导语言

> 你愿意使用什么样的语言,说明你是什么样的人。
> ——拉尔夫·沃尔多·爱默生

语言是领导者的首要执行工具。如果不能沟通和传达你的愿景和战略，他人就无法了解你是什么人以及你有哪些主张。如果你的语言含混不清、缺乏逻辑、乏味无趣或者漫无边际，你很可能无法激励、鼓舞或调动他人。

看起来，至少有四种基本属性决定卓有成效的领导沟通：清晰性、激励性、一致性和尊重性。让我们一个个地探讨这些属性，然后探讨它们的应用原则。

20.1 清晰性

清晰性在领导沟通中不可或缺。你必须清楚自己的目标，清楚他人在实现这个目标的过程中能起到什么作用。如果你不清楚这两个要素，他人可能更不会清楚，你对他们的影响也会模糊不清。如果你能重点突出地描述你在努力实现什么目标、他人为什么也应该加入进来以及他们如何才能帮助你实现目标，你让他人加入你的事业中来的努力就已经获得了重大进展。例如，在你的经历中，有多少次你在开完管理层会议后仍然不知道会议主题究竟是什么？这个比例就是衡量会议主持者的领导清晰性的标准。如果我问来上课的高管们，他们是否参加过让他们搞不清楚目的的会议，教室里的所有人都会举手。这样的会议是对时间和精力的巨大浪费。

要把话说清楚，其中一个挑战是要实现两个转换：一个是从第三层次到第二层次的转换，另一个是从第二层次到第一层次的转换。第一个转换要求我们对自己的经历更加了解。关于全球领导的那一章更全面地探讨了这个主题，但它基本上是说我们很多人在生活中并不真正了解身边发生的一切。人们有体验，有时只是模糊的感受或情绪，但他们不清楚这些经历从何而来或者为什么存在。了解自己的体验和情绪是第一个转换要完成的任务，如图20-1（见后页）

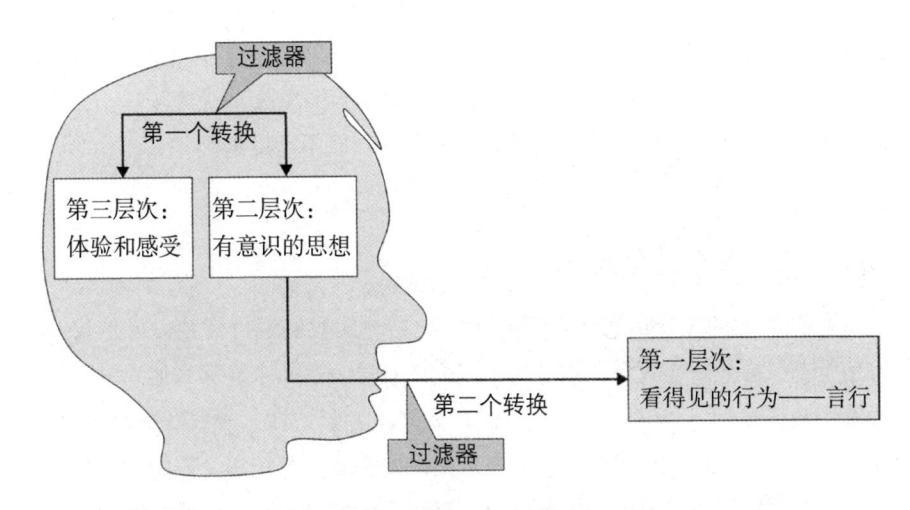

图20-1　两个关键转换：理解我们的体验

所示。其基本要素是在生活中认真留意，不要盲目大意。"留意"是埃伦·兰格在哈佛的职业生涯中一直研究的主题。[1]人们在人生道路上形成的一些过滤器也许会妨碍第一个转换；也就是说，人们可能习惯性地意识不到自己的感受或者说体验。

一旦能够思考自己的情绪和感受，你面临的挑战就是用语言把这些思想传达给他人。这是第二个转换要完成的任务。你是否想过或说过"我知道我要说什么，但我找不到合适的语言"？这意味着第二个转换过程正在发生。如果你发现自己无法流畅地描述自己的想法或感受，我建议你想办法练习这两个转换。

有些语言学家指出使用模糊和含混的语言有好处。[2]这些好处包括给听者留下更大的解读空间、减少听者的防备、说者不用那么具体地描述自己的想法和信念、让持有不同观点的人得以顺利互动、让日常互动变得更轻松。他们认为，表达太清晰会让交谈变得过于生硬和刺耳。他们认为，"给我点盐"听起来过于刺耳，而"方便的话，劳驾你把盐递给我，好吗"就好多了。在某种意义上，这些是极端的表述。例如，有人会说"请把盐递给我"，这样说既不会太生硬，也不会太含糊。

我们看到很多人为了对自己有利而在社交中故意使用模糊的语言。这些人包括政治家、牧师、记者、广告商和媒体主播等。然而，在我看来，人们的表达往往过于模糊而不是过于清晰。说不清你想说的话很可能变成社交或商业场合的一种习惯。因此，尽管故意的模糊也许能让日常交谈更为顺畅，但在商业领导者的角色上，我们还是需要表达得更清晰而不是更模糊。

20.2 激励人心且令人难忘

卓有成效的领导语言还需要有激励性。即使我们说得清楚，可是我们没有用生动、有效、令人鼓舞的方式把我们的意思表达出来，那么他人可能还是看不到或者意识不到我们所提建议的重要性或者紧迫性——或者更糟糕的是，他们甚至记不住我们说了什么。卓有成效的发言者会设法用令人印象深刻的方式列举数据；提出具有煽动性的观点，吸引听者的注意力，刺激听者思考；用故事、语言上的细微差别和情绪联系来让他们的观点变得生动。如果他人记不住你说的话，他们怎么可能被你的战略或真诚打动并受到激励呢？

很多潜在的领导者一想到要改善自己的语言表达风格就觉得不舒服，更不要说真正着手改善了。他们认为，他们讲话的内容更重要。事实是，很多激励人心的讲话尽管内容没太多过人之处，但仍可能而且也确实在无数的人类活动中脱颖而出、赢得人们的关注。请想想所有并不先进但却凭借出色的营销在细分市场占据优势的产品。不过，想想你记得住的演讲和领导号召就更好了。是什么让它们令人难忘？你为什么会对它们有所响应？也许很大程度上是因为它们陈述内容的方式。

例如，尽管当时英国殖民政府下了禁令，甘地仍然长途跋涉前往海边自制食盐，想想这个举动多么具有说服力、多么令人振奋。甘地宣布他从内陆步行到海边制盐，随后就照做了，他简单却激励人心的行动引起了数百万人的关注，并且向政府发出了异乎寻常的挑战。如果你想影响他人，请仔细想想你如何才能让自己的讲话激励人心。

这里有一个我在上课时用到的例子。有时，在讨论企业生活可能让人们感到难以抵挡和灰心失望的时候，我们会谈到保护自己心理、道德和身体健康的重要性。如果人们在自己的信仰上妥协太多次，他们最终可能对从前能激励他们采取行动的事件感到习以为常。为了说明这一点，我问讨论参与者是否看过电影《汉尼拔》。这部电影讲的是一个以吃掉被害人为乐的连环杀手。这一想起来就让人毛骨悚然——讨论参与者立刻就会集中精神。电影中有这样一幕，主角把一个"坏家伙"带回家"吃晚餐"。主角把这个人的手脚绑在椅子上，然后锯开他的头盖骨，露出他的脑子。主角慢慢地把他的大脑皮层一片片切下来，在桌旁的煎锅里炒熟——然后喂给他吃。又是让人毛骨悚然的一幕。但有趣的是，我发现随着大脑皮层被一片片切掉（妥协），这个人的语言能力一点点侵蚀，他的说话风格逐渐倒退回大学时代、中学时代、小学时代，最终，他只能使用孩子的交流方式了。关键是，有时企业生活也会这样侵蚀我们：我们被迫在自己的价值观和信念上做出妥协，如果妥协了太多次，有一天我们可能发现自己丧失了主见，无法再去做我们曾经认为正确的事了。在这样的讨论中，有些参与者一脸痛苦，有些人感到厌恶，有些人叹气或呻吟——但没有人会忘记这个故事及其关键所在。

20.3 始终如一的真实性

很多潜在领导者违背的另一个原则是一致性，他们的领导也因此遭遇失败。一致性意味着言行一致；也就是说，你怎么说，就怎么做。一致性就是要真实——也就是说，表现出里里外外真实的自己。正如我们在第6章（"领导的道德层面"）讨论过的，不要在做出无法遵守的承诺后还指望他人愿意追随你。卓有成效的领导者十分清楚，如果不愿意身体力行地实践他们要求他人做的事，他们无法维持自己的影响力。如果我们要求员工容忍成本削减，同时却给自己大涨工资，我们影响员工的能力就会大大降低。如果我们要求员工有创造力，回头却打击、惩罚或嘲笑尝试创新的人，他们就会意识到我们是在说假话。要成为卓有成效的领导者，意味着要言行一致。因此，这里的原则是"在跟别人说话的时候，要表现出真实的自己"。不要承诺你无法实现的东西。别想假装你没有的东西。如果你无法做到你要求他人做的事，就不要提出这样的要求。如果你提出了这样的要求，你就是在破坏自己在他人眼中的形象。如果他们因为你的言行不一而无法相信你说的话，他们对你的信任就会削弱。

卓有成效的领导沟通还具有尊重性。这种尊重性可以表现为若干种形式。一般而言，能够赢得他人的信任进而激发其能量的领导者不会高高在上或者瞧不起人。卓有成效的领导者会用他们的语言暗示他人对于实现自己的目标有多重要。想想美国总统约翰·肯尼迪在就职典礼上的那句名言："不要问国家能为你做什么，要问你能为国家做什么。"从表面上看，这句话可能让某些听众感到泄气，因为它似乎是在提要求，但如果我们想想其中隐含的意思，也就是"你有才干和能力，国家需要你，让我们想办法让你发挥最大的作用吧"，那么，这句话就有效地传达出了对听众的尊重。它不是在传达操纵乡巴佬、愚弄某些人或者让大众按照我们的意志行事的意思。相反，它隐含了对人们深切的尊重。如果他们选择这样做，他们就能对自己的生活质量、他人的生活质量和国家面临的现实状况产生巨大的影响。如果你对他人表现出你尊重他们的看法、关切和才能，你得到积极响应的可能性就会大得多。

20.4 尊重性

邀请

人们之所以不愿按照我们的意志行事，一个原因是我们没有用恰当的方式对他们提出要求。卓有成效的领导者知道如何设计和发出有效的邀请而不是发出高人一等的命令或指示。当然，除非邀请以清晰的目标、清晰的奖励、清晰的职责和对他人的尊重为基础，并且以激励人心而且一致的方式表达出来，否则可能不会被他人接受。尽管如此，卓有成效的领导者不会畏惧。如果他们学会如何有效地提出要求，学会如何用让他人觉得有吸引力的方式设计他们的邀请，那么他们赢得有利、自愿响应的可能性就会大大增加。第三层次领导的概念要求领导者发出邀请而不是要求、命令或指示，这意味着第三层次领导者要有一种与大多数当权者不同的领导态度。

邀请具有尊重性，因为它把选择权留给对方。邀请和我们对领导的基本定义是一致的，因为领导的定义中包含他人的自愿响应。在邀请某人做某事时，你要知道，除非自己做好准备并且能有效地提出邀请，否则对方可能会拒绝你的邀请。

这种通过"邀请"来领导他人的概念在很多人看来奇异古怪、不合时宜。如果你此刻认定邀请和领导互不相容，那么你对他人说话时就会以下达指示、命令、准则和要求为中心，他人尽管可能在嘴上说"是"，但在他们的内心，也就是在第二、第三层次，他们可能是在说"不"。鉴于此，你应该想想自己如何才能设计和提出具有说服力的邀请。这些邀请不是如马龙·白兰度在《教父》中说的"开出一个他无法拒绝的条件"。如果让人无法拒绝，那无异于强迫，其中不存在真正的选择。想想如果你能设法设计和发出有效且触及人心（第三层次）的邀请，你的领导行为会产生什么效果。

人际"舞蹈"的准则

如果承认语言对卓有成效的领导者而言是至关重要的工具，你可能就会愿意关注那些有损你的影响力的沟通习惯。这些看起来无伤大雅的习惯会在无形中一点点削弱我们的影响力。在这里，我根据多年的观察和经验，给你提供一些有关如何进行卓有成效的领导沟通的窍门。我希望你能将这些窍门融入你的日常语言和实践中去。我想，你如果这么做了，就能发现你的沟通准确性和影响力都会有所提高。

1. 用"而且"取代"但是"。或者更直接地说，"别说但是。""但是"是现代语言中最常用、最令人困惑的用法之一。想想下面这个句子的意思："玛丽，我完全同意你的话，但是……"你的直接反应是什么？这句话的真实意思是什么？"但是"这个词否定了前面所说的一切。换言之，这其实就是在说："玛丽，我完全不同意你的话。"这种情况下，听者会微妙地意识到你在撒一个小谎，你真正要说的话在后面。这种句式结构或者说说话习惯，会让听者对说者的准确性、诚实性和语言风格产生疑虑。

一个更好的选择是使用"而且"这个词。"而且"更为准确，因为它为你和对方的观点都留下了思考的余地。"更大肚"是学习型组织研究中讨论得很多的一个概念，它往往更能包容其他观点，因此也更能催生信任和投入。使用"而且"这个词有助于建立双赢的局面，而"但是"往往导致一争高下的局面。使用"而且"代替"但是"有助于让双方觉得他们好像是在联手解决问题，而不是相互竞争，看谁先找到解决方案。

因为这种第一层次的习惯十分常见和普遍，所以你要一点点着手。首先，你可以注意他人在说话的时候用了多少次"但是"，并且在每次发现时都花一两秒钟时间思考"这个小小的词语产生了哪些影响"。其次，你可以注意自己使用这个词的频率。我希望从现在开始，每次听到自己或别人使用"但是"这个词，你的"但是"雷达都会"哔哔"地发出警报。我还希望这种意识会逐渐让你改变自己的说话习惯，多说"而且"，少说"但是"。如果你做到了，你会发现自己的人际关系和沟通大幅改善。这是一个能产生大影响的小习惯。

2.使用第一人称表述。你的高中语文老师也许会大声反对这个建议。我建议你用第一人称描述自己的信息——跟结论相关的联系和情绪，而不是陈述绝对真理。例如，"我认为……"和"这是……"，哪种说法更准确？哪些东西是你能肯定的？如果你在说话的时候很绝对，参与讨论或参与你愿景的人还有余地吗？在描述事物时，"在我看来……"是更准确的表述方式。你是否意识到你的"真理"可能和他人看到的或者相信的真理不同？

使用第二人称"你"（例如，"你在……上有问题"）往往立刻让对方产生微妙的防备。沟通理论的观点在很大程度上恰恰相反，认为应该避免在说话或写作的时候过多地用第一人称，因为第一人称过于"以自我为中心"。无论如何，这里的挑战在于，要准确，要心口如一。这并不意味着你的每句话或每个段落都要以"我"开头，但确实意味着你要承认你说的只是自己的观点和看法，不要将它们表述成"事实"。这还意味着当问题出在你身上时，你不要把它们归咎于他人。使用第二人称"你"可能迅速引起对方的防备和抗拒。而使用第一人称"我"尽管可能让你的语文老师不高兴，但它更准确，也不那么强加于人。简而言之，它更具"尊重性"。

3.不要把你的观点伪装成问题。这条原则最常见的表现是人们经常使用"你不认为……？"这种句式结构。这种常见的句式结构把焦点从说者身上转移到听者身上——这往往会引发听者的防备，而且是一种微妙的逃避手段，可以让说者不用为自己的信念和结论负责。"你不认为……？"的句式结构常常让他人陷入困境。当听者听到这句话时，他们立刻就会开始思考自己是不是在被引向他们不认同的结论，开始思考在这段对话中自己是否在被牵着鼻子走。这种"认识"不一定会上升为第二层次有意识的思想。被这么问时，大多数人都会说像是被人"推着走"一样。

另一种领导语言形式更有影响、更有勇气、更尊重对方，即用"我的看法是……"或者"我认为……"等句式结构来表明自己的观点。这两种语言形式引发的反应大相径庭。一种引发听者的防备，另一种尊重听者的观点，允许听者按照自己选择的方式表达自己的观点。

下一次当你自己说"你不认为……？"的时候，请注意对方或许转瞬即逝的直接反应。当他人一开始就用这样的方式对你表述他们的想法时，你的直接反应是什么？我已经对这个句式很敏感了，因此当别人用"你不认为……？"这个句式向我发表他们的评论时，我会立刻打断他们，问他们是在提问还是在陈述观点。他们通常会思考片刻，然后承认他们是在陈述观点。"那么，"我会说，"请直接陈述你的观点，不要让我在回答的时候感到为难。"这个办法很奏效。

4. 要让别人理解自己，先理解别人。要能够确切地复述对方说过的话，特别是当这些话富于创意或者非同寻常的时候。尽管让这个原则广为人知的是斯蒂芬·柯维的《高效能人士的七种习惯》，但这个概念其实是由已故著名心理学家卡尔·罗杰斯（Carl Rogers）提出的。感到没被"听懂"的人不太容易受到影响。认真倾听，直到他人感到你完全、彻底地听懂了他们，你就是在表达对他们的尊重，你就更有可能在自己说话的时候得到他人第三层次的倾听。在你打算提出自己的观点（例如，"是的，我想让你做的是……"）之前，要先设法确认对方向你说的话（例如，"我听到你说……"）。对于这种积极的倾听，人们讨论得很多，但实践得很少。根据我的经验，有效的第三层次领导者是非常积极的倾听者。他们确实渴望知道你的想法，这种渴望十分珍贵，兼具清晰性、激励性和尊重性。

5. 不要怀疑自己的结论、想法、观点和情绪，要坚信它们是正确的，特别是在它们富于创意的时候。你有多少次听到别人用"我说的也许不对，但是……"来开始他们的评论。这种一开始就对自己的信念、价值观或者结论表示怀疑的做法往往极大地削弱一个人的影响力。要承认我们可能不知道某种绝对真理，一种更有效的方法是在开始的时候说"我认为……"而不是"我对此知道得不多，但是……"。不要还没表述自己的想法就先怀疑自己或自己的想法。经常使用这个句式结构可能是由外而内的潜在世界观在第一层次的体现。我建议你回头看看第1章关于由内而外和由外而内的讨论，想想你的说话习惯是否体现了这种倾向。

6. 支持你的结论时，先用数据，再用情绪。要意识到逻辑和情绪之间的差别，能恰当地运用逻辑和情绪。有些人认为，如果能用更多的情绪突出自己的观点，就可以弥补支持性数据方面的欠缺。然而，事实上，拍着桌子大声叫嚷改变不了你的逻辑。有些人的看法恰恰相反，他们认为，如果掌握了事实，就没必要再用情绪或戏剧效果来证明自己的观点了——逻辑会证明一切。在我们看来，风格和内容缺一不可。你眼中的事实是什么？把你的数据列举出来，让他人得出跟你一样的结论——如果其中存在逻辑联系，他们很可能看得出来。

你什么时候可以用情绪来渲染事实呢？如果你能基于证据合乎逻辑地证明自己的观点，那么就用你的情绪来渲染你的结论吧。单凭情绪或者单凭冰冷的数据都不足以说服别人。深思熟虑、小心谨慎地将二者结合起来使用会让你的陈述或对话更有说服力、更令人难忘。

7. 描述事实，不要下判断。针对他人的判断或者结论往往引发他们的防备。要知道描述事实和得出结论之间的差别。"约翰，你很懒"和"约翰，我发现你前两次任务都没按时完成"之间的差别是很大的。你越客观、越描述事实，你就越能影响他人。要练习观察和描述身边发生的一切。（埃伦·兰格的书在这方面能为你提供很多有益的见解。）你能描述对方的观点或潜在逻辑吗？或者更进一步，你能描述对方表述背后的潜在 VABE 吗？如果能做到这一点，你就会成为更有力的谈判者和更优秀的沟通者。

8. 创造性地思考。很多人已经学会了如何批判性地思考。尽管这是一个很好的能力，但如果不加控制，它就会妨碍我们认识与我们当前的 VABE 不相符的非同一般的想法。习惯性地用批判性眼光看待世界的人往往不容易接受各种改变世界的可能性。在一定程度上是因为他们已经习惯等着听他人认同自己了。等着听他人认同你已经认可的观点是一回事，用开放的心态倾听各种可能性则完全是另一回事。请复习第 7 章有关提升创造性思考能力的建议。要学会首先思考对方的观点为什么行得通而不是思考它们为什么行不通。如果你在充分思考后仍然不认同，那么就一定要运用上面的第 6 条原则，并且用"而且"这个词来描述你为什么得出自己的结论。

9. 如果你不理解，假设他人也如此。不要因为不愿意提出愚蠢的问题而损失提升能力或经验的机会。为了学习，要愿意示弱。如果你不理解某事，假设他人也同样不理解，并且愿意为他们代言，把事情弄清。要对自己的结果负责。这种能力也取决于强烈的自信、由内而外生活的能力以及满足求知欲的决心——甚至要以稍稍牺牲你在别人眼中（其中大多数人你都不认识，对吗？）的形象为代价。

10. 对你所处的各种情境的内容、过程和结果负责。如果不喜欢自己的处境，那就改变它。如果不能改变自己的处境，那就让它变得可行。要选择让自己开心甚至满意地面对各种情境。问问你自己：我对当前的情境有何贡献？如何才能改善这个情境？如果某次会议进行得不顺利，就要做点什么来改善这个局面。要自信。这是一条关键原则——与柯维提出的"要积极"的建议类似，这条建议在他提出的七个习惯中居于首位。

让我来讲个小故事吧。有一次，我受到一位好友的邀请，参加他所在的高尔夫俱乐部举办的会员和嘉宾锦标赛。这个俱乐部很高级，有很多有钱的会员。我们赢得了比赛，于是去参加颁奖晚宴，我们碰巧坐在四个不认识的人身边。其中一个是一位上了年纪的绅士，从他轻松的举止来看，他应该是俱乐部的会员。晚宴进行得很缓慢，过了两个小时，仪式才开始。对面这位上了年纪的绅士已经打起了瞌睡，正打着呼噜。我想，虽然得奖让人很高兴，但这个夜晚注定既漫长又无趣——我敢肯定不止我一个人这么想。

我决定对自己负责。说说看，你是怎么想的：是不是觉得这太自以为是了？尽管不善交际（有时有人在喝了点酒之后会学会如何交际），但是我知道，在招待会上跟人攀谈的一个好办法是问问别人的情况，不要老想着自己的事。于是，我清了清嗓子，跟那位绅士说："对不起，先生！"他哼了一声，醒了过来，问："怎么了？""首先，我要感谢您和您的俱乐部组织了这次会员和嘉宾锦标赛。我玩得很尽兴。我是一名商学院教授，职业生涯管理课程是我负责教授的课程之一，我一直好奇人们在自己的人生中都学到了些什么。您看起来是位成功人士。我能问问您是做什么工作的吗？"他说他在一家大型《财富》20强公司里做了35年的管理者。"是这样，"我说，"我有很多年轻的MBA学生，他们求知若渴，所以您能告诉我您认为自己在人生中学到的两三条最重要的经验是什么吗？"他又哼了一声。思考片刻后，他生硬地说："勤奋工作。"然后就又打起了瞌睡。这难道就是他毕生工作得出的至善经验？我能看到他的太太对我们的对话很感兴趣，对她丈夫的回答很期待。而她丈夫的回答让她有些失望，当她的丈夫再次打起瞌睡的时候，她眼光一闪，对我们说："哦，我学到的是性爱很美好！"这句话太令人吃惊了！我们全都目瞪口呆！这位太太满面红光，眼睛闪闪发亮。我们都在想："和'他'吗？"我们由此攀谈起来，愉快地聊了一晚。我要说的是：要为自己的结果负责。如果你感到无聊，就做点什么。要尊重他人，要承担责任，这样在回到家后，你就能说："哇！这是一段美好的时光。"

倾 听

　　领导沟通中一个经常被忽略的方面是倾听。很多领导者认为他们的工作是下达指令而不是倾听。然而卓有成效的领导者，尤其是第三层次领导者，很善于积极倾听。我所说的积极倾听指能够真正注意到两点，一点是他人在说什么，一点是这些话背后的情绪。这件事做起来并不像听起来那么容易。大多数西方领导者的假设（一个 VABE）是领导者的工作就是引导、指示、教导、命令、指挥和吩咐。很多东方领导者的假设恰恰相反，他们认为他们的工作是先认真倾听他人的意见，再做出决策。根据我的经验，东方和西方的领导者都相当以自我为中心、相当有控制欲——但是相应的文化准则（VABE）差异很大。

　　斯蒂芬·柯维让"先理解别人，再让别人理解自己"的概念流传开来。[3] 这是一条很有效的原则。努力提高自己沟通能力的人会练习更专心、更完整、更深入地倾听。事实上，你是在通过认真倾听来获取相关信号，了解对方的认可级别，正如我们之前讨论的。

　　如果对方是在利用交谈阐明自己的想法，你的倾听对他们来说是很大的帮助。在（1）认定你知道他人会说什么或者（2）打断他人替他们说出他们的想法或者否决他们的想法之前，要先学会完整地倾听他们的思想。如果做到了，你也许就会发现他们思想中新的闪光点，而且你的倾听意愿往往会拉近你和对方的距离，因为倾听会传递一些重要的潜在信息，包括"我重视你"、"我重视你说的话"以及"我有时间听你说话"等。糟糕的倾听者往往传递相反的信息，这会削弱他们的领导能力。如果你想更深入地学习如何有效地倾听，你可以读读"积极倾听"这篇文章（UVA-OB-0341，达顿商业出版社最受欢迎的技术指南之一）。

20.5　结　论

　　语言是卓有成效领导者的重要工具之一，甚至可以说是最重要的工具。很多当权者头疼如何使用语言，头疼如何用清晰难忘的方式表达自己。然而，在所有的领导技能中，语言是最容易训练和管理的技能之一。你可以学习让自己在日常对话中表达得更清晰、更激励人心、更真实并且更尊重对方。这需要清晰的理论和大量的练习，但好消息是我们有大量的理论来源，也有大量的练习机会。尽管我在高中时口吃还很严重（在淋浴、坐车、慢跑等各种场合），但我后来还是学会了如何更流畅地说话。你也做得到。本章结尾的思考题也许会让你思考如何培养自己的语言能力。

思考题

1. 别人会说你的表达很清晰吗？还是会说他们常常不太清楚你想要说什么？你是否常常找不到适当的语言表达自己的想法。注意你是否经常发现自己无法顺利将想法转换成语言。你读得懂自己的语言吗？你是否不知道自己说到哪儿了？如果是这样，你也许还没有在头脑中明确自己的信念。

2. 你是否经常练习大声说出自己的信念、原则或思想？你可以在哪里练习？哪些东西会妨碍你练习？如果你害羞或者内向，还有什么能比周围没有人的时候练习更让你感到安全？你是否担心自己的判断？

3. 你说的话令人难忘吗？你是否在想方设法确保他人记住你说的话？你能找出一些小故事、趣闻或插曲，用它们来更生动地表达自己的想法和观点吗？你喜欢讲故事吗？你擅长讲故事吗？你怎样才能锻炼自己讲故事的能力？

4. 你怎样看待真实性？你喜欢隐藏自己的思想和感受吗？为什么？和他人分享你内心最深处的思想会给你带来什么危险或威胁？你是认为它们非常神圣，因此不适合与他人分享吗？如果没人知道你最重要的思想、信念和感受，你怎么能领导他人呢？

5. 你对他人有多尊重？你讲过涉及种族歧视的笑话吗？你经常通过羞辱别人来显示自己的幽默感吗？为什么？如果他人不尊重你或者你不尊重他人，他们追随你的可能性还有多大？

6. 你是否用倾听来体现自己对他人的尊重？你是否既听得懂内容，又听得懂情绪？你能听出他人说话时传递的认可信号吗？

7. 注意你在一天内是否经常听到"但是"这个词。注意这些事件的影响，然后反思你是否经常说这个词，以及它对你的影响力有何影响。

8. 要更善于表达，你要怎样练习？在什么地方？在什么时候？你会"谈"些什么？

案例讨论

某公司首席执行官的演讲撰稿人每年都要给他代笔，起草发给公司所有员工的电子邮件。有一年，这名撰稿人和往年一样，撰写了一份发给所有员工的年假通知。她在通知里使用了"公司的女性和男性同事们……"的写法。首席执行官批阅后，通知发了出去。可是后来，撰稿人却受到直属上司的批评，因为她在通知里写的是"女性和男性"而不是"男性和女性"。一开始，她还以为上司是在开玩笑，但她很快就发现他没有开玩笑。随后，她的上司宣布了一条原则，说在公司里只能用"男性和女性"，他认为改变这种惯用语的次序会让员工关注性别问题，忽略邮件的中心议题。这是语言问题还是性别问题？上司向全体员工发送了一封电子邮件，说："我们将实施一条原则，以后我们都要说'男性和女性'而不是'女性和男性'。举例来说，据此原则，我们会说'女士们、先生们'而不是'先生们、女士们'。改变这些惯用语的结构会让大家关注这些词句，忽略相关文件的内容。"撰稿人不知道该怎么做。

第21章 领导团队

  在不忽视个人的同时,我们应该为团队多花些心思:团队的成员选择、发展和培训,团队的资质、经验和成绩,最重要的是,团队的心理、激励、构成和行为。

——安东尼·杰伊

  维持终极竞争优势的不是财务,不是战略,也不是技术,而是团队合作,这是因为团队合作非常强大、非常珍贵。我的一个朋友是一家年收入达10亿美元的企业的创办者,他对团队合作力量的描述最为恰当:"如果你能让组织里的所有成员都朝一个方向努力,你就能在任何时候、在任何市场上统治任何行业、抵御任何竞争。"

——帕特里克·兰西奥尼

一个信息系统项目的领导者，努力地在一项涉及数百人的市政现代化计划中组织一次巨大的变革。

一家全球金融服务企业的一名客户主管想知道如何协调同事的工作，他的同事们代表同一个全球客户的利益，却分别处于8个不同的城市。

一个线束团队试图立即凑足一个客户需要的订货。

一名课程负责人努力地在同事中建立起一支具有凝聚力的教学团队，他的同事们分别负责教授同一个课程的不同部分。

当登山队向8000米的高峰迈进时，一名世界级登山者试图控制自己的情绪，尽管此时自我膨胀、背夫烦人、同伴们正在争着进入登顶队伍。

在飞速变化的环境中，组织组建、培养、利用和重组高绩效团队的能力是可持续竞争优势的源头。大多数组织做不到这一点。上述团队面临一系列常见的问题。怎么才能建立起一支卓有成效的团队，特别是在时间紧迫而且结果很重要的时候？这个问题并不容易回答，但正如安东尼·杰伊指出的，这个问题的答案越来越重要。第4章所描述的范式转变正催生出越来越多基于团队的组织。于是，越来越多的领导者面临团队管理的困境和挑战，包括短期团队、项目团队、计划团队、专职团队、特别团队以及以目标为导向、以利润为驱动的永久团队。现在，许多国内外会议的主要目标就是帮助人们学习如何更有成效地领导团队。

21.1 团队是怎样形成的？

首先请注意，群体并不一定是团队，工作群体和团队是有差别的。卡岑巴赫和史密斯首先提出团队的概念，随后又确定了群体和团队之间的差别。在这个过程中，他们创造了一个对团队领导者和成员都有价值的目标：怎样才能让我们的工作群体成为一支卓有成效的团队？只是经常开会是不够的；卓有成效的团队领导者会积极运用团队发展原则来打造卓有成效的团队。卡岑巴赫和史密斯对团队的定义是，"一小群技能互补的人，他们秉承共同的宗旨、绩效目标和方法，并且相互负责"。这个定义也许看起来有点干巴巴的，但从实质上看，团队就是以某个共同目标为中心调动起来的具有凝聚力的群体。

卡岑巴赫和史密斯还确定了卓有成效的团队区别于普通工作群体的七个特征。[1] 这些特征是共同领导、共同负责、独特宗旨、共同工作、不讲求效率的开放性会议、集体衡量标准以及真实的工作而非人为制造的工作。

这些标准为工作群体是团队还是正在成为团队提供了评价基础。其中有些标准（前五条）涉及团队的内部事务，而有些标准（后两条）可能需要外部环境也就是能够提供支持的组织背景发生改变。然而，群体及其成员能够在很大程度上掌握群体的未来和命运。首先要注意的一件事是，群体会随着时间不断发展。

21.2　团队生命周期

不论寿命长短，群体似乎都会经历一个生命周期，其中包含各不相同的若干阶段，每个阶段都有各自的挑战。也许，你已经听很多人说过，群体会经历组建、动荡、规范和执行等阶段。基于对群体行为的研究和当前范式转变的现实，我们可以预见，群体会展现出一种略微不同的发展模式，它包括组建、规范、执行和重组等四个阶段，群体领导者需要理解这种新的发展模式。这种次序不同于经典模式的组建、动荡、规范和执行。

组建：启动和定位

群体最开始聚集起来的时候，成员会花大部分精力来彼此适应和评价。成员会进行试探性的交流，他们要努力回答一些关键问题：我应该在这里吗？这个群体的目标是什么？谁是领导者？群体成员通常会期待领导者向群体灌输目标意识。如果成员资格、目标和领导问题没有很快得到解决，群体的工作会缺乏效率，甚至可能陷入困境。如果群体立刻或者过早地投入"任务"之中（建设团队时最常见的错误），成员资格、目标和领导问题随后会纷纷浮现出来，制造分裂和混乱。这种现象在现实的工作情境、初级绳索体验团队建设训练以及更复杂的刺激训练等各种场景中反复出现，群体总是试图立刻投入任务之中。

卓有成效的团队领导者或者愿意参与分布式领导模式的卓有成效的团队成员会足够明确、及时地解决这三个基本问题，避免随后的低效率。这意味着要明确团队的任务和期望结果；明确每个成员加入的理由以及他们怎样才能为结果做出贡献；明确团队领导将如何演化和发展。

规范：探讨如何完成任务

群体解决了要实现什么、谁应该加入群体以及要如何实施领导等问题，他们就会开始思考"怎样做"的问题：我们要怎样合作？我们要怎样解决争端？我们要怎样与外部世界联系？在基本规则、群体使命的范围和最佳行动方针等问题上的不同意见让领导者和群体成员感到，组建阶段是最具创造性也最费力的发展阶段。成员想要知道界限在哪里以及它们有多严格，所以他们会用各种各样的方式对界限进行测试。谁有发言权？我们怎样决定谁有发言权？我们怎样制定决策？我们怎样重新审视这些决策？我们多长时间开一次会？我们在会前会后要做些什么？群体成员要首先解决这些问题，才能更有效地集中精力完成他们的任务。

在这个极具创造性但又常常不稳定的阶段，成员要培养合作能力。卓有成效的领导者不会以挑战为理由实施专制统治，也不以群体性波动为借口插手细节管理。相反，这些时刻给他们提供了机会，让他们可以看出每名成员的能力将如何对整个团队以及团队任务的完成做出贡献。要趁这个时候探索正在形成的群体价值观、假设、信念和期望（VABE），确保这些VABE清楚明确、为群体所共享而且是群体自主选择的结果。

大多数群体没有明确或有效地实施这种探索；这种探索刚好发生在群体通过共同相处实现发展的时候。事实上，这是关键时刻。卓有成效的领导者了解这些发展阶段以及群体在每个阶段面临的任务，能够通过它们明确地管理团队。如果忽视这种可以预见的群体发展模式，团队领导者可能觉得自己像是领先了一步，但是通常问题会在随后出现，让群体陷入困境。因此，从长远看，立刻投入任务之中，忽略组建和规范阶段，会让群体或团队的效力和效率降低。

指定的团队领导者要想在群体发展初期应付自如，关键是要明确每个发展阶段的任务并且针对这些任务展开讨论。当然，随着时间的推移，团队可能会认定某些初期的讨论和结论是行不通的，这可能让他们觉得之前的时间都白费了。然而，领导者越能有效地帮助群体度过这两个初期阶段，群体就越能更快地集中精力完成任务。表 21-1 列出了群体发展的各个阶段涉及的任务。

表 21-1　群体发展的阶段

任务	组建	规范	执行	重组
成员资格	×			
目标	×			
领导	×	×		
规则		×		
程序		×		
衡量标准		×	×	
行动			×	
绩效评价			×	
学习			×	×
庆祝				×
放手				×
继续前进				×

执行：进入稳定

最终，如果领导者能更快地恰当处理好这些问题，最初笼罩群体的大部分不确定性就会消失，群体就能开始认真地投入分派给他们的实际工作之中。个人职责变得清晰明确、人际关系变得轻松自在。现在，成员在起草计划时会因循已经确立的先例。成员不再质疑目标、成员资格或领导问题，而是专心完成工作。随着群体沿着集体学习曲线不断进步，群体的工作效率也会越来越高。

但是，新的危险出现了。从探索阶段的振奋气氛中汲取了能量之后，成员可能开始认为稳定就是枯燥乏味、就是例行公事。尽管要和团队合作来确保效率不断提高，但卓有成效的领导者还是会设法维持紧迫感和兴奋感，而它们通常是早期阶段的特征。

在这种持续的困境中，如何重新激发长期工作群体的能量？如何对抗每天的例行公事对能量的消极影响？第13章介绍的概念中包含一个答案。如果你能帮助团队找出团队梦想（内在梦想）并且经常重温这个梦想，你就能帮助他们明白当前的工作正是为了实现梦想。如果在信任、尊重和愿景的坚实基础上构建团队结构和团队关系，你就能为团队的持续努力重新注入能量。从很多方面看，团队领导者要负责唤醒、重聚和重建团队成员在上次完成重要任务时产生的共鸣，从本质上看，这种共鸣对团队成员大有裨益。

要想避免团队陷入例行公事和平庸表现，一种办法是强调学习。卓有成效的组织总是有意识地管理自身的学习，因此当所有团队成员准备离开团队、投入下一个项目时，他们知道自己从上一次的经历中学到了什么，并且在意识层面（第二层次）做好了准备，要把所学到的东西运用到下一次任务中去。

重组：重新评估

稳定的工作群体常常形成根深蒂固的工作习惯，在这个过程中形成组织亚文化。群体越稳定，就越难响应激烈的变化。然而，最终，利润的下滑、市场的转型、上级对群体要求的改变或者原始任务的完成等一些根本性改变会让群体不得不进行重新评估，甚至分解或重组。

对于群体而言，这个关键时刻非常艰难——实际上可以说生死攸关，因为群体成员对这些根本性改变的感受很可能大相径庭。有些人会激烈地反对群体的使命发生任何改变，有些人会热情地接受改变，而有些人会觉得遭到领导者、高级管理者甚至是客户的背叛。正如我们在第5章讨论过的，竞争优势在一定程度上基于灵活性。除非理解和应对变化的过程已经成为群体文化的一部分，否则当前任务的完成很容易让群体用消极的方式解体。无法积极有效地解散团队可能带来竞争劣势。

根据不同的团队文化及团队领导质量，团队生命周期即将结束时可能出现几种情况。群体可能在重新评估阶段重获能量和焦点，可能因为内部意见不合而解体，可能坚持已经过时的愿景、苟延残喘，或者可能带着任务完成的满足感解散、所有成员投入其他的工作中。如果关注并建立重新评估和重组富于成效的工作团队的程序，组织就会形成其他公司没有的独特竞争优势。群体或团队在生命周期中表现出的另一个特征是成员分别扮演常见且可以预见的角色。

另一个挑战在于，很多管理者试图立刻投入第三阶段，也就是执行阶段，忽略组建和规范阶段的挑战。这种"开火、开火、开火、预备、瞄准"战略的问题在于，没有得到解决的成员资格、目标和领导等问题随后会掉过头来给团队带来麻烦。图21-1说明了先解决第一阶段的问题、再应对第二和第三阶段问题的概念。

	1.组建	2.规范	3.执行	4.重组
目标	X			
成员资格	X			
领导	X			
规则		X		
衡量标准		X		
任务			X	
脱离				X

图21-1 团队生命周期

21.3 团队角色

当你受邀参加一个新群体（会是一个团队吗？）的会议时，你很可能发现群体成员以一种可以预见的模式分担不同的角色。你会看到有人试图担任领导者，他总是指使别人，嗓门很大；你会看到有人胆小怕事，他任何时候都不出声；你会看到有人老是唱反调，他什么都反对；你会看到有人爱开玩笑，他总想拿所有事开玩笑；你还会看到有人怀疑一切，他靠着椅背坐着，抱着胳膊，皱着眉头，露出一副"证明给我看"的表情。你在自己的群体会议经历中还看到过哪些其他的角色？

显然，常见的角色未必都有效、有益。梅雷迪思·贝尔宾根据他在英国和澳大利亚与高管培训团队的合作经历，确定了建立卓有成效的团队所必需的一系列角色。[2] 这些角色包括执行者、领导者、塑造者、创新者、资源调查者、监督评价者、协作者和完成者。执行者把企业放在自我之前，愿意组织和安排事务来适应组织。领导者善于更好地利用群体中的资源，调动各种各样的技能

表21-2　贝尔宾卓有成效团队中的角色

1. 执行者	5. 资源调查者（创新）
2. 领导者（领导）	6. 监督评价者（决策）
3. 塑造者（领导）	7. 协作者
4. 创新者（创新）	8. 完成者

让任务得到完成。塑造者是勤奋工作、以行动为导向的领导者，他们喜欢看到任务得到完成。创新者内向、聪明，他们往往是具有深厚专业背景的技术专家。资源调查者有广阔的人脉，总是在打电话、走来走去，总想验证一切，总想知道各方面的最新信息。监督评价者是决策者，通常很严肃，不受群体热情的影响，总是在测试和验证假设以及群体结论的正确性。协作者性格外向，不想支配别人，因此愿意为了团队的利益做必须做的事。完成者希望让任务得到完成，他们接受创造性的探索，但最终会推动任务的完结。贝尔宾根据各种各样的研究，利用对高管培训团队的心理测试和观察，确定了领导者、执行者、创新者、塑造者、资源调查者、评价者、协作者和完成者等几种角色。

卓有成效的团队领导者会注意确保分派给成员的工作和任务适合他们的才能和爱好。体育教练、探险队队长、项目团队的领导者和工作群体的领导者都明白这条原则的重要性。有时，有人有能力完成某项工作却不愿意做。除非领导者建立一个程序，让每名成员能一直做他们想做的工作，否则整个团队的成功就会受到威胁。然而，如果顺其自然，有能力的团队成员往往能找到适合自己的定位，瞄准他们最适合而且最感兴趣的工作。几位达顿商学院的校友说，有些组织故意模糊地描述新员工的职责，他们相信有能力的人会为自己找到做出重大贡献的最佳方式。

让我们来看看卓有成效的群体中四种必不可少的一般角色。这些角色可以视为两组截然相反的对立面，每组中，一方在做出贡献的时候，另一方就会受到妨碍：

- **任务驱动者。**这类以成绩为导向的群体成员会让群体专注于完成任务的终极目标。史蒂夫·乔布斯督促富于创意的同事把他们的想法付诸实践，让"苹果"电脑从制图板上的图纸变成商店里的商品。他在说"真正的高手能让产品上市"这句话时，担任的就是任务驱动者的角色。

- 过程促进者。作为任务驱动者的对立面，这类成员会监督群体中人际关系的动态变化。群体成员之间工作关系的质量至关重要——过程促进者会认真观察这些关系，努力帮助群体减少团队合作过程中出现的误解。
- 创新梦想者。这类成员最容易接受有创意的解决方案，不论这些方案听起来多奇特，他们一直努力寻找更好的方法。创新梦想者总是在探索创造性思维的四个基本要素：冒险、逆向思维、依靠不确定性以及寻找多种可能性。[3] 有时，团队成员，尤其是任务驱动者，会以完成任务的名义压制创新梦想者。而这样做，他们也许会忽略最终可能完全改变团队过程或成果的其他做法。
- 务实推动者。创新梦想者的对立面是务实推动者。务实推动者关注现实地完成分派的任务。过于关注现实可能抑制创造力，同样，过于关注创新方案可能让团队在各种可能性中无所适从。务实推动者会确保团队主张的目标切实可行，并且推动目标的实现。

这四种角色构成了两组平衡：创新与务实，任务与过程（如图 21-2）。在卓有成效的团队中，这些对立的角色相互平衡、相互制约。但是，如果你的群体没有自然而然地包含这些角色，而且这些角色之间并不平衡，那会怎么样？如果团队成员看起来和这四种角色不相符，他们就不能被分派。只要分派团队成员关注和负责这四种角色，团队的工作就能有显著的改善。这种邀请成员分担角色的做法要求群体成员成为贝尔宾所说的"协作者"，他们愿意为群体的发展和成功做必须做的事。如果所有成员都意识到这些角色必不可少、大有用处，这种意识会让他们更愿意付诸努力，最终促进整个团队的发展。

图 21-2　卓有成效团队中必不可少的角色

卓有成效的团队会展现出某些特征，经历某些可以预见的发展阶段，并且包含各种角色。指定或潜在的领导者要理解工作群体的这些方面，并且积极地管理它们。比尔·戴尔父子把所有这一切放在一起，建立了一个思考团队的新方式，这种方式得到了广泛的流传。[4] 他们提出建设团队的四个关键元素：背景、构成、资质和变革管理能力。从根本上讲，要建立一支强大的团队，不论是否有适当的成员、是否有适当的能力（也许取决于团队的构成）、是否能适应事物的改变，都必须考虑团队的工作背景。戴尔父子认为，团队的基本资质包括：（1）清晰地表达目标和衡量标准；（2）明确完成目标的方式；（3）卓有成效地制定决策；（4）卓有成效地接收和给予反馈；（5）高度信任和投入以及（6）能够化解矛盾冲突。

作为团队的领导者，你面临的挑战是认识卓有成效团队的这些要素，并在团队发展过程中管理它们。但是要怎样做呢？你怎样才能把所有这些认识融入卓有成效的团队领导风格之中呢？沃伦·本尼斯和帕特里夏·比德尔曼针对历史上最成功的七个群体进行了一项有趣的研究，这项研究能够帮助我们弄清这个问题。[5] 他们在研究的基础上得出的见解很有说服力地勾勒出了卓有成效的团队和团队领导的特征。我们会在下面对他们的见解进行概述。当我们描述来自七个出色团队的经验时，请你试着把它们与前面介绍的各种框架结合起来。这种结合会让你更加深入地认识和思考，要想卓有成效地领导团队，你需要些什么。

21.4 激励人心的愿景

本尼斯和比德尔曼发现，他们研究的群体拥有同一类领导者，这些领导者会提供一个愿景来激励团队。这些领导者能够绘声绘色地描述这个愿景，让他人清晰地看到这个愿景并且愿意共同努力来实现它。例如，他们引用了史蒂夫·乔布斯设法说服百事公司的高管约翰·斯卡利到苹果公司担任首席执行官时说的话。据说，乔布斯问斯卡利："你是想下半辈子就卖糖水呢，还是想有一个改变世界的机会？"

在沃尔特·迪士尼的领导下，迪士尼公司在1937年制作了世界上第一部动画长片。迪士尼的想法在当时遭遇了激烈反对，于是他站在大家面前，连说带比划地把《白雪公主和七个小矮人》的故事整个讲了一遍。这番表演很有说服力，也十分成功。要想激发群体努力，就要清晰、有力地描述愿景，而这个愿景也会反过来调动团队的各种资源。

21.5　激发强烈的使命感

由于有激励人心的愿景，成功群体的成员会比一般员工更有工作热情。他们觉得自己在参与某项极为重要的事业，他们是其中不可或缺的一部分。希望激发出群体最佳表现的领导者必须确保这种使命感足够清晰，能够让这种使命感在第三层次与团队成员的目标和志向联系在一起。

本尼斯和比德尔曼从"曼哈顿计划"里找到了一个有启发性的例子。曼哈顿计划的研究人员在"二战"后期制造出世界上第一颗原子弹。[6]起初，白沙基地的保密措施非常彻底，研究人员自己都不清楚究竟在做什么研究或者为什么要做这些研究。严格的保密措施导致士气的下滑以及愤怒和混乱的气氛。研究群体进展缓慢——直到领导者罗伯特·奥本海默把大家召集到一起，把所有事实摆出来，他向大家说明了这项计划的目标以及他们每个人对整个使命的重要性，并且情绪激昂地表示自由世界的生存正面临威胁。这项计划瞬间变成了一场圣战，工作效率迅速提升。

企业领导者面临的挑战没有那么大的毁灭性，但是卓有成效的领导者和奥本海默一样拥有向追随者灌输使命感的能力。这种能力也是史蒂夫·乔布斯在苹果公司的优势之一。乔布斯让自己的团队相信，他们正在发起注定会击败IBM帝国的革命——他们甚至让一面海盗旗飘扬在苹果公司总部的上空，用这种幽默的方式提醒自己记住使命。

21.6　找到适当的成员

实现愿景的第一步或许应该是为团队找到适当的成员。鲍勃·泰勒是施乐公司帕洛阿尔托研究中心的顶梁柱之一，他说："只是把足够优秀的人才凑在一起无法成就一个出色的团队。"泰勒在为研究中心招聘员工的时候只寻找最优秀的人才，就是这个群体在20世纪70年代早期对计算机科学进行了彻底的反思。泰勒的话指出了让团队拥有适当成员的重要性。[7]

泰勒的群体由一群特立独行的年轻思考者组成，他们质疑有关计算机的一切假设。如第 5 章末尾所说，这些人是具有革命意识的思考者。帕洛阿尔托研究中心研制的电脑首度拥有很多我们现在认为理所当然的特征，比如图形用户界面、鼠标和窗口桌面显示格式等。不幸的是，施乐公司不像它的研究实验室那么有远见，让一个来参观研究中心的年轻人窃取了这个开发机会，这个年轻人就是史蒂夫·乔布斯。乔布斯对这种新机器非常着迷，他决定利用自己正在迅速崛起的名为"苹果"的小公司对这些创新技术进行商业开发。

在招聘的时候你要寻找什么样的人才？本尼斯和比德尔曼提出了成功、创新的群体中成员共有的一些特征：原创思维、专业能力、新鲜视角、在当前思维中找出差距的能力、卓越的问题解决能力、跨越巨大的学科差异建立联系的能力以及广泛的参照系。把这些特征统统放进激励人心的愿景这个大熔炉中，再用强大领导进行搅拌，就会创造出惊人的成绩。

团队成员会根据其他成员的能力和对团队的贡献来衡量自己的能力和贡献，以此定期评估自己在团队中是否适当或者是否有价值。感到在团队中不适当或者没有价值的成员很可能因为害怕责难或缺乏兴趣而减少对团队工作的参与，从而破坏整个团队的进展效力。

因此，卓有成效的团队领导者首先必须确保团队是由适当的成员组成的，一旦选定了团队成员，领导者必须巩固每名成员在团队中的适当性。这些任务并不意味着领导者只选择具有最佳技术能力的人加入团队。更重要的是，领导者要关注每名成员的社交和团队合作能力。此外，领导者或组织者应该在团队成立初期帮助成员更深入地了解自己入选团队的原因。在登山队里能明显地看出这一点的必要性。组织者要组织登山队爬上 8000 米的高峰，组织这种危险的旅程，需要非常仔细地挑选自己的队友，让每名队员充分了解入队的原因。著名的登山向导卢·惠塔克曾经多次在攀登喜马拉雅山的登山队中担任队长或队员，他组织和领导的登山队经常遭遇生死攸关的险境，根据多年的经验，他总结道："1975 年从乔戈里峰回来后，我认识到：要衡量一支队伍是否优秀，标准不是你们是否登顶，而是你们在攀登过程中是否相处融洽。"[8]

21.7 分布式领导

一旦确定了成员资格和目标，大多数群体自然要全力解决与领导相关的问题。努力弄清谁是负责人是人类的自然倾向。卓有成效的群体拥有强大的领导，尽管这种强大的领导不一定总是来自强大的领导者。如今，群体正越来越多地采取分布式领导，而不是由指定的领导者领导。分布式领导是一个自然而然的过程，有见解、有能力、有动力应对当前局面的人会站出来，承担影响群体的职责并被赋予相应的权力。要实现分布式领导，每名团队成员都必须适应团队的目标以及自己在团队中的角色。对控制权和领导者的关注必须服从于对目标的专注。这个过程通常不会轻易就能完成，它往往随着团队合作经验的增加而逐渐推进。

由于需要建立分布式领导，很多企业客户开始运用"绳索训练"课程或"探险挑战"课程。这些以团队为基础的2~3英尺低空森林探险比赛或60~90英尺的高空森林探险比赛可以帮助团队成员反复地认识到，每名团队成员都能做出有价值的贡献。这种认识可以移植到商业环境，让团队成员不论身处何地都能更高效地合作。

21.8 非凡的协调

卓有成效的团队领导者可能并不具备其他团队成员拥有的专业技术知识。然而，他们会在调动和协调团队的努力上展现出非凡的能力。领导者的职责是尽可能为新成员提供最适宜的合作环境——而不是让他们各干各的。对于很多潜在的管理者和领导者来说，这是一个难以克服的障碍。有时，一些人已经晋升到领导职位，但很难对具体工作放手，很难学会新的协调能力和推动能力。要对不是亲历亲为的工作负责时，你必须实现一次心理上的跨越。[9] 卓有成效的团队领导者不会插手细节管理。相反，他们拥有良好的"松紧"意识，因此，他们在引导群体的时候不会妨碍到团队成员的主动性和才能。

21.9 创造性支持

卓有成效的团队领导者还会为团队抵挡官僚制度以及官僚程序的干扰。如本尼斯和比德尔曼所说："在伟大的群体中，备忘录绝对不是主要的沟通方式。伟大的群体绝不会把所有文件都一式三份地归档。在这里，可以用来思考和行动的时间绝不会浪费在写报告这类只服务于某些官僚部门或公司职能部门的活动上。"

一天，朱厄尔·萨瓦德里斯在雅达利（Atari）得到了一个机会，有望管理十几名创意非凡的软件程序员——家庭电子游戏市场的收益全靠这些人。他们向她提出了很多挑战，如果她能接受挑战，他们就允许她管理这个团队。其中一个要求是她要帮他们抵挡组织里的文书工作。卓有成效的团队领导者会设法让团队成员尽量不把时间花在与主要任务无关的组织性事务上。[10] 这件事让萨瓦德里斯面临一系列问题，其中一些显然与道德和职业伦理相关。

21.10　尊重的道德基础

卓有成效的团队领导者会把自己的影响力建立在我们之前介绍的道德基础上，这个道德基础就是：说真话、守承诺、讲公平和尊重个人。朱厄尔·萨瓦德里斯知道，如果自己不能赢得程序员们的尊重，那么不论她有什么头衔，都不可能管理他们，更不要说领导他们了。

同样，本尼斯和比德尔曼也提到，洛克希德公司（Lockheed）的绝密研究团队"臭鼬工厂"研制了U-2侦察机、SR-71黑鸟侦察机和F-117隐形战斗机。他们的领导者凯利·约翰逊（Kelly Johnson）是一个性情暴躁的人，他发起脾气来，甚至会把团队成员和客户都吓跑。但是，他在研究员中赢得了极大的尊重，这弥补了他脾气不好的不足。他们知道他不会造他认为不该造的飞机：他曾经宁可把数百万美元退给美国空军，也没有按照他们的意思办。

21.11　适当成员担任适当角色

有适当的团队成员和适当的领导过程还不能保证成就一支卓有成效的团队。能否让成员担任适当的角色是团队组织成功与否的关键。请回想一下，我们在第19章介绍过卓有成效领导的六个步骤，其中之一是"支持他人从而让他们能够做出贡献"。英国哲学家托马斯·卡莱尔（Thomas Carlisle）说，他不相信"三个臭皮匠能顶诸葛亮"，不相信集体智慧，然而团队决策一次又一次做出更令人满意的决定。[11] 如果团队的组织形式能够最大限度地发挥成员的天分和能力，那么集体智慧就更可能产生积极的效果。

21.12 参　与

不是所有才能出众的人都同样善于协作。例如，不论技术技能如何，人们在性格上有内向和外向之分。[12] 在讨论团队目标时，有些人积极踊跃，有些人沉默寡言。卓有成效的团队会努力让所有成员参与其中。事实上，参与是成员资格的一种延伸。如果团队设定了适当的成员资格，那么每个成员都应该参与其中。如果不是每个人都参与其中，团队就可能设定了不合适的成员资格。

在卓有成效的群体中，参与并不局限于团队。作为美国电话电报公司的研究部门，贝尔实验室享有很高的声望，罗伯特·凯利（Robert Kelly）和珍妮特·卡普兰（Janet Caplan）对实验室的杰出员工和普通员工进行了长达七年的跟踪研究，他们在"贝尔实验室是如何造就明星员工的"一文中对这七年的研究进行了总结。贝尔实验室的工程师们认同九条会对工作效率造成影响的工作策略，其中的人际网络、团队合作效力、领导、追随、"展示介绍"以及组织头脑等六条策略可以看成是群体合作能力的变体。

在凯利和卡普兰调研普通团队和明星团队的工作习惯时，人际网络显得尤其重要。尽管两类群体都认为，对于抵御工作上的危机来说，见多识广的同事组成的人际网络至关重要，但明星团队的成功多半可以归功于他们在危机发生之前的人际网络建设。例如，一个普通团队（按照大多数人的标准来说仍然很优秀）的成员说他被一个技术问题难倒了。他辛辛苦苦给技术权威们打电话发邮件，然后等回音，可是最后电话和邮件都没人回，他的宝贵时间被白白浪费了。但是，明星员工很少面对这样的局面，因为他们已经提前建立了可靠的人际网络。

21.13 适当的衡量标准

越来越多的组织开始围绕团队建立，与此同时，过去的绩效衡量标准也越来越过时。传统的衡量体系常常服务于工业时代自上而下的权力结构。这些就是克里斯托弗·梅耶所说的"结果衡量标准"。[13] 结果衡量标准让你了解过去的情况，但不是目前的情况。另外，结果衡量标准通常以职能为基础，比如，营销部门监控市场份额，财务部门跟踪成本等。

结果衡量标准的问题在于，尽管它们能够帮助高级管理者监督公司或团队过去的绩效，然而它们无法说明当前的进展，而这些进展决定着公司能否实现自己的目标。如梅耶所说："计划拖延半年、预算超支200万美元并不能告诉我们哪里出了错或者接下来该怎么做。"

结果衡量标准对群体尤其有害，因为它们往往与特定职能挂钩（市场份额跟营销人员相关，但跟生产人员就没多大关系了），而在群体决策中，来自不同职能部门的人会共同制定总体战略，因此结果衡量标准会削弱集体决策的优势。此外，结果衡量标准还会分散人们的注意力，让人们忽略团队目前正在取得的进展。

> 过程衡量标准就像汽车仪表盘上的仪表。它们指示当前的状态（这样你就能提前知道汽油快用完了或者油压快下降到损坏引擎的水平了）。

除了结果衡量标准，另一种选择是梅耶所说的"过程衡量标准"，过程衡量标准跟踪组织中的全部活动，帮助组织实现既定目标。过程衡量标准是关键过程及其主要贡献者的实时指标。例如，人员配备水平是一个针对修正性微调的过程衡量标准，如果人员配备对于群体来说非常关键，那么对工作过程中人员配备水平的追踪不仅能让群体得知项目出现了进度落后和预算超支问题，还能给群体带来其他很多好处。

过程衡量标准就像汽车仪表盘上的仪表，为司机和乘客提供关键过程的当前信息：还剩多少汽油、汽车行驶了多少里程、电池是否在充电、油压情况如何等。所有这些衡量标准都在指示当前的状态，而且必须指示当前的状态——等汽油用完了才知道是毫无意义的。

梅耶提出的四条指导原则也许能帮助你设计出适合群体需求的衡量体系。

1. 过程衡量标准的设计目标应该是在过程中为团队提供帮助，而不是事后管理。这些衡量标准应该构成一个预警系统，在群体需要修正的时候发出警报。

2. 团队应该设计自己的过程指标。这条原则符合我们之前的断言：关键过程贡献者，也就是最接近工作的人，知道究竟需要做些什么。当然，要设计适当的衡量标准，团队必须清楚企业的战略；如果基本领导模型中的横向连线出了问题，团队设计适当衡量标准的能力就会削弱。
3. 过程衡量标准应该针对多种职能，关注团队的整体工作，而不是只针对几个方面。例如，除了跟踪应收账款，系统可能还要衡量产品中新部件的比例。新部件往往是个"未知数"，因此会引发与设计、库存、制造和组装等多种职能相关的问题。
4. 团队应该控制过程衡量标准的数量。梅耶建议衡量标准的数量不要超过 15 个，否则团队就会因为过度评价而无法行动。挑战在于，要为团队这辆汽车打造一个仪表盘，让司机和乘客能够始终了解汽车在行车过程中的状态。

一些组织正在用打造"仪表盘"的方式解决"适当的衡量标准"问题。仪表盘由实时衡量标准组成，让管理者和观察者能够跟踪当前的进展情况，而不是回顾过去。这里的关键在于，就像开汽车一样，你不能一直看着后视镜，你需要目视前方，同时扫视关键系统和结果的实时指标。当然，打造仪表盘的第一个挑战是挑选适当的衡量标准。衡量标准太多，管理者（司机）就会丧失焦点；衡量标准太少，管理者（司机）就可能突然遭遇严重的系统故障。第二个挑战是建立支持实时评价的基础信息系统（也许是每天评价一次而不是每分钟评价一次——组织不像汽车跑得那么快）。弗吉尼亚州交通运输部打造了这样一个每天更新的仪表盘。这个仪表盘会捕捉该部门主要活动指标当前的过程完成程度或符合程度。这个仪表盘公布在网上，可以供公众查阅，也可以供管理者和员工使用。这是透明度和通用性的一个绝佳范例。

21.14 潜在的团队怎样误入歧途

尽管我们对如何将工作群体打造成团队已经有了很多了解，但是对于很多企业来说，高效团队仍然是一个难以企及的目标。在实现这个目标的过程中有很多陷阱，帕特里克·兰西奥尼提出了五个这样的陷阱：缺乏信任、害怕冲突、缺乏投入、逃避责任以及忽视结果。[14]

互不信任的群体成员在把群体打造成团队的过程中会遭遇重重困难。对每个人的动机、工作方式或者习惯焦点的怀疑和担忧可能破坏群体成员共同努力的意愿。信任是很容易被打破的，我敢肯定你知道这一点。没有保守秘密、背后说人坏话、没有遵守承诺，实际上就是缺失了我们之前提到的道德基础的四个基石，这可能会打破让群体成为团队的希望。

如果群体成员不愿意面对和处理分歧和内部冲突，问题就会恶化和加剧。尽管从短期看，面对和处理冲突可能会让某些人感到不快，然而这比让问题恶化、让成员陷入被动攻击或漠不关心相比好多了。这里的挑战在于要用健康的而非破坏性的方式处理冲突。责备、斥责、在与他人对峙的时候不愿妥协都是破坏性的冲突管理方式，这些做法只会让问题进一步恶化。

缺乏投入或漠不关心也会消耗团队的实力和能量。迟到或者不到、没有做好准备、没有后续行动、不参加会议，这都是不够投入、不愿帮助团队前进的表现。

在缺乏实力的团队中，个人和群体都不愿为自己的行动负责。把绩效不佳的责任推到客户、供应商、管理层、同事或者任何其他群体头上，这样做只会消耗群体的能量和效率。这样做会导致群体忽视结果，这是群体运行不良的最后一个元素。如果不能像柯林斯所说的那样"直面严酷的现实"或者对现实状况负责，群体无法提高自己的绩效。

你可以发现，和大多数事物一样，这五个陷阱也是相互关联的。缺乏尊重让人不愿处理冲突，不愿处理冲突让人漠不关心，漠不关心让人逃避责任，逃避责任又让人忽视结果。正如我们之前说过，潜在的道德基础体现在第一环的尊重，如果这个环节没有就位，就无法提升其他环节的力量。当然，出现在虚拟的扁平世界中成员分处异地的团队更是让这件事变得难上加难。

21.15 虚拟团队

在当今全球市场中，商业领导者正越来越多地面临管理虚拟团队的问题，虚拟团队的成员拥有共同的目标，但分布在全球各地。很多金融服务企业、咨询企业和企业集团都头疼虚拟团队的管理问题。坦白地说，这是个难题。企业会利用电子邮件、共享文档、传真、电话、视频会议或者其他先进技术来降低差旅成本，把分布在世界各地的成员凝聚成高效团队。

实现这个目标有很多障碍。首先，成员有各自的本地目标；他们更注重本地区的工作，因为与全球目标相比，本地目标更唾手可得，而且常常更迫切，因此他们往往会忽略"更大"的目标。例如，在一家知名会计公司的一支全球会计团队中，澳大利亚的团队成员可能因为公司在这里的势力较小而忽视悉尼的一个重要全球客户。这可能让纽约的客户经理感到沮丧，因为他正努力让全球各地的客户经理注意到，他们要共同为这个客户负责。

其次，成员是分散的。有关沟通的研究显示，当人们之间的距离超过 90 英尺时，他们的互动水平就会大幅降低。即使技术进步能在这方面发挥作用，但大多数管理者还是认为没有什么能真正替代人与人之间面对面的互动。

第三，团队成员常常忠于本地领导者而不是全球领导者，这是人际关系力量的另一种体现。遥远的虚拟团队领导者必须克服或者至少抵消本地"现场"领导者的影响，因为本地领导者可能有不同的关注重点，而且肯定与当地的团队成员有更多的接触。

尽管有这样那样的挑战，虚拟团队的领导者还是要在分散于各地的团队成员中投入努力，强化他们的凝聚力和协作。很多实践经验能让领导者在处理这个问题时变得轻松些。首先，定期召开面对面的会议很重要。虚拟团队的领导者必须经常出差。要让团队成员了解和记住团队宪章，需要领导者花费大量个人时间，尤其是团队中包含不同国家和不同文化背景的成员时。众所周知，通过电子邮件进行沟通可能出现很多问题，而文化差异会让这些问题变得更严重。[15] 新技术让虚拟的"面对面"会议越来越有成效，但它并不能取代晚饭时的闲聊。

积极和频繁地使用技术克服空间距离也是一种越来越成熟的团队管理方式。然而，如前面提到的，电子邮件、电话、传真和共享文件无法取代面对面的会议，它们只能是不见面时退而求其次的选择。有时，通过技术手段进行沟通造成的模糊和误解必须人们亲自碰面才能解决。

召开会议有助于将国际化的群体整合成团队。这样做的成本显然比只让团队领导者出差高得多，然而很多企业将年会或集体度假当成建设人际网络和团队的有效手段。这类会议不仅应该包括企业的全员沟通和培训，还应该让每个虚拟团队有机会讨论和更新他们的工作偏好（内在梦想）、宪章以及工作原则和目标。

通过远程会议建立和确定团队宪章可以成为一种有效的虚拟团队管理技

术。例如，一支成员来自三大洲的团队在一天时间里就可以通过连线完成团队宪章（参见第8章）的制定。团队成员先连线讨论几个小时，然后离线进行汇总或集体讨论，接着再连线几个小时，讨论、整理、汇总和定义他们的共同宗旨、愿景、价值观和目标。

有关虚拟团队的研究还比较薄弱，比较前沿。随着技术不断进步，随着我们不断努力跨越国家边界和文化边界，我们会对虚拟团队的管理有越来越多的认识。

21.16 结　论

领导卓有成效的团队是现代领导者的一项基本技能。随着基于团队的组织越来越普遍，领导团队的挑战也越来越突出。不论是在基于团队的组织还是在团队内部，地位等级制度都在不断瓦解。分布式领导越来越重要。明确使命、宗旨和愿景，认真关注团队中的各种角色，都是团队领导者面临的挑战。领导者要理解卓有成效团队的特征，知道如何在团队从形成到解散的自然发展过程中管理这些特征，才能更富于成效，更有助于组织建立竞争优势。

本章概念

1. 卓有成效的团队常常展现出流畅的分布式领导过程。
2. 群体和团队之间是有差别的。
3. 群体和团队中常常出现可以预见的角色：有些角色对于实现成效很有必要，有些角色则会导致运行不良。
4. 群体和团队会经历不同的发展阶段。优秀的团队领导者理解而且能够管理这些发展阶段。
5. 卓有成效的团队领导者明白在团队生命周期的早期阶段明确成员资格、目标和领导过程的重要性。
6. 卓有成效的团队领导者密切关注四个元素：背景、构成、资质和变革管理能力。
7. 卓有成效的团队领导者设法让团队在执行任务的过程中重温他们的梦想或愿景，让团队保持高水平的能量和动力。
8. 卓有成效的团队领导者理解而且能够管理团队对变化的环境和内部条件及事件的响应。
9. 不论团队工作因何而结束，卓有成效的团队领导者都能有效地管理艰难的重新评估和重组过程。
10. 虚拟团队越来越普遍，企业正在探索管理虚拟团队的办法。

思考题

1. 你当前所在的群体是工作群体还是团队？你怎么知道？
2. 你现在的工作团队有什么使命？你能不看笔记、充满激情地口头描述出来吗？为什么？
3. 你如何才能确定你现在的工作团队是由适当的成员组成的？每名成员能为团队的愿景做出哪些贡献？
4. 你如何才能确定你让每名团队成员担任的角色会让他们为团队做出最大的贡献？当团队开会时，你是否取得了任务与过程、创新与务实之间的平衡？如果没有，你如何才能建立这种平衡？
5. 你如何才能帮助自己的团队定期重温你们的使命或梦想，并在这个过程中重新激发成员的能量和投入？团队能为组织做出什么贡献？团队能为组织的客户做出什么贡献？
6. 你对团队在任务完成后从当前状态到新状态的过渡有何设想？你能设计哪些程序来促成这种过渡？根据你的设想，团队的任务会在什么条件下完成？那时你会怎么做？
7. 你如何衡量团队的工作和努力？你有类似的衡量标准吗？你会建立什么样的衡量标准？
8. 你一般在团队中担任什么角色？你能学习担任其他角色吗？你如何才能帮助他人学会担任更多的角色？
9. 你如何管理团队成员的参与性？你能确保每名成员都有机会做出作为团队成员应该做出的贡献吗？
10. 你们团队的内在梦想是什么？

案例讨论

某个项目设计团队的成员构成情况是两女四男，两个非洲裔美国人和四个白人，两个直觉理解型人格的人和四个直觉思考型人格的人（根据迈尔斯－布里格斯性格分类法），两个高级员工、三个中级员工和一个初级员工。在这个团队开发和设计新产品的过程中，气氛越来越紧张。直觉理解型人格的人想等到最后一刻才做决定，他们想探索所有的可能性。直觉思考型人格的人想尽早做出决定，他们关注执行是否出色。会议经常超时，尽管最后期限近在咫尺，会议议程还是很松散，而且很少能完成。过去，团队领导者由大家轮流担任，但这一次领导者是指派的。所有团队成员分别负责设计新产品的不同部分。初级员工想在设计中加入一些新变化。年长的高级员工想采用经过实践验证的可靠设计。中级员工担心他们最后两头都靠不上。客户的初步反馈很糟糕，但团队中的大多数人想继续在设计上创新，因为他们相信自己知道什么对客户最好。供应链的下一个环节抱怨设计团队的进度落后于计划，很可能会让产品无法及时交付给客户。几个已经确定的设计决策一直没有得到执行。团队士气不断下降。

第22章 领导组织设计

大多数组织设计和管理实践并没有考虑当前的变革速度。它们只适合更稳定、更可预测的世界。

——杰伊·加尔布雷斯和爱德华·劳勒[1]

卓有成效的领导者是卓有成效组织的设计师。工作环境的设计是卓有成效领导的一个方面，它往往被忽视，得不到充分利用。即使领导者有清晰的战略愿景而且能够将这个愿景有效地传达给追随者，然而除非组织是为了推动追随者做出贡献而设计的，否则他们很可能不会取得多少进展。在我们的一般模型中，领导者和组织之间的竖向连线代表了领导的这个方面——即设计卓有成效的组织。优秀的领导者理解组织的本质，知道如何设计和塑造组织。但是，设计不是唯一的问题，是否匹配也很重要。有些人的领导风格让他们在很多类型的组织中都能运筹帷幄，而有些人只能在少数类型的组织中取得成功。

根据不同的职权和权力基础，你也许有机会设计或重新设计组织或组织的一部分。然而，如果你足够聪明，就会意识到，如果组织的聘用系统、工作设计系统、评价系统、奖励系统和培训系统与你的战略目标不匹配，你是不可能得到好成绩的。正如彼得·圣吉所指出的，领导者是组织的设计者。[2]事实上，组织设计决策最终会比随后在设计中做出的资源配置决策影响更大。此外，你看待他人的第三层次基本假设很可能对你的设计产生很大的影响。如果你相信他人，你可能用这种方式设计各个系统；如果你认为他人懒惰，你可能就用那种方式设计各个系统。你看待他人的领导 VABE 会影响你建立的组织，因此，不论采用什么样的方式，设计组织都是一种第三层次活动。让我们看看这个过程是怎样在组织中展开的。

22.1 组织设计的一般模式及其对结果的影响

如我们在有关战略思维那一章所说，领导者要审视环境，然后确定他们的目标。在为企业选择或建立了长期目标和短期目标之后，他们开始做出组织设计决策，有些是挑明的，有些是默认的。这些设计决策（关于聘用、薪酬、工作、福利、晋升、信息等）会影响在组织中工作的员工。设计的要点和员工之间的互动会催生"组织文化"。换言之，组织文化是管理层的设计决策和员工介入碰撞的结果。这种文化反过来又会促成组织的结果。这种从背景因素、领导理念、设计决策、文化到结果的次序提供了一个简单有效的途径，让我们思考组织设计怎样和领导结合在一起影响结果。这种次序展现了图22-1中所示的大致因果联系。[3] 每个元素都会影响组织的整体结果，因此也会影响组织中的领导者完成任务的能力。卓有成效的领导者需要理解这些元素是如何联系在一起的。

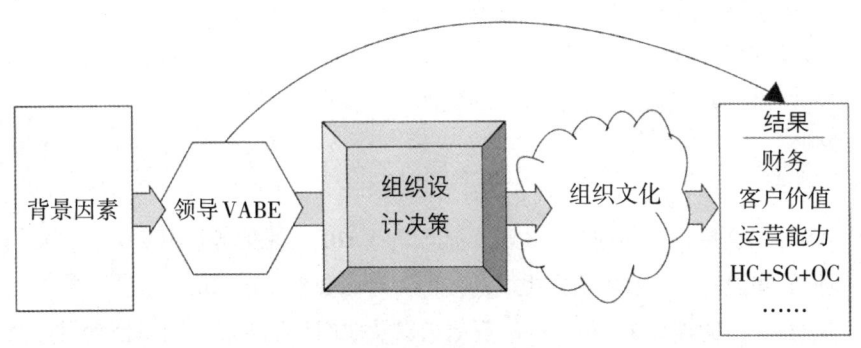

图22-1　领导对结果的间接影响

背景因素

　　背景因素涉及组织的基本构件，也就是建立卓有成效的企业所需的原材料。有时，它们被认为是理所当然的，所以被忽略；有时，它们被认真审视和管理。这些背景因素包括当地的劳动力储备、当地的政治和经济环境、与其他等级的影响力相对隔绝（比如在新工厂中）、历史以及影响企业成败的其他任何因素。这些背景因素与我们之前在一般领导模型中提到的环境因素相似。

　　一穷二白的创业者也许不会过多地考虑这些因素，因为他们要集中精力想出创意并将其付诸实现。较为成熟的创业者可能已经得到风险投资，他们也许会耗费相当大的精力从劳动力的供应和成本、法规限制以及当地或区域的税收激励政策等方面考虑创办企业的最佳地点。例如，史蒂夫·乔布斯和史蒂夫·沃兹尼亚克就没有为了制造他们的第一台苹果电脑而走遍全国，他们是在自己的车库里成就这台电脑的，不过这里很快就成为以技术见长的"硅谷"。与之相反，通用汽车试图以日本模式为基础建造一个高质量、运行简约、流程高效的新型小型轿车制造厂，他们跑遍全国后才决定把制造土星汽车的工厂设在相对偏远的田纳西州士麦那。这个决策的一个重要考虑因素是厂址与公司总部相对隔绝。这种隔绝往往会减少难忘陈旧做事方式的管理者的干扰，这些管理者总是跑来视察一番，提一堆问题，妨碍流程和产品上的创新。与总部隔绝是打破历史传统的一种方式。

卓有成效的领导者了解这些背景因素会对新组织的建立有何影响。例如，鲍勃·兰卡斯特接受美国食品机械化学公司建造新工厂的任务，他认真地为新工厂选址，为的是建造一个基于新理念、没有历史传承、也不会被公司高级管理层经常打扰的新型工厂。如果他把工厂建在公司总部所在的明尼苏达州明尼阿波利斯市，就会离高管们很近，那么他可能就有另一番结局了。[4]

领导理念

领导者会把自己的理念，也就是他们的 VABE，放到背景因素中，然后利用他们的知识和信念着手建立组织。他们为自己和组织定义的目标（一般领导模型中右上角的连线）、他们的经营原则以及他们与他人相处的风格都会开始对组织产生影响——有些影响是有意的，有些影响是无意的。我们在之前的章节讨论过包括使命、愿景和价值观在内的战略思维和组织宪章如何展现领导者的理念。领导者关于组织目标、影响他人的方式、组织中系统的适当性以及管理变革的方式等方面的第三层次信念，会深切地影响其利用领导机遇尤其是组织设计机遇的方式。因此，如今有很多文献都鼓励领导者重新审视他们想要他人做什么，更重要的是，他们是否有必要重新评估他们对自己的工作和角色的看法。[5]

领导者的理念会影响领导者设计的组织类型。如果你认为人天生懒惰，必须受到监督，那么你设计的招聘系统、培训系统、监督系统、绩效评估系统和信息分享系统都会反映你的这种偏见。如果你认为所有人都喜欢竞争，或者认为所有在你的组织中工作的人都应该喜欢竞争，你的这种信念就会影响你对组织的结构和奖励系统的设计方式。组织的结构和各个系统是第二层次的无形惯例和规则，它们是对更深的第三层次信念的体现。通过研究组织的主要组成要素，你常常可以看出历代领导者有关组织应该如何运行的第三层次信念。

这里的关键问题在于，管理层有关组织应该如何运转的思维模式或理念将是一个关键性的决定因素，决定他们如何建立新组织，或者决定他们如何才能卓有成效地领导现有组织或为现有组织设计变革。因此，要了解领导情境将有何结果，一般领导模型中竖向的连线也就是领导者和组织设计之间的连线就变得十分关键。不论是无意为之还是有意设计，领导者都会基于自己的VABE做出设计决策，这些决策将影响组织的工作方式以及组织的工作结果。

组织设计决策

结构 很多掌权者首先关注的是组织结构。不论是已经写在纸面上还是正在头脑中酝酿，组织的结构会在组织中形成预期的人际网络，协调跨职能的决策制定。另一种看待组织结构的方式是将其视为一种基于权力的人际关系模式，这种模式有助于将组织凝聚在一起。事实证明，对于组织应该有什么样的结构，有些人持有强烈的等级倾向，而有些人则更信奉平等主义。[6] 不同国家的人在这方面的倾向也不同。吉尔特·霍夫斯泰德证明，各个国家在"权力距离"也就是等级倾向上存在显著的差异。[7] 当你思考如何设计在多国背景中运营的组织时，这种差异会引发一些有趣的问题。

例如，日本常常被认为更偏向于群体文化，人的个性在这里受到了很大程度的压制，美国文化则更偏向于个性化，因此相比之下，在日本，权力距离会显得比较小。也就是说，在霍夫斯泰德看来，从等级或社会优势的重要性上看，日本文化大体上比美国文化更扁平。但是，这个问题并不那么简单，因为所有在日本生活过的人都会告诉你，日本人有严格的等级意识，这种等级意识由来已久，日本历史上曾经有过由天皇、贵族、武士、农民、商人和贱民构成的种姓制度。甚至在今天，日语中仍然包含多种级别的敬语，跟不同的人说话时要使用不同级别的敬语。高管在交换名片时有一套固定程序，因此，在和别人打交道的时候，你会知道对方的等级。

相反，在美国，等级看起来不那么明显，也许是因为美国历来尊崇民主化的法制和程序，而且美国人普遍认为你的作为比你的父亲是谁更重要。但是，尽管这方面的权力距离水平较低，但美国管理者的薪酬跟一线员工相比简直高得离谱。这一切让我们怀疑我们很难断定一个国家在等级或社会优势上的倾向。

从基本尺度看，不同国家的等级倾向显然存在显著的差异。我们是在讨论对老人的尊重（在亚洲很高，在北美和欧洲较低）？我们是在讨论对公司治理的发言权（在欧洲较高，因为有工会，而且有员工代表出席董事会）？我们是在讨论财富（美国远远高于其他国家）？要思考如何在不同文化中构建组织，管理者应该特别注意社会等级的基础和本质上的差异。[8] 在某种文化中有效的组织权力结构在另一种文化中可能就行不通了。

即便如此，不同文化的人类行为显示出的相似点还是多于不同点。如果组织设计者能够强调相似点，弱化不同点，他们就能建立全球性的商业组织。这样做的危险在于，设计者会假定世界各地的所有员工都像他们一样，他们没有发现自己行为中的某些东西是建立在文化基础上的，因此不一定"正确"或"适当"。

思考组织结构，人们经常想到组织结构图。这种想法可能带来问题，因为当情况发生变化时，已经习惯了某种结构的人可能会感觉遭到了背叛或感到沮丧。斯坦·戴维斯说过，所有的组织结构都是过时的，[9] 如果认可这句格言，那我们在发现资产负债表（只能简单地反映某个时刻的情况）没有反映组织的实际动态变化时，就可以看看组织结构图。（在我们的一般领导模型中，这种观察结果意味着右下角的任务和组织之间的关系总是马上就变得过时，因此这个连线上的领导总是在管理变革，这将是第24章的主题。）

然而根据法律和秩序原则，组织领导者必须知道如何制定重大决策，这是我们观察某种结构的权力分配时的关注重点。很多常见的组织结构产生于工业时代。[10]

军队模式 工业时代官僚制度最常见的模式之一是军队模式，该模式在很大程度上是由腓特烈大帝建立的。[11] 这种金字塔式的结构有助于明确谁是负责人，有助于用法规的形式规定谁能做出哪些决策。在这个等级模式中，每名军官都要依次对更高一级的军官负责。每个层级都有特定的职能，更高级别的权威协调各层级的职能。尽管这是一个讲求秩序的系统，但它的特点却是决策缓慢。20世纪80年代和90年代，环境飞速变化，这种经典的官僚模式愈加反应迟缓。

部门模式 随着规模越来越大，企业的兴趣越来越广泛，最终，形成了新型的组织结构。金字塔式官僚组织自然而然地形成了"M型结构"或部门结构,这种结构是两个金字塔式官僚组织结合而成,二者为了实现共同的企业目标而松散地协调在一起。[12]和单一金字塔结构的组织一样,M型组织(之所以这样称呼,是因为当你把两个金字塔并排放在一起时,它们看起来就像字母"M")建立了卓越的效率技能,但很难横向地分享和提高技能。财务、营销、会计、信息处理和人力资源等特殊职能部门的力量过剩,客户又提出了越来越高的项目要求,这些催生了一种混合型组织——矩阵组织。

矩阵模式 矩阵组织起初是针对航天器和防御武器等工程项目建立的。一般而言,矩阵组织有两方:一方是项目主管,一方是技术主管。项目主管包括一系列项目管理者,他们管理整个项目的各个部分,用分配给他们的预算完成各自的目标。技术主管包括一系列具备技术专长的管理者,他们掌握着帮助项目主管或计划领导者解决各种挑战所需的人力资源。

矩阵组织打破了很多公认的官僚原则,比如"一个人一个上司"。矩阵组织中的员工通常至少有两个上司——项目主管暂时领导他们并给他们发工资,技术主管根据他们的技能和可用性聘用他们并给他们分派工作。矩阵组织预示着工业时代的职能化官僚制度开始步入终结。

矩阵组织不仅通过允许员工在项目之间流动而让他们得到更有效的利用,还在那些对官僚金字塔结构的简单秩序性习惯了的人中引起了一阵慌乱。[13]很快,大量描述和建议如何管理矩阵的文献应运而生,很多公司也开始尝试把矩阵组织的元素融入自己的组织结构中。

混合模式 矩阵模式在20世纪50年代到70年代迅速兴起,之后,组织继续在各种方向上演化。推动这种演化飞速发展的主要是信息革命、现代企业愈加显著的全球化性质、现代项目的庞大规模以及企业面对新竞争实施更高效管理的需要。随着教育程度越来越高,优质信息越来越容易获取,员工越来越了解组织的业务流程以及这些流程的运行方式。互联网、局域网和个人电脑操作可以让员工获得做出商业决策所必需的数据,更高的教育程度则能帮助他们解读这些数据。于是,在大多数公司,知道公司需要做什么的特权正迅速向下扩散到公司的各个级别。很多高级管理者显然对这种趋势感到不安,但这种趋势在过去30年里一直保持着强劲的势头,而且将来很可能还会愈演愈烈。

信息在各级员工中不断扩散，企业必须在全球范围内参与竞争的现实日益显著，这些要求企业必须更好地满足客户需求、响应愈演愈烈的竞争，同时还不能增加成本。因此，在过去的20年里，世界各地的组织都在致力于缩减规模、削减层级、重塑自我，试图找出更具适应性、分布性和授权性的组织形式，从而跟上世界的飞速变化。这些因素催生了各种各样的混合型组织。

查尔斯·汉迪描述了四种新兴组织：联邦式组织、三叶草组织、甜甜圈组织和部族组织。[14] 联邦式组织和M型组织类似，但它在全球化的背景下跨越了国界。每个金字塔官僚组织既相互独立，又要对控股公司负责，就像一个拥有某些共同指导方针和目标的松散联邦。要想让这些联邦式结构奏效，领导层必须确保本土压力不能压倒需要靠各方合作才能彻底实现的共同目标和利益。皇家壳牌、联合利华和强生是联邦式结构的范例，它们在20世纪90年代取得了卓越的成绩，并且还在继续努力把握组织各部分的竞争利益之间的平衡。

三叶草组织因为员工的分布形式而得名。三叶草组织里有三分之一的全职员工、三分之一的合同员工和三分之一的兼职员工。这种结构为组织提供了人才上更大的流动性、人力资源成本管理上更大的灵活性以及一个由非常投入的全职员工组成的易于管理的核心。当然，其挑战在于如何把兼职员工和合同员工的努力与全职员工的努力融合起来，还要依靠对公司并不完全投入的员工建立强大的竞争优势。随着公司聘用越来越多的兼职员工，福利的性质和分配以及减少福利对家庭结构和健康的影响等伦理问题也会浮出水面。

汉迪指出，甜甜圈组织反映了一个新兴的原则：组织围绕关键人员组成的核心团队建立，这个核心团队能够激励和组织外围"编队人员"。核心团队的中心任务是将能量和活动平衡地分配给外围团队。其中一部分工作是定义界限，把核心团队与外围的供应商、贡献者、经销商和承包商区分开来。在某种意义上，这些甜甜圈组织是三叶草组织的延伸，关键在于外围组织与主体组织的联系方式。

部族组织源于汉迪所说的"中国式契约"，这是一种包含商业关系在内的人际关系理念，这种理念不仅承认和重视私利，更看重共同利益。这种"中国式契约"让我们想起之前有关领导道德基础、树立超越利润的商业目标的必要性以及商业生态系统的战略概念的讨论。部族组织意识到，其未来与其他组织的未来和命运纠缠在一起，无法解开，他们必须适应共同繁荣这个更高的目标。

汤姆·彼得斯[15]在写到一名丹麦首席执行官的所作所为时描述了混合型组织演变的终极模式。这名首席执行官担心自己的组织不能打破职能的界限，因此他拆除了总部大楼里的墙壁，把所有人的电话、电脑和其他个人物品都放到推车里，并且在每层楼都安装了电子数据网络。这名首席执行官把这种组织形式称为"意大利面式组织"，在这种组织，只要是为同一个项目，相关员工就会聚集在一起，当有人要执行下一个任务时，他们就立刻把自己的"办公桌"搬走。这个例子还凸显了我们之前提到的组织可以凭借快速组建和重组项目团队的能力获得竞争优势。

尽管有这么多不断变化的选择，组织结构只是领导者和设计者必须处理的几个设计因素中的一个。有时，领导者在重新安排组织结构的时候忽略组织的其他设计元素，随后，当发现情况没有改变时，他们就会陷入困惑之中。除非他们关注所有关键的组织设计特征，否则就很可能出现这种令人困惑的结果。正如一篇经典文章提出的："结构并非组织的全部。"[16]

集中化与分散化　很多组织设计者头疼集中化和分散化之间的平衡问题。首先，这个问题与理想的控制水平相关。集中化组织的目标是对组织内发生的一切有更大水平的控制。不幸的是，你无法控制组织外发生的事情，因此集中化组织往往对环境的适应能力较差。其次，这个问题与理想的创新和创造力水平相关。分散化组织往往更具创造力，因为他们有更高的自主权。因此，要思考集中还是分散的问题，一个方法是从控制与创造力这个角度进行思考。

显然，你不可能控制组织中发生的一切，即使你很想这样做。在我的培训课程上，有些高管主张进行"110%"的控制——他们甚至想知道员工晚上和周末都在干什么。有些高管则主张零控制。这意味着你可能拿不到会计报表或者不知道谁会来上班。这两种极端观点都站不住脚。组织的存在需要一定程度的集中控制和引导，组织至少也得收集绩效数据，向税务员和投资者汇报。但是需要多大程度的集中控制和引导呢？

有时，集中还是分散的问题是一个地域问题或政治问题。出于财务、税务或民族自尊的考虑，国家法规也许要求全球性企业具备一定程度的分散化。供应链的规模和范围也可能影响"最佳"的集中化程度。

一般来说，集中化的程度问题涉及一系列平衡，很像是经济面临的挑战。

国家银行会通过调整利率来预防经济过热或过冷。同样，组织设计者可以通过踩分散化这个油门来提高自主权和由此而来的创造力，或者通过踩集中化这个刹车来确保报告内容和运营程序上有更多共性。然而，重组并不像调整利率那样容易实施，因此这些权衡需要更长时间的酝酿。即便如此，很多高管课程的学员仍然感叹他们在过去一两年里经历了多少次重组。事实上，高管们努力在控制、创造力、本地法规、市场变化以及并购之间寻找适当的平衡时，重组将仍旧是全球商业社会必须面临的严酷现实。

设计组织系统　在大多数组织，除了结构，其他一些关键系统也会对组织的执行能力产生重大影响。卓有成效的领导者明白领导者需要承担设计者的角色，他们不会忽略这些系统。任何一家大型企业都有数百个系统，包括会计系统（为了获取信息以及控制或治理）、财务系统、信息系统、采购系统（供应链管理）、营销系统、公关系统和人力资源管理系统等。事实上，一些著名商学院的主要课程就是针对理解、建立和管理这些系统而设定的。现代高管面临的挑战之一就是监督和整合这些系统，让组织能够作为一个整体运行。这说起来简单，做起来并且要做得好就难多了。在竞争和成本的压力下，我的每位客户几乎都在努力改进各个系统，再将它们完美地整合在一起，让整个组织尽可能高效、流畅地运行。当企业跨行业经营时，这个挑战甚至会更艰巨。

我不会探讨设计和管理所有这些系统的原则，而是把这个工作留给研究这些领域的同行。但是，我必须指出，我的良师，哈佛大学的保罗·劳伦斯（Paul Lawrence）和杰伊·洛尔施（Jay Lorsch），在《组织和环境》（*Organization and Environment*）一书中提出了一个关键原则。他们开创性地认识到：组织设计的核心原则之一是当组织的复杂程度或者说"差异性"提高时，组织必须提高自己的协调性或者说"整合性"。

复杂程度越来越高是组织发展的自然结果。然而，如果企业没有学会如何在发展过程中跨越组织边界进行协调或整合，他们就无法有效地释放自己的内部能力。事实上，大多数组织的发展速度会超出他们自己的准备。这也就是为什么大多数组织会出现职能竖井、部门间需要协调、客户需要艰难地和组织的若干个代表交流、需要发现和使用企业内部人才等问题。如今，大多数组织仍旧努力地在人力资本管理和个人职业发展的层面上解决这些问题。信息时代的先进技术似乎让这种内部协调变得更容易、更有效了。然而，事实上，这种内部协调仍然是挑战。

信息技术　信息时代的信息处理已经变成了一种战略武器。然而很多高级管理者仍旧将信息系统视为策略手段而非战略能力的来源。糟糕的信息系统可能削弱组织利用高质量资源解决市场问题的能力。卓越的信息系统能有助于组织利用高素质人才解决关键问题，甚至有助于组织建立强大的新型商业模式。[17] 我敢肯定，在如今的环境中，信息系统是战略武器。我们构建信息系统的方法，也就是收集、筛选、散布和分享数据并且根据这些数据制定决策的方法，会增加或减少我们建立竞争优势的机会。

组织越来越意识到新型信息系统对组织的结构、文化和其他系统带来了怎样的改变。强大的信息系统正在让组织变得扁平，把关键数据向组织里较低的层级散布，让垂直决策链条变得过时。由于能在世界各地获得数据，团队成员能够与客户和同事即时沟通最新、最丰富的数据。最重要的是，信息革命对官僚金字塔组织构成了强烈的侵蚀，它们正在被一系列有机的、强大的、具有高度响应性的组织形式所取代。[18] 由于卓越的信息系统很难设计而且实施起来成本高昂，所以如果企业在这方面有所投入并且学会如何控制它们对组织文化的影响，他们就建立起了其他企业要花很多年才能复制的竞争优势。杰伊·加尔布雷斯等人广泛地论述了这种信息技术正在怎样影响组织设计的性质。[19]

除了上面提到的系统和流程，组织中还有很多其他系统和流程，包括财务系统、会计系统、营销系统和运营系统等。有人把组织定义为"一系列既定流程的集合"，这个定义很有说服力。人力资源循环以及信息系统是其中需要特别关注的关键因素。关键在于，如果所有这些系统不能在组织中协调一致，促使员工采取一致的思维方式和行为方式，员工就会无所适从，战略意图的力量就会分散，组织的效力就会削弱。

在已经建立的组织中，领导者作为设计者需要完成的工作包括重新检查关键流程和系统，如有必要，对它们进行重新设计，让它们彼此一致并且与组织的意图一致。进行重新设计需要很大的勇气、信心和毅力。部分原因在于，所有这些设计因素都不会对组织的结果造成直接影响，它们会营造一种工作环境，形成一整套深植人心的指导原则，告诉员工什么能做、什么不能做。[20] 组织文化是领导者的设计决策和员工碰撞后的行为结果，在实现战略意图的过程中，它可能成为惊人的助力，也可能成为巨大的障碍。

组织文化

根据埃德·沙因的说法，文化是为了应对一群人面临的问题而形成的。[21] 随着处理、分析和解决一个又一个新问题，群体形成一种由可以接受的行为方式构成的历史，而这又成为群体文化的一部分。如果群体同意把雷电解释成神明生气的表现，那么这种解释就会成为群体历史和文化的一部分，代代相传。如果企业的创始人认定封闭结构是解决仿造制造商问题的最佳方案（比如苹果公司），那么该企业就会形成相应的历史和文化，它们会影响该企业未来的行为，并将该企业与其他企业（比如 IBM）的文化区分开来。因此，组织文化是无数决策的结果，当它们结合在一起，就形成一个群体区别于其他群体的共享 VABE 模式。

这些文化用俗话说就是"我们这里的做事方式"，它们可能深深印刻在群体的行为方式中，以至于群体成员已经不再认为这是他们自己创造出来的东西，而是认为事情本来就是如此，事情就"应该"这样做。直到感受过另一种文化后，才会意识到各种文化有多大的差异，才会意识到对事情"应该"怎样做的想法有多么想当然。

组织文化可以有意地塑造，[22] 但是它的演化需要时间，要等待一个又一个决策制定出来，等待这些决策的结果被接受并融入日常的经营活动中。对于作为设计者的领导者，挑战在于要明确预测组织设计决策会对决策背后的文化有何影响。很多人似乎没有意识到，设计决策并不会直接影响组织行为。组织显现出来的行为会经过现有文化的过滤。领导者如果仔细关注这件事并且把更多可能受到决策影响的人纳入设计决策过程中来，就可能更有准备，避免意外结果。

由于组织文化是长久以来众多决策的结果，这些决策已经成为文化的一部分，对于在组织中工作的成员来说，组织文化往往几近于无形。要确定你组织的经营文化是什么，很可能徒劳无功。正如沙因所指出的，这样做需要很大的勇气、自我反省、局外人的合作（他们能发现组织内部的成员认为理所当然、甚至注意不到的东西）以及非凡的观察、归纳和表达能力。如果能够识别现有文化的某些部分，你就能做好一定的准备，思考它如何才能与战略意图保持一致，随后开始思考设计决策如何才能支持战略意图并且影响文化。定义你想要的组织文化然后设法改变组织文化并非易事。20世纪80年代和90年代，很多高管在自己的组织中大胆实施"文化变革"，随后他们发现，这个任务既无法轻松完成，也无法快速实现，甚至可能根本行不通。

> ……所有这些设计因素都不会对组织的结果形成直接影响。它们会营造一种工作环境，形成一整套深植人心的指导原则，告诉员工什么能做、什么不能做。

例如，20世纪80年代末和90年代初，杰克·韦尔奇在通用电气推行"群策群力"行动，后来演变成公司的一次重大文化变革。韦尔奇的目标是弱化官僚制度，强化中级和中高级管理者的主动性和决策，在公司的各事业部植入一套新的经营原则（快速、简单和自信）。广受宣扬的"群策群力"行动表明：首先，每个事业部及其组成部分有各自的亚文化；其次，在通用电气有25到35年工作经验的管理者不会因为区区几次通告、座谈会和与上司的艰难谈话就改变他们的基本思维方式和管理方式。经过几年的努力，通用电气取得了一定的进展，尽管他们的目标是改造大约20万名员工的文化，但管理层最后还是不得不接受不尽如人意的结果。进入21世纪，杰夫·伊梅尔特试图改造通用电气的文化，让它更具创新性和创造力。10年的努力证明，这是一项艰巨的任务。

从根本上看，文化是组织设计的间接结果。如果设计得到认真构思和执行，最终的文化就能更多地反映领导者最初的意图。如果设计没有得到认真思考，就可能产生各种各样意料之外的结果，一段时间后，它们会凝结在文化中，让文化在未来变得更加难以驾驭。最终，领导、组织设计以及随之形成的文化都将根据结果来评判。

思考如何进行组织设计，另一种常见的模型是曾经十分出名的 7-S 模型，该模型由哈佛商学院的托尼·阿索斯和麦肯锡公司的同行们建立。[23] 在 7-S 模型中，战略（strategy）、结构（structure）和系统（systems）等所谓"硬 S"相互作用，并与人员（staff）、风格（style）、技能（skills）和共享价值观（shared values）等所谓"软 S"相关联，如图 22-2（见后页）所示。要让所有这些元素结为一体，也就是说，让它们都指向一个方向而不是彼此牵制，就必须认真关注每个 S 的本质。

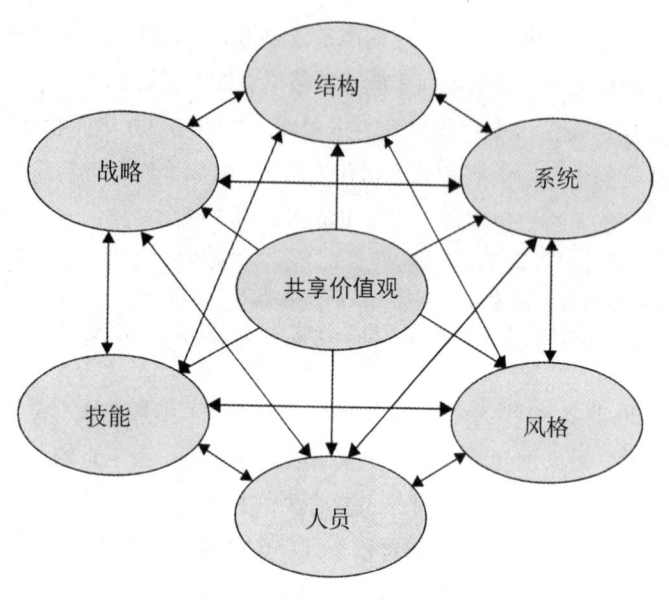

图22-2　7-S模型

组织结果

组织设计决策为组织成员营造一种工作环境。处于这个环境中央的领导者努力鼓励和引导组织成员。领导者的这种努力最终会产生某些结果。这里的挑战在于弄清你想要哪种结果，弄清你是否正在关注那些能够准确、全面地反映组织实现使命或目标的进展的结果。

从历史上看，对于组织结果，最广为接受的指标是盈利能力。尽管很多人针对这个主旋律创作出很多变奏（比如销量、股本回报率和每股收益增长率），但从根本上看，潜在的关注焦点还是盈利能力。很多甚至大多数高管会说，他们企业的首要使命就是"赚钱"。我们在第 8 章探讨了这种组织观可能产生怎样的帮助或损害。如果管理对话和奖励体系只关注盈利能力，领导者会发现，他们和员工为了盈利而做出的短期决策反而削弱了公司的竞争优势，组织的盈利能力随之变得越来越差。在某些方面，这里的讨论很像第 13 章有关共鸣的讨论：紧盯任务会削弱你的执行能力。

拉尔夫·沃尔多·爱默生经常提到的那段有关幸福的评论说明了这一点。爱默生说，幸福就像一只蝴蝶，你越是在正午阳光下的草地上追逐它，你就越疲惫，越抓不住它。你跑动、飞奔、挥动网兜，这让蝴蝶更加惊慌，更不容易捕捉。当你徒劳无获地乱追一阵，筋疲力尽地跌坐在草地上，然后静静地躺下时，蝴蝶反而经常落在你的肩头。在第13章，我描述了对内心体验的关注会如何提升表现。在第8章，我指出了对客户服务的关注预示着利润，对利润的关注则可能削弱客户服务，从而损害利润。

当领导者将盈利能力视为组织的首要目标时，他们就有可能失去对崇高的组织愿景或目标的表述和掌握给他们带来的激励和鼓舞力量。例如，有些高管向下属宣布，除非股价在年底上涨到某个数字，否则谁都别想拿到年终奖。要求下属去工作、快去工作，这样过分强调结果反而有损期望的结果。

我们在第5章介绍的平衡计分卡是一种更平衡的组织结果评估方法，最近，学者和领导者们纷纷指出这种方法的优点和实际效力。[24] 平衡计分卡认为，如果领导者不理解员工每天上班的原因、满足和超出客户的期望以及学习与改进经营方式的重要性之间的关系，他们的财务业绩就不会真正反映组织的能力。

平衡计分卡并没有忽略财务业绩。相反，它把财务业绩与员工的人际关系和发展实现客户价值主张的组织能力联系在一起。它们之间的关联是这样的：确定你的客户价值主张（人们为什么光顾你们？）→选择关键的核心能力（要满足我们的客户，我们必须真正做好哪些事？）→在员工和学习方面进行恰当的投资（要建立这些能力，我们需要哪类员工、文化和组织？）→利用你的员工、文化和组织建立关键能力→利用你的关键能力满足你的客户→享受满意的客户带给你的额外收益。

不论是招聘、培训、IT基础设施，还是重组，在每笔投资中都应该意识到这些关联。投资不应该随意，应该讲求战略。忽视平衡计分卡关联中的其他因素，只关注短期盈利能力，可能会导致自我毁灭。例如，事实证明，20世纪80年代之前，很多在中南美洲投资的海外企业只关注短期盈利能力，这给他们带来了惨重的损失。当地政府厌倦了这些企业对财务业绩的追逐，对这些投资项目实施了国有化，这让很多公司损失了数百万美元的资产和未来收入。更平衡的做法是考虑到当地的学习和发展、社区参与和再投资，这种做法可能在短期降低盈利能力，但从长期看，在把未来收入考虑在内时，这种做法会带来更大的净现值。

22.2 组织凝聚力

在环城百货（Circuit City）经历迅速成长期的时候，他们的一名人力资源高管让人们认识到了"组织凝聚力"的重要性。[25] 请想想把各种组织设计要素结合在一起的"黏合剂"是什么。换言之，员工为什么会和组织共进退？是哪些力量让他们凝聚在一起，而不会让他们因为其他追求或企业的诱惑而离去？报酬显然是其中的力量之一，员工之所以留下，一部分原因是他们会得到报酬。还有些人因为领导魅力留下，他们认同领导者的团队，希望成为其中的一员。规章、制度、程序和系统也是影响员工行为并且让他们留下的有效力量。共同的价值观和目标是第四种强有力的凝聚力，可以让组织团结在一起。如果把这些力量列在表格里，思考每种力量对特定组织的凝聚力有多大贡献，我们就可以看出这个组织的优势所在。

对企业而言，吸引和保留有才能的员工是一个重要的战略挑战。组织提供的"黏合剂"能在很大程度上决定员工对公司的忠诚度。一些全世界最具实力的组织并不提供报酬。他们利用领导、规章和共同价值观把成员凝聚在一起。有些组织可能主要利用报酬来吸引和留住员工，可等他们意识到缺乏领导、共同价值观或目标会让员工感到"枯燥无趣"或"没有动力"时，就已经太迟了。表 22-1 列举了组织凝聚力的各种组合，每种组合有不同的优势和劣势。每种凝聚力组合都有哪些优势和劣势？以第一列为例：主要凭借财务报酬凝聚在一起的组织有哪些优势和劣势？再看看第二列，主要凭借强大、有魅力的领导者凝聚在一起的组织有哪些优势和劣势？

表 22-1 组织凝聚力

	A 企业	B 企业	C 企业	你的企业
领导魅力	10	60	30	
报酬	40	10	0	
规章制度	20	10	20	
共同价值观和目标	30	20	50	
总体凝聚力	100%	100%	100%	100%

请想想你曾经供职的组织。在思考你为什么在那里工作、在那里工作了多久以及为什么离开时，你认为将你与组织联系在一起的各种"黏合剂"各占

多大的比例？使用表格中的最后一列来评估你组织的凝聚力。也许你还发现了其他种类的凝聚力，你可以给表格加上几行，把你发现的凝聚力都加进去。

22.3 结　论

组织的形式和构造会对领导情境的结果产生巨大的影响。卓有成效的领导者理解领导工作中设计职责的重要性，会努力创造有助于实现其愿景的环境。他们有关经营和员工的第三层次理念会影响这些决策，这些决策又影响公司的文化。卓有成效的领导者还知道，他们不会对企业的结果甚至主流文化的发展产生直接影响。然而他们做出的设计决策不仅能解决眼前的问题，还会增强、推动或改变组织文化和亚文化的发展势头。在评价组织或领导情境的结果时，卓有成效的领导者会意识到，平衡观也许不会在短期实现最大的盈利能力，但事实上，从长期看，会带来更稳定也更大的盈利能力净现值。要实现利润，组织需要生存和壮大。领导者要关注和管理让组织团结在一起的凝聚力，增强员工和组织之间的联系（我们的一般领导模型中左下角的连线）。

本章概念

1. 领导者是卓有成效的组织设计者。
2. 除了结构，组织设计还包含很多其他东西。
3. 为了让组织的能力得到释放，需要密切关注和改善组织中的数百个系统。
4. 领导者通过设计决策只能对组织结果产生间接影响。
5. 组织文化是管理层的组织设计决策和在组织中工作的员工相互碰撞的结果。
6. 可以用 7-S 模型思考如何让组织设计的各个方面协调一致。
7. 组织的凝聚力至少包括四个要素：领导魅力、报酬、规章制度以及共同价值观或 VABE。

思考题

1. 如果你拥有一家企业，你想在多大程度上控制你的员工？完全不控制？还是 100% 控制？
2. 在你供职的上一个组织，组织设计元素是否协调一致？为什么？
3. 你能在你的组织中找到妨碍你发挥能力的组织设计系统、流程或程序吗？如果能找到，你打算怎么做？

案例讨论

你接到一个任务,要设计一家新公司,这家公司会在中国生产玩具,然后在阿根廷、埃及、希腊、泰国和墨西哥销售。请为其进行组织设计并对你想设置的主要系统进行描述。

第23章 人力资源管理系统

与充满能量、干劲十足、意志坚定的未来员工队伍和组织成员相比,所有物、结构和系统等一切有形资产都黯然失色。

——弗朗西斯·赫塞尔宾[1]

大多数组织都在口头上承认员工是他们最重要的资产。然而与此同时，很多组织却没有用一致的、卓有成效的组织设计来贯彻他们主张的理论。因此，我们可以说，没有员工，我们就很难有任何类型的组织，同时我们还可以说，没有认真设计的人力资源管理系统，我们就很难有卓有成效的组织。在我写作本书时，时髦称呼是"人力资源管理"，但是多年来，同样的关注焦点还被冠以"人事""人力资本"和"人力资源"等其他称呼。不管如何称呼，没有员工，你就不会有真正的组织。

每个组织都有人力资源管理系统。也就是说，每个组织都必须决定如何招聘员工、如何让他们适应公司、给他们安排哪种工作、如何评估他们的工作、如何奖励他们、如何培训他们以及如何让他们离职。这些不同的职能不一定经过深思熟虑，不一定落在纸面上，不一定会增强组织建立和维持竞争优势的能力。但它们确实存在。诺埃尔·蒂奇等人描述了一个"人力资源循环"，其中包含聘用、工作设计、评价、奖励和发展等基本元素。我对他的模型进行了改编，如图23-1所示。[2]

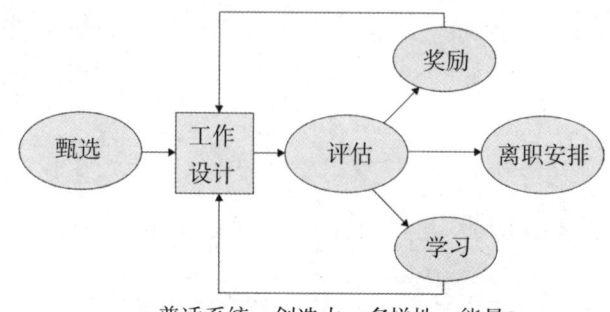

普适系统：创造力，多样性，能量？

图23-1 人力资源系统（基于蒂奇等人的模型）

23.1　甄选和招聘

企业的每个招聘决策都意味着一笔重大投资，都可能制约或推动企业的未来。有适当才能和个性、能在企业中取得成功并且帮助企业取得成功，这样的人很难找到，也很难识别。我曾经和世界各地的高管团队共事，他们最常提到的一个难题就是"吸引和留住人才"。随着婴儿潮一代步入退休的年纪，接下来几代人的人口数量越来越少，我们正进入一个"争夺人才"的时代。能够吸引和留住适合特定组织的人才已经成为竞争优势的一个越来越重要的来源。有些公司通过精心设计的流程筛掉不合适的应聘者；有些公司似乎聘用了几乎所有来应聘的人，但事后又后悔不已。不论是兼职的、全职的、合同的还是志愿的，每个员工既可能成为妨碍组织实现其战略意图（假如有的话）的障碍，也可能成为推动组织实现目标的助力。

企业有时使用传统方式寻找新员工，但丝毫没有意识到其行为的后果。卓有成效的领导者明白，企业中的每个系统都应该支持和促进企业实现战略意图，如果做不到，就应该成为改造或者切除的对象。招聘就是一个这样的系统。

大多数企业在需要某种技能的时候会针对这种技能刊登招聘广告。企业需要的通常是技术技能。企业如果需要一名焊接工，就会刊登招聘焊接工的广告，然后根据相关技术资质证明对应聘者进行筛选。会计、营销和其他技术领域也是如此。招聘过程通常包含面试，面试官设法确定应聘者是否"适合"公司。主持这种面试的通常是人力资源方面的专业人士，但他们也许并不了解应聘成功的人将来就职的部门拥有什么样的工作环境。如果由了解工作环境的职能部门管理者来面试应聘者，他们则可能不知道关注"软性"标准的重要性，忽视应聘者人格方面的素质。这种做法的一个问题在于，你可能得到你想要的技术技能，然而这名技术人员也许并不具备你想要的社交和领导技能。

> 能够吸引和留住适合特定组织的人才已经成为竞争优势的一个越来越重要的来源。

例如，如果你正设法建立一个基于团队、通力协作的组织，你招聘了一名熟练的焊接工，但事实证明，他独来独往，不信任别人，那么尽管他的技术技能可能有所贡献，但他在社交技能上的欠缺会成为妨碍组织实现目标的障碍。贝尔宾对成功团队的研究清楚地表明，由最"聪明"的个体组成的团队并不一定是最佳团队。[3]这种所谓的"阿波罗综合征"表明，对于团队或组织而言，在考虑招聘标准时，必须在考虑技术技能的同时考虑团队合作和社交技能。

因此，与过去相比，很多企业现在更加关注应聘者的心理、社交和组织技能。例如，在美国食品机械化学公司的阿伯丁工厂，应聘者会接受一次长达四小时的社会心理测试，测试由正式员工主持，考察应聘者的个人理念和倾向与工厂的组织目标是否匹配。有几次，他们聘用了技术技能不高、但社交技能超群的应聘者，他们的理念是技术技能比社会心理技能更容易传授。

23.2 工作设计和绩效

工业时代的组织花很大的力气详细说明工作要求和条件。相反，信息时代的组织更有可能给员工提供更大的自主权，让他们定义和塑造自己的工作，特别是在管理层面。有些新上任的管理者对自己能做什么和不能做什么有太多疑问，这等于是在告诉别人他们也许根本不是做管理者的料。如果你感到对自己的工作不够理解，我建议你采用我们之前介绍的领导观，环顾四周，看看需要做些什么，分析正在起作用的相关影响因素，然后采取行动。不要等别人告诉你要做什么。在有些公司，如果有人在入职时询问自己的工作范围，甚至都会被视为招聘失误，这些人很少能在公司长期任职。吉姆·柯林斯在《从优秀到卓越》一书中提出的"先人后事"宣称的是同样的原则。[4]

即便如此，如果你要为员工设计工作，就要以工业时代以来的研究为基础，确保员工的工作具备自主权、整体性、多样性、反馈的直接性以及直接贡献等衡量标准。[5]员工希望对自己从事的工作有一定的发言权（自主权），希望完成一项完整的工作（整体性）而不是只完成其中的一小部分（一个萝卜一个坑），希望自己的工作中有一定的变化和创造性，希望有清楚的指标来评价自己的工作表现，希望感到自己在从事重要的、有价值的工作。

自主权的问题让我们想到"授权"问题。很多员工会因为感到没有被授权而烦躁。这种醒悟和困惑有一部分源自二元的授权观，不论是在管理层的头脑中还是在员工的头脑中。更为复杂的授权观认为，授权是一个模拟概念，而不是二元概念（非此即彼，你要么被授权，要么没被授权）。请想想自诩有很高授权水平的日本管理系统，它们能够说明这一点。

尽管人们认为日本管理者比美国管理者更善于给员工授权（鉴于他们采用名义小组、共同决策等措施），但日本社会有很高的阶层性，高度依赖等级控制。如果仔细观察日本的授权系统，你会发现，传统的日本系统在一定范围内更为包容，但超出了这些范围，它可能就不那么包容了。在发现和分析问题方面，日本管理者使员工的参与程度比美国人高得多，但是在决策、实施和评估方面，也许就不如美国管理者了。

请思考员工是否被允许参与下列各个步骤：发现问题、分析问题、提出可供选择的方案、决策、执行、评估解决方案。我们可以分别思考每个步骤的员工参与（即授权）程度。表23-1说明了这种模拟授权观。在表格列举的所有事项中，员工自上而下参与的事项越多，我们就可以说他们的"授权"程度越高。如果员工只参与问题的发现，他们的授权程度可能比其他传统组织高（在传统组织中，发现和解决问题是管理层的工作），但肯定没有被深度授权。

这种授权观让管理者和员工都能更容易地谈论企业中的授权水平及其调整方法。这个问题涉及我们在第22章讨论的集中化和分散化问题以及控制程度问题。

不管组织中的工作如何设计，我们最终必须用某种方式对它进行评估。我们如何才能知道自己的员工做得好不好呢？

表23-1　模拟授权观

解决问题的步骤	授权的性质（由谁来考虑这些问题？管理层、员工还是二者一起？）
发现问题	我们有哪些东西需要修正？我们怎么才能知道？名义工作小组、意见箱、全员会议等。
分析问题	当前的系统有何功用，产生了哪些结果？我们为什么需要对其进行修正？
提出可供选择的方案	我们可以采取哪些其他方法？
决策	由谁来决定我们将采取哪种方案？
执行	由谁来进行尝试？
评估结果	由谁来决定尝试是否奏效？由谁来决定我们是否继续采用这种新方法？

23.3 评 估

在组织中，绩效评估系统是最受非议和滥用的系统之一。创建绩效评估系统的动机很明确：如果你让员工干活，你如何才能知道他们干得好不好？上下级绩效评估系统试图先确定各个岗位的职责要求（工作设计的结果），然后根据这些要求对员工进行评估。这可不像听起来那么容易。

过去的一百年里，这个过程意外地出现了很多问题。员工觉得对自己的工作职责缺乏发言权。上司不习惯给出直接反馈或消极反馈。反馈应该是一个"客观"的过程，他们担心员工会认为他们在这个过程中过于主观。就像学校里所谓的成绩虚高一样，员工评价也越来越高：越来越多的员工得到最高评价，那么所有员工的评价就会得到整体提升。出于很多原因，报酬不一定与评价挂钩，因此员工看不到自己的工作和报酬之间的联系。这个过程可能让员工感到泄气而不是鼓舞。另外，只有上司的反馈显然还不够全面。平级同事的评价怎么样？客户的评价怎么样？下属（如果有的话）的评价怎么样？

企业针对这些问题尝试了很多补救办法：实施目标管理；让给出绩效评估的上司接受更好的培训；设计更严密的评价系统，设法减少上司的主观性；在这个过程中使用强制分布法，确保只有少部分员工（比如说，10%的员工）能得到"优秀"评级；增强评估系统和奖励系统之间的联系；把奖励公布与发展对话分开；建立全方位的反馈系统，其中要包括来自上司、平级同事、下属、客户和供应商的反馈信息；最后，甚至可以完全废除绩效评估！[6]

评估系统有强大的力量，因为它们反映领导层有关组织如何跟踪内部绩效的理念。评估体系体现管理层有关员工及其可信赖度等品质的基本假设，因此员工会从中得到信号，得知自己和管理层的关系。评估系统还可能产生强大的负面影响，妨碍沟通，让谈话变得难堪和令人泄气，因此会对企业产生损害而非帮助。在有些企业，评估系统很奏效；在有些企业，它们却行不通。评估系统会成为助力还是障碍取决于它们的设计、实施以及与其他系统的一致性，特别是与奖励系统的一致性。

23.4 奖 励

奖励系统在引导组织员工的注意力方面起着很大的作用。奇怪的是，很多组织设计的奖励系统或保留下来的现有奖励系统反而让员工的注意力偏离组织的目标和战略意图。[7]奖励系统包括与加薪、奖金、晋升、公开表彰和对员工其他形式的积极反馈相关的决策，除非奖励系统与组织的战略目标保持一致，否则员工就会在付出努力和日常工作中产生困惑感和凌乱感。

尽管这个简单的原则很合理，但很多怀有良好意图的组织还是建立并且继续使用看起来与其目标并不一致的奖励系统，这种不一致也许并非出于故意。例如，请思考这样一个案例，一家公司拿出 500 美元的奖金，鼓励员工给公司提出可以采用的新创意。与此同时，公司的预测和规划系统利用人口统计行为预测公司来年可能的销售额，而一个"低底薪、高奖金"的制度事实上惩罚那些销售额更高的员工或者提出增加配额分配新创意的员工。这些系统实际上对公司起到了负面作用。[8]

在另一家试图改善客户服务的企业，高级管理层宣布，80% 的来电要在 20 秒内接听。管理层安装了电子系统监控接线员的接听和通话时间。为了满足管理层的要求，操控电话线路的员工开始缩短通话时间，以便尽快接听下一个来电。结果，员工往往在客户的问题还没有完全解决的时候就挂掉电话，整体客户满意度反而下降了。产生这些意外结果的设计决策原本都出于积极的动机，他们本想关注和奖励员工的某种行为，但实际上却是在鼓励另一种行为。

这里的挑战在于，要确保实际运行的奖励系统是在强化而不是拖累战略意图。尽管高级管理层或者人力资源专家也许认为他们有答案，但合理的做法是让那些将在系统中工作的员工参与该系统的设计过程，特别是在这些员工完全理解企业的目标和战略意图之后。[9]员工从奖励体系中感受到的公正和公平会对他们产生深切的影响。[10]另外，奖励系统似乎格外长寿。团队越能增添奖励系统的灵活性，让它根据所需的行为调整奖励，组织就越有可能让员工关注组织当前面临的战略挑战。

23.5 学习系统

在动荡的环境中，学习能力也许是可持续竞争优势的唯一来源。这条普遍原则在个人层面、工作群体层面和组织层面都适用。卓有成效的领导者明白，如果员工不能不断成长、学习并且扩展他们的技能和才干，企业就会渐渐跟不上时代。

因此，组织的学习系统，包括其培训计划，对战略意图的实现至关重要。IBM 的经历，包括它在 20 世纪 80 年代的业绩下滑，表明只有培训是不够的。多年来，IBM 一直有一个政策，所有员工每年都要接受一定小时数的培训。这个学习目标是为了在公司中确立持续学习的文化，尽管这个目标看起来值得称赞，但公司还是与市场越来越脱节。

IBM 的经历表明，培训计划必须源于企业的战略意图并与其保持一致。还是在美国食品机械化学公司的阿伯丁工厂，鲍勃·兰卡斯特想要建立一个让员工不惧怕管理层的组织。他知道，员工必须理解公司的市场和业务的性质。他能理解，员工害怕竞争，担心没有满足或没有超过客户期望的附带结果。他知道，员工必须能用更有效率和成效的方式合作。

因此，他在专业顾问的帮助下设计了一个培训计划，首先从培训员工如何与人相处开始。到新公司上班的员工会被告知必须接受为期九天的培训，学习如何相互交谈。如今大多数到新公司上班的成年人也许会觉得这个培训完全没有必要。但是，兰卡斯特坚信，除非所有员工都理解他所构想的组织的基本原则并且在日常工作中实践这些原则，否则他们无法建立起他所构想的那种工厂。

这个为期九天的专门培训向员工介绍尊重别人、基于事实的沟通有哪些原则，教员工如何避免贸然评判他人，教员工如何跟他人一起相互尊重、共同合作地解决问题。这个培训计划还包含教员工如何把反馈当成"数据"、不带防备地响应，以及如何管理自身的改变而不是试图改变他人。有效的反馈包括描述不良的行为模式一直持续下去的潜在后果。该计划以一些第三层次原则为基础，比如"所有反馈都是数据，如果不愿意，不必做出响应"、"我们不打算改变任何人，我们认为人们现在这样就很好"，以及"如果我们继续这么做，会出现什么情况"等。通过系统地探索这些 VABE 以及沟通方式和行为方式，新员工学会在人际关系中采用与组织期望文化一致的方式观察、思考和行动。在这个过程中，招聘适当的员工是重要的第一步，增加有针对性的培训是重要的后续措施。然而，不论受过什么样的培训，如果员工得不到准确的相关信息，他们就不太可能有机会利用从培训中学到的东西。

在飞速变化的信息时代，理解和建设学习型组织已经变得越来越重要。事实上，学习以及个人、团队和组织的高效学习能力很可能是可持续竞争优势的最重要来源。著名的荷兰皇家壳牌公司的战略规划团队开发了情境规划（我们在有关战略思维的第5章描述过），阿里·德赫斯是该团队的一名成员，他评论说：“竞争优势的唯一真正来源可能就是学习能力。”[11] 彼得·圣吉围绕这个主题有过很多论述。[12] 玛西娅·康纳也描述过如何建立更强大的学习文化。[13] 像WD-40公司加里·里奇这样卓有成效的领导者重视自己是否在有效地激励和支持员工的学习，在组织文化中激发他们的适应和调整能力。[14]

普适系统

还有另外一类人力资源管理系统需要提及。我们可以称之为"普适系统"，因为它们涉及本章之前提到的所有要素。这些普适系统可以人为设计也可以自然形成，可以清晰也可以模糊，可以成为助力也可能成为障碍，就像蒂奇的模型中其他所有要素一样。其中一些系统涉及多样性和创造力。

多样性在组织中的作用十分重要。尽管这方面的讨论始于大约70年前美国的种族讨论，但如今当我们谈到组织中的多样性时，我们所指的不仅仅是种族多样性。管理层如何看待种族多样性、性别多样性以及民族多样性的管理是一系列复杂的主题，有很多书籍探讨这些主题。

问题部分在于，你在评判自己的人力资源或员工时用的是"与职能相关的标准"还是"与职能无关的标准"。"与职能相关的标准"是指，不考虑"与职能无关的标准"（比如肤色），而要看你评判的对象是否能完成其工作。有些系统多年来一直有意或无意地坚持倾向于与职能无关的标准。当然，这种倾向会因国家和公司而异。我认为，卓有成效的管理者应该更加密切地关注与职能相关的标准。当然，在现实生活中，这些标准常常混杂在一起，很难分析出一个人或一个组织的系统推理。一般而言，如果组织依赖与职能相关的标准（完成工作需要什么）而不是与职能无关的标准（外表），他们就会有更大范围的人才和资源可供使用，因此也就具备了相应的竞争优势。

在与职能相关的标准上呈现出多样性是一种健康的特征。它包含思维的多样性、观点的多样性以及挑战假设和期望的机会以及为更大范围的受众和客户提供服务的机会。如果管理层倾向于聘用思维方式与他们相似的员工，那么组织的战略思维能力和适应环境变化的能力就会下降。

多样性还提高创造力。我在有关战略思维和创新的章节说过，在飞速变化的世界或环境中，创造力必不可少。过度控制会导致集体思维，压制创造力和创新。思维和方法的多样性往往能与这种倾向抗衡。

当然，思维过于多样化可能导致混乱和瘫痪。每支管理团队都面临战略迟滞和失去控制之间的平衡问题。从历史上看，人们似乎往往失之于过多的集体思维，这有心理学和社会学方面的原因。然而，在当今的世界，全球管理者必须了解和适应如何平衡这些冲突。

23.6　结　论

对于任何领导者而言，管理人力资源或人力资本都意味着一系列至关重要的问题。有一些普遍问题是任何一支想要获得成功的管理团队都必须面对的。不幸的是，很多与这个领域相关的决策都没有经过深思熟虑。明智的管理者理解着眼于未来、认真设计人力资源系统的重要性。组织如果拥有优异的人力资本管理系统，就具备了一种稀有的竞争优势。[15]

本章概念

1. 人力资源管理系统是对组织的成功至关重要的一系列系统的集合。
2. 所有组织都必须应对招聘、员工定位、工作设计、绩效评估、奖励、学习和离职安排等问题。
3. 除了人力资源管理设计模型中的要素，我们还需要关注普适系统。这些系统包含多样性和创造力。
4. 授权是一个模拟过程，而不是一个二元过程，包含员工对发现问题、分析问题、提出可选方案、决策、执行和评估等活动的不同程度的参与。

思考题

1. 世界各地的大多数组织都担心自己吸引和留住人才的能力。你的组织在招聘和留住新员工方面表现如何？
2. 你如何评价你的企业在为员工设计有吸引力的工作上的表现？哪些地方可以做得更好？

3. 你的企业根据什么来评价员工？个人工作？团队工作？这些评价会对组织的士气和能量造成怎样的影响？
4. 你的组织提供哪些奖励？它们对组织有何影响？
5. 请描述你组织的学习系统。它们是否充满能量？员工学习些什么？公司对学习有哪些支持？你的组织是学习型组织吗？为什么？
6. 你如何解聘员工？到目前为止，你对解聘过程有何反应？解聘过程对他人有何影响？
7. 请描述你组织的多样性。哪些方面运行良好，哪些方面需要改进？你会提出哪些建议来改进组织的多样性？
8. 请描述你组织的创造力。它得到了哪些助力？遭遇了哪些障碍？你会提出哪些建议来提高你组织的创造力？你能在其中起到什么作用？

案例讨论

你和一个朋友决定创办你们自己的企业。为你们的企业挑选一个行业。然后为你们的企业设计本章提及的重要系统。一定要包括尽可能多的细节。请思考它们对组织的财务业绩和能量的影响。

第 24 章 领导变革

> 批评家不重要，指出强者在哪里跌倒或者实干家本该把事情做得更好的人也不重要。荣誉属于竞技场上的斗士；他们拼命出击；他们不断犯错，不断打空；他们知道要充满热情、全力以赴、为理想而奋斗；要是成功了，他们享受成功带来的喜悦，但要是失败了，也丝毫无所畏惧；因此永远不应该将他们与那些既不懂得成功也不知道失败的、冷漠胆小的人相提并论。
>
> ——西奥多·罗斯福

如果不涉及变革，领导就不存在。可以说，没有变革就意味着没有领导。我们不会谈论"保持现状的领导"或"维持式领导"。变革及其相关概念和原则肯定跟领导及其概念交织在一起，这是不可避免的。在不断飞速变化的世界，卓有成效的领导者精通变革过程，他们理解、信奉并且领导变革。缺乏成效的领导者对变革感到头疼，发现他们管理变革的举措纷纷流于失败。因此，每个有抱负的领导者都应该理解自己对变革的态度，精通变革过程。

24.1 一般变革模型

在人生中，我们会逐渐适应某些行为，也就是我们之前所说的习惯。我们实践过的某些习惯似乎足够有效，于是成为了我们普遍惯例的一部分。组织也是如此。组织形成了足够有效的行事方式，这些惯例就会逐渐被制度化。这些我们适应了的惯例会变成常规，让我们提高效率，我们可以大踏步地前进，无需凡事都要测试，但它们也会抑制我们尝试新事物的念头。我们可以把这些惯例称为我们的舒适区、我们的基线行为或者我们的组织文化（如图24–1）。

当前的舒适区 → 遭遇新数据 → 确认新数据 → 基线行为

图24–1 舒适区和基线行为

只要我们继续从外部世界得到对自己基线行为的积极、肯定的反馈，我们就不会有多大的动力改变它——当然，除非我们非常好奇，想要学习和成长。如果是这样，我们可以说一说内驱变革和外驱变革。内驱变革源于我们内心的好奇心和改进事物的渴望（参见有关创新的章节）。外驱变革是外部力量（家长、老师、上司、投资者、竞争者、政府等）"强加"给我们的。外驱变革是响应而非领导，它有很多危险——它会让我们在市场中的行动过于迟缓、采取屈从心态而非超越心态、完全错失某个市场、敷衍地服从、随意地执行等。

在商业领域，很多管理者，尤其是工业时代的管理者，信奉"东西没坏就不要修"的座右铭，认为稳定的、曾经成功的惯例能够产生稳定的现金流、形成优势、赢得利润以及实现投资回报。这种想法的危险在于，这些舒适区能降低我们的灵活性——市场迟早会发生变化，到那个时候我们已经落后了。我们对过去的成功方法投入不菲，除非这些投入能让我们把强大的环境适应能力融入我们的个人系统和组织系统，否则它们就会成为战略障碍而非竞争优势的源头。

我们都希望有良好的自我感受。我们的头脑会形成非凡的技巧，维持积极的自我形象。如果我们过去的做法奏效，在某种意义上帮助我们获得过成功，我们自然会试图维持这种积极的自我形象。这种对良好自我感受的渴望与我们的世界观相关联。如果长期以来我们一直得到对自己基线行为的肯定反馈数据，那么一旦得到否定反馈数据，我们就面临接下来该怎么做的抉择。

否定数据是对自我概念的挑战，因为它们表明我们过去的做法不再奏效了。这些数据试图让我们偏离自己的基线行为，告诉我们应该做一些新的尝试。这些数据可以表现为每月利润报告、新竞争者的出现、配偶或同事的反馈、下属愤怒的表情、不佳的绩效评估、被拒绝的约会请求或者其他无数来源。不管否定数据的来源是什么，它们都在挑战我们对自己的看法，诱惑我们采取行动做出改变。

我们用各种各样的方式决定接受还是拒绝这种"诱惑"。接受可能很痛苦，因为这意味着我们将不得不反思我们的自我形象，也许还要改变我们的行为，离开我们的舒适区，尝试未经证实的、不一定行得通的行为。这是有风险的。

接受否定数据，或者甚至还没有收到否定数据的时候就突破舒适区，进行一些艰难的、甚至稍微有些痛苦的新尝试，这是斯科特·派克《少有人走的路》一书的主题。[1] 因为我们大多数人都希望留在自己的舒适区，所以我们坚持自己的基线行为。突破舒适区让人感到不适、让人面临危险。派克认为，少有人走的路就是一条会给我们带来这种不适、让我们突破自己的基线行为进行新尝试的路，是一条学习和成长之路。他认为，如果没有勇气选择这条更难走的路，我们就注定只能原地踏步。有些人欢迎否定数据，因为他们将这些数据看成学习的机会，看成让自己突破舒适区从而获得成长的机会。

但是，很多人选择留在自己的舒适区，他们回应否定数据的方式是全面地怀疑它们、歪曲它们或者完全无视它们。如果怀疑、歪曲或无视否定数据，你就能不受干扰、一如既往地保持原来的做法。在遭遇否定数据后，你的行为还是不偏不倚地遵循原来的基线。我们的行为就像一根橡皮筋，被拉离基线后，又迅速反弹回去，恢复到原来的行为模式。图24-2直观地说明了这些概念。

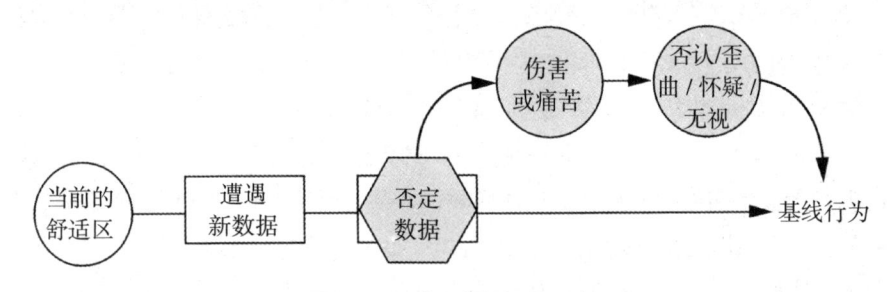

图24-2 对否定数据的反应

当然，否定数据的力量会影响我们是否能怀疑、歪曲或者无视它们。如果否定数据非常强劲，我们或许就不能无视它们了。同时，我们知道有些人虽然接收到了强烈的否定数据，比如心脏病发作、离婚或咨询干预等，依然还是能无视它们。我们对变革的态度和我们对变革的适应水平也许会影响我们对否定数据的响应。然而，在某种程度上，我们必须选择是否接受否定数据。用柯林斯的话说，我们必须"直面严酷的现实"。

如果我们接受否定数据，也就是说，如果我们承认需要改变自己的行为，那么我们就必须对此采取行动。要改变我们的行为，肯定要先寻找其他的行为方式，然后进行尝试。我们会选择尝试我们之前没做过的事。这意味着离开我们的舒适区，尝试可能带来危险、让人害怕、令人胆战的新事物。我们进行尝试，这种尝试又会产生更多反馈数据。如果数据否定试验的有效性，那么即使我们没有"正确"地尝试，我们也很可能会放弃新办法，于是我们的行为又反弹回原来的基线。基线就像弓弦——当你拉它时，它总是想反弹回原来的位置。

请想想你的个人变革行为，不管是减肥、戒烟、更努力地学习、规律地锻炼身体、更常和家人联系或别的什么。如果新行为没有给你带来积极的结果，你很可能认定它行不通,于是再次退回到原来的舒适区。

然而,如果新行为产生了积极结果,新的模式就会开始建立。经过积极效果的强化后,你开始看到新模式起作用了。随着积极反馈不断传来,新的基线得以建立,你会保持这个基线,直到新的否定数据传来。图24-3说明了一般变革模式的演变过程。在典型的失败变革中,人们对新事物的尝试遭遇失败,在接收到否定数据后,人们往往反弹回原来的行为方式,如图24-4所示。

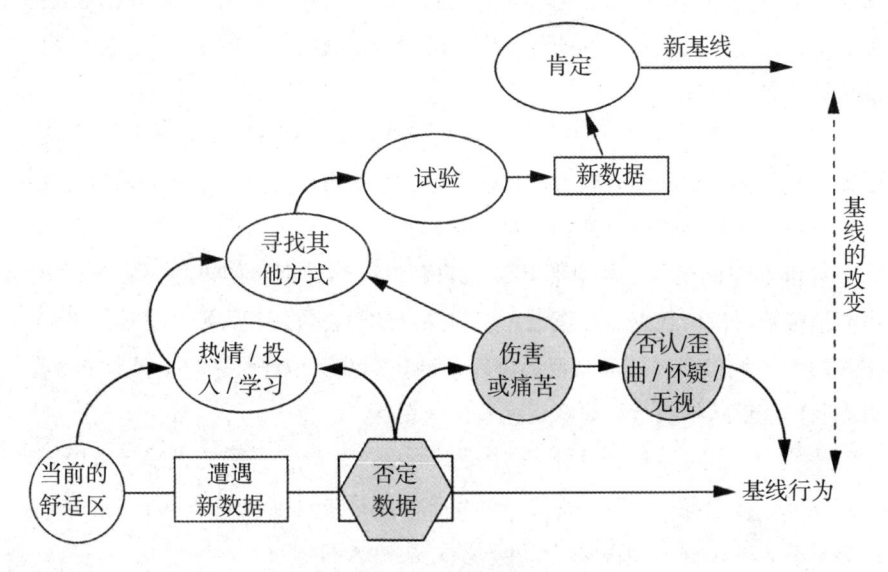

图24-3 一般变革模式

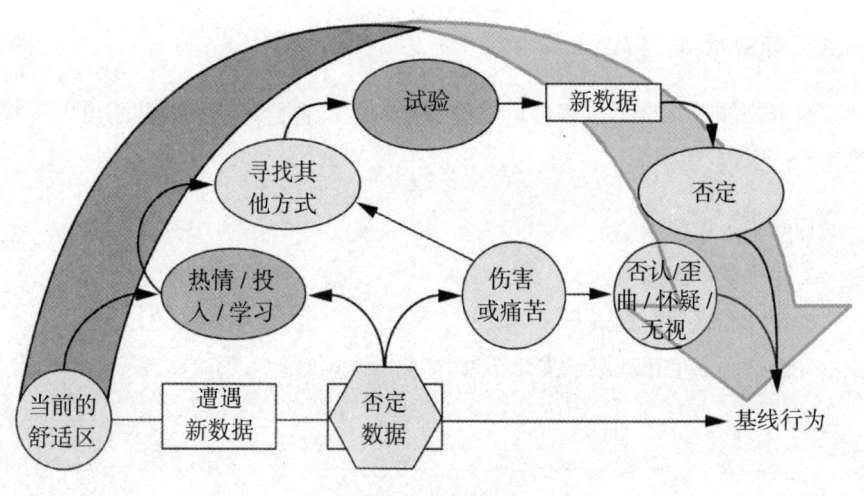

图24-4 不成功的变革

24.2　外部帮助在变革管理中的作用

外部帮助可以在很大程度上帮助一个人或一个组织意识到否定数据并根据这些数据采取富于成效的行动。首先，在收集和提出否定数据方面，外人常常比个人或者组织成员做得更好。由于生活在自己的舒适区，我们常常很难意识到自己可能忽略（怀疑、扭曲或无视）了部分否定数据。我们对自己长期以来形成的行为和习惯视而不见。如果我们（作为个人或者组织）经常保持戒备，那么来自顾问、医生和朋友的外部信息就能帮助我们换个角度，更严肃、更正确地看待数据。

外部帮助的第二个用处是找出其他行动方案。因为一直在自己的舒适区活动，我们无法清晰地看到可能存在哪些其他的行事方式。找一名顾问或从其他行业找一名新高管可以帮助你对可能的方案形成新的看法。

外部观点的第三个用处是解读来自新试验的数据。如果心怀戒备，我们可能消极地解读新数据，甚至潜意识地操纵试验，致使其失败。这种消极响应也在商业领域出现。外部监督者可以帮助我们诚实地评价来自新试验的数据，直到我们能够认清自己，更客观地看待一切。

事实上，图24-5（见后页）中带圆圈的"领导"展现的是领导者可以在一般变革过程中施加影响的地方。如果你理解这个过程，理解外部力量能够产生影响的有利位置，你就能对变革过程产生巨大的影响。

24.3　领导变革过程

根据领导者在变革过程中可以施加影响的位置，我们可以推断出以下管理变革的步骤：

1. 明确否定数据
2. 建立变革团队
3. 设计和领导变革试验
4. 坚持不懈地用新愿景强化结果

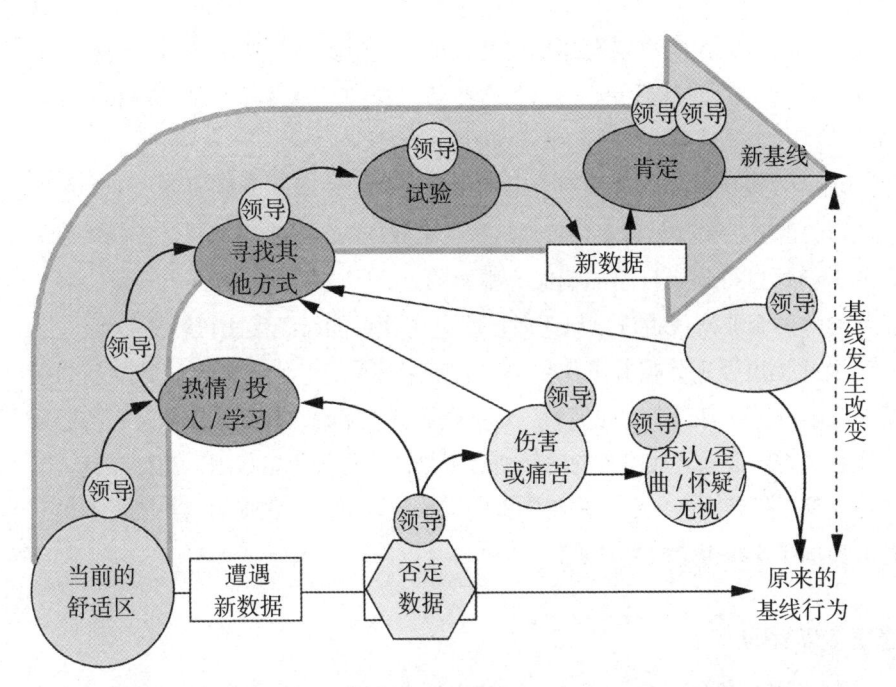

图 24-5　领导变革

明确否定数据

卓有成效的领导者能明确和公开否定数据，甚至将否定数据广而告之。很多组织在怀疑、歪曲和否认否定数据方面展现出强大的本领。甚至自然科学家也对否定其原有世界观的新数据表现出明显的抗拒。[2]根据个人或组织对变革的抗拒程度，潜在的变革领导者可能必须花费大量精力让他们了解否定数据及其意义。斯坦福商学院的哈尔·莱维特提出，在很多情况下，现代领导找到和发现问题的角色正在弱化，为员工创造问题的角色正在不断强化——也就是说，在市场迫使员工改变之前，帮助他们看清需要做出怎样的改变。[3]

然而，否定数据不一定都是负面的。面对领导机会，你也许想为组织建立新的愿景。这并不意味着你必须创造出人们通常所说的"燃眉之急"或者某个"第三方假想敌"；它可能意味着你看到，如果能够实施自我转变，公司会有怎样的新愿景。如果没有迫在眉睫的威胁，这种变革很难在组织中推行，因此，要让组织成员认可或接受这种新信息，愿景的力量至关重要。一个很好的例子是金佰利公司在 20 世纪 90 年代中期的战略转型。当时，金佰利公司的首席执行官和他的团队决定卖掉他们的造纸厂,包括在威斯康星州金伯利市的"金佰利"造纸厂,然后专心经营消费产品。[4] 员工一般不太可能理解和接受这种新信息,尤其是当情况看起来一切顺利的时候。

理解和接受诸如财务亏损、市场份额流失、成本上升或债务水平失控等迫在眉睫的威胁要容易得多。传递这种否定数据的领导者可能从员工或代表员工的工会那里得到更自愿的响应。不幸的是,当这种否定数据出现时,对于参与竞争的企业来说也许已经为时已晚,企业可能已经无法扭转颓势了。

因此提出否定数据并不仅仅意味着带来坏消息,它还意味着建立新的愿景并激励员工朝着这个方向努力。对于企业员工来说,新任首席执行官的愿景可能就是否定数据。战略方向的转变可以被视为这种否定数据,比如杰克·韦尔奇或其继任者杰夫·伊梅尔特实施的变革,认可先前愿景的组织成员不得不思考和接受这些否定数据。

建立变革团队

卡罗尔·鲁宾(Carol Rubin)曾担任芝加哥公园管理处(Chicago Park District)的首席运营官,当时,该机构正经历剧烈的变革,从一个高度运行不良的受资助系统变成一个几乎所有方面都有显著改进的组织。变革团队的总负责人是福里斯特·克莱普尔(Forrest Claypool)。在一次针对这次变革过程的访谈中,鲁宾这样评价克莱普尔的做法:

他做的第一件事是投入大量时间来招聘优秀人才。当他知道这项工作落在自己身上时,他花了几个月的时间招聘优秀人才。这是让官僚结构转型的唯一方法。我认识的一些人去了本市或其他城市的其他机构,在我看来,他们能否建立一支优秀的团队是他们能否成功的预兆。你知道,我曾经听人说过:"新主管只带来了我一个人。"如果听到这句话,我就知道他们其实不打算着手做任何事,因为,要让一个地方发生改变,你需要一群革命者,你需要很多人手。你不可能单凭自己的力量完成一切,要做的事太多了,你必须花时间建立一支优秀的团队。你知道,如果你的人员很优秀,即使战略规划宏大而艰巨,你也能够完成。他们必须分享你的愿景;他们必须分享你的价值观;他们必须成为你的人员。他们会加入你的团队,他们会帮你完成任务。

他们还会带来其他优秀的人才。[5]

领导变革就像向池塘里丢一颗石子：一开始水花四溅，随后水波从中心向外荡漾开来。有愿景的领导者就是这个中心，他组建的团队会成为影响池塘其他地方的水波。领导变革又像打游击战：领导者召集一小群革命者，用共同的愿景和目标感染他们，将他们组织起来，依靠他们"传播革命主张"。你不能只凭自己的力量领导变革。

设计和领导变革试验

变革意味着做新的尝试。根据定义，变革对尝试者来说就是试验。如果试验没有得到精心的设计和管理，参与者最后可能会认定："看，我告诉过你！我就知道这行不通！"很多企业都有过这样的经历，多年来，他们一直尝试最新的管理流程，把它们像"程序"或"创可贴"一样插入或贴在根深蒂固的潜在组织文化的表层。目标管理、名义群体、自我管理团队、全面质量管理以及标杆管理等管理流程在有些企业奏效，在有些企业就行不通，在一定程度上就是因为试验一开始就没有得到精心的设计或领导。举个例子来说，上司要求总经理放权，因为总经理什么事都想自己干。一年后，总经理在尝试了上司提出的放权要求后，公司的财务指标反而下滑了。他很可能得出一个错误的结论，认为放权行不通。他的试验是失败的。我们可以问问这位上司，他是怎样设计这次变革的，他在试验期间给过总经理多少指示和引导。宣布实施变革然后就消失，这可不是在设计和领导试验。

精心设计的试验需要制定清晰的长短期目标、针对如何实现这些目标提供大量培训、在尝试进行得不顺利的时候给予指导和支持以及在行为朝着期望方向转变时给予大量的正面强化。

坚持不懈地用新愿景强化结果

人们期望也需要正面强化，尤其是在尝试新事物的时候。正面强化显然会对行为产生强大的影响。有时，情境固有的自然结果（比赛的最后得分，学会骑自行车，季度业绩）足以"奖励"人们付出的努力。但是，大多数人认为，正面强化能对人们产生强大的影响，甚至小剂量的正面强化也是如此。[6] 斯金纳理论的坚定信徒也认为，正面强化是唯一一种具有持久影响力的强化；惩罚也许能教会人们不该做什么，但无法教会他们该做什么——除了领导者期望的选择外，他们还面临很多其他选择。

根据一般变革过程的这些基本因素，我们来看看当今商业组织普遍使用且有文字记录的变革模型。

24.4　变革模型：经典与流行

从历史上看，大多数流行的变革模型可能只是命令人们做不寻常的事。如果领导者背后有军队、警察、地牢或断头台做后盾，很多人会服从命令。用命令或威胁的方式发起变革在今天仍然是一种简单、有效的变革模型。但是，服从命令并不是第三层次的变革，肯定也不是通往世界级绩效的道路。

在商业世界，最具影响力的变革模型是库尔特·卢因提出的，这是一种简单的变革过程，包含三个步骤。卢因说，变革包含开头的解冻阶段、中间的变革阶段和最后的再冻结阶段。如今的世界飞速变化，大多数观察家认为，再冻结阶段是很危险的，我们也许应该更多地考虑让新流程冻结成"胶体"而不是"固体"。"胶体"状态更灵活、更容易响应未来的变化，同时仍然具备一定的稳定性。有人则认为，我们应该干脆放弃"解冻－变革－再冻结"的过程，接受如今"解冻－变革－变革"的现实。在我们的一般变革模型中，这个概念意味着，每种新基线都会一直受到周围变化的挑战。

在当今这个不断变化的世界，个人或组织如果不具备根深蒂固的第三层次变革价值观，生活将是一系列持续不断的恼怒和挫折。相反，拥有或建立了变革价值观的人会开始理解这个过程，并且通过管理这个过程让自己受益。

哈佛商学院的迈克尔·比尔提出了一个更新而且得到广泛采用的变革模型。比尔提出一个等式，他认为，系统的变革程度等于对现状的不满程度乘以期望模型的清晰程度，再乘以变革过程的力度（当变革成果大于变革成本时）。[7]

$$C_v = D_{sq} \times M_f \times P_c > C_c$$

在这个等式中：

C_v = 变革程度

D_{sq} = 对现状的不满程度

M_f = 期望模型

P_c = 变革过程

C_c = 变革成本

这个模型很有用，因为它告诉我们，除非人们对事物的现状不满意，否则他们不太可能实施变革，而且即使他们不满意，可是如果不知道自己想要怎样改变现状，他们也不太可能参与变革。在这个方法中，变革领导者能看出他们可以采取哪些具体措施来提升成功的几率。

24.5 变革过程中的角色

除了问题制造者，变革过程中的其他角色包括：变革领导者、变革推动者、变革管理者和变革榜样。[8] 任何人都能扮演所有这些角色。变革领导者是发起变革过程的人。这个角色的出现也许是因为一次重大事件、一次灵感突发或者仅仅是做某人的战略性本职工作。在企业中，高管通常是变革领导者。例如，变革领导者可以委托他人做调研，要求重新制定公司战略，或者决定收购新的业务类型等。

变革推动者是促使个人或组织开始变革的人。变革过程实际上是由变革推动者启动的。变革推动者可以由变革领导者担任，也可以由其他人担任。顾问或高管团队成员往往是变革推动者——他们都会对变革领导者的要求或动议做出响应。

变革管理者是对变革过程承担日常实施和监管责任的人。变革管理者可以是高管，也可以是职能部门的管理者。变革领导者通过变革管理者的汇报了解变革的进展。变革管理者必须影响组织中的其他人，促使变革发生。

变革榜样是为变革过程提供示范的人。变革榜样会一直重复强调否定数据（变革需求），用语言鼓励变革，按照与变革目标和原则相符的行为方式行事。

各种变革角色相互影响。例如，如果变革领导者不是变革榜样——如果提议组织变革的高管没有按照自己的变革提议行事——变革过程的力度就会遭到极大的削弱。确定变革过程的每个角色并且评价每个角色担任者的言行是否一致，可以帮助我们解释很多变革成功或失败的原因。

我们还应该识别变革对象，也就是被要求改变行为和行为方式的人。这个角色与其他角色一样艰巨和重要。然而这个角色往往被担任前四个角色的人忽视。被要求做出重大改变的人往往会经历一些可以预见的阶段。

24.6　对变革的响应

死而复生

当个人或组织实施变革时，他们会放弃过去的一部分舒适区，开始采用新的模式。这种放弃在很大程度上就像让自己的一部分死去。因此，我们可以说，对变革的体验就像是死而复生。

伊丽莎白·库伯勒－罗斯的研究显示，晚期癌症患者的各阶段体验与变革过程中个人和组织成员的各阶段体验非常相似。[9]尽管个人和员工群体不会以相同的方式或按照相同的次序经历所有这些阶段，但我们还是可以总结出一个一般模式。了解这个模式有助于领导者更好地管理变革过程。

经历重大变革的人一般会历经否认、愤怒、讨价还价、绝望、试验、听之任之和整合等阶段。再次提醒你注意，不是每个人都会按照这种次序经历这些阶段，当然也不是每个人都会经历所有这些阶段。例如，有些人会在否认阶段止步不前。

否认的多种形式

有些人对否定数据的反应是否认它们。图24-6（见后页）展示了否认的多种形式。[10]首先，你可以否认信息发出者的可信性，事实上就是不相信数据来源的可信性。如果你信息的内容都没看清楚就拒绝接受信息，你就能轻松地回避对信息内容的思考。如果你能承认或被迫承认传达者的可靠性，那么你还可以否认信息的内容，坚持认为数据是假的。你还是可以很轻松地避免针对你不相信的数据采取任何行动。如果你被迫认可信息和信息的传达者，你还可以否认信息和自己处境的相关性。"是的，"我们会说，"确实如此，我承认你让我注意到了这个问题，但它确实与我无关。"最后，如果我们被迫承认数据来源是可靠的，数据是真实的，而且数据与我们相关，那么，我们还可以否认自己针对信息采取行动的能力。这四个妨碍我们接收和认真思考否定数据的连续障碍都是我们经常用来保护自我形象的防卫机制。

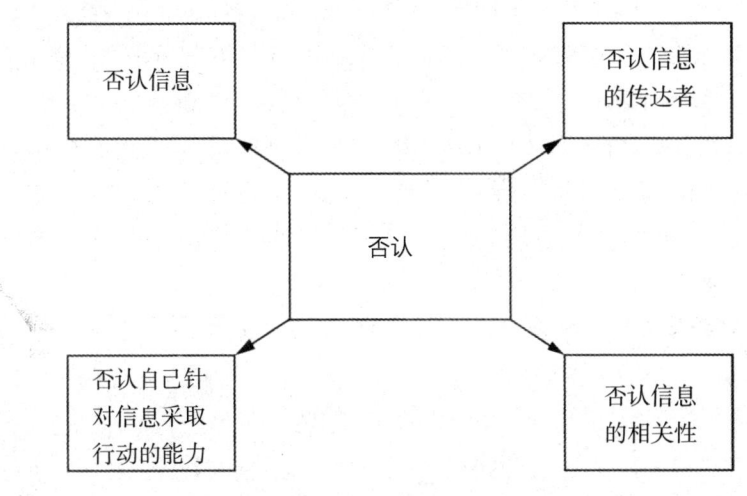

```
┌─────────┐                    ┌─────────┐
│ 否认信息 │                    │ 否认信息 │
│         │                    │ 的传达者 │
└─────────┘                    └─────────┘
      ↖                        ↗
           ┌─────────┐
           │   否认   │
           └─────────┘
      ↙                        ↘
┌─────────┐                    ┌─────────┐
│ 否认自己针│                   │ 否认信息 │
│ 对信息采取│                   │ 的相关性 │
│ 行动的能力│                   │         │
└─────────┘                    └─────────┘
```

图24-6　否认的形式

人们可以长期停留在否认阶段。有些人甚至始终拒绝走出来。在某种程度上，上瘾就是某种形式的否认，因为人们试图通过它们来寻找其他形式的安宁或共鸣，逃避不上瘾状态时面对的现实。人们无视卫生总署发布的健康警告就是在进行某种形式的否认。无视行业内的竞争信号、坚持从前惯例的员工或管理者也是在进行某种形式的否认。

愤怒和讨价还价

如果否定数据强大到足以戳破某人的否认，这个人最先出现的情绪反应往往是愤怒。当变革对象意识到否定数据无法否认、必须应对的时候，就会产生愤怒情绪。这种认知会迫使人们离开自己的舒适区，进入未知的新领域，如果进行顺利，它就会要求人们放弃部分原来的自我，继续前进。要改变，人们就要放弃在已经不再那么奏效的模式上付出的时间、精力和情感。这个过程可能会令人感到愤怒。人们不想放弃他们以前的投入，他们可能把这种愤怒发泄在与问题的真正源头毫无关系的对象头上。员工可能不会对竞争感到生气，反而会迁怒于老板。他们可能迁怒于客户而不是努力为他们服务。他们可能迁怒于同事、家人、其他部门和自己职位相同的人等。如我们在第12章所说，有高情商和变革商的人更有能力控制这种愤怒，继续前进。而继续前进通常意味着无路可退。

人们在认识到变革需求后的愤怒反应常常导致讨价还价。当被迫认识到原来的方式不再那么奏效的时候，人们常常试图通过讨价还价来逃避变革。一种常见的讨价还价策略是"或许只要削减开支，我们就能继续维持现状"。另一种是"或许只要我们更努力地工作，数据就会有所改善"。其他策略还包括："这是短期现象，我们很快就会恢复从前的状态"；"我们过去应付过变革，只要按照过去的做法，我们也能应付这次变革"；"客户其实不知道自己想要什么，我们需要教育他们"等。

讨价还价是为了推翻否定数据，退回到原来的基线。讨价还价与前面提出的共鸣模型中准备和障碍之间的反复循环效应相关。否定数据是障碍的表现形式。如果短期的讨价还价让数据开始显现出起色，讨价还价就可能危及变革，因为人们都愿意相信，无需自己做出改变，情况也会有所好转。然而，当讨价还价失败时（在所有重大变革情境中讨价还价都会失败），人们就会意识到他们确实不得不做出改变了，这种认识常常会导致绝望。

超越绝望和哀痛

对大多数人来说，绝望是倒退的企图和前进的意愿之间的过渡阶段，是一个分水岭。在这个短暂时期，大多数人意识到他们无路可退，从前的舒适已经不复存在，不论多么不适应，他们都必须前进。

有些人认为，人们在进入下个阶段之前需要一段时间来释放哀痛、发泄绝望、哭泣、回忆过去的好时光、为过去画上句号。尽管哀痛不可避免，但到了某一刻，你还是必须说："我已经为过去哭得够多了。我必须活在当下，为明天做好准备。"你越快结束对过去的哀痛，越快开始看到未来的希望，你就越快取得进展。在我们的生活和组织中实施变革就像是死而复生。就像哀悼死亡一样，如果想要心理健全地前进，我们也需要哀悼和关心这些变革。

在哀痛即将结束时，不论多么胆怯，大多数人都会开始看到希望。看到未来的希望意味着即将开始探索和试验的过程。如前面提到的，外部的专业帮助在这个时候会成为很大的助力。当人们开始看到走得通的新路时，他们会朝这个方向走几步，看看可能产生什么结果。这些新方向让人们产生希望，对当前变革的绝望将被新的适应感和能力感所取代。

希望和变革过程

希望意味着人们期望自己的努力可以产生结果。如果处于重大变革中的人不清楚情况将会怎样改善，他们就很难知道在新状态下自己为何而工作，他们就会开始期望从过去寻找安慰和支持。虚假的希望不会有任何帮助。如果管理层偏离了我们在第6章描述的道德基石，认同或构建虚假的希望，员工很快就会清醒过来，再次陷入绝望。现实的希望、可以实现的希望以及虽然微小但切实的希望比不抱太多实现的期望做出的轻率承诺好得多。

当人们意识到新试验开始带来希望和积极数据时，他们就会开始将新的行事方式整合到自己的假设和价值观网络中。原有假设的阴影开始消散，新的原则取而代之。这种整合常常以非常微妙的方式进行，我们甚至都注意不到。尽管整合的力量与愤怒和绝望一样强大，但它并没有那么明显。某一天你也许会发现，新原则你已经用了有一段时间了，一切进展顺利。新秩序看起来不错。庆祝这种无形的转变非常重要，可以让人们知道发生了什么改变，知道他们擅长管理变革，知道他们共同创造了新的现实。

图 24-7（见后页）展示了上述过程。它体现出行为和情绪之间的摆动，每次摆动往往会依次激发下一次摆动。克服否定带来愤怒。克服愤怒带来讨价还价。克服讨价还价带来绝望。克服绝望带来新的选择。实践新的选择可以带来新的希望。希望和合作带来新的行为，这种新的行为又催生新的行事方式。卓有成效的领导者不仅理解这个过程，还会积极地设计和预见相应的反应，最大限度地降低负面效应、发挥积极潜力。

图 24-8（见后页）用另一种方式描述这种变革过程。图中，平滑的直线代表初期对过去成功的满足。否定数据就像河流中的岩石，会造成混乱的急流。不论有什么样的依据，人们都会抗拒变革需求和举措。如果具备强有力的领导和可靠的流程，短期的积极结果就会开始显现。随后，为了避免新的行为方式倒退回原来的方式，要对其进行反复巩固，将其变成新的行为习惯，建立新的基线。除非新的基线包含不断变革的过程，否则它很快就会进入满足状态——变革过程就会再次开始。

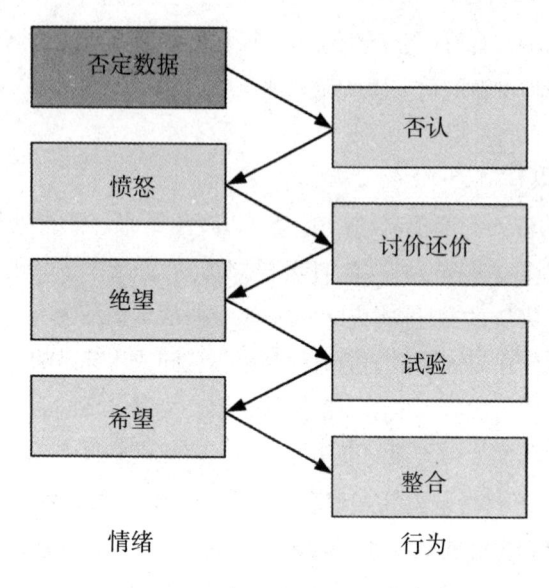

图 24-7 对变革过程的情绪响应

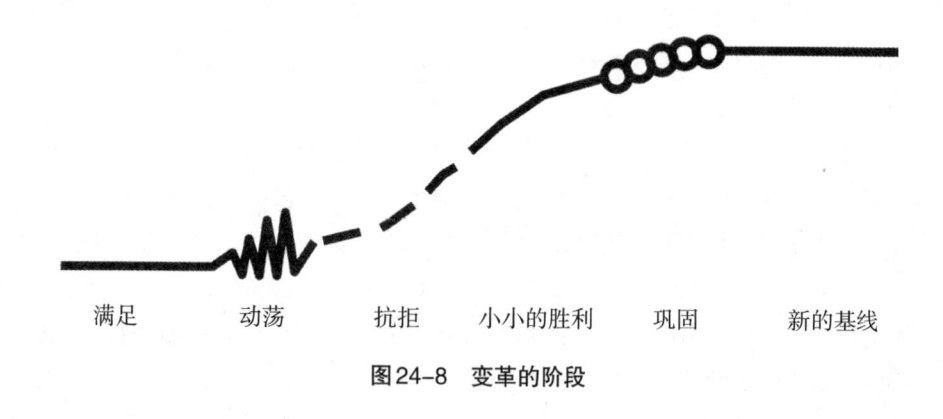

图 24-8 变革的阶段

24.7 变革的层次

与我们之前讨论第一层次、第二层次和第三层次领导类似，我们也可以讨论第一层次、第二层次和第三层次变革。如果变革只是针对行为，我们就是在进行第一层次的变革，但如果行为上的变革在更深的层次对人们产生了影响，第一层次变革经常会产生意料之外的第三层次后果。卓有成效的领导者意识到，强有力的变革不仅促使人们改变自己的行为，还促使他们改变自己的思想和信念，因此领导者会让自己的变革瞄准第三层次。第三层次变革是指所有修改个人或组织的基本价值观和假设的变革。

约翰·科特的变革模型

哈佛商学院的约翰·科特把这种变革称为"把变革固化在组织文化中"。科特的研究列举出导致企业变革失败的八个原因以及相应的八个应对方法。[11] 科特的建议是，领导者应该：（1）建立紧迫感；（2）建立强有力的引导联盟；（3）形成清晰、有力的愿景和战略；（4）利用一切可能的时机传达变革愿景；（5）重新设计组织，消除变革的障碍；（6）发现和庆祝短期的成功；（7）把短期胜利融入新的变革行动之中；（8）确保变革融入潜在的组织文化之中。

表24-1　科特的八步骤变革实施方案

1. 建立有说服力的原因，说明为什么必须实施变革，以此建立紧迫感。
2. 建立足够强大的联盟来领导变革。
3. 制定引导变革的新愿景以及实现愿景的战略。
4. 向整个组织传达这个愿景。
5. 消除变革的障碍，鼓励其他人承担风险、用创造性的方式解决问题，给他人授权，让他们根据愿景采取行动。
6. 计划、创造和奖励短期胜利，鼓励组织实现新的愿景。
7. 巩固进展，重新评价变革，对新方案进行必要的调整。
8. 说明新行为和组织成功之间的关系，强化变革。

四"P"模型

美国一家最成功的金融服务公司最大事业部的负责人用"4P"来总结变革过程：目的（purpose）、愿景（picture）、计划（plan）和角色（part）。从本质上看，它们体现了管理者如何看待比尔的等式：如果人们看不到变革的目的，如果他们看不到自己的愿景，如果他们看不到实现愿景的计划，如果他们看不到自己在计划中扮演的角色，他们就不太可能参与变革——变革就会陷入困境或者失败。

MIT 模型

在离科特在哈佛大学的办公室不远的同一条街上，麻省理工学院（MIT）的研究者们也提出了一个有说服力的变革管理模型，这个模型包含七个步骤。[12] 他们把变革视为一种三维现象，包含一个发展过程、七种实现变革的工具以及管理抗拒的重要性。

根据 MIT 团队的观点，重大变革一般经历四个清晰的阶段。第一阶段是传统阶段，员工和管理层意识到原来的方式不再奏效了。这意味着他们开始认识到来自环境的否定数据。一旦有了这种认识，管理层就会开始寻求新的方法，这就是第二阶段，也就是探索阶段。在第三阶段，也就是生成阶段，变革的关键部分开始从新的流程和方法中产生，新的流程于是变成变革的能量来源。在最后的第四阶段，也就是内化阶段，新的流程变得根深蒂固，成为组织的一个自然而然的组成部分。

内维斯和他的同事们认为，成功的变革会用到表 24-2 列出的所有七组技能，而不仅仅是其中一两组。每组技能都有优势和劣势，它们可能或多或少地分别适合四个阶段中的某个阶段。对于卓有成效的变革管理者而言，挑战在于理解并且适当地运用这些工具。

表 24-2　内维斯的 MIT 变革模型

1. 有说服力的沟通	5. 外在奖励
2. 参与	6. 实施结构和组织变革
3. 利用期望	7. 强迫
4. 树立榜样	

内维斯和他的同事们将强迫也列入变革管理的技能之中。然而动用强迫会让你脱离领导领域。你也许觉得强迫在短期内是有必要的。有些管理者说，当知道现在的努力最终会让人们接受"正确"的行事方式时，你有时必须强迫人们做他们不想做的事。我们担心的是，如果管理者习惯了以强迫为助力，把它当作推行变革的终极手段，那么强迫很容易被滥用，管理者很快就几乎只会在第一层次实施领导。从某种意义上讲，强迫更为迅速，但从长远看，它缺乏效力。

MIT 团队提出，很多变革之所以失败，是因为它们忽略了可以预见的抗拒。彼得·圣吉和他的同事们在 MIT 研究学习型组织时提出，要认识这个普遍特征，一个有效的途径是奉行承认多重现实的原则。换言之，组织中的各个亚群体会对变革有不同的看法。有些支持变革，有些反对变革——他们各有各的原因。如果能意识到每个群体都有合理的理由来支持自己的观点，变革领导者就更能做好准备，选择和使用适合各方观点的变革工具。这种方法的关键在于，承认多种理解的合理性，而不是要求所有人都持有同一种观点。如果管理层采用这种方法，就可以利用各种观点找到更多的解决方案，从而减少抗拒。

普罗查斯卡的积极变革模型

普罗查斯卡提出了一个略有不同的方法，其中心思想是，人们用螺旋前进的方式完成变革，他们常常"反复"变革过程的各个步骤［参见表 24-3 和图 24-9（见后页）］。事实上，他认为，85% 的人会退回到之前的某个阶段，然后重新开始。在他看来，人们不太可能只经历一次循环就完成变革。普罗查斯卡提出的步骤和其他人的观点类似，包含未产生变革意图（没有变革的兴趣）、产生变革意图（我想做出某些改变）、准备（这是我的变革计划）、行动（我正在采取行动）、维持（我如何才能坚持正在实施的变革）以及终止（诱惑消失，不再有反复）等阶段。[13]

表24-3　普罗查斯卡的螺旋式变革模型

阶　　段	关键活动
未产生变革意图	没有意识到问题，更不要说解决方案
产生变革意图	我想终止这种感受或行为
准备	我很快就会采取行动
行动	我正在采取行动
维持	认真维持变革，不让其有反复
终止	诱惑和威胁已经消失

克服对变革的内在恐惧

最后，我们要说到罗伯特·莫勒的研究成果，他认为大多数变革之所以失败，是因为我们总想一蹴而就。莫勒认为，在管理个人变革时，我们应该从细小的变革一点点开始，这些变革完全不具威胁性，也不难实施。莫勒说，如

反复可能多达85%

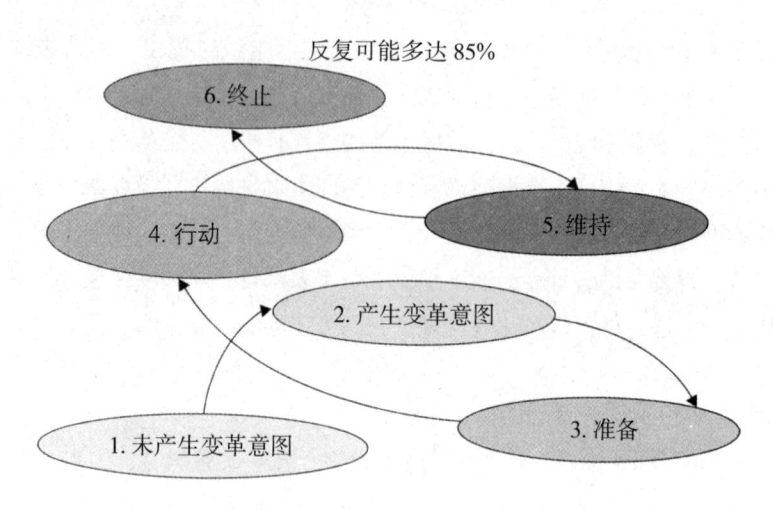

```
        6.终止
                        
   4.行动        5.维持
                   
        2.产生变革意图
                        
   1.未产生变革意图    3.准备
```

图24-9 普罗查斯卡的螺旋式变革模型

果选择把步子迈得更大，我们与生俱来的内在应激响应系统就会被激发，我们很可能故态复萌。相反，如果从完全不具威胁性的事情开始，我们就能轻松地获取一些微小的成功，这些成功渐渐累积起来，我们就能实现更大的变革。[14]

24.8 结 论

战略分析有很多模型，同样，变革管理也有很多模型。这里的挑战不在于记住所有这些模型，而在于理解它们，并借鉴前人的经验建立你自己的模型。忽略这个过程，也就是说在个人、工作群体或组织层面没有相应的变革管理模型，就意味着没有注意到精通变革过程对成为卓有成效领导者的重要性。对于卓有成效的领导而言，理解和管理变革是一个不可分割的组成部分。领导试图改变人们的行为，如果是卓有成效的领导，就会改变人们的思想和信念。人们有固守舒适区的天生倾向，他们会使用过去奏效的个人、人际和组织技能。改变过去的模式通常从否定数据开始。关注这些数据并理解其意义的人会启动变革过程。在这个过程中，他们会放弃一部分从前的自我，就像死而复生。实施真正的变革，尤其是第三层次的变革，会激发人们的一种普遍情绪响应模式，它包含否认、愤怒、讨价还价、绝望、试验、希望和整合等阶段。如果理解这个过程并且有能力带领人们完成这个过程，领导者就能更有效地管理他们共同的变革。

回头看看本书开篇第一句话：领导就是管理能量，首先是管理你自己的能量，然后是管理周围人的能量。管理变革也是如此。如果你想改变周围的世界，就要意识到是你过去应对世界的方式造就了你现在面对的这个世界。如果想要改变它，你必须首先改变自己。如果你不愿或者不能改变自己的行事方式，你周围的世界就很可能还会维持原状。

本章概念

1. 根据定义，领导意味着管理变革。
2. 卓有成效的领导者理解和精通管理变革过程的技能。
3. 变革就像死而复生——我们必须放弃一部分自我，然后重新建立一部分自我。
4. 变革从否定数据开始。随后，我们会选择如何响应这些数据，是忽略它们还是留意它们。
5. 认识和管理变革过程中的各种角色，包括变革领导者、变革推动者、变革管理者、变革榜样和变革对象，有助于成功地实施变革。
6. 否定数据常常让人们对变革过程产生一系列可以预见的反应：否认、愤怒、讨价还价、绝望、试验、希望以及整合新的行事方式。人们可能在这个过程中陷入某个阶段无法自拔，外部帮助常常有助于人们渡过各个阶段。
7. 在试验阶段，为了确立新的行事方式，人们需要有效、一致的强化。
8. 外部推动者往往有助于管理变革，因为他们能看到身处变革之中的人们已经习以为常、视而不见的东西。
9. 第三层次或者说价值观层次的变革是最持久的。

思考题

1. 在过去的六个月里，你自己或在工作群体中遇到过哪些否定数据？你有何响应？
2. 你在工作群体中扮演什么变革角色？哪些数据也许其他人没看到但你看到了，并且会促使你成为变革领导者？
3. 当你过去需要克服对变革过程的消极反应时，哪些东西给了你帮助？你怎样才能为他人提供这样的帮助？
4. 请列出你在自己的生活中做出的最重大变革。请认真思考你对每次变革的实施过程。你是否很好地管理了这些变革？你从中学到了什么？你愿意知道怎样才能做得更好吗？

案例讨论

案例1

玛丽安妮即将担任市中心一家全国连锁商店的负责人，这份新工作让她感到很兴奋。但是，当她来到店铺并开始熟悉她的三名员工时，她发现显然有一些问题正亟待解决。首先，鲍勃很有能力，而且了解先进技术，但他不喜欢接受女上司的管理。当玛丽安妮要求他做事时，他常常听而不闻，或者等到她重复了几次后才动手，而且还叹气或低声抱怨。苏珊妮则有卫生方面的问题。顾客曾经向她的两个同事抱怨她身上有股难闻的气味，他们不想靠近她。罗西很少露出笑容，总是跟顾客闹得不愉快。似乎总有阴云笼罩在她头顶上，她很少有积极、愉快的发言。玛丽安妮上任的头三个月，店里的销售额不断下滑，尽管跟这三名员工对话很艰难，但玛丽安妮知道自己必须采取行动了。

案例2

试想你刚刚被任命为你所在城市的新任警察局长。你怎样才能发现存在的问题？你会探索哪些领域，从中找出必须实施的变革？你如何着手组织你的变革？（请根据你对本书介绍的变革理论的理解指导你的思考）。

第25章 结 论

> 通过管理组织成员来创造利润、生产力、创新和真正的组织学习的关键,最终取决于你如何看待自己的组织和成员,在于你的心态和看法。
>
> ——杰夫·普费弗[1]

第三层次领导就是管理能量，首先是管理你自己的能量，然后是管理周围人的能量。要管理能量，你必须深入理解人们行为方式背后的根本原因。如果不理解人们的能量从何而来，你就无法将其激发出来，无法把所有能量聚集起来并加以部署。这意味着你必须理解并愿意影响他人有关世界是什么样子或应该是什么样子的核心价值观、假设、信念和期望（VABE）。如果不这样做，你的影响就会浮于表面。这也许足够让你付账和应付生活，但不会让你有世界级绩效，在当今这个扁平化、充满竞争的世界里，市场要求卓越的表现。

第三层次领导就是对你自己、你的工作群体、你的组织和社会产生根本、持久的影响。这意味着领导是从自我领导开始，而不仅仅是改变他人的行事方式。在过去的两百年里，很多当权者只关注在第一层次领导看得见的行为。这种做法带来的糟糕结果是，很多人不喜欢自己的工作，讨厌去上班，工作时缺乏能量、毫不投入。第一层次领导关注短期的行为结果而且也许会取得一定的成果，而第三层次领导瞄准人们的思想和信念，后者会产生更持久的影响。

第一层次领导在很长一段时间里一直十分奏效——它引领工业时代并且造就了很多为世界提供产品和服务的大型企业。第一层次领导给管理者一种直接的成就感。管理者能看到员工的所作所为，不必担心他们的想法和感受。从本质上讲，第一层次领导是看得见的；你能看到员工的所作所为，大多数员工能看到不响应领导会有什么后果。在一个相对秩序化的世界里，如果你有足够的权力，第一层次领导就能产生足够的效力。

然而，在如今这个动荡、飞速变化的世界，决策需要由整个组织做出，制定决策所需的信息可以迅速传播开来，第一层次领导的原则和效果正逐渐削弱。一个人一个上司、垂直等级结构、有限的控制范围、明确的职能和组织界限、确定的工作职责、有限的信息分享以及明确的专业知识储备等因素正在逐渐消失。包括供应商、客户、各职能部门的人员甚至下属等在内的多重"上司"、以不断组建和重组的团队以及对当前数据库的重视为基础的更加扁平的组织、广泛的影响而非控制、模糊的职能和组织界限、工作职责的巨大不确定性、广泛的信息分享和交流以及不断变化的知识和认知储备等因素正在取而代之。

在这种环境中,"命令和控制"或"计划－组织－激励－控制"等工业时代的领导观念正逐渐过时。大型工业企业解体,被重组成规模较小、更为独立的企业。尽管政治和企业的边界会继续以各种方式划分与合并,可人们再也不能接受无法让他们控制自己的人生和未来的环境。控制正在让位于协调,协调意味着尊重潜在的信念和价值观,这是控制做不到的。

第一层次领导者会继续存在(尽管在我们的词典里,这种说法属于用词不当,因为如果一个人在使用权力的时候并不考虑追随者的自愿响应,那他就不再是领导者,而仅仅是"当权者")。第一层次领导者之所以会继续存在,部分原因是心理上的。很多人在成长过程中需要控制身边的环境,而他们把他人看成环境的一部分。另外,第一层次企业也会继续由第一层次领导者经营。这些企业的文化会继续无视员工的想法和感受,他们会继续专注于财务目标,为了股东回报而颠覆其他有价值的目标。其中很多企业甚至可能会生存很久。

然而,在信息时代成长壮大起来的组织会越来越基于第三层次领导。他们的员工不仅按照要求工作,而且坚信自己的工作是有价值的。在信息时代,成功的组织会向工业时代的非营利组织借鉴经验,理解人们为什么只拿微薄的薪水甚至不拿薪水却仍愿意尽最大努力勤奋地工作。这些第三层次企业知道为何要鼓励员工自愿努力工作,知道如果他们不能成功地激发员工自愿努力工作,他们就会越来越落后于知道如何做到这一点的竞争对手。如今,这样的例子在各种规模的组织中都能找到。华盛顿州西雅图市的派克市场鱼市(Pike's Place Fish Market)是高能量、高盈利能力的小型企业典范。北卡罗来纳州卡雷市的SAS公司是中型企业典范。西南航空公司则是竞争激烈的行业中高能量、高盈利能力的大型企业典范,它也频繁地成为人们的研究对象。还有其他这样的组织,但为数不多。

看起来,显然没有人在影响他人的时候只涉及一个层次。我们每个人对领导层次的关注焦点各有特点。每个人都可能对某个层次更加重视。在本书中,我想要说明的是，对第三层次技巧的重视超过第一层次技巧的人很可能会在商业领域获得更多、更持久的成功。

在第三层次组织中，员工和企业之间的纽带不仅仅是支票和对失业的恐惧。员工相信企业所做的一切是有价值的。他们能够获得相关信息，了解企业的表现，这会增强他们与企业之间的纽带。他们理解在存在很多选择的世界里取悦客户的重要性。第三层次组织明白，如果员工不高兴，客户也不会高兴。组织的领导职责是定义和传达会让员工自愿响应的目标和使命、愿景和价值观以及战略和运营目标。

想建立第三层次组织的人面临很多挑战。首先是工业时代的历史惯性及其提倡的原则。如果托马斯·库恩对科学革命的本质及其实现时间的论断是正确的，那么每个组织都要经历一代甚至好几代人才能建立起第三层次的新型领导模式。[2] 这个过程会慢慢传播到每个行业。长期研究高绩效工作场所的理查德·沃尔顿也注意到了这种传播的缓慢性。[3] 另一方面，在如今这种快速沟通和全球外包的环境中，我们不再能奢求等待下一代人完成变革。我们每个人都不得不思考如何变革，否则就会被归为碌碌无为之人，单纯地成为将基因和模因传递给下一代的容器——而这些基因和模因可能已经陈旧、过时并且失去效用了。挑战在于，每个新生儿都是一张白纸，家庭、社区和周围的文化会在这张白纸上留下他们的 VABE。讽刺的是，很多影响因素都会留下这样一条 VABE："不要在意 VABE。"

第二，世界很多地区的区域性贫困会减慢信息时代的发展。如果人们无法接触和使用电脑信息网络，他们就会受制于工业时代的信息共享程序，仍旧被工业时代以及之前时代的第一层次特征所影响。然而教育和随之而来的访问互联网的能力会加速这个过程。电视和几乎遍布全球的卫星传送已经让闭塞地区的人们改变了对世界和个人潜力的看法。信息时代的一个重大挑战是控制日益显著的贫富差距。当东欧或东南亚的人在电视上观看《名人富豪的生活方式》这档节目，看到富人们居住豪宅，到风景秀丽的地方度假，花钱的时候一点都不手软时，他们会因此产生期望、渴求甚至需求。人们会越来越坚决地要求政治和经济上的独立自主。

信息时代会让这种转变成为可能。在工业时代，你可以让人们完全不知道选择的存在，而在信息时代，穷人会知道他人是怎样生活的，因此也就知道自己能够怎样生活。因此，我们会经历信息时代和体验经济之间的碰撞。最近，我在一个平均年龄 30 岁的 MBA 报考班里提了一个问题：美国在以离岸外包为特点的经济中生产或销售的是什么？对他们而言，我们销售的是经验，凭借信息时代的技术得到的经验。因此，挑战在于管理人们眼中的工作和奖励上的差距，建立一个公平的世界，人们根据贡献公平地管理奖励系统。我们知道，人类的本性不太可能产生巨大的改变，因此，这种公平的经济体验系统需要监督。如果可以按照自己的意愿行事，大多数领导者都会是自私的。第三层次领导者理解这一点，他们会借助领导的道德基础认可并且共同建立起所有人都能参与其中的奖励系统，从而建立可持续的竞争优势。

在信息时代或者体验经济中，我们面临的第三个挑战是技术和信息的灵活性，这种灵活性使得技术和信息可以侵害人们的生活，也可以保护人们的生活。借助手机、掌上电脑和互联网，人们可以在任何地方工作。这种能力可以成为助力，也可能成为障碍。有些人无论在哪儿都会让工作支配自己的生活。有些人则要面对平衡个人生活和职业生活的难题。这不仅是北美地区才有的问题。随着能从任何地方获得越来越多与工作相关的数据，我们越来越难管理健康、家庭、恢复能量和人际关系等生活的其他方面。当你说"稍等，又有人打电话进来"或者"亲爱的，我马上就出门，我必须先处理完 58 封电子邮件"时，你传递出来的信息对个人和家庭生活的侵害绝对比工业时代的加班更大。平衡工作和家庭生活的挑战是我在世界各地的领导培训课程中最常被提及的问题——不论课程参与者是何种族、性别、文化或民族。

身份盗用已经成为工业化社会的一个棘手问题，世界各地的黑客在攻击信息时代的经济体系。与此同时，体验经济的原则正在全球传播。除了工作，人们还想拥有更多——想有自己的生活，想要享受生活。即时通信让他们看到世界上另一半的人们怎样生活。人们对未来的生活有了新的预想，他们都想拥有这样的生活。

第四，信息时代的领导者需要在不太愿意自愿响应的人群中建立第三层次的影响力。在这方面，弗吉尼亚大学商学院是一个很好的案例。20 世纪 90 年代初修建新教学楼时，校方决定在新教室的每个座位上都安装互联网接口。后来，在以课堂讨论为主的教学环境中，课堂的整个基调都改变了。老师进入教室后发现他们看到的不再是 60 名学生的脸，而是 60 台笔记本电脑的顶盖。

有人开玩笑说，应该要求学生把他们的照片贴在笔记本电脑上，这样老师就能认出他们都是谁了。另外，老师们很快发现学生们在上课的时候互发电子邮件。一名学生发言的时候，其他学生通过电子邮件、短信和微博发表评论，进行现场同步虚拟讨论。学生们还给其他班的朋友发邮件，了解其他班的课堂上正在发生什么。老师们开始担心这种失控状态，企业领导者也遇到了同样的问题。

不论他们是否愿意，信息时代已经让权力分散得更广、更深，改变了机构中权力的面貌。组织中的低级别成员现在也能相互沟通并获取经营信息，因此，领导者也更难控制他们了。在很多从工业时代成长起来的耿耿于怀的现代管理者看来，奥威尔对"老大哥"的畏惧应该一直就是对"小兄弟"的畏惧。[4] 很多管理者正在经历当前这个从工业时代到信息时代的过渡时期，对他们而言，遭遇这种失控状态是职业生涯中的一个重大挑战。

第三层次领导还意味着不要碰到第一个合适的解决方案就立刻接受，而是要进一步探索。尽管赫伯特·西蒙因为阐述满意度概念而获得诺贝尔奖，但第三层次领导者不会满足于他们碰到的第一个过得去的解决方案。强迫员工上班、终止罢工、加班等也许在当时看起来是最简单的解决办法，但从长远看来，这种第一层次的办法会带来更大的麻烦。第三层次领导者不只思考眼前的问题，他们会从心理层面和情绪层面努力寻找其他方法，这些方法不仅影响员工的"身体"，还从根本上影响他们的"头脑"和"心灵"。如果所有人类互动都是用某种货币进行的某种交换，那么要换取一个人内心最深处的动力，必须使用哪种货币呢？

这里存在一个矛盾。一方面，我们可以认为如果所有人类互动都是交换，那么从本质上讲它们就都是第一层次的现象。另一方面，如果我们承认每个人都可以掌控自己的动力、价值观和信念，那么问题就是："要想成为组织的成员，你需要用哪种货币来跟组织或领导者交换？"换言之，为了加入组织，你在自己的核心 VABE 上必须做多少让步？只有在组织的要求与个人的潜在动力和价值观一致时，个人才会对组织全力以赴。想想全国各地那些拿着微薄的报酬为救援队等慈善组织工作的人。在弗吉尼亚州的阿尔伯马尔郡，大多数救援队完全不计报酬。队员都有自己的全职工作，他们在救援队里提供志愿服务，他们往往需要为此接受长时间的培训，并且要占用晚上和周末的业余时间。想想美国海岸警卫队的空降救援队队员，为了拯救他人的生命，他们愿意在海上拿自己的生命和家人的生活冒险。[5]想想世界各地的医疗志愿者,他们贡献自己的时间、才能和精力去帮助患者,其中很多患者即将走到生命的终点。

人们为什么做这些事?因为他们在第三层次相信他们所做的事是有价值的。这些行动符合他们尊重人类生命和服务他人的最高价值观。这样非凡的投入会带来世界级的能量和服务。

也许你认为在商业领域不可能存在这种投入。在很多企业,情况可能确实如此。怎么能把在暴风雨的海面上救人和制作滚珠轴承或灭火器相提并论呢?可是,有什么其他选择?如果业内竞争对手能设法建立一种工作环境,让员工全身心地投入工作,让他们一心一意地为更崇高的目标工作,那么你的组织会怎么做?除非你找到类似的方式吸引员工,否则,随着时间的推移,你的企业肯定会落后。服务、质量、以客户为中心、热情这些第三层次组织的特点都将不存在,你的客户会越来越快地转移到能以相同的成本提供更高价值的企业。

这个目标也是本书的出发点:概述一系列系统化的方法,让你能开始思考并实践深层次的领导。第三层次领导并不是尝试新的潮流,把它像创可贴一样贴在深深的伤口上。第三层次领导意味着进行深入的思考,培养一系列技能,让你在没有明确愿景的情况下能够构建强大的愿景,让你在从前一直未能建立密切人际关系的情况下建立更加密切的人际关系,让你在前行时通过适当的组织形式来长久地维持这些人际关系。

为此,本书描述了我们如今所处的不断变化的环境。这些描述列出了关于商业和企业的深层次潜在信念以哪些方式变化,其中包含飞速变化的信息技术如何影响新型组织形式。这意味着我们需要一种强劲、全面、全方位驱动的领导模型,这种领导模型既要整合我们在工业时代学到的众多经验,又要为信息时代或体验经济的新现实留出空间。

这种全方位驱动的领导模型包括四个元素:自我、任务、他人和组织。本书认为,你是什么样的人会对你能否领导他人产生很大的影响。我们对人格和心理的内在运行方式的钻研也许比你想的更深入。它是我们的钻石模型中上方的那个圆圈。我们也认为,仅凭人格特质是不够的。卓有成效的领导成果在很大程度上源于你作为领导者如何看待你自己、你的工作群体和你的组织面临的战略任务。这是我们的钻石模型中右上角的连线。例如,你是否有习惯性的领导观?本书总结了历来的战略思维方式和一些新的战略思维原则,希望你能加以实践。本书的观点是，除非你能建立这些战略思维能力，否则与其他领导者相比，你就会处于劣势。

随后，本书指出，你的人际关系质量会对他人是否愿意接受你的战略观点产生重大影响。如果你能设法在道德基石的基础上影响他人，然后清晰、有效、坚持不懈地沟通，你就能让他人受到影响。更重要的是，你也许就能在组织环境中释放他人的能量。

本书认为，除非你是组织设计者，否则你对他人的影响和引导就会受到阻碍，因为每个组织都会对员工施加限制。除非你的组织设计能符合你的战略观点，并且你能理解和掌握改变群体行为方式所必需的变革过程，否则你的领导就会失败。

最后，领导者必须精通变革过程——能够理解变革过程的每个部分，并且能够帮助他人渡过整个变革过程。他们需要知道如何发起变革、领导变革以及管理变革——不仅包括针对他人的变革，还包括针对他们自己的变革。

战略思维、领导他人、通过设计来领导以及管理变革这四个方面是影响组织文化中的能量水平和相关经营结果的关键因素。领导结果可以根据能量及其对客户满意度、内部经营效率、组织学习和财务回报的影响来衡量。如果当权者不能看到更深的层次，不能建立这四个方面的能力，他们的努力和结果往往会浮于表面、转瞬即逝。

我衷心希望本书提出的概念、观点、模型和原则能帮助你在自己的个人生活、职业生涯和社区成为更有成效的领导者。世界级领导者会影响VABE，思考并且试图影响共事者的核心VABE，如果他们做不到这些，他们的努力只能像小规模的流星雨，在地面划下痕迹，但不会造成深刻、持久的改变。

本书概念总结

1. 领导就是管理能量，首先是管理你自己的能量，然后是管理周围人的能量。
2. 人们是受习惯支配的生物，因此你的人生挑战是克服没有成效的习惯。
3. 你可以选择持有领导观还是其他某种习惯性的观点。
4. 人类行为出现在三个层次：(1)看得见的行为，(2)有意识的思想，以及(3)核心价值观、假设、信念和期望(VABE)。

5. 我们正处于从工业时代到信息时代的重大管理范式转变之中，这种转变在改变卓有成效的领导者的涵义。
6. 领导不仅仅取决于个人资质和魅力。领导是很多因素共同作用的结果，包括人格特质、环境力量、领导者预见的战略机遇、领导者和追随者的关系质量以及组织对领导者、任务和追随者的适当性。
7. 领导意味着能够而且愿意通过实施影响来让他人自愿按照你的意志行事。
8. 领导意味着变革，变革要求坚持不懈地建立新的习惯和常规。卓有成效的领导者理解和运用管理变革的机制和流程。
9. 领导还意味着职业道德和道德的行为。如果没有道德基础，你无法成为卓有成效的领导者。卓有成效的领导和卓越的绩效要以说真话、守承诺、讲公平、尊重个人、尊重人们展现出的能力等道德原则为基础。
10. 你的个人领导源于你的核心信念、价值观和假设。事实上，你是什么样的人决定你是什么样的领导者。
11. 个人领导技能可以归为三类：构建愿景、激发投入以及管理实现愿景的进展。
12. 人们的行为取决于他们的基因和模因。他们的潜在VABE影响他们的行为。第三层次领导者理解并且利用这个观点。
13. 激励人心的领导在很大程度上取决于清晰并且有说服力的愿景。你自己的人生梦想和目标需要愿景，你的工作群体和组织的梦想和目标也需要愿景。
14. 领导是一种投入行为。当真正投入某事时，你就会成为领导者。这种投入取决于基于个人共鸣的个人投入。
15. 领导涉及激发他人的才能，这意味着你要清楚他人能提供什么贡献，还意味着你要提出有吸引力的邀请，让他们投入你的事业之中。
16. 人们为了报酬而工作，为了信念而努力工作。
17. 领导与时间密切相关。尽管很多人讨论面向未来的领导，但领导在很大程度上还是让人们解决当前的问题。
18. 语言是领导的首要工具。卓有成效的领导者知道、理解和拥有各种语言技能，而且善于使用它们。
19. 人际领导能力的基础是对他人能力的尊重、对他人一贯关心的信任、公平交换以及希望被影响的真实意愿。
20. 第三层次领导者是卓有成效的战略思考者。他们不仅能清晰地传达使命、愿景、价值观和战略，还能清晰地传达组织的短期运营目标。他们认识到，这些因素共同构成组织宪章，这些因素也是建立与追随者的关系所必备的。
21. 领导涉及组织设计，组织设计要能让他人为领导者的事业做出贡献。这些组织形式大多不同于工业时代建立起来的组织形式。
22. 领导者首先是他们自身的领导者。他们努力设想更高的愿景并努力实现它。
23. 这些原则对于你作为领导者的个人行为提出了一些建议。它们意味着，如果要成为卓有成效的领导者，你就要从事如下活动：（1）明确你的核心；

（2）明确哪些事情是可能的；（3）明确他人能做的贡献；（4）支持他人从而让他们能够做出贡献；（5）坚持不懈；（6）衡量和庆祝进展。

24. 上述建议中的前三条涉及明确（意味着更集中的关注焦点）、发展、实现和利用。因此，我们建议的行为不是一蹴而就的，而是不断发现和利用的过程。例如，卓有成效的领导者不会只是明确自己的核心，然后就在职业生涯中一直秉持这个核心。相反，他们必须定期重新审视、更新自己的核心，并且重新投入自己的核心。因此我们使用了动名词的形式来暗示这个含义。

25. 领导意味着心力和体力的付出。它要求我们在头脑、心理、情绪、精神和社交方面大量付出。很多人对这样的要求望而却步，我们的世界、我们的企业和我们的社区则因此受到负面影响。我希望，通过阅读本书，你对领导的探索能激励你、改变你、刺激你，让你实现更高远的理想和愿景。我希望，这次探索测试并且拓展你的领导能力，经过这次努力，你会更清楚地认识自己、你的愿景、他人能提供的价值以及将这些因素结合起来的方法和手段，从而让你的生活、你的企业、你的社区和整个世界变得更美好。我们每个人都可以选择产生影响，可以在我们的影响范围内有所作为，可以改善我们周围的环境。你会怎么做？

思考题

1. 请拟定你的个人宪章。你能确定你的人生目标吗？你希望有什么样的感受？如果你不能写出你想要如何管理自己的人生，你如何能妄言为他人管理人生呢？

2. 请为你的部门或工作群体拟定一份宪章。你怎样才能完成这个任务？你会让哪些人参与其中？为什么？

3. 你能为你的组织拟定一份宪章吗（即使你不是首席执行官）？如果不能，你会在他人做出关键决策的时候听从（追随）他们。如果已经仔细思考过宪章框架提出的问题和挑战，你就能参与战略讨论。

4. 读过本书后，你学到的最重要东西是什么？

附录 领导理论

长久以来，领导得到了广泛研究，但它仍然有一种难以捉摸的现象，有待进一步理解和挖掘。本附录可以让你相对快速地浏览部分重要领导理论。我们根据这些理论的研究方法将它们分为六类（如《组织中的领导》第 4 版[1]中的分类），包括特质方法、行为方法、权力与影响力方法、情境方法、魅力方法以及转变方法。这里简单直接地说明每种理论涉及的主要假设或概念点。这里并不打算完整阐述这些理论，也不打算反映它们的复杂性，只想为你介绍它们的要点。

特质方法

特质方法是最早用来研究领导的方法之一，它强调领导的个人特质。其潜在假设是某些人天生就拥有能让他们成为更优秀的领导者的内在特质。

领导的"伟人"理论

领导者是天生的，不是后天造就的。领导能力源于天生的内在特质。有些人具备这些特质，有些人不具备。我们的任务是找出这些特质，这样就可以用它们来找出潜在的领导者。不论多少培训或辅导都不可能让不具备这些特质的人变成领导者。

斯托格迪尔的领导特质[2]

《斯托格迪尔领导手册》总结了 1947 年到 1980 年发表的众多有关领导的书籍和文章。大多数采取"伟人"方法的研究很难找出具体的特质，然而斯托格迪尔却总结出卓有成效的领导者普遍具备的一些共同特质：

领导者的特质是具备承担责任和完成任务的强大驱动力、充满活力并坚持不懈地追求目标、在解决问题时具备冒险精神和创造力、在社交场合采取主动、具备自信和自我认同感、愿意接受决策和行为的后果、随时准备承受人际压力、愿意忍受挫折和拖延、能够影响他人的行为、能够为了眼前的目标构建社交互动系统。（1974 ed., p. 81）

"伟人"理论的领导特质

我们在这里提供一个简单的10分制评估表，如果你愿意，可以用它来评价自己在某些方面的表现。

特　质										
能够适应各种情境	1	2	3	4	5	6	7	8	9	10
对社会环境很敏感	1	2	3	4	5	6	7	8	9	10
有抱负并且以成就为导向	1	2	3	4	5	6	7	8	9	10
坚定	1	2	3	4	5	6	7	8	9	10
协作	1	2	3	4	5	6	7	8	9	10
果断	1	2	3	4	5	6	7	8	9	10
可靠	1	2	3	4	5	6	7	8	9	10
能量充沛（具备高活动水平）	1	2	3	4	5	6	7	8	9	10
支配性（渴望影响他人）	1	2	3	4	5	6	7	8	9	10
坚持不懈	1	2	3	4	5	6	7	8	9	10
自信	1	2	3	4	5	6	7	8	9	10
容忍压力	1	2	3	4	5	6	7	8	9	10
愿意承担责任	1	2	3	4	5	6	7	8	9	10
技　能										
聪明（高智力）	1	2	3	4	5	6	7	8	9	10
善于构建概念	1	2	3	4	5	6	7	8	9	10
有创造力	1	2	3	4	5	6	7	8	9	10
讲求策略和分寸	1	2	3	4	5	6	7	8	9	10
能言善道	1	2	3	4	5	6	7	8	9	10
对于群体任务了如指掌	1	2	3	4	5	6	7	8	9	10
井井有条（管理能力）	1	2	3	4	5	6	7	8	9	10
有说服力	1	2	3	4	5	6	7	8	9	10
善于社交	1	2	3	4	5	6	7	8	9	10

麦克比眼中的领导者[3]

对于权力的重要性，我几乎无需赘言。只有极少数有修为的人能够不依靠他人生存，能够产生独立的见解。人类内心的优柔寡断和对权力的渴望是无法估量的。

——西格蒙德·弗洛伊德

太上，不知有之。其次，亲而誉之。其次，畏之。其次，侮之。信不足焉，有不信焉。犹兮其贵言。功成事遂，百姓皆谓：我自然。

——老子

四种主要的理想工作倾向各有积极潜力和消极潜力：

类　型	积极潜力	消极潜力
技术型	独立、勤奋	缺乏灵活性、多疑
进取型	有进取精神、大胆	功利、冷漠
职业型	专业、精英	官僚、令人畏惧
自我型	善于尝试、自我发展	逃避现实、叛逆

技术型（craft）是独立、有主见、有技能的传统工作倾向……进取型（enterprise）是有进取精神、爱冒险的倾向……在最理想的情况下，职业型（career）是技术专家倾向，拥有专业精神和精英理念，认为应该通过晋升来奖励可衡量的绩效……自我型（self）是新时代新型人类的倾向，在这个时代，富裕被视为权利，技术提供了无限的可能性。自我型的人认为自己处在一个不断变化的世界中，他们必须创造自己的身份和人际关系，在工作时把自己当作一种工具。最理想的情况是，自我型的人善于尝试、包容、愿意参与有望丰富个人经验并且促进个人成长的公正事业。最糟糕的情况是，自我型的人叛逆、缺乏忠诚、没有核心，为了逃避现实躲进贫瘠、虚幻的内心世界。

麦克比提出了领导者的四种主要类型：

管理者：传统的专业工程师、会计师、律师、手艺人
铁腕人物：可以通过打败对手赢得信任："丛林战士"
竞技者：爱冒险、有创新精神、适应性强、喜欢竞争

开发者：新产品、培养人员、参与型

新的社会角色正在飞速演变，尤其是在美国和其他工业化民主国家中的大量接受过技术培训的富裕城市人口中。和所有社会角色一样，它包含积极和消极两种倾向。这是一种更倾向于自我型而非技术型、进取型或职业型的社会角色。(p. 42)

新型领导者的特征　他们有才智、有抱负、执着、乐观、有说服力、受到宗教和政治思想的影响、有竞争力、批判传统权威、乐于冒险，但最重要的是，他们具备如下特征：

1. 拥有关心、尊重、负责的态度
2. 在员工和组织结构方面具备灵活性
3. 采取参与式的管理方法：乐于分享权力

约翰·加德纳[4]

在以领导为主题的研究领域，约翰·加德纳是一名众所周知、深受尊重的评论家和作者。在《论领导》一书中，他探讨了大型组织、政治领域、政府等领域的领导挑战以及所有这些领域的综合领导挑战。他借鉴其他研究者的成果，提出了一系列对优秀领导至关重要的领导特质：

1. 体力和耐力
2. 智力和行动判断力
3. 承担责任的意愿（渴望）
4. 任务的胜任能力
5. 对追随者或支持者及其需求的理解
6. 与人打交道的技能
7. 获取成就的需要
8. 激励能力
9. 勇气、决心、坚定
10. 赢得并维持信任的能力
11. 管理、决策和区分轻重缓急的能力

12. 自信
13. 优越、支配、果断
14. 适应性、方法的灵活性

吉姆·柯林斯[5]

柯林斯是畅销书《基业长青》的合著者之一，他在"第五级领导"这篇文章中描述了他对一种领导的新发现，这种领导能让公司从平庸走向卓越。《从优秀到卓越》一书描述了柯林斯一项为期五年的研究，研究对象是 1500 家在纽约证券交易所挂牌的公司。柯林斯发现，在 30 年里，只有 11 家公司实现了从平庸到卓越的跨越，他们的领导者普遍具备两种特质：不出风头的谦逊和不屈不挠的坚持，也就是他所说的"谦逊+意志"。他认为，第一级是十分有能力的个体，第二级是有贡献的团队成员，第三级是能够胜任的管理者，第四级是卓有成效的领导者，第五级是通过个人谦逊和职业意志这种矛盾的结合来构筑持久卓越的高级管理者。

行为方法

20 世纪 50 年代，研究者们对特质方法越来越失望，行为方法开始崭露头角。研究者们把重点转向了观察有效的领导者和无效的领导者在工作中究竟在做什么。

明茨伯格的十种管理角色[6]

亨利·明茨伯格的《管理工作的性质》一书收录了对五位首席执行官的访谈和观察，探讨了领导者必须扮演的角色。

1. 名义领导者
2. 领导者：整合组织，激励他人
3. 联络者
4. 监督者
5. 传播者
6. 发言人

7. 开拓者
8. 干扰处理者
9. 资源分配者
10. 谈判者

科特的领导因素[7]

约翰·科特的《领导因素》一书收录了来自100家美国企业的900名高级管理者的数据。科特还在"领导者究竟在做什么"[8]一文中描述了他提出的领导因素。另外,还请参见科特所著的《总经理》(The General Managers)和《权力与影响力》(Power and Influence)。

> ……领导定义为主要使用非强迫手段让一个群体(或若干群体)朝某个方向前进的过程。卓有成效的领导定义为让群体实现长期最大利益的领导。(The Leadership Factor, p. 5)

科特以李·艾柯卡(Lee Iacocca)为例,概述了如下模式:

1. 构建一个大胆的新愿景。
2. 为实现这个愿景制定明智的战略,也就是可行的战略。
3. 在由必不可少的人员组成的庞大网络中激发协作和团队合作。
4. 坚持不懈地让网络中的关键人员充满干劲地朝着愿景努力。

> 当强大的头脑在努力地长期分析海量信息的基础上能够看到(或者根据他人的建议认识到)有趣的模式和新的可能性时,伟大的愿景就会浮现出来。(The Leadership Factor, p. 29)

卓有成效高级管理者的特征
对行业和组织的了解
企业和行业中的人际关系
声誉和业绩记录
能力和技能(敏锐的头脑,人际技能)
个人价值观(正直)

动力（高能量水平，强大的领导动机）

让人意外的是，（特征清单中）很多项目是作为管理者职业生涯的一部分在工作中发展起来的。几乎所有的知识、人际关系和背景要求都符合这个归纳性结论……（*The Leadership Factor*，p. 34）

管理不同于领导。管理是在应对复杂性，领导是在应对变革。二者对组织的健康发展都极具价值。管理和领导都专注于提供三种关键职能，但二者用不同的方式完成这些任务，概述如下：

职 能	管 理	领 导
决定哪些是需要完成的任务	制定计划和预算（短期焦点）	制定方向（长期焦点，沟通愿景）
建立完成任务所需的人员和人际关系网络	组织和配置人员	协调人员（通过沟通）
确保任务完成	控制机制（把结果和计划进行比较并做出修正）	激励人员（满足人员的自尊和认可等需求）

领导力量薄弱的企业展现出如下特征：

1. 管理者因为遭到忽视或苛待而失望地离开。
2. 中级管理层的主要职责是"救火"。
3. 想成为领导者的管理者受到官僚制度的阻挠。
4. 管理层缺乏后备力量，有些人还没准备好就被晋升到管理岗位。
5. 管理者无法跨越组织边界。
6. 管理者很少接受培训或辅导。
7. 管理者只有一个晋升机会，不论是否合理。

简言之，这样的企业是根据短期财务需要来实施管理的，他们的努力常常被狭隘的内部政治斗争牵制。

领导力量强大的企业往往会强调如下方面：

1. 成熟完善的招聘。
2. 有吸引力的工作环境。

3. 有挑战性的机遇。

4. 尽早确定身份。

5. 有计划的发展。

我们需要

1. 抛弃专业领导的概念。

2. 把领导看成我们都必须做得更好的事情。

3. 更认真地思考管理者的职业生涯。

4. 认识到人力资源专家只是部门管理者的顾问。

5. 思考如何管理全球业务并培养这方面的才能。

6. 认识到竞争优势的来源已经与过去不同了。

斯图尔特的三部分管理理论

R. 斯图尔特在下列书籍中描述了他的理论：《管理者及其职责》[9]《管理的差异》[10]《管理者的选择：管理工作认识指南》[11]。斯图尔特概述了在不同程度上对个人管理职责产生影响的三种因素，有助于说明这些工作的性质：

要求：这些责任和职责（比如标准、期限、官僚程序）是当权者施加的，管理者必须承担。

限制：组织内部和外部环境中的这些元素（比如政策、规章、劳动法以及有限的项目资金、供给和人员）会限制管理者的选择。

选择：这些活动或想法（比如下属业务单元的目标、任务的轻重缓急以及战略）是管理者可以自行决定的东西。

这三种因素的相对力量影响管理行为，能够让各种管理岗位相互区别开来。

库泽斯和波斯纳的领导挑战[12]

根据一项针对大约1500名管理者为期三年的研究，库泽斯和波斯纳推断出卓有成效的领导者特有的五类实践和十种投入行为。他们开发了一个自我评估和领导评估工具来衡量这十个要素，这个工具就是"领导实践目录"（Leadership Practices Inventory，LPI）。"领导实践目录"已经被很多学校和企业广泛采用。

这五类实践及其相关的十种投入行为是：

挑战流程：

1. 寻找机会。

2. 尝试和冒险。

赋予共同愿景：

3. 设想未来。

4. 赢得他人的支持。

为他人授权，让他们行动：

5. 促进协作。

6. 提升他人的能力。

示范方法：

7. 树立榜样。

8. 计划小的成功。

激励人心：

9. 认可个体的贡献。

10. 庆祝取得的成就。

结果型领导[13]

尤里奇和合著者在《结果型领导》一书中断言，不论你有什么样的特征，都必须关注组织的结果。他们指出，至少有四类实体察觉到组织的结果：员工、组织力量、客户和投资者。结果型领导者关注所有四类利益相关者。随后，尤里奇等人提出了14条建议，这些建议有助于让你成为更注重结果的领导者：

1. 首先要绝对专注于结果。

2. 对群体的结果完全负责。

3. 向群体成员清晰、详细地传达期望和目标。

4. 确定要改善结果，你自己需要做什么。

5. 将结果作为继续或实施领导实践的试金石。

6. 致力于有助于你们改善结果的发展活动和机会。

7. 充分了解和利用每名团队成员的能力，为每个人提供适当的发展机会。
8. 在你们能影响到的所有领域进行尝试和创新，不断寻找改善绩效的新方法。
9. 测量正确的衡量标准，提高测量的精确度。
10. 不断采取行动；不采取行动，结果无法得到改善。
11. 加快群体的步伐或节奏。
12. 就能够帮助你以及你的群体改善结果的方法向组织中的其他成员征求反馈意见。
13. 确保你的下属和同事认为你担任领导者是为了获取积极的结果，而不是为了获取个人利益或政治利益。
14. 示范方法，争取获得你希望群体得到的结果。

权力和影响力方法

这个流派的研究对象是领导者和其他个体之间的有效影响过程。总体而言，他们的目标是研究领导者拥有的权力以及行驶这种权力的方式，以此了解领导的效力。

权力的两面性[14]

统治权力：试图让他人无法强大起来、必须依赖领导者，以此来征服他们。

授权权力：试图给弱者授权。谨慎地行使权力，目标在于让人们投身于组织及其理想而非领导者个人。

温特的领导理论

温特在一篇未发表的博士论文（哈佛商学院，1978年左右）中提出，领导取决于领导者给追随者授权的能力，也就是说领导者是否能让追随者觉得自己比过去更能干、更强大、更有能力。

你想想就知道，我们之所以喜欢别人，不是因为他们是什么人，而是因为他们让我们产生什么感觉。我们之所以愿意追随别人，在很大程度上也是出于同样的原因。这么做让我们感觉良好。现在，我们还是出于各种各样的原因追随排长、以自我为中心的天才、要求苛刻的爱人、善于说服的上司等。但是没有哪个原因和对方的领导品质相关。要让我们自愿接受他人的指挥，就必须让我们感觉良好。在我看来，让他人在普通的日常活动中感觉良好，这就是领导的本质。[15]

西点军校的领导之道[16]

拉里·唐尼索恩上校在《西点军校的领导之道》一书中描述了西点军校的学员每年学习的领导原则。唐尼索恩上校说，这些课程需要按照次序认真学习，它们蕴含着西点军校的领导之道。这些课程包括：

第一年
服从是首要任务。
在恐惧中寻找勇气。
荣誉是我们的语言。
成为团队的一员。

第二年
在群体或团队内确定领导者。
公正和不公正的领导。
面对面的领导。

第三年
学会引导领导者的独立精神。
让人格接受极端考验。
引导领导者。

第四年
行政领导。
成为组织的眼睛和耳朵。

社会交换理论[17]

领导者和群体其他成员之间存在社会交换（social change）：领导者提出行动方针，群体根据他们感受到的计划的成功（或失败）来提高（或降低）领导者的地位和影响力。

如果创新计划获得成功，领导者不仅会赢得更大的权力和影响力，还会赢得特殊信任（idiosyncrasy credits）——这意味着他将来可以在更大程度上偏离正常程序。换言之，由于之前的成功激发了信任，群体变得更容易接受听起来比较激进的建议。

如果领导者的计划失败，根据社会交换理论的预测，领导者的地位和影响力会受到损失。在下列情况下，领导者在这方面的损失会更大：失败看起来是因为领导者糟糕的判断而不是领导者无法控制的因素；人们认为领导者追逐私利；计划过于背离群体准则；领导者在之前拥有过高的地位。

战略权变理论[18]

战略权变理论着眼于组织的子单位以及它们影响组织整体战略决策的相对能力。换言之，是什么让一些子单位比其他子单位更有影响力？该理论提出了三个因素：

1. 处理重大问题的专长。当解决问题（对于组织的生存和健康发展）至关重要、子单位具备高度的相互依赖性时，这种专长尤其有用。
2. 子单位在组织工作流程中的核心性。如果子单位不具备相互依赖性，这个因素则尤其重要。
3. 子单位的专长的独特程度和不可替代性。

情境方法

情境方法尤其关注背景因素：领导者所在单位的工作性质，追随者的个体特征，或者外部环境的性质。它提出的问题是：更大的情境会对领导任务造成怎样的影响？

赫塞和布兰查德的情境领导理论[19]

这个理论是对布莱克和莫顿的管理方格理论以及雷丁的3D管理风格理论的延伸。与布莱克和莫顿一样，赫塞和布兰查德也使用一个二维方格，以"任务导向"和"人员导向"作为两个轴线。他们还认为，下属的成熟程度决定哪种人员和任务导向的组合适合下属。不成熟的下属需要更加具有支配性、更加以任务为导向的领导者，而愿意承担责任的成熟下属则适应更加以人际关系和人员为导向的领导者。布兰查德提出的四种领导风格是支配型、管理型、辅导性和授权型（按照下属从低到高的成熟程度排列）。

豪斯的路径－目标领导理论[20]

……领导者的激励职能包括在实现工作目标时给下属加薪，并且通过明确加薪的路径、减少障碍和陷阱以及增加下属在这个过程中获得满足感的机会等方式来让下属更容易实现加薪。（p. 324）

路径－目标理论与期望理论相关。期望理论认为，人们的激励取决于他们的期望水平——他们能够完成工作，能够得到奖励，而且重视给予他们的奖励。因此，领导者必须了解下属的期望，而且明确并放大这些期望以实现期望的结果。最新版本的路径－目标研究法包含四类基本的领导者行为：支持行为、指挥行为、参与行为和以成就为导向的行为。

菲德勒的权变领导模型[21]

菲德勒的研究围绕收集"最不受欢迎的共事者"量表的数据展开。量表要求受访者指出他们过去合作的最糟糕的共事者并给这个人的个性打分；对别人评分越挑剔的人得分越低，对别人评价越积极的人得分越高。这些年来，对分数的解读已经有所改变。菲德勒认为，某个特定的分数未必能更有效地指示领导效力；领导效力不仅取决于个人的分数，还取决于情境中的其他几个因素。因此，有些领导者在某些情境中更具效力，而有些领导者则在其他情境中更具效力。菲德勒认为，领导者和成员的关系、职权以及任务结构都会影响个人和情境之间的匹配程度。

领导替代理论[22]

该理论探讨工作情境的某些特定方面，它们可以削弱管理者等"正式领导者"的领导行为的重要性。它包含两个情境变量：

抵消因素：工作情境中削弱领导者的行为效力的因素。
替代因素：让正式领导者这个角色变得无关紧要的因素。

抵消因素和替代因素可以从工作情境的三个不同方面找到。下面分别在每个方面列举几个例子：

1. 下属特征。接受了大量培训（比如博士）或具有高水平内在动力的下属可以成为领导的替代因素：他们可能不需要或不希望受到监督。下属的价值观可能成为领导的抵消因素：如果他们非常重视与家人相处的时间，他们可能就不会响应"一倍半"加班费的激励措施。
2. 任务特征。某些任务从其本质看不需要太多领导。简单、重复性的任务可以轻易掌握，它们让领导变得无关紧要。回报很高的任务也可以成为某些类型的领导的替代因素，因为就算没有正式的领导者，它们也能确保人们的工作满足感和工作热情。
3. 群体和组织特征。具有大量规章和政策的高度形式化的组织可以成为领导的替代品：一旦下属了解了规则，就不太需要领导者的指挥了。如果僵化的规则妨碍领导者实施战略变革，那么这种形式化的背景也可以成为领导的抵消因素。

迈因德尔的浪漫模型[23]

詹姆斯·迈因德尔指出，领导研究认可领导者、追随者和背景的重要性，但是大多数研究专注于领导者。迈因德尔的研究更关注追随者以及追随者如何在头脑中用思想创造出"领导者"。他的理论着重探索追随者如何建立对领导者的追随以及追随者如何定义追随。他还在研究中发现了认知和情感过程之间的相互关系，认知和情感过程也就是我们所说的第二层次和第三层次行为。

多重联结模型[24]

该模型是基于之前的几个理论，尤其是上面提到的领导替代理论。领导者试图影响群体的绩效，不过最终决定绩效结果的是一系列中介变量（intervening variables）。这六个中介变量是：

1. 下属的努力。
2. 下属的能力和角色明确性。
3. 工作的组织。
4. 协作和团队合作。
5. 资源和支持。
6. 外部协调。

与领导替代理论一样，该模型也包含另外两个情景变量（situational variables）：抵消因素和替代因素。在这里，它们在三个地方产生影响：它们影响领导者的行为和效力；它们直接冲击中介变量；它们决定中介变量的相对重要性。拿最后一种情况来说，要求下属长期密切合作的情境会让第四个中介变量（协作和团队合作）变得格外重要。

领导者可以采取行动来影响这些变量，从而得到更好的结果。从短期来看，他们可以修正中介变量中的缺陷。例如，他们可以制定详细的目标并且对绩效给予反馈，以此影响第二个中介变量。从长期来看，他们可以修正情境变量。例如，他们可以构建新的招聘系统，吸引优秀人才加入组织。

认知资源理论[25]

该理论探讨智力和经验这两种领导者的认知资源如何影响群体绩效。该理论包含三个命题：

1. 只有（1）领导者具有指挥型风格而且（2）下属需要指导才能执行任务时，领导者的能力才有助于群体绩效。如果任务比较复杂，聪明的领导者能够设计更好的执行战略，而且应该用指挥型风格传达这个战略。如果任务较为常规，下属就无需太多领导，领导者的智力就产生不了什么影响。

2. **压力**影响领导者的**智力**和群体绩效之间的关系。在压力小的情境下，聪明的领导者会制定更好的战略和决策。在压力大的情境下，领导者的智力和决策质量之间呈现负相关关系。
3. **压力**影响领导者的**经验**和群体绩效之间的关系。在压力大的情境下，领导者会以自己过去的决策为指导。在这样的情境下，经验与决策质量呈正相关关系，但在压力小的情境下，二者并不相关。

魅力方法

20世纪80年代之前，管理领域很少有人以魅力为研究对象，但从那之后，这个主题吸引了广泛的关注。在希腊语中，魅力（charisma）是指"神授的天赋"，理论家的定义就没那么生动了：领导魅力就是追随者在实际领导者特质和行为、情境背景以及追随者需求的影响下的认知结果。

豪斯的魅力型领导理论[26]

魅力型领导的衡量标准是：

1. 追随者相信领导者信念的正确性。
2. 追随者的信念与领导者的信念具有相似性。
3. 追随者对领导者毫无疑问地认可。
4. 追随者对领导者十分喜爱。
5. 追随者对领导者自愿服从。
6. 追随者对组织使命有情感投入。
7. 追随者的绩效目标有所提高。
8. 追随者相信自己能够为群体使命的成功做出贡献。

鉴于这些因素，魅力型领导者

- 非常自信，并且对自己的信念深信不疑。
- 给人留下他们可以胜任的印象。
- 向下属清晰地表达理想目标。

- 迎合追随者的希望和理想。
- 以身作则，树立榜样。
- 传达较高的期望。
- 激发与群体使命相关的动机。

魅力归因理论[27]

该理论描述了五种领导者的特质和行为，它们有助于让领导者在追随者眼中显得有魅力：

1. 提出与现状差异很大的愿景，不过不会让追随者难以接受。
2. 运用非传统的方法和战略来实现这个愿景。
3. 承担个人风险，做出牺牲：当事业失败可能给领导者造成个人损失时，领导者更容易赢得追随者的信任。
4. 传达信心。
5. 对追随者采用说服的方式，而不是采用发号施令或征求大多数人意见的方式。

该理论列出了有魅力的领导者影响追随者的两种过程：

1. 个人认同。追随者仰慕领导者，因此想让自己变得更像领导者。
2. 价值观和信念的内化。这个过程比个人认同的层次更深——个人认同往往局限于对领导者表面特质的模仿。如果将领导者的价值观和信念内化，追随者会自动产生执行任务的动力。

最后，该理论把不满作为魅力型领导的一个重要情境因素。魅力型领导者更可能在需要激烈措施来解决危机的时候出现。

魅力型领导的自我概念理论[28]

该理论基于之前的一些相关研究，它试图解释魅力型领导者如何才能让追随者为了组织的改善而抛开自己的私利。该理论确定了四个过程：

1. 个人认同。与归因理论一样，自我概念理论进一步断言，自尊心较弱的人最可能用这种方式认同领导者。
2. 社会认同。这个过程比个人认同更重要，在这个过程中，一个人要从自己是群体成员的角度来定义自己。高度的社会认同让追随者把群体需要摆在个人需要的前面。魅力型领导者会借助群体价值观以及旗帜、制服等象征性工具激发社会认同感。
3. 内化。在该理论中，追随者适应（内化）领导者价值观的现象并不常见。更常见的是，领导者把追随者的现有价值观与任务目标联系在一起，以此渲染这些价值观的重要性。
4. 自我效能。该过程涉及一个人对自己能力和才干的信心。魅力型领导者对追随者保持高度的期望并且传达信心，表明自己相信追随者肯定不会辜负自己的期望，以此激发个体的自我效能和整个群体的自我效能（集体自我效能）。

有利条件　在下列情况下，魅力型领导者更有可能激励追随者：

1. 领导者的愿景与追随者的现有价值观一致。
2. 可以把组织使命与追随者的价值观联系起来（比如，国防承包商的员工认为他们是在帮助保卫国家。）
3. 工作是松散、模糊的。
4. 组织正面临困境。

转变方法

转变型领导被视为领导者和追随者相互激励、提升道德行为的过程。它既可以用来影响上级，也可以用来影响下属。受其影响的人会感到他们正在改进自己。

本尼斯的领导理论[29]

在《领导者》一书中，本尼斯和纳努斯提出领导发生的背景根据三个因素定义：（1）致力于卓越和进步的文化，（2）文化或社会的复杂性（技术、社会和商业变革的庞大漩涡），（3）信誉：人们信任和尊重公众人物的意愿。对于第二个因素，两位作者认定，我们正处在世界工业史的关键点：从工业社会向信息社会的转型阶段。

> ……权力是发起和维持行动所需的基本能量，换句话说，权力是将意图转变为现实并加以维持的能力。（p. 17）
>
> 没有成功的组织，当前的问题就得不到解决，没有卓有成效的领导，就不可能有成功的组织。（p. 20）
>
> 管理者正确地做事，领导者做正确的事。（p. 21）

从书中提及的所有90位受访者身上可以发现四种领导战略：

1. 通过愿景来吸引关注。"愿景鼓舞和激励人们，把目标转化为行动。"（p. 30）

2. 通过沟通来传达意图。不管领导者在传统意义上多么善于表达，他们会设法用明白无误的方式向支持者传达他们的愿景和意图。"主要线索是，领导会为自己的观点吸引新的支持者，因为它传递信息的方式让人们感到它是在'修复'和维持传统，从而影响人们对其观点的理解。"（p. 42）

3. 通过定位来获取信任。信任取决于一致性。"信任是让组织得以运转的润滑剂。"（p. 43）"每个组织都结合了四个组织概念……外显组织（组织结构图上的组织）……假定组织（我们认为我们有什么）……现有组织（我们实际上有什么）……必备组织（我们应该有什么）。"（pp. 50–51）

4. 通过积极的自尊实现自我发展。"拥有自尊最重要。没有自尊，我们就只是不情愿的奴隶，任人摆布，尤其受我们惧怕或轻视的人摆布。"（p. 58）"发现优点并弥补弱点是迈向积极自尊的第一步。"（p. 58）"积极自尊的第二个要素是通过锻炼来培养能力——也就是说，不断锻炼和发展自己的才能。"（p. 59）"积极自尊的第三个方面是能够判断你的技能和工作要求之间是否匹配。"（p. 60）

情绪智慧的五个特征

1. 能够接受他人的本来面貌。

2. 能够处理眼前的人际关系和问题，而不是放马后炮。
3. 对熟人和陌生人都能给予尊重、以礼相待。
4. 即使风险很大，仍能信任他人。
5. 即使得不到持续的认可和赏识，也能完成工作。

伯恩斯的领导理论[30]

然而，不管这种对一致认同的渴望有多么强烈，几乎所有领导者，至少在国家层面，都必须接受不会得到所有人的喜爱这个现实。他们必须乐于树敌——放弃敌人的喜爱。他们必须承受冲突。他们必须乐于且能够忍受不被人喜爱。挑选朋友难，挑选敌人更难。（p. 34）

……转变型领导在根本上讲是道德领导，因为它会提升领导者和被领导者的人类行为和道德抱负水平，因此让双方都有所转变。（p. 20）

我对领导的定义是领导者诱导追随者就某些目标采取行动，这些目标体现了双方的价值观和动机，也就是双方的需求和需要、抱负和期望。领导智慧在于领导者如何看待自己和追随者的价值观和动机并依照它们采取行动。（p. 19）

当怀有某些目标和动机的人在与他人的竞争或斗争中调动制度、政治、心理和其他资源来激发、吸引和满足追随者的动机时，对人类的领导就发生了。（p. 18）

我们必须把权力和领导视为人际关系。我们必须在人类动机和物质限制的背景下分析权力。（p. 11）

作为道德领导运行基础的需要和价值层次高于潜在追随者的需要和价值（但不会让潜在追随者难以企及）。（p. 42）

其次，道德领导能够挖掘人们价值体系中的冲突和对立。（p. 42）

但对道德领导的终极测试是它能否超越众多日常需求、需要和期望的要求，能否响应更高层次的道德发展，能否将领导的职责、选择、风格和投入等领导行为与一整套合理、相对明确且有意识的价值观联系起来。（p. 46）

转变型领导必须与交易型领导区分开来。二者都诉诸于价值观，但后者

只诉诸于与交换相关的价值观(公平、互惠)。下面列举了一些转变型领导类型以及与其对应的交易型领导类型:

转变型领导	交易型领导
智慧型领导	法定型领导
英雄型领导	群体型领导
行政型领导	官僚型领导
意识形态型领导	改革型领导
革命型领导	

巴斯的转变型领导理论[31]

该理论以伯恩斯的理论为基础,对交易型领导和转变型领导进行了区分。交易型领导(transactional leadership)以交换为基础:领导者为希望看到的行为表现提供奖励。转变型领导(transformational leadership)(与伯恩斯的转变型领导不同,因为这里的转变型领导不必诉诸积极的道德价值观)基于领导者能否激发追随者的信任、忠诚和仰慕,使得追随者愿意让自己的个人利益服从于群体利益。

交易型行为

1. 有条件的奖励:使用激励和奖励措施促成任务绩效。
2. 被动例外管理:使用惩罚和其他措施纠正偏离期望绩效的情况。
3. 主动例外管理:监督下属,确保不出现偏离期望绩效的情况。
4. 放任式领导:完全不实施管理,忽视问题。

转变型行为

1. 理想化影响:魅力。
2. 个体化关怀:支持、引导、鼓励。
3. 理智式刺激:提高追随者对问题的认识和理解。
4. 激发式鼓励:传达有说服力的愿景,利用符号和口号来团结追随者,强化他们的努力。

魅力型领导和转变型领导之间的差别

1. 巴斯认为魅力型领导只能激发表面的认同。魅力是转变型领导的一个要素（参见前面列出的转变型行为）；转变型领导包含魅力型领导并且超越了魅力型领导。转变型领导会激发更强烈的情感，还会诉诸价值观。
2. 魅力型领导者往往设法保持追随者的依赖性和薄弱性。转变型领导者则给追随者授权。
3. 魅力型领导者很罕见。转变型领导者则可能存在于组织的任何一个层级。
4. 魅力型领导者激发极端的爱恨。转变型领导者则激发不那么极端的响应。

蒂奇和德瓦纳的转变型领导过程[32]

转变和重新振兴现有组织包含如下步骤：

1. 识别变革需要。转变型领导者必须发现环境中的重大变化，能够说服别人组织需要进行重大的变革而不是细微的调整。提高组织对环境变革的敏感性有以下四种方法：
   a. 鼓励不同意见。
   b. 听取能够客观评价组织的外部人士的意见。
   c. 拜访其他组织并向其学习。
   d. 衡量绩效要以竞争对手为参照，而不仅仅是以前一个财年为参照。
2. 管理转变。确定必须进行哪些变革，帮助追随者处理伴随变革出现的情绪起伏。
3. 制定新的愿景。（通过使命陈述和其他手段）传达能够激励和团结追随者的愿景。不要只把它表述为数字，而要把它表述为意识形态。让它激发追随者更强烈的自尊。
4. 将变革制度化。确保新的愿景获得最高管理层和组织中其他关键参与者的支持。让致力于这个愿景的人结成联盟，如果有必要，对人员进行替换。如果目前的组织结构妨碍了愿景的实现，就对它进行修正。

转变型领导者有以下七个属性：

1. 他们将自己视为变革的推动者。
2. 他们不怕冒险，但不会不计后果。
3. 他们相信追随者，关注追随者的需要。
4. 他们能够识别并且清晰地表述自己的核心价值观。
5. 他们灵活机动，能够接受新观点。
6. 他们是谨慎认真、训练有素的思考者。
7. 他们相信自己的直觉。

沙因的组织文化和领导模型 [33]

文化是看不见的，只有其表现形式能看得见。文化源于历史问题的永久性解决。它还包容和减少焦虑。"领导者塑造文化，但文化反过来会塑造下一代领导者。"（p. 313）"领导独特而又根本的功能是操纵文化。"（p. 317）

在文化形成的初期阶段，领导者必须有愿景，能清晰表述以及推行愿景。他们必须坚持不懈和有耐心。当事情与最初的计划或希望有出入时，他们必须能够缓解焦虑。他们还必须能够提供暂时的稳定性和情绪保障。

在成熟的组织中，领导是由文化定义的。这种组织的领导者必须对其文化有深入的理解。他们必须能够巧妙地激励他们的追随者。他们还必须有让组织顺利渡过变革期的情感力量。要做到这一点，他们必须能够改变组织文化的假设，这需要他们具备倾听和激发投入的能力。他们必须能够看清组织假设框架中最深层的部分。

领导者是文化的管理者。他们必须理解文化的形成和成熟过程。文化是围绕一系列假设形成的，这些假设涉及人与自然的关系、现实和真相的本质、人性、人类活动的本质以及人际关系的本质。（p. 86）

注 释

第1章 领导观

1 Laurence J. Peter and Raymond Hull, *The Peter Principle: Why Things Always Go Wrong* (New York: Bantam, 1970).

第2章 组织中的钻石领导模型

1 Stanley M. Davis, *Future Perfect* (Reading, MA: Addison-Wesley, 1987).

2 Peter Senge, *The Fifth Discipline: The Art and Practice of the Learning Organization* (New York: Doubleday, 1990).

3 参见Robert S. Kaplan and David P. Norton, "The Balanced Scorecard: Measures That Drive Performance," *Harvard Business Review*, July 1, 2005, R0507Q.

4 Larry Donnithorne, *The West Point Way of Leadership* (New York: Currency Doubleday, 1993).

5 参见James Kouzes and Barry Posner, *The Leadership Challenge* (San Francisco, CA: Jossey-Bass, 1987).

6 参见John Kotter, *The Leadership Factor* (New York: The Free Press, 1988).

7 参见John Charles Manz, "Self-Leadership," *Academy of Management Review* 11, no. 3 (July 1986): 585.

第3章 领导的层次

1 引自Stephen Covey, *Spiritual Roots of Human Relations* (Salt Lake City, UT: Desert Book Co., 1971).

2 一些学者可能认为这个术语用处不大,然而经过十几年,事实证明,它在高管教育中十分有效,它将几个概念结合在一起,让人们很容易就能记住这些概念。

3 参见B. F. Skinner, *Beyond Freedom and Dignity* (New York: Bantam, 1971).

4 参见Frederick W. Taylor, *The Principles of Scientific Management* (New York: Harper & Brothers, 1911).

5 参见Richard Brodie, *Virus of the Mind* (Seattle, WA: Integral Press, 1996). 布罗迪将这些"思维病毒"称为"模因",而不是VABE。

6 参见Chris Argyris, *Reasoning, Learning and Action* (San Francisco, CA: Jossey-Bass, 1982).

7 参见Robert E. Quinn, *Beyond Rational Management* (San Francisco, CA: Jossey-Bass, 1991).

8 Edgar H. Schein, *Organization Culture and Leadership* (San Francisco, CA: Jossey-Bass, 1985).

9 这种方法鼓励人们培养逻辑归纳能力——从原始数据中看出规律。我们的教育系统大多关注逻辑演绎——先给出规律,然后实际应用。"识别规律"是重要的管理能力,因为管理者常常在飞速变化的环境中工作,在这样的环境下,没有应对各种行为的公认的解决办法。

第4章 不断变化的领导背景

1. Edwin C. Nevis, Joan Lancourt, and Helen G. Vassallo, *Intentional Revolutions* (San Francisco, CA: Jossey-Bass, 1996).
2. Joe Pine and James Gilmore, *The Experience Economy* (Boston, MA: Harvard Business School Press, 1999).
3. Jared Diamond, *Guns, Germs and Steel* (New York: Norton, 1999).
4. Nigel Nicholson, *Executive Instinct* (New York: Crown Business Publisher, 2000); Rod White & Barbara Decker Pierce, "The Evolution of Social Structure: Why Biology Matters," *Academy of Management Review* 24, no. 4 (1999), 843–853; Paul Lawrence & Nitin Nohria, *Driven* (San Francisco, CA: Jossey-Bass, 2001).
5. 就像鸡和其他很多动物群体都有进食次序一样，人类群体也总是给自己划分阶层。我们还没有发现有哪个人类群体是没有阶层的。唯一的问题似乎是根据什么标准划分阶层。
6. Max Weber, *The Theory of Social and Economic Organization* (New York Free Press, 1947), 131.
7. Frederick Taylor, *Principles of Scientific Management* (New York: Harper, 1911).
8. Gareth Morgan, *Images of Organization* (Newbury Park, CA: Sage, 1986).
9. Peter Senge, *The Fifth Discipline* (New York: Doubleday Currency, 1990).
10. James G. Clawson, "The New Infocracies: Implications for Leadership," *Ivey Business Journal*, May–June (2000): http://www.iveybusinessjournal.com/view_article.asp?intArticle_ID=219.
11. Warren Bennis, "The Coming Death of Bureaucracy," *Think*, November–December, 1966, 30–35.
12. 例如 Gifford and Elizabeth Pinchot, *The End of Bureaucracy and the Rise of the Intelligent Organization* (San Francisco, CA: Berret Kohler, 1994).
13. Harold J. Leavitt, *Top Down: Why Hierarchies Are Here to Stay and How to Manage Them More Effectively* (Boston, MA: Harvard Business School Press, 2005).
14. James C. Collins and Jerry I. Porras, *Built to Last* (New York: HarperBusiness, 1994).
15. Harold Leavitt, *Corporate Pathfinders* (Homewood, IL: Dow-Jones Irwin, 1986).
16. 节选自作者与一名国民银行高管的私人对话。
17. Tom Peters, *The Tom Peters Seminar* (New York: Vintage, 1994), 29.
18. 例如，参见 Charles Handy, *The Age of Paradox* (Boston, MA: Harvard Business School Press, 1995).
19. 例如，参见 Terri Morrison, Wayne A. Conaway and George A. Borden, *Kiss, Bow, or Shake Hands: How to Do Business in Sixty Countries* (Avon, MA: Adams Media Corp., 1995).

第5章 战略框架

1. Robert Greenleaf, *Servant Leadership* (Mahwah, NJ: The Paulist Press, 1977), 16.
2. George S. Day, "The Capabilities of Market-Driven Organizations," *Journal of Marketing*, 58 (October 1994): 37–52.
3. Bruce Henderson, "The Origin of Strategy," *Harvard Business Review*, November 1, 1989, 89605.
4. Kenneth Andrews, *The Concept of Corporate Strategy* (Homewood, IL: Irwin, 1971, 1980).
5. Michael Porter, *Competitive Advantage* (New York: The Free Press, 1985).
6. Michael Porter, *The Competitive Advantage*

of Nations (New York: The Free Press, 1990).

7 C. K. Prahalad and Gary Hamel, "The Core Competence of the Corporation," *Harvard Business Review*, May 01, 1990, 90311.

8 参见 George Stalk Jr., Philip Evans, and Lawrence E. Shulman, "Competing on Capabilities: The New Rules of Corporate Strategy," *Harvard Business Review*, March 01, 1992, 92209.

9 James C. Collins and Jerry I. Porras, *Built to Last* (New York: HarperBusiness, 1994).

10 例如，参见 Mihalyi Csikszentmihalyi, *The Evolving Self* (New York: HarperCollins, 1993). 还可以参见 Paul Lawrence and Nitin Norhria, *Driven* (San Francisco, CA: Jossey-Bass, 2001), 作者在书中指出，人类最根本的渴望或动力就是占有。

11 Ram Charan and Noel M. Tichy, *Every Business Is a Growth Business* (New York: Times Business/Random House, 1998). 安索夫的矩阵最先发表于: "Strategies for Diversification," *Harvard Business Review*, 1957.

12 Gary Hamel and C. K. Prahalad, *Competing for the Future* (Boston, MA: Harvard Business School Press, 1994).

13 Karl Weick, *The Social Psychology of Organizing* (Reading, MA: Addison-Wesley, 1979).

14 James B. Quinn, "Strategic Change: Logical Incrementalism," *Sloan Management Review* (Summer 1989): 45.

15 详情请参见 "Komatsu Limited," Harvard Case Services 9-385-277.

16 参见 James F. Moore, "Predators and Prey: A New Ecology of Competition," *Harvard Business Review*, May 1, 1993, 93309.

17 Gary Hamel, *Leading the Revolution* (Boston, MA: Harvard Business School Press, 2000).

18 Joe Pine and James Gilmore, *The Experience Economy* (Boston, MA: Harvard University Press, 1999).

19 Jim Collins, *Good to Great* (New York: HarperCollins, 2001).

20 Noel Tichy and Stratford Sherman, *Control Your Destiny or Someone Else Will* (New York: HarperBusiness, 2001).

21 Robert S. Kaplan and David N. Norton, *Strategy Maps: Converting Intangible Assets into Tangible Outcomes* (Boston, MA: Harvard Business Press, 2004).

22 Jeanne M. Liedtka and John W. Rosenblum, "Shaping Conversations: Making Strategy, Managing Change," *California Management Review* 39, no. 1 (Fall 1996): 4.

23 有关情境规划的更多信息，请参见 Les Grayson and James Clawson, "Scenario Building" (UVA-G-260); Paul Shoemaker, "Scenario Planning: A Tool for Strategic Thinking," *Sloan Management Review*, Winter (1995): 25; Pierre Wack, "Scenarios: Uncharted Waters Ahead," *Harvard Business Review*, September 01, 1985, 85516; Peter Schwartz, *The Art of the Long View* (New York: Doubleday Currency, 1991).

24 Jeanne Liedtka, "Strategic Thinking: Elements, Outcomes, and Implications for Planning," working paper, Darden Graduate School of Business Administration, Charlottesville, VA.

第6章 领导的道德维度

1 参见 Ed Freeman, *Strategic Management: A Stakeholder Approach* (Marshfield, MA: Pitman, 1984).

2 有关家长如何自然而然地用控制理论影响孩子的生活，请参见 William

Glasser, *Choice Theory* (New York: Harper Perennial, 1999).

3 例如, Edwin C. Nevis, Joan Lancourt, and Helen G. Vassallo, *Intentional Revolutions* (San Francisco, CA: Jossey-Bass, 1996).

4 这个概念最早是我的同事阿历克斯·霍尼曼告诉我的, 霍尼曼在担任达顿商学院奥尔森商业伦理研究中心的负责人时提出了这个概念。从汤姆·彼得斯的书中可以看出, 里奇·提尔林克显然也使用过这些概念, 引自 Tom Peters, *The Tom Peters Seminar* (New York: Vintage Books, 1994), 81.

5 Daniel Goleman, *Emotional Intelligence* (New York: Bantam, 1995); Albert Ellis and Robert Harper, *A Guide to Rational Living* (North Hollywood, CA: Wilshire Book Company, 1975).

6 Towers Perrin, Worldwide Total Remuneration Study, 2003-2004.

7 Clayton Christensen and Michael Raynor, *The Innovator's Solution* (Boston, MA: Harvard Business School Press, 2003). 这本书为该思想以及如何将克里斯滕森提出的"创新者困境"的基本原则用于激励企业员工提供了灵感。克里斯滕森的洞见之一是注重对客户的产品特色使用率的评价, 在这里改成关注管理层对员工能量的利用率。有关这个主题的更多思考还可以参见 James Clawson, "The Motivator's Dilemma," in *The Future of HR: 50 Thought Leaders Call for Change*. Edited by Michael Losey, Sue Meisinger, and David Ulrich (New York: Wiley, 2005).

8 Sterling Livingston, "Pygmalion in Management," *Harvard Business Review*, September 1, 2002, 1768.

9 Bruce Jacobs and William Miller, "The Verdict on Corporate Management," *Industry Week*, July 25, 1983, 58.

10 Reported by *HR & Management Research* at www.managementissues.com/display_page.asp?section=research&id=1154 (accessed February 4, 2005).

11 James G. Clawson, "The Role of Interpersonal Respect and Trust in Developmental Relationships," *International Journal of Mentoring*, Spring 1990.

第7章 创新与第三层次领导

1 Jeff deGraff and Katherine A. Lawrence, *Creativity at Work: Developing the Right Practices to Make Innovation Happen* (San Francisco, CA: Jossey-Bass, 2002).

2 参见第5章("战略框架")中关于创新者困境的讨论。

3 Brian Hindo, "3M's Innovation Crisis: How Six Sigma Almost Smothered Its Idea Culture," *Business Week*, June 11, 2007, cover article.

4 Edward DeBono, *Six Thinking Hats* (New York: Little, Brown and Company, 1985, 1999).

5 Tony Buzan, *The Mind Map Book: How to Use Radiant Thinking to Use Your Brain's Untapped Potential* (New York: Plume, 1996).

6 Gary Hamel, *The Future of Management* (Boston, MA: Harvard Business School Press, 2007), as reported in *Fortune*, October 1, 2007, 122.

7 James M. Kouses and Barry Z. Posner, *The Leadership Challenge*, 4th ed. (San Francisco, CA: Jossey-Bass, 2007).

8 Charles "Chic" Thompson, *What a Great Idea!* (New York: HarperCollins, 1992).

9 Herbert Simon, *Administrative Behavior*, 4th ed. (New York: Free Press, 1997).

10 Michael Gelb, *How to Think Like Leonardo da Vinci: Seven Steps to Genius Every Day*

（New York: Dell, 2000）.

11 Roger von Oech, *A Whack on the Side of the Head*（Menlo Park, CA: Creative Think, 1983）.

12 Michael J. Gelb and Sarah Miller Caldicott, *Innovate Like Edison: The Success System of America's Greatest Inventor*（New York: Dutton, 2007）.

13 Ibid., 10.

第8章 个人、工作群体和组织的宪章

1 James C. Collins and Jerry I. Porras, *Built to Last*（New York: HarperBusiness, 1994）.

2 Robert S. Kaplan and David P. Norton, "The Balanced Scorecard—Measures That Drive Performance," *Harvard Business Review*, February 1, 2000, 92105.

3 Barbara Bartkus, Myron Glassman, and R. Bruce McAfee, "Mission Statements: Are They Smoke and Mirrors?" *Business Horizons*, November-December（2000）: 23.

4 Jeffrey Abrahams, *The Mission Statement Book*（Berkeley, CA: Ten Speed Press, 1995）.

5 *Riding Giants*（Columbia TriStar Home Entertainment, 2005）.

6 Stanley M. Davis, *Future Perfect*（Reading, MA: Addison-Wesley, 1987）.

7 Capital One Financial Corporation, Harvard Business School Case 700124.

第9章 自我领导

1 Ellen Langer, *Mindfulness*（Reading, MA: Addison-Wesley, 1990）.

2 Saul Alinsky, *Rules for Radicals*, quoted by Jonathan Gosling and Henry Mintzberg in "The Five Minds of a Manager," *Harvard Business Review*, November 1, 2003,

R0311C.

3 Mihalyi Csikszentmihalyi, *The Evolving Self*（New York: Harper Perennial, 1993）.

4 Ibid.

5 Henry Mintzberg, *Managers Not MBAs: A Hard Look at the Soft Practice of Managing and Management Development*（New York: Berrett-Kohler, 2004）.

6 Charles Manz, *The Art of Self-Leadership: Strategies for Personal Effectiveness in Your Life and Work*（Englewood Cliffs, NJ: Prentice Hall, 1983）.

7 Chris Neck and Charles Manz, *Mastering Self-Leadership: Empowering Yourself for Personal Excellence*（Upper Saddle River, NJ: Prentice Hall, 2007）.

8 Ken Blanchard, *Self-Leadership and the One-Minute Manager*（New York: HarperCollins, 2006）.

第10章 领导者指南：行为方式背后的原因

1 Edward L. Deci and Richard Flaste, *Why We Do What We Do*（New York: Penguin Books, 1996）, 2.

2 Nigel Nicholson, "How Hardwired Is Human Behavior?" *Harvard Business Review*, July-August（1998）: 135, 98406. See also Nigel Nicholson, *Executive Instinct*（New York: Crown Business, 2000）.

3 例如，参见 Matt Ridley, *Nature via Nurture: Genes, Experience, and What Makes Us Human*（New York: HarperCollins, 2003）.

4 John J. Ratey and Catherine Johnson, *Shadow Syndromes: The Mild Forms of Major Mental Disorders That Sabotage Us*（New York: Bantam, 1998）.

5 Richard Dawkins, *The Selfish Gene*（Oxford: Oxford University Press, 1976）.

6 Richard Brodie, *Viruses of the Mind* (Seattle, WA: Integral Press, 1996).
7 Susan Blackmore, "The Power of Memes," *Scientific American*, 283, no. 4 (October 2000): 52–61.
8 Jared Diamond, *Guns, Germs, and Steel* (New York: Norton, 1999).
9 Mihalyi Csikszentmihalyi, *The Evolving Self* (New York: Harper Perennial, 1993).
10 要想进一步了解人类心理发展的对象关系理论, 请参见 N. Gregory Hamilton, *The Self and the Ego in Psychotherapy* (Northvale, NJ: Jason Aronson, Inc., 1996); and Jill Savege Scharff and David E. Scharff, *The Primer of Object Relations Theory* (Northvale, NJ: Jason Aronson, Inc., 1995).
11 Melanie Klein, *Love, Hate and Reparation* (New York: Norton, 1964).
12 Alice Miller, *The Drama of the Gifted Child* (New York: Basic Books, 1997, 1979).
13 Gail Sheehy, *Necessary Passages* (New York: Bantam, 1984).
14 Mihalyi Csikszentmihalyi, *The Evolving Self: A Psychology for the Third Millennium* (New York: HarperCollins, 1993).
15 Morris Massey, *The People Puzzle* (Reston, VA: Reston Publishing, 1979).
16 William Glasser, *Choice Theory* (New York: HarperCollins, 1998).
17 Harry Levinson, *The Great Jackass Fallacy* (Boston, MA: Harvard Business School Press, 1973).
18 David A. Nadler and Edward E. Lawler III, "Motivation: A Diagnostic Approach," in J. R. Hackman and E. E. Lawler (eds.), *Perspectives on Behavior in Organizations* (New York: McGraw-Hill, 1977).
19 B. F. Skinner, *Science and Human Behavior* (New York: The Free Press, 1953).
20 Frederick Taylor, *The Principles of Scientific Management*, new ed. (New York: Dover, 1998).
21 William Glasser, *Choice Theory* (New York: HarperCollins, 1998).

第11章 理性情绪行为模型

1 Albert Ellis and Robert A. Harper, *A New Guide to Rational Living* (Hollywood, CA: Melvin Powers Wilshire Book Company, 1961, 1975, 1997).
2 例如, 参见 Eric Berne, *Games People Play* (New York: Ballantine, 1964).
3 Gilbert W. Fairholm, *Values Leadership* (New York: Praeger, 1991).
4 Malcolm Gladwell, *Blink: The Power of Thinking without Thinking* (New York: Little, Brown and Company, 2005).
5 P. Berger and T. Luckman, *The Social Construction of Reality* (New York: Anchor, 1967).
6 Sterling Livingston, "Pygmalion in Management," *Harvard Business Review*, September 01, 2002, 1768.
7 积极倾听或反应式倾听的技巧在这里很有帮助。它能让我们更容易地了解人们的VABE。例如, 参见 "Active Listening," UVA-OB-341 (a technical note available from Darden Business Publishing).
8 Edward Deci, *Why People Do What They Do* (New York: Penguin, 1995). Alfie Kohn, *Punished by Rewards: The Trouble with Gold Stars, Incentive Plans, A's, Praise, and Other Bribes* (New York: Mariner, 1999).
9 S. Hayakawa, *Symbol, Status, and Personality* (New York: Harvest/HBJ, 1966), 37.
10 例如, 参见 Henry Mintzberg, *Managers, Not MBAs: A Hard Look at the Soft Practice of Managing and Management Development*

（New York: Berrett-Kohler, 2004）.

第12章　领导与智力

1 更多数据请参见 Daniel Goleman, *Emotional Intelligence* (New York: Bantam, 1995). 本章有很多概念来自这本书。

2 例如，哈佛商学院认定一般管理能力测试（GMAT）与学生能否成功没有太大的联系，于是停止在入学考试中使用 GMAT。《时代》杂志也曾经在 2001 年 3 月发表一篇封面文章，质疑长久以来一直被使用的学术能力测试（SAT）的价值。

3 Howard Gardner, *Frames of Mind* (New York: Basic Books, 1993).

4 Robert J. Sternberg, *Successful Intelligence: How Practical and Creative Intelligence Determine Success in Life* (New York: Plume, 1997).

5 戈尔曼的这个方法在很大程度上和阿尔伯特·埃利斯的理性情绪行为疗法相似，在这种疗法中，人们通过学习跟自己对话来摆脱不良的结论和想法。例如，参见 A. Ellis, *A New Guide to Rational Living* (Los Angeles, CA: Wilshire Book Company, 1975); or Gerald Kranzler, *You Can Change How You Feel* (Eugene, OR: University of Oregon, 1974).

6 放松技巧是很多宗教理论和健康理论的核心组成部分。例如，参见 Dean Ornish, *Dr. Dean Ornish's Program for Reversing Heart Disease* (New York: Ballantine Books, 1990).

7 本书第一版出版后，丹尼尔·戈尔曼出版了一本关于识别情商和社交商之间差别的书：*Social Intelligence* (New York: Bantam, 2007).

8 请注意，这里的"SQ"指的是"社交商"或"社交智力"。最近另外一本以"SQ"为标题的书探讨的是心灵智力。参见 Danah Zohar and Dr. Ian Marshall, *SQ, Spiritual Intelligence, the Ultimate Intelligence* (New York: Bloomsbury, 2000.)

9 E. C. Zeeman, "Catastrophe Theory," *Scientific American*, 234 (April 1976): 65–83.

10 参见 Noel Tichy and Stratford Sherman, *Control Your Destiny or Someone Else Will* (New York: HarperBusiness, 1993).

11 Scott Peck, *The Road Less Traveled* (New York: Touchstone, 1978).

12 Daniel Goleman, *Emotional Intelligence* (New York: Bantam, 1995).

第13章　共鸣、领导和人生目标

1 纽伯格在弗吉尼亚大学师从鲍勃·罗特拉，获得了运动心理学博士学位。在写了这篇研究报告后，他受聘于佛罗里达大学医学院胸外科，担任胸外科住院医生工作咨询师。

2 纽伯格先生在其他机构也被人称为纽伯格博士。但是，为了向创始人托马斯·杰斐逊致敬，弗吉尼亚大学一直以来对所有教师都用先生或女士来称呼，杰斐逊虽然从来没有获得过博士学位，但却被公认为我们这个时代最聪明的人之一。因此，弗吉尼亚大学的教师们从来不认为自己的头衔或能力能够高过杰斐逊先生。

3 Robert Blake and Jane Mouton, *The Managerial Grid* (Houston, TX: Gulf Publishing, 1969).

4 Paul Lawrence and Jay Lorsch, *Organization and Environment* (Homewood, IL: Irwin, 1969).

5 Mike Beer and Nitin Nohria, "Cracking the Code of Change," *Harvard Business Review*, May–June 2000.

6 参见 Mihalyi Csikszentmihalyi, *Flow: The Psychology of Optimal Experience* (New York: Harper & Row, 1990).

7 在日语中的发音是"wah"，中文即为"和"。

8 另外参见Ryan W. Quinn, "Flow in Knowledge Work: High Performance Experience in the Design of National Security Technology," *Administrative Science Quarterly*, 50（2005）: 610–641, 可以了解对该现象的更为学术但略有不同的观点。
9 是的，微积分。一名高管课程的学员描述了自己选修高等微积分课程、在课前考试中得到了全A、纯粹为了高兴参加了其实不必参加的期末考试、随后还参加了所有补考的整个过程。
10 *Outside Magazine*, September 2003, 122.
11 如果你想进一步了解这类饮食日志，请参见Kathleen DesMaisons, *The Sugar Addict's Total Recovery Program*（New York: Ballantine, 2000）。
12 霍尼曼先生是达顿商学院的全职教授，在本校和世界各地承担很多课程的教学工作。他曾受训于哈佛大学，他的研究方向是组织行为、领导、管理变革和创建高绩效工作平台。
13 要想更深入地了解这个基本概念，请参见 William Glasser, *Choice Theory*（New York: HarperCollins, 1998）。

第14章 全球商业领导者

1 Thomas Friedman, *The World is Flat: A Brief History of the Twenty-First Century*（New York: Giraud, Strauss and Girous, 2006）.
2 Morgan McCall, Jr., *High Flyers: Developing the Next Generation of Leaders*（Boston, MA: Harvard Business School Press, 1998）.
3 James Clawson, "The Life and Carreer of a Divisonal CEO: Bob Johnson at Honeywell Aerospace," Darden Publishing, Case UVA-OB-0872, 2006.
4 David Newkirk, "One Market, Many Cheeses," *strategy+business*, issue 29.
5 Henry Mintzberg, "The Five Managerial Mind-sets," *Harvard Business Review*, November 1, 2003.
6 Fawn Brodie, *The Devil Drives: A Life of Sir Richard Burton*（New York: W. W. Norton & Company, 1984）.
7 Mick McGill and John Slocum, "Unlearning the Organization," *Organizational Dynamics*, Autumn, 1993.
8 James Clawson and Jon Doner, "Teaching Leadership Through Aikido," *Journal of Management Education*, 1996, 20, no. 2: 182–205.
9 例如，参见Roger Fisher, Bruce M. Patton, an William L. Ury, *Getting to Yes: Negotiating Agreement Without Giving In*（Boston, MA: Houghton Mifflin Company, 1992）.

第15章 权力与领导：领导他人

1 Based on John R. P. French Jr. and Bertram H. Raven, "The Bases of Social Power," in D. Cartwright(ed.)*Studies in Social Power*(Ann Arbor: University of Michigan, Institute for Social Research, 1959）, 150–167.
2 例如，参见Edwin C. Nevis, Joan Lancourt, and Helen G. Vassallo, *Intentional Revolutions*（San Francisco, CA: Jossey-Bass, 1996）.
3 Allan R. Cohen and David L. Bradford, *Influence without Authority*（New York: John Wiley & Sons, 1991）.
4 John Garbarro and John Kotter, "Managing Your Boss," *Harvard Business Review*, R0501J.
5 例如，参见Zig Ziglar, *On the Top*（Nashville, TN: Thomas Nelson Publishers, 1994）, 书中的核心观点是，如果一个人能帮助他人得到他们想要的东西，他就能在未来的人生中获得成功。斯蒂芬·柯维提出的"首先要设法理解别人，随后才能被别人理解"的原则也传达了相同的意思。
6 James G. Clawson and Michael Blank, "The Role of Interpersonal Respect and Trust in Developmental Relationships," *International Journal of Mentoring*, Spring 1990.
7 Stephen R. Covey, *Seven Habits of Highly Effective People* (New York: Simon & Schuster, 1989).

第16章 第一层次领导的历史优势和现代吸引力

1 William Glasser, *Control Theory: A New Psychology of Personal Freedom* (New York: HarperCollins 1998).
2 Harry Levinson, *The Great Jackass Fallacy* (Boston, MA: Harvard University Press, 1973).
3 Steven Kerr, "On the Folly of Rewarding A While Hoping for B," *Academy of Management Journal* 18 (1975): 769–783.
4 Robert Sutton, *The No Asshole Rule: Building a Civilized Workplace and Surviving One That Isn't* (New York: Warner Business Books, 2007).
5 我们继续使用"看得见的行为"是为了帮助你了解,"控制行为"其实是一个错误的说法,因为人们只能以某种方式控制看得见的行为——临时性的洗脑并且建立其他的狂热崇拜。当提到"行为"的时候,除了看得见的行为,我们还必须考虑其他东西。
6 在我们的钻石领导模型中,左下角的连线代表员工和组织之间的关系,如表3-4所示。

第17章 第二层次领导的挑战

1 Antonio R. Damasio, *Descartes' Error: Emotion, Reason, and the Human Brain* (New York: Avon, 1994).
2 Richard Restak, *The Brain* (New York: Bantam, 1984), 136.
3 Eric R. Kandel, *In Search of Memory: The Emergence of a New Science of the Mind* (New York: Norton, 2006).
4 最近的证据显示,甚至在遭受了严重创伤的情况下,神经都可能生长。有些断裂的神经可以不断再生。更多信息请参见 Norman Doidge, *The Brain That Changes Itself* (New York: Penguin, 2007).
5 Edwin A. Locke and Gary P. Lathan, "Building a Practically Useful Theory of Goal Setting and Task Motivation," *American Psychologist*, 57, 9 (September 2002): 705–717.
6 这里有两段精彩的说明:Restak, op cit., 147–156; Damasio, op cit., 1–19.
7 Michael Lewis, *Moneyball: The Art of Winning an Unfair Game* (New York: Norton, 2004).

第18章 第三层次领导的焦点和影响

1 有关服务企业关键时刻的重要性的精彩讨论,参见 Jan Carlzon, *Moments of Truth* (New York: HarperCollins, 1987).
2 有些学者也许会觉得这种说法不够严密,但事实证明,十几年来,在高管的培训课程中,它能够有效地将若干种观点合并起来,使其更便于记忆。
3 参见 B. F. Skinner, *Beyond Freedom and Dignity* (New York: Bantam, 1971).
4 "Bob Johnson at Honeywell Aerospace,"UVA-OB-0872以及相关的采访剪辑。
5 参见 Frederick W. Taylor, *The Principles of Scientific Management* (New York: Harper & Brothers, 1911).

第19章 卓有成效领导的六个步骤

1 Nigel Nicholson, *Executive Instinct* (New York: Crown Business, 2000).

2 例如，要想了解其中最优秀、最常用的方案，请参见 James Kouzes and Barry Posner, *The Leadership Challenge*（San Francisco, CA: Jossey-Bass, 1987）。库泽斯和波斯纳的模型是在对数千名在职管理者的采访和调查基础上建立起来的，包含分为五大类的十种能力。有关这些能力的详细清单，请参见附录"领导理论"。

3 James Allen, *As a Man Thinketh*（New York: Crowell, 1913）.

4 Mark Baker, *Nam*（New York: Marrow, 1981）.

5 例如，参见 Konosuke Matsushita, *As I See It*（Tokyo: PHP Institute, 1989）.

6 Stephen Covey, *The Seven Habits of Highly Effective People*（New York: Simon & Schuster, 1989）.

7 参见 Stan Davis, *Future Perfect*（Reading, MA: Addison-Wesley, 1987）.

8 Robert Fritz, *The Path of Least Resistance*（New York: Ballantyne, 1989）.

9 柯维的四象限模型描绘了我们对事项重要性和紧迫性的关注度。第一象限指的是既紧迫又重要的事项，即所谓的"危机区"。

10 Jim Collins, *Good to Great*（New York: HarperBusiness, 2001）.

11 商业案例"The Aberdeen Experiment," UVA-OB-0998。

12 案例"BancOne Diversified Services," UVA-BP-0335。

13 Chic Thompson, *What a Great Idea!*（New York: Harper Perennial, 1992）. 汤普森将这些语言称为"杀伤性用语"，即会伤害动力和创造力的用语。

14 参见 Peter Senge, *The Fifth Discipline*（New York: Doubleday Currency, 1990）.

15 Jim Collins, *Good to Great*（New York: HarperBusiness, 2001）.

16 如果对这个航行的类比感兴趣，你可以读一读理查德·博德的书，这本书描述了如何在航行中学习人生经验。Richard Bode, *First You Have to Row a Small Boat*（New York: Warner, 1995）.

17 Steve Kerr, "On the Folly of Rewarding A While Hoping for B," *Academy of Management Journal*, August 15（1988）: 298.

18 参见 Tim Gallwey, *The Inner Game of Work*（New York: Random House, 1999）.

第20章 领导语言

1 参见 Ellen J. Langer, *Mindfulness*（New York: de Capo, 1990）and *Counterclockwise: Mindful Health and the Power of Possibility*（New York: Ballantine, 2009）.

2 例如，Steven Pinker, *The Stuff of Thought*（New York: Viking, 2007）.

3 Steven Covey, *Seven Habits of Highly Effective People*（New York: Simon & Schuster, 1991）.

第21章 领导团队

1 Jon R. Katzenbach and Douglas K. Smith, *The Wisdom of Teams*（New York: HarperBusiness, 1994）.

2 R. Meredith Belbin, *Management Team: Why They Succeed or Fail*（Woburn, MA: Butterworth Heinemann, 1981, 1999）.

3 James Clawson, John Kotter, Victor Faux, and Charles MacArthur（eds.）, "Survey of Behavioral Characteristics" in *Self Assessment and Career Development*, 3rd ed.（Upper Saddle River, NJ: Prentice Hall, 1993）. Chic Thompson, *What a Great Idea*!（New York: Harper Perennial, 1992）and Roger von Oech, *A Whack on the Side of the Head*（Menlo Park, CA: Creative Think, 1983）.

4 William Dyer, Gibb Dyer, and Jeffrey Dyer, *Team Building: Proven Strategies for Improving Team Performance*（San

Francisco, CA: Jossey-Bass, 2007).

5 Warren Bennis and Patricia Ward Biederman, *Organizing Genius: The Secrets of Creative Collaboration* (Reading, MA: Addison-Wesley, 1997).

6 有些人会觉得这个例子令人反感。我建议读者把过程和内容分开来看，关注奥本海默怎样建立起一支卓有成效的团队，而不要关注这支团队的研究成果。

7 Warren Bennis and Patricia Ward Biederman, *Organizing Genius: The Secrets of Creative Collaboration* (Reading, MA: Addison-Wesley, 1997).

8 Lou Whittaker with Andrea Gabbard, *Lou Whittaker: Memoirs of a Mountain Guide* (Seattle, WA: The Mountaineers, 1994), 111.

9 Gene Dalton, Paul Thompson, and Raymond L. Price, "The Four Stages of Professional Careers: A New Look at Performance by Professionals," *Organizational Dynamics* (Summer 1997): 19.

10 "Jewel Savadelis A" case, UVA-OB-0190.

11 例如，在著名的团队求生训练"沙漠求生"和"亚北极求生"中，团队决策几乎总是优于个人选择，甚至在个人曾经接受过求生训练并且拥有求生经验时也是如此。

12 例如，可以用迈尔斯-布里格斯性格类型指标来衡量内向倾向水平。可以参见 David Kiersey and Marilyn Bates, *Please Understand Me* (Del Mar, CA: Prometheus Nemesis Book Company, 1978).

13 Christopher Meyer, "How the Right Measures Help Teams Excel," *Harvard Business Review*, May 1994, 94305.

14 Patrick Lencioni, *Five Dysfunctions of a Team* (San Francisco, CA: Jossey-Bass, 2002).

15 有关跨文化团队管理难题的范例，参见 "Intersoft of Argentina A," Harvard Case Services, HCS 497-025。

第22章 领导组织设计

1 Jay R. Galbraith and Edward E. Lawler III, *Organizing for the Future* (San Francisco, CA: Jossey-Bass, 1993).

2 Peter Senge, *The Fifth Discipline* (New York: Doubleday Currency, 1990).

3 尽管这种观点比较老，但这些因果联系有很强的关联性，而且仍然具有普遍的适用性。这种观点改编自 Anthony G. Athos and Robert E. Coffey, *Behavior in Organizations: A Multidimensional View* (Englewood Cliffs, NJ: Prentice Hall, 1968).

4 有关兰卡斯特和他建设这座工厂的经历，参见 "FMC Aberdeen" case (UVA-OB-0385)。

5 例如，参见 Chris Argyris, *Improving Leadership Effectiveness* (New York: Wiley, 1976); and Robert E. Quinn, *Deep Change* (San Francisco, CA: Jossey-Bass, 1997).

6 参见 Jim Sidanius and Felicia Pratto, *Social Dominance: An Intergroup Theory of Social Hierarchy and Oppression* (Cambridge: Cambridge University Press, 2001); James Clawson and Gerry Yemen, "Orientation to Hierarchy," working paper, Darden School, 2004.

7 Geert Hofstede, *Culture's Consequences: Comparing Values, Behaviors, Institutions and Organizations across Nations* (Thousand Oaks, CA: Sage, 2003).

8 有关社会等级的本质如何在某种文化中现的范例，请参见 Karen Leary case series (HBS case, HCS 487-020)。

9 参见 Stanley Davis, *Future Perfect* (Reading, MA: Addison-Wesley, 1987). 戴维斯认为，如果所有组织设计都在某种程度上落后于战略，那么到组织"建立起来"的时候，周围的环境因素已经发生了很大的变化，足以让战略发生改变,让组织过时。当然,这里的挑战是要建立能更快对环境变化做出响应的组织。
10 要想进一步了解各类组织形式,请参见技术指南,"Organizational Structure,"(UVA-OB-0361)。
11 更详细的讨论,参见第2章有关领导背景的部分。
12 有关这种结构是如何演变的,更详细的描述请参见 Alfred Chandler, *Strategy and Structure*(Cambridge, MA: MIT Press, 1962);综述请参见 William Ouchi's, *The M-Form Society*(New York: Avon, 1984)。
13 要想进一步了解有关矩阵组织管理的信息,请参见 Stan Davis and Paul Lawrence, *Matrix*(Reading, MA: Addison-Wesley, 1977)。
14 Charles Handy, *The Age of Paradox*(Boston, MA: Harvard Business School Press, 1994)。
15 参见 Tom Peters, *The Tom Peters Seminar*(San Francisco, CA: Vintage Books, 1994), 29.
16 Robert Waterman, Tom Peters, and J. R. Phillips, "Structure Is Not Organization," *Business Horizons*, 23, no. 3(June 1980): 14–26.
17 例如,可以参见第一资本金融服务公司的经历,这家公司拥有精心设计的、成熟的信息系统,这个系统为公司高度个性化的信用卡产品和服务提供了基础。
18 还可以参见 James Clawson, "Leadership Implications of the New Infocracies," *Ivey Business Journal*(May-June 2000)。
19 参加 Jay R. Galbraith, *Designing Complex Organizations*(Reading, MA: Addison-Wesley, 1973); Jay R. Galbraith and Ed Lawler, *Designing the Organizations of the Future*(San Francisco, CA: Jossey-Bass, 1993); and Charles Savage, *Fifth Generation Management*(Burlington, MA: Digital Press, 1990)。
20 Michael Hammer and James Champy, *Reengineering the Corporation*(New York: HarperBusiness, 1993)。
21 参见 Edgar Schein, *Organizational Culture and Leadership*, 2nd ed.(San Francisco, CA: Jossey-Bass, 1992)。
22 例如,还是可以参见 FMC Aberdeen case(UVA-OB-0385),这个案例描述了一名非凡的领导者是如何刻意构建一种相对独特的组织文化。
23 Richard Pascale and Anthony Athos, *The Art of Japanese Management*(Clayton, Australia: Warner Books, 1982); and R. Waterman Jr., T. Peters, and J. R. Phillips, "Structure Is Not Organization," *Business Horizons*, 23, no. 3(June 1980): 14–26.
24 R. S. Kaplan and D. P. Norton, "Balanced Scorecard: Measures that Drive Performance," *Harvard Business Review*, January 1992, 92105.
25 这个观点来自 Bill Zierden。

第23章 人力资源管理系统

1 Frances Hesselbein, "Leading Change: An Imperative of Leadership," in *The Future of Human Resource Management: 64 Thought Leaders Explore the Critical HR Issues of Today and Tomorrow*, edited by Mike Losey, Sue Meisinger, and Dave Ulrich(New York: John Wiley & Sons, 2005), 345.
2 Noel M. Tichy, Charles J. Fombrun, and Mary Anne Devanna, "Strategic Human Resource Management," *Sloan Management Review*, Winter 1982.
3 Meredith Belbin, *Management Teams: Why They Succeed or Fail*(Woburn, MA: Butterworth Heinemann, 1981, 1999)。

4 Jim Collins, *Good to Great*（New York: HarperCollins, 2001）.
5 有关工作设计研究的概述，请参见"An Introduction to Job Design"（UVA-OB-0091）.
6 例如，参见SAS软件研究所的案例（Stanford case study, HR-6, January 1998）. SAS软件研究所是一家成功的软件公司，他们废除了绩效评价，因为绩效评价缺乏准确性和效力。
7 参见Steve Kerr, "On the Folly of Hoping for A While Rewarding B," *Academy of Management Journal*, August 15（1988）: 298.
8 要更深入地了解这种缺乏一致性的系统，请参见"Hausser Foods Company" case written by David Nadler of Columbia University. Available from Darden Educational Materials Services, University of Virginia.
9 参见C. Meyer, "How the Right Measures Help Teams Excel," *Harvard Business Review*, May 1994, 94305.
10 例如，参见Joe Harder, "Organizational Reward Systems"（UVA-OB-0667）.
11 Arie deGeus, *The Living Company*（Boston, MA: Harvard Business School Press, 2002）.
12 参见Peter Senge, *The Fifth Discipline*（New York: Doubleday Currency, 1990）.
13 参见Marcia Conner and James Clawson（eds.）, *Creating a Learning Culture*（Cambridge: Cambridge University Press, 2004）.
14 "WD-40" case series（UVA-OB-0764-0765）, available from Darden Business Publishing.
15 Dave Ulrich and Dale Lake, *Organizational Capabilities: Competing from the Inside Out*（New York: Wiley, 1990）.

第24章 领导变革

1 M. Scott Peck, *The Road Less Traveled*（New York: Touchstone, 1978）.
2 Thomas Kuhn, *The Structure of Scientific Revolution*, 3rd ed.（Chicago: University of Chicago Press, 1996）.
3 Harold Leavitt, *Corporate Pathfinders: Building Vision and Values into Organizations*（Homewood, IL: Dow Jones-Irwin, 1986）.
4 Jim Collins, "Level Five Leadership," *Harvard Business Review*, December 2000.
5 "Chicago Park District A"（UVA-OB-0618TN）.
6 例如，参见Ken Blanchard, *The One Minute Manager*（New York: William Morrow and Company, 1982）.
7 参见Michael Beer, "Leading Change," Harvard Case Services, 488-037.
8 亚历克斯·霍尼曼为我提供了这些观点。
9 参见Elisabeth Kübler-Ross, *On Death and Dying*（New York: Collier Books, 1993）.
10 再次感谢亚历克斯·霍尼曼为我提供相关信息。
11 John Kotter, *Leading Change*（Boston, MA: Harvard Business School Press, 1996）.
12 Edwin C. Nevis, Joan Lancourt, and Helen G. Vassallo, *Intentional Revolutions*（San Francisco, CA: Jossey-Bass, 1996）.
13 James O. Prochaska, John Norcross, and Carlo DiClemente, *Changing for Good: A Revolutionary Six-Stage Process for Overcoming Bad Habits and Moving Your Life Positively Forward*（New York: Collins, 1994）.
14 Robert Maurer, *One Small Step Can Change Your Life the Kaizen Way*（New York: Workman, 2004）.

第25章 结 论

1 Jeffrey Pfeffer, *The Human Equation*（Boston, MA: Harvard Business School Press,

1998).

2 Thomas Kuhn, *The Structure of Scientific Revolutions*, 3rd ed. (Chicago: University of Chicago Press, 1996). 托马斯·库恩发现，即使已经聚集了支持新范式的大量无可辩驳的科学依据，还是要等到旧范式下成长起来的科学家完全辞世，新范式才能被接受并融入普遍的科学思维。商业组织同样如此，尤其是因为很多企业中存在强大的组织文化，因此其惯性也较大。科学家经常在规模较小的组织中工作，甚至相对独立地工作，企业却拥有强大的制度化学习程序，会通过无数流程和政策继承前辈的思想。

3 Richard Walton, "From Control to Commitment in the Workplace," *Harvard Business Review*, March 1985, 85219.

4 George Orwell, *1984* (New York: Harcourt, Brace and Jovanovich, 1949).

5 Sebastian Junger, *The Perfect Storm* (New York: W. W. Norton, 1997).

附 录 领导理论

1 Gary Yukl, *Leadership in Organizations*, 4th ed. (New Jersey: Prentice Hall, 1998).

2 R. M. Stogdill, *Stogdill's Handbook of Leadership*, revised and expanded by Bernard M. Bass (New York: The Free Press, 1981).

3 Michael Maccoby, *The Leader* (New York: Ballantine, 1981).

4 John Gardner, *On Leadership* (New York: Free Press, 1990).

5 Jim Collins, "Level Five Leadership," *Harvard Business Review*, December 2000.

6 Henry Mintzberg, *The Nature of Managerial Work* (New York: HarperCollins, 1973).

7 John Kotter, *The Leadership Factor* (New York: The Free Press, 1988).

8 John Kotter, "What Leaders Really Do," *Harvard Business Review*, May–June 1990, p. 3.

9 R. Stewart, *Managers and Their Jobs* (London: MacMillan, 1967).

10 R. Stewart, *Contrasts in Management* (Maidenhead, England: McGraw-Hill UK, 1976).

11 R. Stewart, *Choices for the Manager: A Guide to Understanding Managerial Work* (Englewood Cliffs, NJ: Prentice Hall, 1982).

12 J. M. Kouzes and B. Z. Posner, The Leadership Challenge (San Francisco, CA: Jossey-Bass, 1987).

13 Dave Ulrich, Jack Zenger, and Norm Smallwood, *Results-Based Leadership* (Boston, MA: Harvard Business School Press, 1999).

14 David McClelland, "The Two Faces of Power," *Journal of International Affairs* 24, no.1 (1970): 29–47.

15 Irwin Federman, quoted in Bennis and Nanus, *Leaders*, pp. 62–63.

16 Larry Donnithorne, *The West Point Way of Leadership* (New York: Currency/Doubleday, 1993).

17 E. P. Hollander, "Conformity, Status, and Idiosyncrasy Credit," *Psychological Review* 65 (1958): 117–27; E. P. Hollander, "Leadership and Social Exchange Processes," in K. Gergen, M. S. Greenberg, and R. H. Willis (eds.), *Social Exchange: Advances in Theory and Research* (New York: Winston-John Wiley, 1979); and T. O. Jacobs, *Leadership and Exchange in Formal Organizations* (Alexandria, VA: Human Resources Research Organization, 1970).

18 D. J. Hickson, C. R. Hinings, C. A. Lee, R. S. Schneck, and J. M. Pennings, "A

Strategic Contingencies Theory of Intra-Organizational Power," *Administrative Science Quarterly* 16 (1971): 216–229.
19. P. Hersey and K. H. Blanchard, *Management of Organizational Behavior* (Englewood Cliffs, NJ: Prentice Hall, 1977).
20. R. J. House, "A Path-Goal Theory of Leader Effectiveness," *Administrative Science Quarterly* 16 (1971): 321–339.
21. F. E. Fiedler, *A Theory of Leadership Effectiveness* (New York: McGraw-Hill, 1967).
22. S. Kerr and J. M. Jermier, "Substitutes for Leadership: Their Meaning and Measurement," *Organizational Behavior and Human Performance* 22 (1978): 375–403.
23. James R. Meindl, "The Romance of Leadership as a Follower-Centric Theory: A Social Constructionist Approach," *The Leadership Quarterly*, 6, no. 3 (Autumn 1995): 329–341.
24. G. Yukl, "Toward a Behavioral Theory of Leadership," *Organizational Behavior and Human Performance* 6 (1971): 414–440.
25. F. E. Fiedler, "The Contribution of Cognitive Resources to Leadership Performance," *Journal of Applied Social Psychology* 16 (1986): 532–548; and F. E. Fiedler and J. E. Garcia, *New Approaches to Leadership: Cognitive Resources and Organizational Performance* (New York: John Wiley, 1987).
26. R. J. House, "A 1976 Theory of Charismatic Leadership," in J. G. Hunt and L. L. Larson (eds.), *Leadership: The Cutting Edge* (Carbondale, IL: Southern Illinois University Press, 1977).
27. J. A. Conger and R. Kanungo, "Toward a Behavioral Theory of Charismatic Leadership in Organizational Settings," *Academy of Management Review* 12 (1987): 637–647; and J. A. Conger, *The Charismatic Leader: Behind the Mystique of Exceptional Leadership* (San Francisco, CA: Jossey-Bass, 1989).
28. B. Shamir, R. J. House, and M. B. Arthur, "The Motivational Effects of Charismatic Leadership: A Self-Concept Based Theory," *Organization Science* 4 (1993): 1–17.
29. Warren Bennis and Burt Nanus, *Leaders: The Strategies for Taking Charge* (New York: Harper and Row, 1985). 与60名成功的首席执行官和30名杰出的公共部门领导者的共计90次访谈。
30. James MacGregor Burns, *Leadership* (New York: Perennial, December 9, 1982).
31. B. M. Bass, *Leadership and Performance Beyond Expectations* (New York: Free Press, 1985).
32. N. M. Tichy and M. A. Devanna, *The Transformational Leader* (New York: John Wiley & Sons, 1986).
33. Edgar Schein, *Organizational Culture and Leadership* (San Francisco, CA: Jossey-Bass, 1985).

出版后记

《权力与领导》是一部被上百所美国著名大学采用的教材，并且在世界各地广泛用于高管培训课程。与一般领导学书籍不同之处在于，本书对领导的定义不是通常的学术定义。书中将领导定义为管理能量，首先是管理自己的能量，然后是管理周围人的能量。也就是说，如果你不能让组织中的成员充满能量，你的领导就是软弱无力的。而要做到这一点，你首先需要自我领导，即让自己的能量达到更高的水平，然后才能引导和激励他人。

本书最重要的概念是，人们的行为可以分为三个层次：看得见的行为，有意识的思想以及半意识或前意识的价值观、假设、信念和期望。领导者对他人产生影响就发生在这三个层次。

绝大多数领导者只关注获取他人看得见的顺从行为，即第一层次领导。它在历史上一直占据主导地位，也似乎非常奏效，但这种把员工当作机器或实现目标的工具的领导模式，已经无法使组织在环境急剧变化的今天在竞争中取胜了。少数领导者运用第二层次的技巧，如逻辑、推理、数据、分析等来说服他人，他们试图影响人们的思维和决策方式，但决策不仅受到逻辑和推理的影响，还受到偏好和情绪的影响，最终，即使是最完善有力的论述也可能不足以撼动他人的思维或决策。第三层次领导则涉及理解和影响人们的整套价值观和信念，通过培训使它们与企业的目标和战略方向保持一致，以此寻求组织成员更深层次的投入和热情。领导者会自然地从三个层次着手，但各层次的比例不同，领导效力也相差甚远。

作者将三个层次的领导比之为影响人们的身体、头脑和心灵。他认为，卓有成效的领导意味着抛弃企业一直秉承的、商学院教了几十年的官僚制假设，意味着寻找和创造新的组织原则，让可靠的信息和员工的多种才能得到迅速、充分的利用。如今更有竞争力的新型组织形式，要求打造高绩效的工作平台，它们越来越指向第二层次和第三层次的领导。领导者们意识到，要让组织在竞争中取胜，他们必须让员工的头脑和心灵与身体一起投入工作之中。

为了给学习领导知识的人提供实用的指导，本书提出了一个灵活的领导模型，即钻石模型。其中包括领导者的个人特征、战略思维的重要性、组织面临的挑战和任务、如何影响他人以及如何成为组织的设计者和精通变革过程的大师，这些都是卓有成效的领导者需要理解和掌握的。钻石模型结合了当今主流领导模型的大多数特性，对于在职管理者来说，这个模型简单实用，易于学习。

除了介绍三个层次领导的技巧，书中还详细阐述了提高领导效力的六个步骤，即明确你的核心、明确什么事情是可能的、明确他人能做的贡献、支持他人从而让他们能够做出贡献、坚持不懈以及衡量和庆祝进展。每个步骤都是一个持续的过程，需要持之以恒。

企业要在更高的平台上竞争，个人要创造更美好的未来，都需要改变观念，树立新的领导观，重视第二层次和第三层次的领导技巧。衷心希望本书提出的概念、观点和原则能帮助你建立适合自己的领导观，在个人生活和职业生涯中成为更有成效的领导者。

服务热线：133-6631-2326　188-1142-1266
读者信箱：reader@hinabook.com

后浪出版公司
2018年8月

© 民主与建设出版社，2019

图书在版编目（CIP）数据

权力与领导：如何影响他人，怎样激发正能量 /（美）詹姆斯·克劳森著；马昕译. -- 北京：民主与建设出版社，2019.8

书名原文：Level Three Leadership:Getting Below The Surface

ISBN 978-7-5139-2331-6

Ⅰ.①权… Ⅱ.①詹… ②马… Ⅲ.①领导学—研究 Ⅳ.①C933

中国版本图书馆CIP数据核字(2018)第238453号

Authorized translation from the English language edition, entitled LEVEL THREE LEADERSHIP: GETTING BELOW THE SURFACE, 5th Edition by CLAWSON, JAMES G., published by Pearson Education Inc, Copyright © 2012, 2009, 2006, 2003, 1999. Pearson Education, Inc., publishing as Prentice Hall, One Lake Street, Upper Saddle River, New Jersey 07458.

All rights reserved. No parts of this book may be reproduced or transmitted in any form or by any means, electronic or mechanical, including photocopying, recording or by any information storage retrieval system, without permission from Pearson Education, Inc.

CHINESE SIMPLIFIED language edition published by POST WAVE PUBLISHING CONSULTING（BEIJING）CO., LTD., Copyright © 2018.

本书封面贴有 Pearson Education（培生教育集团）激光防伪标签。无标签者不得销售。

版权登记号：01-2018-7337

权力与领导：如何影响他人，怎样激发正能量
QUANLI YU LINGDAO：RUHE YINGXIANG TAREN, ZENYANG JIFA ZHENG NENGLIANG

出 版 人	李声笑
著　　者	[美]詹姆斯·克劳森
译　　者	马　昕
出版统筹	吴兴元
责任编辑	刘　艳
特约编辑	方　丽
封面设计	墨白空间·曾艺豪
出版发行	民主与建设出版社有限责任公司
电　　话	（010）59417747　59419778
社　　址	北京市海淀区西三环中路10号望海楼E座7层
邮　　编	100142
印　　刷	北京天宇万达印刷有限公司
版　　次	2019年8月第1版
印　　次	2019年8月第1次印刷
开　　本	690毫米×960毫米　1/16
印　　张	28.5
字　　数	465千字
书　　号	ISBN 978-7-5139-2331-6
定　　价	80.00元

注：如有印、装质量问题，请与出版社联系。